유지보수가 쉬운 파이썬 코드를 만드는 비결

파이썬 클린 코드
2nd Edition

마리아노 아나야 **지음** 김창수 **옮김**

Clean Code
in Python 2nd Edition

터닝
포인트

파이썬 클린 코드
2nd Edition

2022년 11월 11일 개정증보판 1쇄 발행
2025년 1월 20일 개정증보판 2쇄 발행

지은이 마리아노 아나야
옮긴이 김창수

펴낸이 정상석
책임 편집 엄진영
디자인 양은정
펴낸 곳 터닝포인트(www.diytp.com)
등록번호 제2005-000285호

주소 (12284) 경기도 남양주시 경춘로 490 힐스테이트 지금디포레 8056호(다산동 6192-1)
대표 전화 (031)567-7646
팩스 (031)565-7646
ISBN 979-11-6134-133-0(13000)

정가 29,000원

대상독자

이 책은 소프트웨어 디자인에 관심이 있거나 파이썬에 대해 보다 자세히 알고 싶어 하는 모든 개발 실무자를 대상으로 한다. 새로 시작하는 프로젝트 또는 기존 시스템에 좋은 파이썬 코딩 기술을 적용하여 효율성을 높이고 비용을 절약하고자 하는 팀 리더나 시니어 엔지니어에게도 도움이 될 것이다. 독자는 이미 객체지향 소프트웨어 디자인 원리에 어느 정도 익숙하고 코드를 작성해본 경험이 있는 것으로 가정한다.

이 책의 내용은 점진적으로 어려운 내용이 소개되기 때문에 차례로 학습하는 것을 권한다. 첫 번째 장에서는 파이썬의 기본 개념과 함수, 유틸리티와 같은 내용을 소개하여 문제를 효율적으로 해결하기 위한 기초를 다진다.

데코레이터, 디스크립터나 비동기 프로그래밍과 같은 고급 주제는 숙련된 개발자에게도 도움이 될 것이다. 뿐만 아니라 일부 주제는 언어 내부의 동작 원리를 분석하기 때문에 파이썬에 대해 더 깊이 이해하는 데 도움이 될 것이다.

데이터 처리 용도로 파이썬을 사용하는 경우에도 활용할 수 있도록 여러 도구를 소개하고 상용 환경에서 사용하기 위한 환경 설정이나 모범 사례도 소개한다.

이 섹션의 첫 번째 문장에서 "실무자"라는 단어를 사용한 것에 유의하자. 이 책은 실용서이다. 예제는 학습에 필요한 것에 제한되지만 실제 프로젝트에서 사용될 만한 것들을 다룬다. 이 책은 학술 서적이 아니기 때문에 사용된 정의와 비고, 권장사항을 주의 깊게 살펴봐야 한다. 독자는 이러한 권장사항을 절대적인 법칙이라고 생각하기 보다는 실용적 측면에서 바라봐야 할 것이다. 결국은 실용성이 이상보다 우선이다.

1장 소개, 코드 포매팅과 도구 – 파이썬에서 개발 환경을 설정하는 데 필요한 주요 도구에 대해 소개한다. 파이썬 개발을 시작하기 위해 알아야 할 기초 지식뿐만 아니라 코드 정적분석, 문서화, 타입 검사와 코드 포매팅 도구를 사용해 가독성이 높은 코드를 작성하기 위한 가이드라인을 제시한다. 코딩 표준을 이해하는 것은 중요하지만 좋은 의도에만 의존해서는 안 되기 때문에 이 장에서는 도구를 효과적으로 사용할 수 있는 방법에 대해서 알아본다.

2장 파이썬스러운 코드 – 앞으로 계속 사용하게 될 파이썬의 첫 번째 개념을 살펴본다. 파이썬의 여러 기능이 어떻게 사용되도록 설계되었는지 살펴본다. 훨씬 품질 좋은 파이썬스러운 코드에 대한 근본 아이디어를 살펴본다.

3장 좋은 코드의 일반적인 특징 – 유지보수가 쉬운 코드 작성에 초점을 두고 소프트웨어 엔지니어링의 일반적인 원칙을 검토한다. 이전 장에서 배운 지식을 활용하여 일반적으로 말하는 깔끔한 디자인이 무엇인지 살펴보고, 그것을 파이썬으로 어떻게 구현해야 하는지 살펴본다.

4장 SOLID 원칙 – 객체지향 소프트웨어를 위한 디자인 원칙에 대해 다룬다. 이 약자는 소프트웨어 공학에서 사용되는 용어로 각각의 원칙을 파이썬에 어떻게 적용하는지 살펴볼 것이다. 특히 의존성 주입을 통해 유지보수가 쉬운 코드를 작성하는 법에 대해서 배운다. 이 개념은 다음 장에서 매우 유용하게 사용될 것이다.

5장 데코레이터를 사용한 코드 개선 – 파이썬의 가장 훌륭한 기능 중 하나인 데코레이터를 살펴본다. 함수 또는 클래스에 데코레이터를 작성하는 방법을 이해한 다음에 데코레이터를 코드 재사용, 책임 분리, 기능 세분화에 어떻게 사용하는지 살펴본다. 또한 복잡하고 반복적인 함수 서명을 데코레이터를 사용해 단순화하는 방법을 알아보는 것 또한 흥미로운 부분이다.

6장 디스크립터로 더 멋진 객체 만들기 – 객체 지향 설계의 수준을 새로운 차원으로 끌어올리는 파이썬의 디스크립터에 대해 알아본다. 디스크립터는 프레임워크나 도구 개발 시 유용한 기능인데 이것을 잘 사용하면 코드의 가독성을 높이고 재사용성을 높일 수 있다. 2판에서 보강된 내용은 더 높은 수준에서 파이썬을 이해하는 데 도움이 될 것이다.

7장 제너레이터, 이터레이터 및 비동기 프로그래밍 – 제너레이터는 아마도 파이썬에서 가장 멋진 기능일 것이다. 반복(iteration)이라는 파이썬의 핵심 개념을 사용해 새로운 프로그래밍 패러다임을 제시한다. 제너레이터와 이터레이터를 사용해 프로그램을 작성해보고 이를 통해 알게 된 내용을 토대로 코루틴(coroutine)과 비동기 프로그래밍의 기본에 대해서 알아볼 것이다. 그리고 비동기 프로그래밍과 비동기 반복을 위한 새로운 구문(그리고 새로운 매직 메서드)을 소개하는 것으로 마무리한다.

8장 단위 테스트와 리팩토링 – 유지보수가 필요한 코드에 대해 단위 테스트가 얼마나 중요한지에 대해 논의한다. 이 장에서는 코드를 수정하고 유지보수하기 위한 전제 조건으로서의 리팩토링과 단위 테스트가 얼마나 중요한지 살펴보고 이를 지원하는 주요 프레임워크인 unittest와 pytest에 대해 살펴본다. 또한 좋은 테스트란 테스트 자체에 있는 것이 아니라 테스트 가능한 코드에 있다는 것에 대해 배워볼 것이다.

9장 일반적인 디자인 패턴 – 문제 해결의 관점이 아니라 유지보수의 관점에서 어떤 식으로 파이썬 코드를 디자인하는 것이 좋은지 검토한다. 이 장에서는 일부 디자인 패턴을 내장하고 있는 것과 같은 파이썬의 특징을 살펴보고 파이썬에서 디자인 패턴을 구현하기 위한 실용적인 접근법을 살펴본다. 그리고 (그리 관습적이지는 않지만) 파이썬에 특화된 패턴들에 대해서도 알아본다.

10장 클린 아키텍처 – 클린 코드는 훌륭한 아키텍처의 기본이다. 첫 번째 장에서부터 언급된 모든 것들을 전반적으로 살펴보는 것은 상용 배포를 할 때 중요한 역할을 할 것이다.

독자는 어느 정도 프로그래밍 경험이 있고 기본적인 파이썬 문법에 익숙하고, 구조적 프로그래밍과 같은 기본 개발 지식과 객체 지향 설계에 익숙한 것으로 가정한다.

책에서 소개된 코드를 실행하려면 먼저 https://www.python.org/downloads 에서 파이썬을 다운로드 해야 한다. 코드는 파이썬 3.9 이상의 버전에서 실행 가능하며 가상 환경을 만들어서 테스트하는 것을 적극 권장한다. 파이썬 환경을 갖춘 도커(Docker) 이미지에서 실행하는 것도 가능하다.

예제 코드 다운로드

이 책의 모든 예제 파일은 https://github.com/PacktPublishing/Clean-Code-in-Python-Second-Edition GitHub에서 다운로드 받을 수 있다. Packt 사의 Github에서도 다양한 책 소개와 비디오를 확인할 수 있다. https://github.com/PacktPublishing/

컬러 이미지 다운로드

이 책에 사용된 스크린샷과 다이어그램의 컬러 이미지가 포함된 PDF 파일도 다음 주소에서 다운로드 가능하다. https://static.packt-cdn.com/downloads/9781800560215_ColorImages.pdf

관례

이 책에서 사용하고 있는 몇 가지 관례가 있다.

코드 블록은 다음과 같이 표시한다.

```
@dataclass
class Point:
    lat: float
    long: float
```

코드 블록의 특정 부분을 강조하고자 할 경우 관련 행이나 항목을 굵게 표시한다.

```
setup(
    name="apptool",
    description="Description of the intention of the package",
    long_description=long_description,
)
```

명령어 입력 또는 출력은 다음과 같이 표시한다.

```
>>> locate.__annotations__
    {'latitude': float, 'longitue': float, 'return': __main__.Point}
```

굵은 글자는 새로운 용어, 중요한 단어 또는 화면에 표시되는 단어를 나타낸다. 예를 들어, 메뉴나 대화 상자 안의 글자 같은 것들이다. 예를 들면 다음과 같다. "**관심사의 분리** 원칙이 보다 잘 적용된 디자인을 원한다."

 주의사항이나 중요 노트는 이렇게 표시한다.

TIP 팁과 트릭은 이렇게 표시한다.

CONETNTS

Chapter 1 │ 코드 포매팅과 도구

Chapter 4 | SOLID 원칙

Chapter 5 │ 데코레이터를 사용한 코드 개선

Chapter 6 | 디스크립터로 더 멋진 객체 만들기

Chapter 7 | 제너레이터, 이터레이터 및 비동기 프로그래밍

Chapter 10 │ 클린 아키텍처

Chapter **1**

코드 포매팅과 도구

이 장에서는 클린 코드가 무엇이며 그것이 무엇을 의미하는지 알아볼 것이다. 이번 장의 주요 목적은 클린 코드가 단순히 멋진 것이라거나 사치품이 아니라는 것을 이해하는 것이다. 클린코드는 필수적인 것이다. 코드의 품질을 관리하지 않는다면 결과적으로 기술 부채가 누적되어 실패한 프로젝트가 될 가능성이 높아진다(기술 부채는 이 장의 뒷부분에서 자세히 논의할 것이므로 생소한 용어라고 해도 걱정하지 않아도 된다).

비슷한 맥락으로 조금 더 자세히 들어가면 포매팅과 문서화에 대한 개념이 있다. 이것은 당장 꼭 필요하지 않은 오버 스펙의 작업처럼 들릴지도 모르지만, 이것 역시 코드를 관리하는데 있어서 기본적인 역할을 한다.

이 장에서는 훌륭한 코딩 가이드라인을 준수하는 것이 얼마나 중요한지를 분석해볼 것이다. 코드를 문서와 일치시키려면 왜 지속적인 작업이 필요한지 살펴보고 이를 자동화하기 위한 도구는 어떤 것이 있는지 알아본다. 이러한 이유 때문에 빌드의 일부로서 주요 도구를 설정하여 자동 실행되도록 할 것이다.

이 장을 읽은 후에는 클린 코드란 무엇이고, 그것이 왜 중요한지, 왜 포매팅과 문서화가 중요한지, 이 과정을 어떻게 자동화하는지 알게 될 것이다. 이를 통해 새로운 프로젝트를 신속하게 구조화하는 방법과 좋은 품질의 코드를 목표로 하는 마음가짐을 습득해야 한다.

이 장에서 다루는 주제는 다음과 같다.

- 클린 코드는 포매팅 이상의 훨씬 중요한 것을 의미한다.
- 때문에 표준 포매팅을 유지하는 것이 유지보수성의 핵심 유의사항이다.
- 파이썬이 제공하는 기능을 사용하여 자체 문서화된 코드를 작성하는 방법
- 코드의 레이아웃을 일정하게 유지하여 팀 멤버들이 문제의 본질을 해결하는데 초점을 맞출 수 있도록 도구를 설정하는방법

서론

먼저 클린 코드가 무엇인지 이해하고 이것이 성공적인 소프트웨어 엔지니어링 프로젝트를 위해 왜 중요한 요소인지 살펴본다. 처음 두 섹션에서는 효율적인 작업을 위해 코드 품질을 관리하는 것이 얼마나 중요한지를 배울 것이다. 다음에는 이러한 규칙에 대한 몇 가지 예외 사항에 대해

서 논의할 것이다. 즉, 기술 부채를 갚기 위한 리팩토링을 하지 않는 것이 오히려 비용 효율적일 수 있는 상황에 대한 논의이다. 결국은 예외가 있기 때문에 일반적인 규칙을 모든 곳에 무조건 적용할 수는 없다. 여기서 중요한 것은 왜 기꺼이 예외를 인정해야 하는지 정확히 이해하는 것이다. 실제로는 개선되어야 하는 것을 개선하지 않아도 된다고 오해하지 않도록 유의해야 한다.

클린 코드의 의미

클린 코드에 대한 유일하고 엄격한 정의는 없다. 또한 공식적으로 클린 코드를 측정할 방법도 없을 것이다. 따라서 코드가 얼마나 좋은지 나쁜지, 유지보수 가능한지 그렇지 않은지를 알려줄 수 있는 도구도 없다. 물론 체커(checker)를 사용해 문법을 체크하거나, 린터(linter)를 사용해 취약한 부분을 찾아내거나, 정적 분석기를 실행해 코드를 분석할 수는 있다. 실제로 이런 도구가 많은 도움이 되지만 충분하지는 않다. 클린 코드는 기계나 스크립트가 판단할 수 있는 것이 아니라 전문가가 판단할 수 있는 것이다.

수십 년 동안 프로그래밍 언어라는 것은 인간의 아이디어를 컴퓨터에 전달하기 위해 사용하는 언어라고 생각해왔다. 그러나 그건 틀린 생각이다. 이러한 생각은 진실이 아니라 진실의 일부이다. 프로그래밍 언어의 진정한 의미는 아이디어를 다른 개발자에게 전달하는 것이다.

여기에 클린 코드의 진정한 본질이 있다. 클린 코드인지 아닌지는 다른 엔지니어가 코드를 읽고 유지 관리할 수 있는지 여부에 달려 있다. 그러므로 전문가인 우리 자신이 클린 코드를 판단할 수 있는 유일한 사람이다. 개발자로서 생각해보자. 우리는 코드를 작성하는 것보다 읽는데 훨씬 많은 시간을 소비한다. 기존 코드를 수정하거나 새로운 기능을 추가할 때마다 수정하거나 확장할 코드의 환경을 먼저 읽어야만 한다. 파이썬이라는 언어 자체는 의사소통을 하기 위한 도구일 뿐이다.

따라서 클린 코드가 무엇인지 정의하는 것보다는 독자가 스스로 이 책을 통해 파이썬의 주요 개념을 이해한 다음 좋은 코드와 나쁜 코드의 차이점을 확인하고, 훌륭한 코드와 좋은 아키텍처의 특징을 식별하여 자신만의 정의를 하는 것이 좋을 것이다. 이 책을 읽은 후에는 스스로 코드를 판단하고 분석할 수 있으며 클린 코드를 더 명확하게 이해할 수 있을 것이다. 클린 코드의 정의가 무엇인지에 상관없이 그것이 무엇이며 무엇을 의미하는지 알게 될 것이다.

클린 코드의 중요성

클린 코드가 중요한 이유는 엄청나게 많다. 대부분은 유지보수성 향상, 기술 부채의 감소, 애자일 개발을 통한 효과적인 작업 진행, 성공적인 프로젝트 관리로 이어진다는 것들이다.

처음 살펴볼 기대효과는 민첩한 개발과 지속적인 배포가 가능하다는 것이다. 만약 프로젝트를 일정하게 예측 가능한 속도로 지속적으로 배포하려고 한다면 유지보수가 가능한 좋은 코드를 갖는 것이 필수이다.

특정 지점에 정확한 시간에 도달하기 위해 차를 운전한다고 가정해보자. 이제 도착지점에서 기다리는 사람을 위해 시간이 얼마나 걸리는지 계산해 보자. 차에 문제가 없고 길이 평탄하고 도로 사정이 완벽하다면 예측 시간이 크게 벗어날 일이 없을 것이다. 그런데 도로에 균열이 있거나 떨어진 바위를 피해 돌아가야 하거나 엔진을 점검하기 위해 수 Km마다 점검을 해야 한다면 언제 도착할지 알기 어려울 것이다. 이 사례는 소프트웨어 개발과 꽤 비슷하다. 도로사정이 바로 코드이다. 일정하고 꾸준하게 예측 가능한 속도로 움직이고 싶다면 코드가 유지보수 가능한 상태로 가독성이 높아야 한다. 그렇지 않으면 기획자가 새로운 기능을 요구할 때마다 리팩토링을 하고 기술 부채를 해결하기 위해 멈춰야만 할 것이다.

기술 부채는 나쁜 결정이나 적당한 타협의 결과로 생긴 소프트웨어적 결함을 말한다. 기술 부채는 두 가지로 생각해볼 수 있다. 하나는 현재에서 과거의 방향으로 생각해보는 것이다. 현재 직면한 문제가 과거의 잘못된 코드 때문에 생긴 것이 아닐까하는 생각이다. 또한 현재에서 미래로 생각해볼 수도 있다. 현재의 문제를 적절하게 해결하기 위해 시간을 투자하지 않고 지름길로 가기로 한다면 미래에 어떤 문제가 생기는 것이 아닐까하는 생각이다.

부채라는 단어가 딱 어울리는 말이다. 코드는 지금 바꾸는 것보다 미래에 변경하는 것이 더 어렵기 때문에 부채이다. 부채는 이자를 유발한다. 기술 부채가 발생했다는 것은 내일은 코드를 수정하기가 더 어렵고 비싸며 (이것을 측정해볼 수도 있을 것이다) 내일모레는 더더욱 비싸질 것이라는 뜻이다.

개발팀이 제 시간에 어떤 것을 제공할 수 없어서 코드를 수정하고 리팩토링하기 위해 멈춘다는 것은 기술 부채에 대한 비용을 지불한다는 뜻이다.

기술 부채가 있다는 것은 애자일 방식으로 개발을 하고 않았기 때문이라고 주장할 수도 있다. 왜냐하면, 애자일(agile)의 반대말이 엄격하다(rigid)는 것이기 때문이다. 만약 코드에 코드 스멜

(Code Smell)이 있다면(역주: 코드 스멜(Code Smell)은 잘못된 코드를 암시하는 신호로 명시적인 오류는 아니지만 장기적으로 코드에 나쁜 영향을 미치게 된다.) 쉽게 변경하기 어려울 것이고, 변화하는 요구 사항에도 신속하게 대응하기 어려울 것이다.

기술 부채의 가장 안 좋은 점은 장기적이고 근본적인 문제를 내포하고 있다는 점이다. 기술 부채는 지금 당장 시끄러운 경고음을 내는 문제는 아니지만 프로젝트의 모든 부분에 흩어져 있는 잠재적인 문제이다. 그러나 언젠가는 깨어나 프로젝트의 돌발 변수가 될 것이다.

다른 문제가 훨씬 심각한 경우에는 "기술 부채"가 과소 평가되기도 한다. 앞의 단락에서 기술 부채가 미래의 유지보수를 어렵게 한다고 했지만, 당장의 다른 문제가 훨씬 심각하다면 어떻게 될까? 취약한 코드를 그대로 둔다고 상상해 보자(함수의 파라미터로 변경 가능한 기본 값을 사용하는 것과 같은 경우이다. 이것이 왜 문제가 되는지는 나중에 자세히 확인할 것이다). 이런 경우, 결함이 발견되기 전까지는 상당히 오랫동안 정상적으로 동작할 수 있다. 그러나 실제로는 언제든 프로그램을 비정상적으로 종료시키는 시한폭탄을 들고 있는 것과 같다.

분명히 이러한 경우를 피하고 싶을 것이다. 자동화된 도구로 모든 문제를 찾을 수는 없지만, 가능하다면 이러한 도구를 사용하는 것이 좋은 투자가 될 수 있다. 앞으로는 철저한 코드 리뷰와 자동화된 테스트를 사용할 것이다.

소프트웨어는 오로지 쉽게 변경할 수 있는 수준을 유지할 때에만 의미가 있다. 예를 들어, 비행기 티켓 구매, 온라인 쇼핑, 음악 감상과 같은 기능을 가진 소프트웨어를 만든다고 해보자. 여기서 요구 사항이 고정되어 있는 경우는 흔치 않다. 즉, 소프트웨어의 기본 요구사항이 변경된다면 즉시 소프트웨어를 업데이트해야 한다. 코드를 변경할 수 없다면 현실에서는 아무 쓸모가 없는 소프트웨어이다. 클린 코드는 수정이 가능한 코드를 만들기 위한 절대적인 요구사항이고, 그렇기 때문에 클린 코드를 유지하는 것이 중요하다.

예외 상황

이전 섹션에서 클린 코드가 소프트웨어 프로젝트에 있어서 매우 중요한 역할을 한다는 점에 대해서 이야기했다. 그러나 이 책은 실무자를 위한 책이라는 점을 기억하자. 따라서 어떤 독자는 "예외가 허용되는 경우도 있지 않을까?"라고 물을 수 있다. 이런 물음에 답할 수 없다면 이 책이 실용적인 책이 아닐 것이다. 사실 클린 코드를 작성하기 위해 생기는 제약을 완화하고 싶은 경우가 있을 수 있다. 다음 상황에서는 일부 품질 검사를 하지 않을 수 있다.

- 해커톤 참여

- 일회성 작업을 위한 간단한 스크립트를 작성하는 경우

- 프로그래밍 경진 대회 참여

- 기존에 없던 개념을 검증하기 위해 개발하는 경우

- (나중에 버려질 것이 확실하다고 생각되는) 프로토타입을 개발할 때

- 앞으로 버려질 것이 확실한 레거시 프로젝트에 짧은 시간 동안만 작업을 하는 경우

이런 경우에는 상식적인 선에서 처리하는 것이 가능하다. 예를 들어, 몇 개월 후에 종료되는 프로젝트에 막 투입되었다면, 기존의 모든 기술 부채를 확인하고 수정하기 보다는 현재의 수준을 유지하다가 종료 후에 따로 코드를 보관하는 것이 더 나은 선택이 될 수 있다.

다만, 공통적으로 다시 사용하지 않을 코드이며 좋은 품질의 코드가 아니어도 큰 무리가 없는 상황이라는 점에 유의하자. 유지 보수성을 높이기 위해 클린 코드를 작성한다는 원칙에 위배될 수 있지만, 유지 보수할 필요가 없다면 고품질의 코드를 작성하기 위한 노력을 하지 않을 수 있다.

다시 한번 유지 보수 가능한 프로젝트를 위해 클린 코드를 작성한다는 것을 기억하자. 이것은 나중에 해당 코드를 직접 수정할 수 있다는 것을 의미한다. 또는 해당 코드를 다른 회사나 팀으로 이전하는 경우에 인수인계자의 삶을 보다 편안하게 만들어 준다는 것을 의미한다. 즉, 더 이상의 신규 요건이 없고 유지 보수만 하는 프로젝트의 경우에도 기술 부채를 상환하는 것은 좋은 투자가 될 수 있다. 왜냐하면 언젠가는 (특히 예상하지 못한 시점에) 반드시 고쳐야 하는 버그가 있기 마련이고, 이런 경우 최대한 가독성이 좋은 코드를 가지고 있는 것이 도움이 되기 때문이다.

클린 코드에서 코드 포매팅의 역할

클린 코드란 PEP-8 또는 프로젝트 가이드라인 같은 표준 지침에 따라 코드를 포매팅하고 구조화하는 것을 말하는 것일까? 짧게 말하면 아니다.(역주 : PEP란 Python Enhancement Proposal의 약자로 파이썬 개선을 위한 제안서를 의미한다. 각 제안서는 고유한 번호를 갖게 되는데 PEP 8번 Style Guide for Python Code에서 코딩 컨벤션에 대한 내용을 다룬다.)

파이썬에는 어떻게 코드를 작성하고 포매팅 해야 하는지에 대해 PEP-8과 같은 표준을 가지고 있다(https://www.python.org/dev/peps/pep-0008/). PEP-8은 가장 잘 알려진 표준이며 띄어쓰기, 네이밍 컨벤션, 줄 길이 제한 등의 가이드라인을 제공한다.

그러나 클린 코드는 코딩 표준, 포매팅, 린팅 도구나 다른 검사 도구를 사용한 코드 레이아웃 설정과 같은 것 그 이상을 뜻한다. 클린 코드는 품질 좋은 소프트웨어를 개발하고, 견고하고 유지보수가 쉬운 시스템을 만들고, 기술 부채를 피하는 것을 말한다. 어떤 코드가 PEP-8 표준 (또는 다른 표준)을 100% 준수한다 하여도 여전히 클린 코드의 요건을 충족하지 못할 수 있다.

포매팅이 우리의 주요 목표는 아니지만, 코드 구조에 주의를 기울이지 않으면 몇 가지 위험이 따른다. 그래서 먼저 나쁜 코드 구조의 문제가 무엇인지 그리고 그런 경우 어떻게 해결해야 하는지 살펴볼 것이다. 그런 다음 일반적인 문제를 자동으로 확인할 수 있는 도구를 사용하도록 설정해 볼 것이다.

요약하면 클린 코드는 PEP-8이나 코딩 스타일과 관련이 없다고 말할 수도 있다. 클린 코드는 그 이상의 것을 의미하여 유지보수성이나 소프트웨어 품질에 관한 것을 말한다. 그러나 코드를 올바르게 포매팅하는 것은 작업을 효율화하기 위해 중요하다.

프로젝트 코딩 스타일 가이드 준수

코딩 가이드라인은 품질 표준을 지키기 위해 프로젝트에서 따라야만 하는 최소한의 요구사항이다. 이번 섹션에서는 가이드라인을 따라야 하는 이유를 살펴보고, 다음 섹션에서는 도구를 사용해 자동화하는 방법을 살펴볼 것이다.

좋은 코드 레이아웃에서 가장 필요한 특성은 일관성이다. 코드가 일관되게 구조화되어 있으면 가독성이 높아지고 이해하기 쉬워진다. 만약 팀원 모두가 코드의 일관성을 유지하지 않고 자신만의 방식으로 일을 하고 있다면 결국은 많은 시간과 노력을 투입해야만 할 것이다. 오류가 발생하기 쉽고 이해하기 어렵거나 애매한 부분이 많이 생기게 되기 때문이다

우리가 원하는 것은 이것과 정반대의 것으로 한 눈에도 읽기 쉽고 이해하기 쉬운 코드를 작성하는 것이다.

만약 개발 팀의 모든 멤버가 표준화된 구조를 사용한다면 훨씬 익숙한 코드를 작성하게 될 것이다. 그 결과 신속하게 패턴을 파악할 수 있으며 (두 번째 볼 때는 더욱 쉽게) 이러한 패턴을 염두

에 두고 있다면 오류를 감지하는 것이 훨씬 쉽다. 예를 들어 평소 패턴과 비교해보면 오류가 있는 부분에서 뭔가 이상한 점을 느낄 수 있을 것이다. 이 부분을 자세히 살펴보는 것만으로도 실수를 발견할 확률이 높아진다.

코드 컴플리트(Code Complete)에 소개된 것처럼 Perception in Chess(1973)라는 논문에서 흥미로운 실험이 있었다. 다양한 레벨(초급자, 중급, 마스터)의 체스 선수에게 여러 방향에서 말의 위치를 기억하도록 해보았다. 말의 위치가 무작위일 때는 초보자들도 체스 마스터 못지않게 잘 기억해냈다. 이 경우는 누구나 비슷한 수준으로 기억할 수 있는 단순 암기 문제라 할 수 있다. 그러나 말의 위치가 실제 게임에서 발생할 수 있는 논리적 순서(일관성과 패턴)를 따랐을 때는 체스 마스터가 다른 선수들을 압도했다.

이제 이 같은 상황을 소프트웨어에 적용해보자. 파이썬 소프트웨어 엔지니어 전문가는 앞에서 말한 체스 마스터와 같다. 이 때 주어진 코드가 어떤 로직이나 표준을 따르지 않았다면 초보 개발자와 마찬가지로 문제를 찾기가 어려울 것이다. 반면에 구조화된 패턴을 가진 코드라면 훨씬 빠르게 이해할 수 있을 것이다.

특히 파이썬에서는 PEP-8 코딩 스타일을 사용한다. 한 줄의 최대 길이 등의 옵션은 프로젝트에 맞게 수정할 수 있다.

만약 현재 프로젝트가 어떤 코딩 표준도 따르지 않았다면, PEP-8을 사용하도록 하자. 이상적으로는 회사나 팀 차원에서 이미 준수해야 할 코딩 표준을 설명하는 문서가 있어야 한다. 예를 들면, 프로젝트에 알맞게 수정된 PEP-8 기반의 표준과 같은 것이다.

 TIP 만약 코딩 표준을 따르지 않은 코드가 많다거나 코드 리뷰 중에 코딩 표준에 대한 지적이 많이 나오는 상황이라면 자동 검증 도구를 개발하는 것도 좋은 생각이다.

특히 PEP-8은 다음과 같은 특징을 가지고 있다.

- **검색 효율성(Searchability)** : 코드에서 원하는 부분을 빠르게 검색할 수 있도록 도와주는 성질이다. 즉, 파일 안에서 특정한 기능을 가진 코드를 쉽게 찾을 수 있게 해준다. PEP-8의 가장 큰 특징은 변수에 값을 할당하는 경우와 함수의 키워드 파라미터에 값을 할당하는 경우를 구분한다는 것이다. 예제를 통해 살펴보자. location 파라미터에 값을 할당하는 곳을 찾고 싶다고 해보자. 다음 grep 명령을 실행하면 어떤 파일의 몇 번째 줄에서 할당하는지 알려준다.

```
$ grep -nr "location=" .
./core.py:13:    location=current_location,
```

이제 location 변수에 값을 할당하는 위치를 찾아보자. 다음 명령어를 실행하여 찾을 수 있다.

```
$ grep -nr "location =" .
./core.py:10:    current_location = get_location()
```

PEP-8은 키워드 인자(keyword argument)에 값을 할당할 때는 띄어쓰기를 사용하지 않지만, 변수에 값을 할당할 때는 띄어쓰기를 사용하도록 권고하고 있다. 이를 활용하여 검색 조건을 변경할 수 있다. (첫 번째 검색의 =는 공백 없이, 두 번째 검색의 =는 한 칸 공백). 이는 표준을 따를 때 얻을 수 있는 장점 중 하나이다.

- **일관성** : 코드가 일정한 포맷을 가지면 훨씬 쉽게 읽을 수 있다. 이는 신규 입사자 교육 시 매우 중요하다. 새로운 개발자나 경험이 많지 않은 개발자를 채용한 경우에도 여러 저장소의 코드에 익숙해야 한다. 이때 코드 레이아웃, 문서화, 이름 작명 규칙 등이 모든 저장소에서 동일하다면 훨씬 쉽게 익숙해질 것이다.

- **더 나은 오류 처리** : PEP-8에서 제안한 것 중 하나는 try/except 블록 내부의 코드를 최소화하자는 것이다. 이것은 실수로 예외를 숨기는 것을 방지하기 위한 것이다. 이 기능은 분명 자동화하기는 어려운 부분이므로 코드 리뷰를 하는 동안 유의해서 볼 필요가 있다.

- **코드 품질** : 코드를 구조화하여 살펴보면 (체스의 예에서 본 것과 같이) 한 눈에 코드를 이해하고 버그와 실수를 쉽게 찾을 수 있다. 이 외에도 코드 품질 도구를 사용하면 잠재적인 버그를 찾을 수도 있다. 정적 분석 도구를 사용하면 한 줄당 버그의 개수를 줄이는데 도움이 된다.

서론에서 언급한 것처럼 포매팅은 클린 코드에서 필수적인 부분이지만 거기서 끝나지 않는다. 포매팅은 문서화 방식이나 코드 품질 자동화 도구를 결정하는 데 있어서 많은 영향을 미친다. 먼저 문서화에 대한 것부터 살펴보자.

문서화(Documentation)

이 섹션에서는 파이썬 코드 안에 직접 문서화를 하는 방법에 대해 설명한다. 훌륭한 코드는 그 자체로 분명하지만 문서화 또한 잘 되어 있다. 무엇을 해야 하는지 살펴보자.

한 가지 중요한 차이점은 코드를 문서화하는 것(documenting code)은 코드에 주석을 추가하는 것(adding comments)과 다르다는 점이다. 이 섹션에서는 파이썬 코드를 문서화하기 위해 사용하는 docstring과 어노테이션(annotation)을 살펴본다. 그리고 차이를 분명하게 설명하기 위해 주석을 추가하는 것에 대한 주제도 살펴볼 것이다.

코드 문서화는 파이썬에서 중요한 부분이다. 왜냐하면 변수의 타입이 동적이어서 변수나 객체의 값이 무엇인지 잃어버리기 쉽기 때문이다. 이러한 이유로 타입 정보를 명시해두는 것이 좋다.

어노테이션을 사용하는 특별한 이유 중의 하나는 어노테이션이 mypy(http://mypy-lang.org/) 또는 pytype(https://google.github.io/pytype/)과 같은 도구를 사용해 변수 타입 힌트와 같은 자동화에 도움을 주기 때문이다. 어노테이션을 사용하는 것은 분명 가치가 있는 일이다.

코드 주석(code comments)

가능한 한 적은 주석을 갖는 것을 목표로 해야 한다. 좋은 코드는 코드 자체가 문서화되어 있기 때문이다. 다시 말하면 (의미 있는 함수나 객체를 통해 책임을 분리하는 것과 같은) 올바른 추상화를 했고 명확하게 이름을 지정했다면 주석이 필요하지 않아야 한다는 것을 의미한다.

주석을 작성하기 전에 새로운 함수를 추가하거나 보다 나은 변수명을 사용하는 것과 같은 방법으로 개선할 수 있는지 고민해보자.

이 책에서 말하는 주석에 대한 의견은 소프트웨어 엔지니어링 관련 문헌에서 소개하는 것과 거의 일치한다. 주석을 추가한다는 것은 코드를 올바르게 작성하지 않았다는 징후이다.

그러나 어떤 경우에는 코드에 주석을 추가하는 것을 피할 수 없으며 그렇게 하지 않으면 위험할 수 있다. 예를 들어, 외부 함수의 문제를 피하기 위해 특정한 파라미터를 넘겨야 하는 경우와 같이 얼핏 보기에는 사소해 것으로 보이지만 큰 차이가 있는 경우이다. 이런 경우는 가능한 간결하게 문제가 무엇인지 설명하고 어떻게 해결해야 하는지 설명해야 한다.

마지막으로 어떤식으로도 정당화하기 어려운 나쁜 주석도 있다. 바로 주석 처리된 코드이다. 이러한 코드는 무자비하게 바로 삭제되어야 한다. 코드는 개발자 간의 대화 수단이며 전체 디자인을 반영하는 궁극적인 표현 수단이라는 점을 기억하자. 코드는 지식의 표현이다. 주석 처리된 코드는 해당 지식을 오염시킬 뿐만 아니라 대부분의 경우에 혼란을 가져온다.

특히 최신 버전 제어 시스템에서는 간단히 삭제하거나 다른 곳에 옮길 수 있는(stash) 기능이 있기 때문에 주석 처리된 코드를 남겨둘 이유가 없다.

정리하면 주석은 악마와 같다. 때로는 필요악이지만 그럼에도 불구하고 가능한 한 피하려고 노력해야 한다. 반면에 문서화는 다른 이야기이다. 문서화는 코드의 설계 방식이나 아키텍처를 명확하게 설명하는 것을 의미하며 이는 긍정적인 효과를 가져온다. 다음 섹션에서는 docstring에 대해서 설명한다.

Docstring

쉽게 말해서 **docstring**은 소스 코드에 포함된 **문서(documention)**라고 말할 수 있다. docstring은 기본적으로 리터럴 문자열이며, 로직의 일부분을 문서화하기 위해 코드 어딘가에 배치된다. 문서(documentation)라는 단어에 주목하자. 즉, 이유가 아니라 설명이다. 이 미묘한 차이가 중요하다. Docstring은 코멘트가 아니라 문서이다.

Docstring은 모듈, 클래스, 메서드 또는 함수에 대해 문서를 제공하기 위한 것이다. 내가 작성한 컴포넌트를 다른 엔지니어가 사용하려고 할 때 docstring을 보고 동작방식과 입출력 정보 등을 확인할 수 있어야 한다. 최대한 docstring을 추가하려고 노력하는 것은 좋은 습관이다.

Docstring은 프로그램 디자인과 아키텍처에 대해 문서화하는 데에도 유용하다. 전체적인 관점에서 해당 컴포넌트가 어떻게 설계되었는지 힌트를 줄 수 있기 때문에 중요한 모듈, 함수 및 클래스에 대해서는 docstring을 추가하는 것이 좋다.

Docstring을 가진 코드가 좋은 (또는 프로젝트 표준에 필수이기도 한) 이유는 파이썬이 동적인 데이터 타입을 갖기 때문이다. 즉, 파이썬의 함수는 파라미터 값으로 어떤 데이터 타입도 취할 수 있다. 파이썬은 특정 데이터 타입을 강요하지 않고 확인하지도 않는다. 어떤 함수를 수정한다고 가정해보자. 다행히도 이 함수의 이름이나 파라미터는 꽤 설명적인 이름을 가지고 있지만, 어떤 데이터 타입을 전달해야 하는지는 여전히 명확하지 않은 상황이다.

이런 경우 docstring이 도움이 된다. 문서화를 통해 해당 함수의 입출력 정보가 어떻게 동작해야 하는지 이해할 수 있기 때문이다.

 다음 코드를 실행하려면 적절한 파이썬 버전을 포함한 IPython (https://ipython.org/) 대화형 쉘이 필요하다. IPython 쉘이 없는 경우 〈function〉?? 대신에 help(〈function〉) 커맨드를 사용하여 일반적인 파이썬 쉘에서 실행할 수 있다.

표준 라이브러리에 docstring을 사용하는 좋은 예가 있다.

```
In [1]: dict.update??
Docstring:
D.update([E, ]**F) -> None.  Update D from dict/iterable E and F.
If E is present and has a .keys() method, then does:  for k in E: D[k] = E[k]
If E is present and lacks a .keys() method, then does:  for k, v in E: D[k] = v
In either case, this is followed by: for k in F:  D[k] = F[k]
Type:  method_descriptor
```

IPython에서 dict.update?? 명령어를 통해 dict.update 메서드의 docstring이 출력되었으며 다음과 같이 여러 방법으로 사용할 수 있음을 알려준다.

1. 파라미터가 keys() 메서드를 가진 경우 해당 객체의 키 값으로 원래 객체의 키 값을 업데이트한다.

```
>>> d = {}
>>> d.update({1: "one", 2: "two"})
>>> d
{1: 'one', 2: 'two'}
```

2. 키와 값의 쌍을 가진 이터러블을 전달하면 이들을 풀어서 업데이트한다.

```
>>> d.update([(3, "three"), (4, "four")])
>>> d
{1: 'one', 2: 'two', 3: 'three', 4: 'four'}
```

3. 키워드 인자(keyword argument)에서 가져온 값으로 사전을 업데이트할 수도 있다.

```
>>> d.update(five=5)
>>> d
{1: 'one', 2: 'two', 3: 'three', 4: 'four', 'five': 5}
```

(주의: 세 번째 방식에서 키워드 인자의 이름은 문자열이므로 d.update(5="five")처럼 시도하면 에러가 발생한다.)

이러한 정보는 새로운 함수가 어떻게 동작하는지, 그리고 어떻게 활용될 수 있는지 이해하는데 매우 중요한 역할을 할 것이다.

맨 처음에 함수의 docstring을 가져오기 위해 dict.update?? 처럼 해당 함수의 이름 뒤에 두 개의 물음표를 사용했다. 이것은 IPython 대화형 인터프리터의 기능이다. 이 기능을 호출하면 docstring이 출력된다. 마찬가지 방법으로 내가 작성한 코드가 docstring을 제공한다면 함수 사용자가 훨씬 수월하게 사용 방법을 익힐 수 있을 것이다.

docstring은 코드에서 분리되거나 독립된 것이 아니다. 코드의 일부가 되어야 한다 객체에 docstring이 정의되어 있으면 __doc__ 속성(역주: property와 attribute 모두 속성이라는 단어로 번역이 가능한데, 이 책에서는 property는 프로퍼티, attribute는 속성이라는 단어로 번역한다.)을 통해 접근이 가능하다.

```
>>> def my_function():
        """임의의 계산 수행"""
        return None

...
>>> my_function.__doc__ # 또는 help(my_function)
 '임의의 계산 수행'
```

즉 런타임 중에 접근할 수 있고 심지어 소스 코드에서 docstring 내용을 추가하거나 컴파일하는 것이 가능하다. 실제로 이런 작업을 하기 위한 도구가 있다. Sphinx(스핑크스)를 실행하면 프로젝트 문서화를 위한 기본 골격을 만들어준다. 특히 autodoc 익스텐션(sphinx.ext.autodoc)을 사용하면 코드에서 docstring을 가져와 문서화된 페이지를 만들어준다.

문서화 도구를 사용할 준비가 되었으면 문서가 프로젝트와 하나가 되도록 해당 도구를 오픈해야 한다. 오픈소스 프로젝트라면 "read the docs(https://readthedocs.org/)"와 같은 도구를 사용하여 브랜치나 버전별 문서를 자동으로 생성할 수도 있다. 사내 프로젝트인 경우 같은 도구를 사용하여 직접 설치할 수도 있지만 어떤 결정을 하든 가장 중요한 점은 모든 팀원이 문서화에 참여할 수 있어야 한다는 것이다.

안타깝게도 모든 문서화가 그렇듯이 docstring의 한 가지 단점은 지속적으로 수작업을 해야 한다는 것이다. 코드가 변경되면 업데이트를 해야 한다. 또 다른 문제점은 docstring이 정말 유용하게 사용되려면 여러 줄에 걸쳐 상세하게 작성해야 한다는 것이다. 이러한 점에 비춰볼 때 만약 함수가 너무 간단하고 자명한 코드라면 중복된 의미를 가진 docstring을 피하는 것이 더 나은 선택일 수 있다. 나중에 불필요한 유지 보수를 하지 않아도 되기 때문이다.

적절한 문서를 유지하는 것은 소프트웨어 엔지니어링에서 피할 수 없는 과제이다. 문서화에 수작업이 필요한 이유는 결국은 다른 사람이 읽기 때문이다. 자동으로 생성된 문서는 아마 크게 유용하지 않을 것이다. 가치 있는 문서를 만들기 위해서는 모든 팀원이 문서화에 노력이 필요하다는 것에 공감해야 한다. 핵심은 소프트웨어가 단순한 코드가 아니라는 것을 이해하는 것이다.

문서는 산출물에 함께 포함되어 있어야 한다. 따라서 코드를 변경한 경우 위키(wiki), 사용자 매뉴얼, README 파일 또는 docstring 등 관련된 모든 내용을 업데이트하는 것이 중요하다.

❏ 어노테이션(Annotation)

PEP-3107에서는 어노테이션을 소개하고 있다. 기본 아이디어는 코드 사용자에게 함수 인자로 어떤 값이 와야 하는지 힌트를 주자는 것이다. 정말 **힌트**를 주는 것이다. 어노테이션은 이 장의 끝에서 소개할 타입 힌팅(type hinting)을 활성화한다.

어노테이션을 사용해 변수의 예상 타입을 지정할 수 있다. 실제로는 타입 뿐 아니라 변수를 이해하는데 도움이 되는 어떤 형태의 메타데이터라도 지정할 수 있다.

다음 예제를 살펴보자.

```
@dataclass:
class Point:
    lat: float
    long: float

def locate(latitude: float, longitude: float) -> Point:
    """맵에서 좌표에 해당하는 객체를 검색"""
```

여기서 latitude와 longitude는 float 타입의 변수이다. 이것을 통해 함수 사용자는 예상되는 타입을 알 수 있다. 하지만 파이썬이 타입을 검사하거나 강제하지는 않는다.

또한 함수 반환 값에 대한 예상 타입을 지정할 수도 있다. 위 예제에서 Point는 사용자 정의 클래스이므로 반환되는 값이 Point의 인스턴스라는 것을 의미한다.

그러나 어노테이션으로 타입만 지정할 수 있는 것은 아니다. 파이썬 인터프리터에서 유효한 어떤 것도 사용할 수 있다. 예를 들어 변수의 의도를 설명하는 문자열, 콜백이나 유효성 검사 함수로 사용할 수 있는 callable 등이 있다.

어노테이션을 활용하면 좀 더 표현력을 가진 코드를 작성할 수 있다. 몇 초 후에 어떤 작업을 실행하는 다음 함수를 생각해보자.

```
def launch_task(delay_in_seconds):
    ...
```

여기에서 delay_in_seconds 파라미터는 긴 이름을 가지고 있어서 많은 정보를 담고 있는 것 같이보이지만 사실은 충분한 정보를 제공하지 못하고 있다. 허용 가능한 지연시간은 몇 초일까? 분수를 입력해도 되는 걸까? 다음과 같이 코드를 수정하면 어떨까?

```
Seconds = float
def launch_task(delay: Seconds):
    ...
```

이제 코드 스스로 자신의 기능에 대해 말을 하고 있다. 뿐만 아니라 Seconds 어노테이션을 사용하여 시간을 어떻게 해석할지에 대해 작은 추상화를 했다고 볼 수도 있다. 이렇게 추상화된 코드는 다른 코드에서 재사용될 수도 있다. 나중에 입력 값의 형태를 변경하기로 했다면 (예를 들어, 정수만 허용하기로 했다면) 이제 한 곳에서만 관련 내용을 변경하면 된다.

어노테이션을 사용하면 __annotations__ 이라는 특수한 속성이 생긴다. 이 속성은 어노테이션의 이름과 값을 매핑한 사전 타입의 값이다. 앞의 예제에서는 다음과 같이 출력된다.

```
>>> locate.__annotations__
{'latitude': <class 'float'>, 'longitude': <class 'float'>, 'return':
<class 'Point'>}
```

이 정보를 사용하여 문서 생성, 유효성 검증 또는 타입 체크를 할 수 있다.

PEP-484를 적용하면 어노테이션을 통해 코드를 확인할 수 있다. 이 PEP는 타입 힌팅의 기본 원리를 정의한 것으로 어노테이션을 통해 함수의 타입을 체크할 수 있다. 확실히 하기 위해 PEP-484의 발췌 내용을 살펴보자.

"파이썬은 여전히 동적인 타입의 언어로 남을 것이다. 타입 힌트를 필수로 하자거나 심지어 관습으로 하자는 것은 전혀 아니다."

타입 힌트는 인터프리터와 별개로 데이터 타입이 바르게 사용되었는지 확인하는 도구를 제공하고, 사용자에게는 호환되지 않는 데이터 타입을 사용한 경우 무엇이 잘못되었는지 힌트를 주기 위한 것이다. 데이터 타입과 관련하여 잠재적인 문제를 검사하는 도구가 많이 있다. 특히 mypy

나 pytype에 대해서는 이후 섹션에서 사용법과 설정 방법에 대해 보다 자세히 알아볼 것이다. 지금은 문법을 검사해주는 일종의 린터(역주 linter: 정적 코드 분석 도구)라고 생각할 수 있다. 이러한 도구를 사용하면 테스트 중에 바로 버그를 찾을 수 있으므로 다른 정적 분석 도구와 함께 mypy나 pytype을 함께 사용하는 것이 좋다.

타입 힌트가 단순히 데이터 타입을 확인하기 위한 것만은 아니다. 이전 예제에서 봤던 것처럼 유의미한 이름을 사용하거나 적절한 데이터 타입 추상화를 하도록 도와줄 수 있다. 클라이언트들 배열에 대해서 어떤 작업을 수행하는 다음 함수를 생각해보자. 가장 간단하게는 기본 list를 사용하여 어노테이션을 추가하면 된다.

```
def process_clients(clients: list):
    ...
```

좀 더 많은 정보를 알고 있다면 다음과 같이 정수와 문자열의 튜플임을 알려줄 수도 있다.

```
def process_clients(clients: list[tuple[int, str]]):
    ...
```

그러나 여전히 충분한 정보를 제공하지 못하고 있으므로, 해당 데이터 구조를 따로 정의하여 클라이언트가 어떤 데이터 구조를 가지고 있는지 명시적으로 알려주는 것이 좋다.

```
from typing import Tuple
Client = Tuple[int, str]
def process_clients(clients: list[Client]):
    ...
```

이제 의미가 좀 더 명확하고 진화 가능한 데이터 타입을 가지게 되었다. 현재로서는 튜플이 가장 적합한 데이터 구조일 수 있지만 나중에는 다른 객체나 클래스로 변경될 수 있다. 이러한 경우에도 별 다른 걱정 없이 기존 어노테이션을 그대로 사용할 수 있다.

이렇게 하는 근본 취지는 유의미한 문법 구조를 통해 코드의 의미나 의도를 더욱 쉽게 이해할 수 있도록 하자는 것이다.

어노테이션을 사용함으로써 생기는 또 다른 이점도 있다. PEP-526과 PEP-557 표준을 도입하면 클래스를 보다 간결하게 작성하고 작은 컨테이너 객체를 쉽게 정의할 수 있다. 클래스에서 데이터 타입에 대한 어노테이션과 함께 속성을 선언한다. 그리고 @dataclass 데코레이터를 사용하기만 하면 예전처럼 별도의 __init__ 메서드에서 변수를 선언하고 할당하는 작업을 하지 않아도 바로 인스턴스 속성으로 인식한다.

```
BEFORE
class Point:
    def __init__(self, lat, long):
        self.lat = lat
        self.long = long
```

```
AFTER
from dataclasses import dataclass
@dataclass
class Point:
    lat: float
    long: float
```

```
>>> Point.__annotations__
{'lat': <class 'float'>, 'long': <class 'float'>}
>>> Point(1, 2)
Point(lat=1, long=2)
```

이 책의 뒷부분에서는 코드 디자인과 관련하여 어노테이션의 중요한 역할에 대해서 논의할 것이다. 객체 지향 설계에 대한 모범 사례 중에는 함수의 호출 규약을 인터페이스에 명시하고 해당 인터페이스에 의존하도록 하는 의존성 주입과 같은 것이 있다. 그리고 아마도 이러한 의존성을 선언하는 가장 좋은 방법은 어노테이션일 것이다. 특히 어노테이션으로 의존성을 주입시켜주는 자동화 도구를 사용할 수도 있다.

디자인 패턴의 관점에서는 일반적으로 특정 구현에서 코드를 분리하고 추상화된 인터페이스나 계약에 의존하여 보다 유연하고 확장 가능한 코드를 만들기 위해 노력한다. 또한 특정 로직의 일부를 캡슐화한 새로운 클래스를 생성하여 적절한 추상화를 한다. 이러한 두 경우 모두 어노테이션을 사용하면 쉽게 처리가 가능하다.

❏ 어노테이션은 docstring을 대체하는 것일까?

어노테이션이 소개되기 훨씬 오래전부터 함수의 파라미터 또는 속성의 타입을 문서화할 때 docstring을 사용했기 때문에 docstring 대신 어노테이션을 사용해야 하는 것인지 질문을 할 수 있다. 심지어 함수의 기본 정보, 각각의 파라미터에 대한 의미와 타입, 반환 값의 의미, 발생 가능한 예외 등을 docstring으로 작성하는 포매팅 컨벤션도 있었다.

이것들의 대부분은 어노테이션을 사용해 좀 더 간편하게 처리할 수 있으므로 docstring이 정말로 의미가 있는지 궁금할 것이다. 대답은 "예"이다. 왜냐하면 docstring과 어노테이션은 서로 보완적인 개념이기 때문이다.

docstring에 포함된 정보의 일부는 어노테이션으로 이동시킬 수 있는 것이 사실이다(데이터 타입을 어노테이션으로 명시하면 이제 더 이상 docstring에서 파라미터의 데이터 타입을 명시할 필요가 없다). 그러나 docstring을 통해 보다 나은 문서화를 위한 여지를 남겨두어야 한다. 특히 동적 데이터 타입과 중첩 데이터 타입의 경우 예상 데이터의 예제를 제공하여 어떤 형태의 데이터를 다루는지 제공하는 것이 좋다.

다음 예제와 같이 데이터의 유효성을 검사하고 사전 값을 반환하는 함수를 생각해보자.

```
def data_from_response(response: dict) -> dict:
    if response["status"] != 200:
        raise ValueError
    return {"data": response["payload"]}
```

이 함수는 사전 형태의 파라미터를 받아서 사전 형태의 값을 반환한다. 파라미터의 status 키의 값이 기댓값과 다를 경우 예외가 발생한다. 그러나 상세한 내용은 알 수가 없다. 예를 들어 response 객체의 올바른 인스턴스는 어떤 형태일까? 결과의 인스턴스는 어떤 형태일까? 이 두 가지 질문에 모두 대답하려면 파라미터와 함수 반환 값의 예상 형태를 docstring으로 문서화하는 것이 좋다.

docstring을 사용해 어떻게 보다 나은 설명을 할 수 있는지 살펴보자.

```
def data_from_response(response: dict) -> dict:
    """response의 HTTP status가 200이라면 response의 payload를 반환

    - response 사전의 예제::
    {
        "status": 200, # <int>
        "timestamp": "....", # 현재 시간의 ISO 포맷 문자열
        "payload": { ... } # 반환하려는 사전 데이터

    }
    - 반환 사전 값의 예제::
    {"data": { .. } }
    - 발생 가능한 예외:
    - HTTP status가 200이 아닌 경우 ValueError 발생
```

```
    """
    if response["status"] != 200:
        raise ValueError
    return {"data": response["payload"]}
```

이제 이 함수에 입력 값과 반환 값의 예상 형태를 더 잘 이해할 수 있다. 이 문서는 입출력 값을
더 잘 이해하기 위해서 뿐만 아니라 단위 테스트에서도 유용한 정보로 사용된다. 테스트용 입력
값을 생성할 수도 있고 테스트의 성공 실패를 판단할 수도 있다. 실제로 테스트에서 이 문서가
어떻게 사용되는지는 이후에 자세히 설명한다.

앞서 언급한 것처럼 이러한 docstring을 사용했을 때의 이슈는 코드가 좀 더 커지게 되고, 실제
효과적인 문서가 되려면 보다 상세한 정보가 필요하다는 것이다.

도구 설정

이번 섹션에서는 반복적인 확인 작업을 줄이기 위해 코드 검사를 자동으로 실행하는 기본 도구
를 설정해 볼 것이다.

코드는 사람이 이해하기 위한 것이므로 좋은 코드인지 나쁜 코드인지 판단할 수 있는 것도 오직
사람이라는 것을 기억하자. 개발자는 코드 리뷰에 시간을 투자하고, 훌륭한 코드가 무엇인지,
얼마나 읽기 쉽고 이해하기 쉬운 코드인지에 대해 고민해야 한다. 동료가 작성한 코드를 살펴볼
때는 다음 질문을 해야 한다.

- 이 코드를 동료 개발자가 쉽게 이해하고 따라갈 수 있을까?
- 업무 도메인에 대해서 말하고 있는가?
- 팀에 새로 합류하는 사람도 쉽게 이해하고 효과적으로 작업할 수 있을까?

이전에 살펴보았듯이 코드 포매팅, 일관된 레이아웃, 적절한 들여쓰기를 검사하는 것만으로는
충분하지 않다. 더군다나 높은 수준의 엔지니어에게 이것은 당연한 것이므로 레이아웃의 개념
을 뛰어 넘는 그 이상의 것을 읽고 쓸 수 있어야 한다. 따라서 이런 것들을 살펴보는데 시간을
낭비하기보다는 실제 어떤 패턴이 사용되었는지 살펴서 코드의 실제 의미와 가치를 이해하는데

시간을 투자하는 것이 효과적이다.

이 모든 검사는 자동화해야 한다. 테스트와 체크리스트가 지속적으로 통합 빌드(Continuous Integration Build)의 하나가 되도록 해야 한다. 만약 빌드 중 테스트를 통과하지 못하면 빌드 전체가 실패해야 한다. 이것만이 코드의 구조를 일관되게 유지할 수 있는 유일한 방법이다. 또한 이러한 검사 결과를 팀에서 사용하는 객관적인 지표로 활용해야 한다. 일부 엔지니어나 팀 리더가 PEP-8를 준수하였는지 항상 확인하도록 할 필요 없이 빌드의 결과가 자동으로 답변을 할 수 있도록 해야 한다.

이 섹션에서 제공된 도구는 이러한 검사를 어떻게 자동화할 수 있는지에 대한 아이디어를 제공한다. 이러한 도구는 몇 가지 표준을 준수할 수 있도록 도와준다. 검사에 대한 기준은 설정 가능하며, 각각의 리포지토리마다 별도의 설정을 가지고 있어도 아무 문제가 없다.

도구를 사용한다는 것은 특정 검사를 **반복적으로** 그리고 자동화하여 한다는 것을 의미한다. 즉, 로컬 개발 환경에서 검사한 결과가 다른 곳에서 검사한 결과와 항상 일치해야 한다. 이러한 도구는 **CI(Continuous Integration)** 빌드의 일부분으로 포함되어야 한다.

데이터 타입 일관성 검사

동적으로 데이터 타입이 변하는 파이썬에서도 데이터 타입이 의도한 것과 일치하는지 쉽게 확인을 할 수 있다면 좋을 것이다. 파이썬 3.5부터 추가된 타입 어노테이션 기능을 사용하면 해당 변수가 어떤 데이터 타입을 가져야 하는지 명시할 수 있다. 어노테이션을 추가하는 것은 선택 사항이지만, 앞에서 보았듯이 어노테이션을 추가하면 가독성이 높아질 뿐만 아니라 검사 도구와 함께 사용하면 흔하게 발생하는 오류를 미리 검출할 수 있으므로 유용하다.

타입 힌트가 파이썬에 도입된 이후 데이터 타입의 일관성을 확인하기 위한 많은 도구가 개발되었다. 이 섹션에서는 그 중에서 두 가지 도구 – mypy (https://github.com/python/mypy)와 pytype(https://github.com/google/pytype)을 살펴본다. 이 외에도 여러 도구가 있지만 코드의 변화를 감지하고 그러한 변화를 CI 빌드에 포함시킨다는 점에서 전반적인 동작 원리는 비슷하다. mypy는 프로젝트에 선택적으로 사용할 수 있는 정적 타입 검증 도구로서 프로젝트에서 사용되는 모든 파일에 대해서 데이터 타입의 유효성을 검사한다. 대부분은 버그를 잘 찾아주지만 때로는 잘못된 탐지 결과를 내는 경우도 있다.

mypy는 다음과 같이 pip로 쉽게 설치할 수 있으며, 프로젝트의 의존성 목록에 포함하는 것을 추천한다.

```
$ pip install mypy
```

가상 환경에 mypy를 설치하고 mypy {파일명}과 같은 명령어를 실행하면 의심이 되는 오류들을 보고한다. 일반적으로 오류를 방지하는 데 도움이 되는 것들이므로 보고서에서 발견된 문제를 해결하는 것이 좋다. 그러나 mypy 역시 완벽하지 않으므로 잘못된 탐지라고 생각되면 다음과 같이 해당 라인에 대한 검사를 무시하도록 할 수 있다.

```
type_to_ignore = "something" # type: ignore
```

mypy나 기타 타입 검사 도구가 유용하게 쓰이려면 먼저 어노테이션을 정확하게 작성해야 한다. 타입의 범위가 너무 일반적이면 정상적인 경우라고 판단해버릴 수 있기 때문이다.

다음에 소개할 함수는 이터러블 형태의 파라미터를 받아서 순환을 한다. 이 함수의 원래 의도는 파이썬의 동적 타입 기능을 활용하여 리스트, 튜플, 사전, set 등의 모든 자료형에 대해서 for 문을 수행하려는 것이다.

```
def broadcast_notification(
    message: str,
    relevant_user_emails: Iterable[str]
):
    for email in relevant_user_emails:
        logger.info(f"{message} 메시지를 {email}에게 전달")
```

문제는 실수로 다음과 같이 함수를 호출하더라도 mypy가 오류를 보고하지 않는다는 것이다.

```
broadcast_notification("welcome", "user1@domain.com")
```

물론 이 예는 잘못된 호출이다. 문자열 또한 이터러블 객체이므로 for 문이 정상 동작하겠지만, "u", "s", "e" 와 같은 글자가 유효한 이메일 형식은 아닐 것이기 때문이다.

대신에 좀 더 강력한 파라미터 타입 제한을 줄 수 있다. 예를 들면 오직 리스트나 튜플만 허용하는 것이다. 이렇게 바꾸면 이제 mypy가 제대로 오류를 보고한다.

```
$ mypy <file-name>
```

```
error: Argument 2 to "broadcast_notification" has incompatible type "str";
expected "Union[List[str], Tuple[str]]"
```

마찬가지로 pytype도 유사한 방식으로 동작하므로 상황에 알맞게 선택하면 된다. 다음 결과에서 보이는 것처럼 pytype 결과 또한 매우 유사하다.

```
File "...", line 22, in <module>: Function broadcast_notification was
called with the wrong arguments [wrong-arg-types]
        Expected: (message, relevant_user_emails: Union[List[str], Tuple[str]])
    Actually passed: (message, relevant_user_emails: str)
```

mypy와 pytype의 한 가지 큰 차이점은 오류를 확인하는 시점이다. 예를 들어 pytype에서는 일시적으로 지정된 데이터 타입과 다른 타입을 사용하여도 최종 결과가 선언된 유형을 준수하는 한 문제로 간주되지 않는다. 이것이 좋은 특성일 수도 있지만 일반적으로 코드에서 설정한 일관성을 유지하는 것이 좋다. 그렇게 해야 부작용을 줄이고 이해하기 쉬운 코드가 되기 때문이다.

(역주 : pyptype (https://google.github.io/pytype/)에 소개된 대표적인 예제를 살펴보자.

```
from typing import List
def get_list() -> List[str]:
    lst = ["PyCon"]
    lst.append(2022)  # mypy에서는 오류지만 pytype에서는 허용
    return [str(x) for x in lst]
```

여기서 lst.append(2022)는 문자형이 아닌 숫자형을 추가하려고 했기 때문에 정적인 코드 분석 관점에서 보면 오류이지만, 최종적으로 str 함수를 사용해 문자열로 변환하기 때문에 런타임 시에는 문제가 되지 않는다.)

일반적인 코드 검증

앞 섹션에서 소개한 것처럼 데이터 타입을 검사하는 것 외에도 다른 도구를 사용하여 보다 일반적인 유형의 품질 검사를 하는 것도 가능하다.

대표적으로 pycodestyle (예전 이름은 pep8), flake8과 같은 도구가 있다. 이것들은 모두 설정 가능한 구조로 되어 있고, 제공하는 커맨드라인 명령어를 사용해서 쉽게 실행이 가능하다.

여러 파이썬 파일에 대해서 실행할 수 있으며, 실행 결과로 PEP-8 표준을 위반한 모든 라인과 에러 유형을 출력한다.

PEP-8 준수 여부를 검증하는 것뿐만 아니라 PEP-8 이상의 더 복잡한 것에 대한 추가 검사를 제공하는 도구도 있다(PEP-8을 완벽히 준수하였다고 하더라도 여전히 최적의 코드는 아니라는 점을 기억하자).

예를 들어, PEP-8은 일반적인 코드의 스타일이나 구조에 관한 것을 검사할 뿐 모든 메서드, 클래스, 모듈에 docstring을 넣도록 강제하지는 않는다. 또한 너무 많은 파라미터를 사용하는 함수에 대해서도 아무런 불평을 하지 않는다(이것이 왜 나쁜 습관인지는 뒤에서 다룬다).

이러한 추가 검증이 가능한 도구 중의 하나가 바로 pylint이다. pylint는 가장 엄격한 수준의 검증을 하는 도구이며 기타 다른 여러 기능들도 포함하고 있다. 이전과 마찬가지로 다음과 같이 pip를 사용하여 설치 가능하다.

```
$pip install pylint
```

이제 pylint 명령어를 사용하여 쉽게 코드 품질 검사가 가능하다.

pylint는 pylintrc 설정 파일이 있어서 개별적인 규칙에 대해서 활성/비활성 여부를 결정할 수도 있고, 해당 규칙의 변수 값 (예: 한 라인에서 허용 가능한 최대 길이)을 설정할 수도 있다. 예를 들어, pylint는 기본 값으로 모든 함수에 docstring이 있는지 검사하지만, 이 옵션을 원하지 않는 경우 다음과 같이 비활성화 할 수 있다.

```
[DESIGN]
disable=missing-function-docstring
```

프로젝트에 알맞게 설정을 완료하였다면 이제 버전 제어가 가능한 다른 저장소에서 해당 설정을 재활용할 수 있다.

 TIP 개발 팀에서 합의한 코딩 표준을 문서화하고, 해당 표준이 자동으로 실행되는 도구의 설정파일에 포함되도록 하자.

마지막으로 언급하고 싶은 또다른 도구가 하나 있다. 바로 Coala(https://github.com/coala/

coala)이다. Coala는 파이썬뿐만 아니라 다른 여러 언어를 지원하는데, 기본 컨셉은 비슷하다. 설정 파일이 있고, 커맨드 라인 도구가 있다. 파일을 검사하고 에러를 발견하면 (가능한 경우) 자동으로 수정 가능한 코드도 제안한다.

그런데 pylint나 Coala에서도 기본값으로 검출되지 않는 경우는 어떻게 될까? pylint나 Coala에 이미 수많은 규칙이 정의되어 있지만, 프로젝트에 숨어있는 또다른 오류의 패턴이 있을 수 있다.

만약 빈번히 발생하는 오류에 취약한 코드가 있다면 나만의 규칙을 정의하는 데 시간을 투자해 보는 것이 좋다. pylint와 Coala는 모두 확장이 가능하다. pylint의 경우 여러 플러그인을 제공하고 있으며 직접 플러그인을 만들 수도 있다. Coala의 경우 일반적인 검사 항목과 함께 실행 가능한 검증 모듈을 직접 만들 수 있다.

자동 포매팅

이 장의 처음에서 언급한 것처럼 PR(Pull Request) 시 불필요한 논쟁을 줄이고 코드의 핵심에 집중할 수 있도록 사전에 팀에서 논의된 코딩 컨벤션을 만들어 두는 것이 좋다. 그러나 그러한 규칙에 강제성이 없다면 시간이 지남에 따라 그 의미가 퇴색될 것이다.

도구를 사용하여 표준 준수 여부를 확인하는 것 외에 자동으로 코드 형식을 지정하게 하는 것도 유용한 방법이다.

파이썬 코드를 자동으로 포매팅 하는 다양한 도구가 있다. flake8 같은 도구는 PEP-8 준수 여부를 검사할 뿐만 아니라 자동으로 PEP-8 표준을 준수하는 코드로 변환하는 기능도 있다. flake8 역시 여러 옵션을 설정 가능하고 프로젝트에 알맞게 수정할 수 있다. 이렇게 설정 가능하고 유연함을 가진 도구와 정반대되는 개념을 가진 도구도 있다. 바로 black이다.

black(https://github.com/psf/black)은 라인 길이 제외와 같은 옵션을 허용하지 않으면서 고유하고 결정적인 방식으로 코드 형식을 지정하는 특징이 있다.

예를 들어, 따옴표는 항상 큰따옴표만을 사용해야 하고, 파라미터의 순서는 항상 동일한 구조를 따라야 한다. 이렇게 하는 것이 너무 엄격하다고 생각될 수도 있지만 코드의 차이를 최소화할 수 있는 유일한 방법이다. 코드가 항상 동일한 구조를 따르는 경우 실제 변경 사항이 있는 경우에만 PR(Pull Request)이 생성된다. black을 사용하면 PEP-8보다는 제약이 많이 생기지만 대신에 문제의 핵심에 보다 집중할 수 있다.

이것이 black이 존재하는 이유이기도 하다. PEP-8은 코드의 구조에 대해서 가이드라인을 제시하지만 그것을 지키는 방법에는 몇가지의 옵션이 존재한다. black은 이 점에 대해서 문제를 제기한다. black은 PEP-8보다 엄격한 하위 집합을 관리함으로써 항상 결정적인 형태의 포맷을 갖게 한다.

예를 들어 다음 코드는 PEP-8을 준수하지만 black의 규칙을 따르지는 않는다.

```python
def my_function(name):
    """
    >>> my_function('black')
    'received Black'
    """
    return 'received {0}'.format(name.title())
```

다음과 같이 다음 명령을 실행하여 파일을 포맷할 수 있다.

```
black -l 79 *.py
```

이제 도구가 만들어낸 결과를 확인할 수 있다.

```python
def my_function(name):
    """
    >>> my_function('black')
    'received Black'
    """
    return "received {0}".format(name.title())
```

더 복잡한 코드라면 훨씬 더 많은 것이 변경되었을 것이다(후행 쉼표 등). (역주 : 후행 쉼표(trailling comma)는 ['a', 'b',] 처럼 리스트, 튜플, 사전을 정의할 때 끝에 쉼표를 허용하는 기능이다. 이렇게 하면 다음에 새로운 요소를 추가할 때 마지막 요소의 끝을 찾아 쉼표를 추가하지 않아도 되는 장점이 있다. black은 각각의 요소가 별도의 라인으로 정의된 경우 끝에 후행 쉼표가 없으면 쉼표를 추가한다.) 그러나 무엇을 말하고자 하는지는 명확하게 확인할 수 있다. 다시 말하지만, 이것은 고집스러운 부분이 있다. 그러나 이러한 세부사항을 관리하는 도구를 사용하는 것은 좋은 생각이다.

Golang 커뮤니티는 표준 라이브러리인 fmt를 사용함으로써 자동으로 언어의 컨벤션을 사용하게끔 할 수 있다는 것을 배우게 되었다. 파이썬에서도 이제 그와 같은 기능을 제공할 수 있게 되었다.

black 커맨드는 기본적으로 코드를 포맷하지만 검사만 해볼 수도 있다. '--check' 옵션을 사용하면 코드가 표준을 준수하는지 검사만 하고 실제 변경은 하지 않는다. 이 기능은 특히 CI 프로세스에 통합하여 유용하게 사용할 수 있다.

black은 다른 도구들과 다르게 부분적인 포매팅을 지원하지 않고 파일을 완벽하게 포맷한다는 점을 다시 한번 기억할 필요가 있다. 그래서 이미 다른 스타일의 코드가 적용된 기존 프로젝트에서는 문제가 될 수 있다. 기존 프로젝트에 black을 사용하려는 경우 다음 두 가지 시나리오를 생각할 수 있다.

1. 저장소에 있는 파일을 포매팅한 마일스톤을 생성한다. 이것은 많은 노이즈를 추가하고 기존 이력을 오염시키는 단점이 있다. 팀에서 git 이력에 얼마나 의존하는지에 따라 위험한 결정이 될 수도 있다.

2. 또는 black이 적용된 버전으로 이력을 덮어쓰기 할 수 있다. git에서는 각각의 커밋에 몇 가지 명령을 적용하여 이력을 다시 작성하는 기능이 있다. 이렇게 하면 프로젝트가 처음부터 새로운 포맷으로 잘 작성된 것처럼 보이지만 몇 가지 주의 사항이 있다. 먼저 프로젝트의 기록이 다시 작성되었으므로 모든 사람이 저장소의 로컬 복사본을 새로고침 해야 한다. 그리고 저장소의 이력이 많을 경우 시간이 오래 걸릴 수 있다.

black처럼 "all or nothing" 방식으로 포매팅하는 것이 어렵다면 또 다른 도구인 yapf(https://github.com/google/yapf)를 생각해 볼 수 있다. yapf는 사용자 정의가 가능하면서도 코드의 일부분만 포매팅 하는 것도 가능하다.

yapf는 포매팅을 적용할 줄의 범위를 지정할 수 있다. 이 기능을 사용하면 방금 변경된 영역에 대해서만 코드의 포맷을 변경하도록 IDE를 구성할 수 있다(더 좋은 방법으로는 git commit hook을 설정하는 것이다). 이렇게 하면 자동으로 변경 사항이 생길때마다 포맷을 하게 되므로 표준을 준수할 수 있다.

코드 포맷 자동화 도구에 대해서 정리하면, 이러한 도구들은 코드를 표준화하도록 하는 훌륭한 도구이며 꼭 한 번 써보기를 바란다. 새로운 프로젝트라면 분명 아무런 문제가 없고, 레거시 프로젝트라면 일부 제약사항이 있을 수 있다. 만약 레거시 프로젝트에 채택하는 것이 너무 번거로운 상황이라면 black보다는 yapf를 사용하는 것이 더 적합할 것이다.

자동 검사 설정

리눅스 개발환경에서 빌드를 자동화하는 가장 일반적인 방법은 Makefile을 사용하는 것이다. Makefile은 프로젝트를 컴파일하고 실행하기 위한 설정을 도와주는 강력한 도구이다. 빌드 외에도 포매팅 검사나 코딩 컨벤션 검사를 자동화하기 위해 사용할 수도 있다.

이렇게 하기 위한 가장 좋은 방법은 테스트를 위한 각각의 target을 만들고, 이것들을 모두 실행하는 또다른 target을 만드는 것이다. 예를 들면 다음과 같이 할 수 있다. (역주 : 참고로 Makefile에서 mypy, pytest, py lint처럼 명령어가 있는 행에서는 공백이 아닌 탭으로 들여쓰기를 해야 한다.)

```
.PHONY: typehint
typehint:
    mypy --ignore-missing-imports src/

.PHONY: test
test:
    pytest tests/

.PHONY: lint
lint:
    pylint src/

.PHONY: checklist
checklist: lint typehint test

.PHONY: black
black:
    black -l 79 *.py

.PHONY: clean
clean:
    find . -type f -name "*.pyc" | xargs rm -fr
    find . -type d -name __pycache__ | xargs rm -fr
```

이제 개발 머신과 CI 빌드 머신에서 실행할 커맨드는 다음과 같다.

```
make checklist
```

이것은 다음 단계를 실행한다.

1. 먼저 PEP-8이나 black의 --check 파라미터를 사용해 코딩 가이드라인을 잘 지키고 있는지 확인

2. 올바른 타입을 사용했는지 검사

3. 최종적으로 테스트 실행

이 중에 하나라도 실패하면 전체 프로세스가 실패한다.

이러한 black, pylint, mypy와 같은 도구를 IDE에 연결하면 보다 편리하게 사용할 수 있다. 파일을 저장하거나 수정할 때마다 자동으로 검사가 실행되도록 설정하는 것이다.

이때 Makefile을 사용하면 몇 가지 편리한 점이 있다. 첫째, 가장 많이 사용하는 반복적인 작업을 간단하게 표준화할 수 있다. 팀에 새로운 구성원이 와서 코드를 포맷하고 싶다고 가정해보자. 새로운 구성원은 기존에 어떤 도구를 사용하는지에 상관없이 그저 make format 명령어를 입력하면 된다. 또한 나중에 yapf에서 black으로 도구를 변경한다고 해도 여전히 make format 커맨드를 그대로 사용할 수 있다.

둘째, Makefile은 프로젝트의 여러 작업을 한꺼번에 실행하는 표준화된 방법을 제공한다. 즉, CI 도구에서 Makefile의 명령어를 호출하도록 하고, Makefile 안에서 실제 작업을 실행하도록 하면 CI 도구에서는 가능한 한 적은 설정 옵션을 갖게 된다(앞에서와 마찬가지로 나중에 세부 작업이 변경되어도 큰 부담이 없다).

요약

지금까지 클린 코드가 무엇인지 그리고 실제 어떻게 사용될 수 있는지 살펴보았다. 이 장에서 배운 내용은 이 책의 나머지 부분에서도 중요한 참고 사항이 된다.

더 중요한 것은 클린 코드가 코드의 구조나 레이아웃보다 훨씬 중요한 것임을 이해했다는 점이다. 이러한 생각이 어떻게 코드의 올바름을 확인하는데 사용되는지 집중해서 살펴봐야 한다. 클린 코드는 기술부채를 최소화하고 가독성과 유지보수성 그리고 타인의 이해도를 높이는 효과적인 코드의 작성 방법에 관한 것이다.

그러나 코딩 스타일이나 가이드라인을 준수하는 것 또한 여러 가지 이유로 중요하다. 이는 필수적이지만 충분하지는 않은 조건이며 모든 견고한 프로젝트가 준수해야하는 최소한의 요구 사항으로 도구를 사용하는 것이 좋다. 따라서 이러한 모든 검사를 자동화하는 것이 중요하므로 mypy, pylint, black 등과 같은 도구를 구성하는 방법을 고려해 보아야 한다.

다음 장에서는 특정 파이썬 코드에 좀 더 초점을 맞추어 우리의 생각을 어떻게 파이썬 코드에 적용해야 하는지 살펴본다. 그리고 보다 작고 효율적인 파이썬 코드를 만드는 방법을 살펴본다. 이 분석 과정을 통해 파이썬이 다른 언어와는 다른 철학과 방식을 가지고 있음을 알 수 있다.

참고 자료

- PEP-8: https://www.python.org/dev/peps/pep-0008/
- mypy: http://mypy-lang.org/
- pytype: https://google.github.io/pytype/
- PEP-3107: https://www.python.org/dev/peps/pep-3107/
- PEP-484: https://www.python.org/dev/peps/pep-0484/
- PEP-526: https://www.python.org/dev/peps/pep-0526/
- PEP-557: https://www.python.org/dev/peps/pep-0557/
- PEP-585: https://www.python.org/dev/peps/pep-0585/

Chapter 2

파이썬스러운(pythonic) 코드

이 장에서는 아이디어를 파이썬으로 표현하는 방식과 그 특수성을 살펴볼 것이다. 만약 리스트의 마지막 요소를 가져오거나, 반복하거나, 검색하는 등의 문제를 표준적인 방법으로 해결하는데 익숙하거나, C, C++ 또는 Java와 같은 전통적인 언어에 익숙하다면 파이썬이 대부분의 공통적인 작업을 해결하기 위해 자신만의 고유한 메커니즘을 제공한다는 것을 알게 될 것이다.

프로그래밍에서 관용구(idiom)는 특정 작업을 수행하기 위해 코드를 작성하는 특별한 방법이다. 매번 동일한 구조를 반복하고 따르는 것이 일반적이다. 어떤 사람들은 이것을 패턴이라 주장하고 부르기도 하지만, (나중에 살펴보겠지만) 디자인 패턴과는 다르다. 가장 큰 차이점은 디자인 패턴은 언어와 무관한 고차원의 개념으로 코드로 즉시 변환되지 않는다는 것이다. 반면에 관용구는 실제 코딩으로 변환된다. 특정 작업을 할 때 사용할 수 있는 실제 코드이다.

관용구는 코드이므로 언어에 따라 다르다. 모든 언어는 (C, C++ 등에서 파일을 열고 쓰는 방법과 같은) 해당 언어로 작업을 처리하는 고유한 관용구를 가지고 있다. 이 관용구를 따른 코드를 관용적이라 부르고 특히 파이썬에서는 **파이썬스럽다(Pythonic)**고 한다.

권장사항을 따르고 파이썬스러운 코드를 작성하는 데는 여러 이유가 있지만 첫째로 관용적인 방식으로 코드를 작성했을 때 일반적으로 더 나은 성능을 내기 때문이다. 또한 코드도 더 작고 이해하기도 쉽다. 이것은 효율적인 코드의 일반적인 특징들이다. 둘째로, 이전 장에서 소개했듯이 전체 개발팀이 동일한 패턴과 구조에 익숙해지면 실수를 줄이고 문제의 본질에 보다 집중할 수 있기 때문이다.

이 장의 목표는 다음과 같다.

- 인덱스와 슬라이스를 이해하고 인덱싱 가능한 객체를 올바른 방식으로 구현하기
- 시퀀스와 이터러블 구현하기
- 컨텍스트 관리자를 만드는 모범 사례 연구 그리고 어떻게 효율적으로 작성할 수 있는지
- 매직 메서드를 사용해 보다 관용적인 코드 구현
- 파이썬에서 부작용을 유발하는 흔한 실수 피하기

다음 섹션에서 먼저 인덱스와 슬라이스에 대해서 알아보자.

인덱스와 슬라이스

다른 언어와 마찬가지로 파이썬의 일부 데이터 구조나 타입은 자신이 가지고 있는 요소에 인덱스를 통해 접근하는 것을 지원한다. 일반적인 프로그래밍 언어와 같이 첫 번째 요소의 인덱스는 0부터 시작한다. 그러나 파이썬은 다른 언어와 색다른 방법으로 접근하는 것을 지원한다.

예를 들어 C에서 배열의 마지막 요소에 접근하려면 어떻게 할까? 파이썬을 처음 사용할 때 겪었던 일이다. C에서와 같은 방식으로 생각하면 배열의 길이에서 1을 뺀 위치에 있는 요소를 가져온다. 이렇게도 가능하지만 파이썬에서는 음수 인덱스를 사용하여 끝에서부터 접근이 가능하다. 다음과 같이 사용할 수 있다.

```
>>> my_numbers = (4, 5, 3, 9)
>>> my_numbers[-1]
9
>>> my_numbers[-3]
5
```

하나의 요소를 얻는 것 외에도 다음 명령과 같이 slice를 사용하여 특정 구간의 요소를 구할 수도 있다.

```
>>> my_numbers = (1, 1, 2, 3, 5, 8, 13, 21)

>>> my_numbers[2:5]
(2, 3, 5)
```

대괄호에 있는 구문은 튜플의 모든 요소를 첫 번째 파라미터의 인덱스에서 두 번째 파라미터의 인덱스까지 가져오라는 것을 뜻한다. slice의 시작 인덱스는 포함, 끝 인덱스는 제외하고 선택한 구간의 값을 가져온다는 것에 유의하자.

시작, 끝 또는 간격 파라미터 중 하나를 제외할 수 있으며 이 경우 다음에 보이는 것처럼 시퀀스의 처음 또는 끝에서부터 동작한다.

```
>>> my_numbers[:3]
(1, 1, 2)
>>> my_numbers[3:]
(3, 5, 8, 13, 21)
```

```
>>> my_ numbers[::]     # my_numbers[:]도 마찬가지로 복사본을 만든다.
(1, 1, 2, 3, 5, 8, 13, 21)
>>> my_numbers[1:7:2]
(1, 3, 8)
```

첫 번째 예제에서는 0번째 이상부터 3번째 미만의 인덱스에 있는 값을 가져온다. 두 번째 예제에서는 3번째 인덱스에 있는 값부터 끝까지 가져온다. 세 번째 예제에서는 모든 파라미터를 사용하지 않았다. 이 경우는 원래 튜플의 복사본을 만든다.

마지막 예제에서는 마지막 파라미터에 간격 값을 설정했다. 이 값은 주어진 간격을 이동할 때 점프하려는 간격을 나타낸다. 이 예제에서는 1번과 7번 미만의 인덱스 사이에 있는 요소를 두 칸씩 점프하는 것을 의미한다. (역주: 1번째 요소가 아니라 1번 인덱스라는 것에 유의하자. 인덱스는 0부터 시작하므로 여기서 말하는 1은 두 번째에 있는 1을 의미한다.)

위의 모든 예제는 실제로는 slice 함수에 파라미터를 전달하는 것과 같다. slice 함수는 파이썬의 내장 객체이므로 다음과 같이 직접 호출할 수도 있다.

```
>>> interval = slice(1, 7, 2)
>>> my_numbers[interval]
(1, 3, 8)

>>> interval = slice(None, 3)
>>> my_numbers[interval] == my_numbers[:3]
True
```

slice의 (시작, 중지, 간격) 중 지정하지 않은 파라미터는 None으로 간주한다.

> **TIP** 튜플, 문자열, 리스트의 특정 요소를 가져오려고 한다면 for 루프를 돌며 수작업으로 요소를 선택하지 말고 이와 같은 방법을 사용하는 것이 좋다.

자체 시퀀스 생성

방금 설명한 기능은 __getitem__ 이라는 매직 메서드(매직 메서드는 파이썬에서 특수한 동작을 수행하기 위해 예약한 메서드로 이중 밑줄로 둘러싸여 있다) 덕분에 동작한다. 이것은

myobject[key]와 같은 형태를 사용할 때 호출되는 메서드로 key에 해당하는 대괄호 안의 값을 파라미터로 전달한다. 특히 시퀀스는 __getitem__과 __len__을 모두 구현한 객체이므로 반복이 가능하다. 리스트, 튜플과 문자열은 표준 라이브러리에 있는 시퀀스 객체의 예이다.

이 섹션에서는 시퀀스나 이터러블 객체를 만들지 않고 키로 객체의 특정 요소를 가져 오는 방법에 대해 다룬다. 이터러블 객체는 7 장에서 자세히 다룬다.

업무 도메인에서 사용하는 사용자 정의 클래스에 __getitem__을 구현하려는 경우 파이썬스러운 접근 방식을 따르기 위해 몇 가지를 고려해야 한다.

클래스가 표준 라이브러리 객체를 감싸는 래퍼(wrapper)인 경우 기본 객체에 가능한 많은 동작을 위임할 수 있다. 즉 클래스가 리스트의 래퍼인 경우 리스트의 동일한 메서드를 호출하여 호환성을 유지할 수 있다. 다음 클래스는 객체가 어떻게 리스트를 래핑하는지 보여준다. 필요한 메서드가 있는 경우 그저 list 객체에 있는 동일한 메서드에 위임하면 된다.

```python
from collections.abc import Sequence

class Items(Sequence):
    def __init__(self, *values):
        self._values = list(values)

    def __len__(self):
        return len(self._values)

    def __getitem__(self, item):
        return self._values.__getitem__(item)
```

클래스가 시퀀스임을 선언하기 위해 collections.abc (https://docs.python.org/3/library/collections.abc.html) 모듈의 Sequence 인터페이스를 구현해야 한다. 우리가 작성한 클래스가 컨테이너나 사전과 같은 표준 데이터 타입처럼 동작하게 하려면 이 모듈을 구현하는 것이 좋다. 이러한 인터페이스를 상속받으면 해당 클래스가 어떤 클래스인지 바로 알 수가 있으며, 필요한 요건들을 강제로 구현하게 되기 때문이다.

이 예제에서는 컴포지션을 사용한다. 왜냐하면 내부적으로 list 클래스를 상속받지 않고 직접 작성한 구현체를 가지고 있기 때문이다. 다른 방법으로 상속을 사용할 수도 있다. 이 경우는 collections.UserList 부모 클래스를 상속해야 한다. 이때의 고려사항과 주의사항은 이 장의 마지막 부분에서 언급한다.

그러나 만약 래퍼도 아니고 내장 객체를 사용하지도 않은 경우는 자신만의 시퀀스를 구현할 수 있다. 이때는 다음 사항에 유의해야 한다.

- 범위로 인덱싱하는 결과는 해당 클래스와 같은 타입의 인스턴스여야 한다.
- slice에 의해 제공된 범위는 파이썬이 하는 것처럼 마지막 요소는 제외해야 한다.

첫 번째 규칙은 미묘한 오류를 방지하기 위한 것이다. 일반적인 경우를 생각해보자. 리스트의 일부를 가져오면 결과는 리스트이다. 튜플에서 특정 range를 요청하면 결과는 튜플이다. substring의 결과는 문자열이다. 각각의 경우에 결과가 원본 객체와 동일한 타입이라는 것을 알 수 있다. 날짜의 간격을 나타내는 시퀀스를 직접 만들었다고 가정해보자. 그런데 특정 간격의 range를 요청했을 때 리스트나 튜플을 반환하는 실수를 할 수 있다. 원래는 새로운 간격을 설정하여 동일한 클래스의 인스턴스를 반환해야 한다. 이렇게 잘 처리하는 가장 좋은 예는 range 함수를 가진 표준 라이브러리에 있다. 이전 파이썬 2에서는 리스트를 만들기 위해 range 함수를 사용했다. 그러나 파이썬 3에서는 interval을 지정하여 range를 호출하면 선택한 범위의 값을 생성하는 방법을 알고 있는 이터러블 객체를 반환한다. range의 간격을 지정하면 당연하게도 리스트가 아닌 새로운 range를 얻게 된다.

```
>>> range(1, 100)[25:50]
range(26, 51)
```

두 번째 규칙은 일관성에 관한 것이다. 코드 작성 시 파이썬의 패턴과 일관성을 유지한다면 코드를 사용하는 사람은 보다 친숙함을 느끼고 사용하기 쉬울 것이다. 파이썬 개발자는 이미 slice가 작동하는 방식, range 함수가 작동하는 방식에 익숙하다. 사용자 정의 클래스에서 예외를 만들면 혼란이 생길 수 있다. 즉 기억하기가 어렵기 때문에 버그가 생길 수 있다.

이제 인덱스와 슬라이스가 무엇인지 그리고 어떻게 생성하는지 알았으므로 다음 섹션에서는 컨텍스트 관리자만 제외하고 동일한 접근법을 사용할 것이다. 먼저 표준 라이브러리의 컨텍스트 관리자가 작동하는 방식을 살펴본 다음 자체 컨텍스트 관리자를 만들어 볼 것이다.

컨텍스트 관리자(context manager)

컨텍스트 관리자는 파이썬이 제공하는 유용한 기능이다. 이것이 특별히 유용한 이유는 패턴에 잘 대응되기 때문이다. 사전 조건과 사후 조건이 있는 일부 코드를 실행해야 하는 상황이 있다. 즉, 어떤 중요한 작업 전후에 실행을 하려는 것이다. 컨텍스트 관리자는 이러한 상황에서 사용할 수 있는 가장 훌륭한 도구이다.

일반적으로 리소스 관리와 관련하여 컨텍스트 관리자를 자주 볼 수 있다. 예를 들어 일단 파일을 열면 파일 디스크립터 누수를 막기 위해 작업이 끝나면 적절히 닫히길 기대한다. 또는 서비스나 소켓에 대한 연결을 열었을 때도 적절하게 닫거나 임시 파일을 제거하는 등의 작업을 해야한다.

이 모든 경우에 일반적으로 할당된 모든 리소스를 해제해야 한다. 모든 것이 잘 처리되었을 경우의 해제는 쉽지만 예외가 발생하거나 오류를 처리해야 하는 경우는 어떻게 될까? 가능한 모든 조합과 실행 경로를 처리하여 디버깅하는 것이 어렵다는 점을 감안할 때 이 문제를 해결하는 가장 일반적인 방법은 finally 블록에 정리 코드를 넣는 것이다. 예를 들어 다음과 같은 간단한 예제를 생각해볼 수 있다.

```
fd = open(filename)
try:
    process_file(fd)
finally:
    fd.close()
```

그렇지만 똑같은 기능을 매우 우아하고 파이썬스러운 방법으로 구현할 수도 있다.

```
with open(filename) as fd:
    process_file(fd)
```

with 문(PEP-343)은 컨텍스트 관리자로 진입하게 한다. 이 경우 open 함수는 컨텍스트 관리자 프로토콜을 구현한다. 즉 예외가 발생한 경우에도 블록이 완료되면 파일이 자동으로 닫힌다.

컨텍스트 관리자는 __enter__와 __exit__ 두 개의 매직 메서드로 구성된다. 첫 번째 줄에서 with 문은 __enter__ 메서드를 호출하고 이 메서드가 무엇을 반환하든 as 이후에 지정된 변수에 할당된다. 사실 __enter__ 메서드가 특정한 값을 반환할 필요는 없다. 설사 값을 반환한다

하더라도 필요하지 않으면 변수에 할당하지 않아도 된다.

이 라인이 실행되면 다른 파이썬 코드가 실행될 수 있는 새로운 컨텍스트로 진입한다. 해당 블록에 대한 마지막 문장이 끝나면 컨텍스트가 종료되며 이는 파이썬이 처음 호출한 원래 컨텍스트 관리자 객체의 __exit__ 메서드를 호출함을 의미한다.

컨텍스트 관리자 블록 내에 예외 또는 오류가 있는 경우에도 __exit__ 메서드가 여전히 호출되므로 정리 조건을 안전하게 실행하는데 편하다. 실제로 __exit__ 메서드는 블록에서 예외가 발생한 경우 해당 예외를 파라미터로 받기 때문에 임의의 방법으로 처리할 수도 있다.

컨텍스트 관리자가 파일이나 커넥션 등의 리소스 관리에서 매우 자주 사용되기는 하지만 오직 이런 분야에서만 사용 가능한 것은 아니다. 블록의 전후에 필요로 하는 특정 로직을 제공하기 위해 자체 컨텍스트 관리자를 구현할 수도 있다.

컨텍스트 관리자는 관심사를 분리하고 독립적으로 유지되어야하는 코드를 분리하는 좋은 방법이다. 왜냐하면 이들을 섞으면 로직을 관리하기가 더 어려워지기 때문이다.

예를 들어 스크립트를 사용해 데이터베이스 백업을 하려는 경우를 생각해보자. 주의 사항은 백업은 오프라인 상태에서 해야 한다는 것이다. 즉 데이터베이스가 실행되고 있지 않은 동안에만 백업을 할 수 있으며 이를 위해 서비스를 중지해야 한다. 백업이 끝나면 백업 프로세스가 성공적으로 진행되었는지에 관계없이 프로세스를 다시 시작해야 한다. 첫 번째 방법은 서비스를 중지하고 백업을 하고 예외 및 특이사항을 처리하고 서비스를 다시 시작하는 거대한 단일 함수를 만드는 것이다. 진짜 이렇게 구현하는 경우가 있기 때문에 바로 컨텍스트 관리자를 사용한 문제 해결법을 제시하지 않고 좀 더 자세히 살펴보겠다.

```python
def stop_database():
    run("systemctl stop postgresql.service")


def start_database():
    run("systemctl start postgresql.service")


class DBHandler:
    def __enter__(self):
        stop_database()
        return self

    def __exit__(self, exc_type, ex_value, ex_traceback):
```

```
        start_database()

    def db_backup():
        run("pg_dump database")

    def main():
        with DBHandler():
            db_backup()
```

이 예제에서는 DBHandler를 사용한 블록 내부에서 컨텍스트 관리자의 결과를 사용하지 않았다. 적어도 이 경우에 __enter__의 반환 값은 쓸모가 없다. 컨텍스트 관리자를 디자인할 때 블록이 시작된 후에 무엇이 필요한지 고려해야 한다. 일반적으로 필수는 아니지만 __enter__에서 무언가를 반환하는 것이 좋은 습관이다.

main() 함수에서는 유지보수 작업과 상관 없이 백업을 실행한다. 또한 백업에 오류가 있어도 여전히 __exit__를 호출한다.

__exit__ 메서드의 서명을 주목할 필요가 있다. 블록에서 발생한 예외를 파라미터로 받는다. 블록에 예외가 없으면 모두 None이다.

__exit__의 반환 값을 잘 생각해야 한다. 특별한 작업을 할 필요가 없다면 아무것도 반환하지 않아도 된다. 만약 __exit__가 True를 반환하면 잠재적으로 발생한 예외를 호출자에게 전파하지 않고 멈춘다는 것을 뜻한다. 때로는 이렇게 하는 것을 원하는 경우도 있지만 일반적으로 발생된 예외를 삼키는 것은 좋지 않은 습관이다. 절대로 오류를 조용히 무시해버리면 안 된다는 점을 기억하자.

실수로 __exit__에서 True를 반환하지 않도록 주의해야 한다. 만약 True를 반환한다면 이것이 정말 원하는 결과인지 그리고 그렇게 하는 충분한 이유가 있는지 확인해야 한다.

컨텍스트 관리자 구현

앞의 예제와 같은 방법으로 컨텍스트 관리자를 구현할 수 있다. __enter__와 __exit__ 매직 메서드만 구현하면 해당 객체는 컨텍스트 관리자 프로토콜을 지원할 수 있다. 이렇게 컨텍스트 관리자를 구현하는 것이 일반적이 방법이지만 유일한 방법은 아니다.

이 섹션에서는 컨텍스트 관리자를 좀 더 간결하게 구현하는 방법뿐만 아니라 표준 라이브러리 특히 contextlib 모듈을 사용하여 보다 쉽게 구현하는 방법을 살펴볼 것이다.

contextlib 모듈은 컨텍스트 관리자를 구현하거나 더 간결한 코드를 작성하는 데 도움이 되는 많은 도우미 함수와 객체를 제공한다.

먼저 contextmanager 데코레이터를 살펴보자.

함수에 contextlib.contextmanager 데코레이터를 적용하면 해당 함수의 코드를 컨텍스트 관리자로 변환한다. 함수는 제너레이터라는 특수한 함수의 형태여야 하는데 이 함수는 코드의 문장을 __enter__ 와 __exit__ 매직 메서드로 분리한다.

지금은 데코레이터와 제너레이터에 익숙하지 않아도 다음에 살펴볼 예제는 특별한 설명 없이도 이해할 수 있고 관용구를 적용하여 이해할 수 있다. 이와 관련된 내용은 7장에서 자세히 살펴본다. 이전 예제와 동일한 코드를 contextmanager 데코레이터를 사용해 다음과 같이 다시 작성할 수 있다.

```python
import contextlib

@contextlib.contextmanager
def db_handler():
    try:
        stop_database()
        yield
    finally:
        start_database()

with db_handler():
    db_backup()
```

먼저 제너레이터 함수를 정의하고 @contextlib.contextmanager 데코레이터를 적용했다. 이 함수는 yield 문을 사용했으므로 제너레이터 함수가 된다. 여기서도 제너레이터의 상세 내용은 몰라도 된다. 중요한 것은 데코레이터를 적용하면 yield 문 앞의 모든 것은 __enter__ 메서드의 일부처럼 취급된다는 것이다. 여기서 생성된 값은 컨텍스트 관리자의 평가 결과로 사용된다. __enter__ 메서드의 반환 값과 같은 역할을 하는 것으로 as x: 와 같은 형태로 변수에 할당할 수 있다. 이번 경우는 yield 문에서 아무것도 반환하지 않았다. 이것은 암묵적으로 None을 반환하는 것과 같다. 그러나 컨텍스트 관리자의 블록 내에서 사용하기를 원하는 경우 반환 값을 지정할 수 있다.

이 지점에서 제너레이터 함수가 중단되고 컨텍스트 관리자로 진입하여 데이터베이스의 백업코드가 실행된다. 이 작업이 완료되면 다음 작업이 이어서 실행되므로 yield 문 다음에 오는 모든 것들을 __exit__ 로직으로 볼 수 있다.

이렇게 컨텍스트 매니저를 작성하면 기존 함수를 리팩토링하기 쉬운 장점이 있다. 일반적으로 어느 특정 객체에도 속하지 않은 컨텍스트 관리자가 필요한 경우 좋은 방법이다(그렇지 않으면 객체 지향적인 의미에서 보면 아무런 목적을 가지지 않은 "가짜" 부모 클래스를 생성해야 한다.). 매직 메서드를 추가하면 업무 도메인에 더 얽히게 되며, 책임이 커지고, 어쩌면 하지 않아도 될 것들을 지원해야만 한다. 많은 상태를 관리할 필요가 없고 다른 클래스와 독립되어 있는 경우라면 컨텍스트 관리자를 만드는 것이 좋은 방법이다.

컨텍스트 관리자를 구현할 수 있는 더 많은 방법이 있으며 이것 역시 표준 라이브러리인 contextlib 패키지에 있다.

또 다른 도우미 클래스는 contextlib.ContextDecorator이다. 이 클래스는 컨텍스트 관리자 안에서 실행될 함수에 데코레이터를 적용하기 위한 로직을 제공하는 믹스인 클래스이다(역주 : 믹스인 클래스는 다른 클래스에서 필요한 기능만 섞어서 사용할 수 있도록 메서드만을 제공하는 유틸리티 형태의 클래스이다). 반면에 컨텍스트 관리자 자체의 로직은 앞서 언급한 매직 메서드를 구현하여 제공해야 한다.

이렇게 하려면 ContextDecorator를 상속하여 새로운 클래스를 만들고 매직 메서드에 필요한 로직을 구현하면 된다.

```python
class dbhandler_decorator(contextlib.ContextDecorator):
    def __enter__(self):
        stop_database()
        return self

    def __exit__(self, ext_type, ex_value, ex_traceback):
        start_database()


@dbhandler_decorator()
```

```
def offline_backup():
    run("pg_dump database")
```

이전 예제와 다른 점을 무엇일까? with 문이 없다는 것이다. 그저 함수를 호출하기만 하면 offline_backup 함수가 컨텍스트 관리자 안에서 자동으로 실행된다. 이것이 원본 함수를 래핑하는 데코레이터가 하는 일이다.

이 접근법의 유일한 단점은 완전히 독립적인 것이라는 것이다. 이것은 사실 좋은 특성이다. 데코레이터는 함수에 대해 아무것도 모르고 그 반대도 마찬가지이다. 이것은 좋은 것이지만 offline_backup에서 꼭 필요한 경우에도 데코레이터 객체에 직접 접근할 수 없다는 것을 의미한다. 그러나 꼭 필요한 경우라면 다음과 같이 데코레이터 객체를 함수 안에서 직접 사용할 수는 있다.

```
def offline_backup():
    with dbhandler_decorator() as handler: ...
```

데코레이터를 사용하면 로직을 한 번만 정의하면 된다는 장점이 있다. 변하지 않는 동일한 로직을 필요한 곳에 원하는 만큼 재사용할 수 있다.

마지막으로 contextlib의 기능 하나를 살펴보자. 컨텍스트 관리자에게 무엇을 기대할 수 있는지 어떤 경우에 활용될 수 있는지 살펴보자.

이 라이브러리 안에서 contextlib.supress라는 함수를 찾을 수 있는데, 안전하다고 확신하는 경우 해당 예외를 무시하는 기능이다. try/except 블록에서 코드를 실행하고 예외를 전달하거나 로그를 남기는 것과 비슷하지만 차이점은 suppress 메서드를 호출하면 로직에서 자체적으로 처리하고 있는 예외임을 명시한다는 점이다.

다음과 같은 에제를 생각해보자.

```
import contextlib

with contextlib.suppress(DataConversionException):
    parse_data(input_json_or_dict)
```

여기서 DataConversionException는 입력 데이터가 이미 기대한 것과 같은 포맷이어서 변환할 필요가 없으므로 무시해도 안전하다는 것을 뜻한다.

컨텍스트 관리자는 파이썬을 차별화하는 상당히 독특한 기능이다. 따라서 가급적 컨텍스트 관리자를 사용하는 것이 이상적인 방법이다. 다음 섹션에서는 더 간결한 코드를 작성하는 데 도움이 되는 흥미로운 특징에 대해서 알아볼 것이다. 바로 컴프리헨션과 할당 표현식이다.

컴프리헨션(Comprehension)과 할당 표현식 ▰▰▰▰

앞으로 이 책에서 컴프리헨션을 사용한 예를 자주 보게 될 것이다. 왜냐하면 컴프리헨션을 사용하면 코드를 보다 간결하게 작성할 수 있고, 일반적으로 가독성도 높아지기 때문이다. 그렇지만 수집한 데이터에 대해서 어떤 변환을 해야 하는 경우라면 오히려 코드가 더 복잡해질 수도 있다. 이런 경우에는 간단하게 for 루프를 사용하는 것이 더 나은 선택이다.

그러나 이런 상황에서 적용할 수 있는 마지막 수단이 있다. 바로 할당 표현식이다.

여러 연산이 아니라 단일 명령어로 데이터 구조를 생성하려면 컴프리헨션을 사용하는 것이 좋다. 예를 들어, 다음과 같이 어떤 숫자들에 대해서 단순 계산이 포함된 목록을 만들고 싶다면,

```
numbers = []
for i in range(10):
    numbers.append(run_calculation(i))
```

다음과 같이 바로 리스트를 만들 수도 있다.

```
numbers = [run_calculation(i) for i in range(10)]
```

이러한 형식으로 작성된 코드는 list.append를 반복적으로 호출하는 대신 단일 파이썬 명령어를 호출하므로 일반적으로 더 나은 성능을 보인다. 혹시 어떤 두 함수의 내부 차이가 궁금하다면 dis 모듈을 사용하여 차이점을 확인할 수 있다(역주: dis 모듈의 dis 함수(dis.dis)는 전달받은 함수의 어셈블리 코드를 보여준다. 예를들어 myfunc라는 함수가 있는 경우 dis.dis(myfunc)와 같이 호출하여 내부 어셈블리 코드를 확인할 수 있다).

클라우드 컴퓨팅 환경에서 ARN(역주: Amazon Resource Number의 약자로 AWS의 리소스를 식별하는 고유번호) 같은 문자열을 받아서 해당 리소스의 계정 정보를 반환하는 함수를 생각해보

자. 단순하게 다음과 같이 작성해볼 수 있다.

```python
from typing import Iterable, Set


def collect_account_ids_from_arns(arns: Iterable[str]) -> Set[str]:
    """arn:partition:service:region:account-id:resource-id 형태의 ARN들이 주어진 경우
        고유한 계정 ID (account-id)를 찾아서 반환
    """
    collected_account_ids = set()
    for arn in arns:
        matched = re.match(ARN_REGEX, arn)
        if matched is not None:
            account_id = matched.groupdict()["account_id"]
            collected_account_ids.add(account_id)
    return collected_account_ids
```

분명히 이것은 많은 코드 라인을 가지고 있지만 비교적 간단한 작업을 하고 있다. 이 코드를 읽는 사람은 여러 명령문을 읽다가 혼란스러울 수도 있고 우연치 않게 실수를 할 수도 있다. 보다 단순하게 할 수는 없을까? 컴프리헨션을 사용하면 함수형 프로그래밍과 유사한 방식으로 더 적은 라인으로 동일한 기능을 수행하는 함수를 만들 수 있다.

```python
def collect_account_ids_from_arns(arns):
    matched_arns = filter(None, (re.match(ARN_REGEX, arn) for arn in arns))
    return {m.groupdict()["account_id"] for m in matched_arns}
```

함수의 첫 번째 줄은 map과 filter를 적용하는 것과 비슷하다. 먼저 정규 표현식을 제공된 문자열에 적용하고 None이 아닌 것들만 남긴다. 남은 결과는 이터레이터로서 계정 ID를 추출하는데 사용된다.

이 함수는 처음 함수보다 유지 보수가 쉽지만 여전히 두 개의 문장이 필요하다. 파이썬 3.8 이전에는 더 간략하게 만들 수 없었지만 PEP-572 (https://www.python.org/dev/peps/pep-0572/)에서 할당 표현식(assignment expression)이 도입되면서 다음과 같이 한 문장으로 다시 작성할 수 있다.

```python
def collect_account_ids_from_arns(arns: Iterable[str]) -> Set[str]:
    return {
        matched.groupdict()["account_id"]
```

```
        for arn in arns
        if (matched := re.match(ARN_REGEX, arn)) is not None
    }
```

컴프리헨션 안쪽의 세 번째 줄에 있는 구문을 확인하자. 이렇게 하면 문자열에 정규식을 적용한 결과가 None이 아닌 것들만 matched 변수로 저장되고, matched 변수를 다른 부분에서 사용할 수 있다.

세 번째 코드가 두 번째 코드보다 더 나은 것인지에 대해서는 논쟁의 여지가 있을 수 있다(그러나 분명 두 번째, 세 번째 코드가 첫 번째 코드보다는 낫다는 점에서는 의심의 여지가 없다!) 그러나 마지막 예제에서는 간접 참조가 적고, 동일 스코프 내에서 값이 어떻게 수집되는지 독자가 모든 것을 알고 있기 때문에 보다 표현력이 뛰어나다고 생각한다.

더 간결한 코드가 항상 더 나은 코드를 의미하는 것은 아니라는 것을 명심하자. 한 줄 코드를 만들려면 복잡한 표현식을 사용해야 하는데 반드시 그럴 필요는 없으며 단순한 접근 방식을 사용하는 것이 더 나은 선택일 수 있다. 이것은 다음 장에서 소개할 Keep it simple 원칙과 관련이 있다.

 컴프리헨션의 가독성을 생각해야 하며, 정말로 이해하기 쉬운 코드가 되는 것이 아니라면, 한 줄 코드를 만들기 위해 노력하지 않도록 유의하자.

(컴프리헨션과 마찬가지로) 할당 표현식을 사용하는 또 다른 이유는 성능 때문이다. 어떤 변환 작업을 위해 호출하는 경우 필요 이상으로 호출되기를 원하지 않을 것이다. 뿐만 아니라 할당 표현식에서 함수의 결과를 임시 식별자에 할당하는 것은 코드의 가독성을 높이는 좋은 최적화 기술 중 하나이다.

 할당 표현식을 통해 얼마나 빨라지는지 측정해보자.

다음 섹션에서는 파이썬의 또 다른 이상적인 기능인 프로퍼티에 대해서 알아본다. 또한 파이썬 객체의 데이터를 노출하거나 숨기는 다양한 방법에 대해서도 논의할 것이다.

프로퍼티, 속성(Attribute)과 객체 메서드의 다른 타입들 ■

public, private, protected와 같은 접근 제어자를 가지는 다른 언어들과는 다르게 파이썬 객체의 모든 속성과 함수는 public이다. 즉 호출자가 객체의 속성을 호출하지 못하도록 할 방법이 없다. 이것 또한 private이나 protected 접근 제어자를 사용해 사용범위를 제한하는 다른 언어와 다른 점이다.

엄격한 강제사항은 아니지만 파이썬에는 변수명 지정과 관련하여 몇 가지 네이밍 컨벤션이 있다. 그 중에 하나로 밑줄로 시작하는 속성은 private 속성을 의미한다는 것이 있는데, 외부에서 호출되지 않기를 기대한다는 의미이다. 그러나 이것이 외부로부터의 호출을 금지시켜 주는 것은 아니라는 것에 주의하자.

프로퍼티를 상세히 들여다보기 전에 파이썬에서의 밑줄이 어떤 의미를 갖는지 살펴보자.

파이썬에서의 밑줄

파이썬에서 밑줄을 사용하는 몇 가지 규칙과 구현 세부 사항이 있는데 이는 분석해 볼 만한 흥미로운 주제이다.

앞서 언급했듯이 기본적으로 객체의 모든 속성은 public이다. 이것을 설명하기 위해 다음 예제를 살펴보자.

```
>>> class Connector:
...     def __init__(self, source):
...         self.source = source
...         self._timeout = 60
...

>>> conn = Connector("postgresql://localhost")
>>> conn.source
'postgresql://localhost'
>>> conn._timeout
60
>>> conn.__dict__
{'source': 'postgresql://localhost', '_timeout': 60}
```

여기서 Connector 객체는 source 파라미터를 사용해 생성되며 source와 timeout이라는 두 개의 속성을 가진다. 전자는 public이고 후자는 private이다. 그러나 다음 행에서 볼 수 있듯이 실제로는 두 개의 속성에 모두 접근 가능하다.

이 코드를 해석해보면 _timeout은 connector 자체에서만 사용되고 호출자는 이 속성에 접근하지 않아야 한다. 즉, timeout 속성은 내부에서만 사용하고 바깥에서는 호출하지 않을 것이므로 외부 인터페이스를 고려하지 않고 언제든 안전하게 리팩토링할 수 있다. 만약 외부에서 호출하지 않는다는 규칙이 잘 지켜졌다면 timeout 속성을 변경할 때 파급 효과를 걱정하지 않아도 되므로 보다 쉽고 안전하게 유지보수를 할 수 있다.

 클래스는 외부 호출 객체와 관련된 속성과 메서드만을 노출해야 한다. 즉 객체의 인터페이스로 공개하는 용도가 아니라면 모든 멤버는 접두사로 하나의 밑줄을 사용하는 것이 좋다.

밑줄로 시작하는 속성은 private 처럼 취급되어야 하고 외부에서 호출하면 안 된다. 예외적으로 단위 테스트에서 직접 내부 속성에 접근하는 것이 편리하다면 허용될 수도 있다. 그러나 실용적인 측면에서 이러한 접근법은 나중에 리팩토링을 하려고 할 때에는 문제가 될 수도 있다는 점을 기억하자. 다음 권장 사항을 염두에 두자.

 너무 많은 내부 메서드와 속성을 사용하는 것은 해당 클래스가 너무 많은 일을 하고 있고 단일 책임 원칙을 준수하지 않았다는 신호일 수 있다. 이는 일부 책임을 다른 클래스로 추출해야 함을 의미할 수 있다.

단일 밑줄을 접두사로 사용하는 것은 객체의 인터페이스를 명확하게 구분하는 파이썬스러운 방식이다. 그러나 일부 속성과 메서드를 실제로 private으로 만들 수 있다는 오해가 있다. 다시 말하지만 이것은 오해이다. timeout 속성을 이중 밑줄로 정의했다고 가정해보자.

```
>>> class Connector:
...     def __init__(self, source):
...         self.source = source
...         self.__timeout = 60
...
...     def connect(self):
```

```
...            print("connecting with {0}s".format(self.__timeout))
...            # ...
...
>>> conn = Connector("postgresql://localhost")
>>> conn.connect()
connecting with 60s
>>> conn.__timeout
Traceback (most recent call last):
    File "<stdin>", line 1, in <module>
AttributeError: 'Connector' object has no attribute '__timeout'
```

일부 개발자는 이 예제와 같은 방법을 사용하여 일부 속성을 숨길 수 있으므로 timeout이
private이며 다른 객체가 수정할 수 없다고 생각하는 경우가 있다. 이제 __timeout에 접근하려
고 할 때 발생하는 예외를 살펴보자. 그것은 AttributeError 에러로 속성이 존재하지 않는다는
뜻이다. "이것은 private이다" 또는 "이것은 접근할 수 없다"는 식으로 말하지 않고 단지 그것은
존재하지 않는다고 말한다. 이것은 실제로 뭔가 다른 일이 벌어졌으며 부작용에 의한 결과로 생
긴 것이라는 것을 암시한다.

밑줄 두 개를 사용하면 파이썬은 다른 이름을 만든다. **이름 맹글링(name mangling)** 이라는 것
으로 이것이 하는 일은 이중 밑줄을 사용한 변수의 이름을 "_〈class_name〉__〈attribute-name〉"
형태로 변경하는 것이다. 여기서는 '_Connector__timeout' 이라는 속성이 만들어지며 이 속성은
다음과 같이 접근할 수 있다.

```
>>> vars(conn)
{'source': 'postgresql://localhost', '_Connector__timeout': 60}
>>> conn._Connector__timeout
60
>>> conn._Connector__timeout = 30
>>> conn.connect()
connecting with 30s
```

앞에서 언급한 부작용에 의해 속성이 다른 이름으로 존재하는 것에 주목하자. 때문에 앞의 예제
에서 AttributeError 에러가 발생한 것이다.

파이썬에서 이중 밑줄을 사용하는 것은 완전히 다른 경우를 위한 것이다. 여러 번 확장되는 클
래스의 메서드를 이름 충돌 없이 오버라이드하기 위해 만들어졌다. 지금 예제가 이러한 메커니
즘을 사용하기 위한 것이라고 정당화하기에는 거리가 멀다.

이중 밑줄은 파이썬스러운 코드가 아니다. 속성을 private으로 정의하려는 경우 하나의 밑줄을 사용하고 파이썬스러운 관습을 지키도록 해야 한다.

 맨 앞에 이중 밑줄이 있는 속성을 정의하면 안 된다. 동일한 의미로 자체적으로 "dunder" 메서드 (이름의 앞 뒤가 이중 밑줄로 둘러싸인 메서드)를 정의하지 않도록 하자.

반대의 경우, 즉 객체의 일부 속성을 public으로 공개하고 싶은 경우에 대해서 살펴보자. 이런 경우에는 일반적으로 다음 섹션에서 살펴볼 프로퍼티를 사용한다.

프로퍼티

일반적으로 객체 지향 설계에서는 도메인 엔티티를 추상화하는 객체를 만든다. 이러한 객체는 어떤 동작이나 데이터를 캡슐화할 수 있다. 그리고 종종 데이터의 정확성이 객체를 생성할 수 있는지 여부를 결정한다. 다시 말하면, 일부 엔티티는 데이터가 특정 값을 가질 경우에만 존재할 수 있고, 잘못된 값을 가진 경우에는 존재할 수 없다.

이것이 (일반적으로 setter 작업에 사용되는) 유효성 검사 메서드를 만드는 이유이다. 그러나 파이썬에서는 프로퍼티를 사용하여 이러한 setter와 getter 메서드를 더 간결하게 캡슐화할 수 있다.

좌표 값을 처리하는 지리 시스템을 생각해보자. 위도와 경도는 특정 범위에서만 의미가 있다. 해당 범위를 벗어나는 좌표는 존재할 수 없다. 좌표를 나타내는 객체를 생성할 수 있지만 어떤 값을 사용할 때는 항상 허용 가능한 범위 내에 있는지 확인해야 한다. 이런 경우 프로퍼티를 사용할 수 있다.

```python
class Coordinate:
    def __init__(self, lat: float, long: float) -> None:
        self._latitude = self._longitude = None
        self.latitude = lat
        self.longitude = long

    @property
    def latitude(self) -> float:
        return self._latitude
```

```
    @latitude.setter
    def latitude(self, lat_value: float) -> None:
        if lat_value not in range(-90, 90 + 1):
            raise ValueError(f"유효하지 않은 위도 값: {lat_value}")
        self._latitude = lat_value

    @property
    def longitude(self) -> float:
        return self._longitude

    @longitude.setter
    def longitude(self, long_value: float) -> None:
        if long_value not in range(-180, 180 + 1):
            raise ValueError(f"유효하지 않은 경도 값: {long_value}")
        self._longitude = long_value
```

여기에서 프로퍼티는 latitude와 longitude를 정의하기 위해 사용했다. 이렇게 함으로써 private 변수에 저장된 값을 반환하는 별도의 속성을 만들었다. 더 중요한 것은 사용자가 다음과 같은 방법으로 이러한 속성 중 하나를 수정하려는 경우이다.

```
coordinate.latitude = <new-latitude-value> # longitude에 대해서도 동일하게 수정
가능
```

@latitude.setter 데코레이터로 선언된 유효성 검사 로직이 자동으로 호출되며 명령문의 오른쪽에 있는 값 <new-latitude-value>이 파라미터로 전달된다(위의 코드에서 lat_value 파라미터).

 객체의 모든 속성에 대해 get_, set_ 메서드를 작성할 필요는 없다. 대부분의 경우 일반 속성을 사용하는 것으로 충분하다. 속성 값을 가져오거나 수정할 때 특별한 로직이 필요한 경우에만 프로퍼티를 사용하자.

지금까지 내부 데이터를 일관성이 있고 투명하게 관리하기 위해 프로퍼티가 어떻게 도움이 되는지 살펴보았다. 그러나 때로는 객체의 상태나 내부 데이터에 따라 어떤 계산을 하고 싶은 경우가 있을 수도 있다. 이런 경우에도 프로퍼티가 좋은 선택이다.

예를 들어, 특정 포맷이나 데이터 타입으로 값을 반환해야 하는 객체가 있는 경우 프로퍼티를 사용할 수 있다. 이전 예제에서 소수점 이하 네 자리까지의 좌표 값을 반환하기로 결정했다면 (원래 숫자의 소수점 자릿수에 관계없이), 값을 읽을 때 호출되는 @property 메서드에서 반올림

하는 계산을 만들 수 있다.

프로퍼티는 명령-쿼리 분리 원칙(command and query separation – CC08)을 따르기 위한 좋은 방법이다. 명령-쿼리 분리 원칙은 객체의 메서드가 무언가의 상태를 변경하는 커맨드이거나 무언가의 값을 반환하는 쿼리이거나 둘 중에 하나만 수행해야지 둘 다 동시에 수행하면 안 된다는 것이다. 객체의 메서드가 무언가 기능을 수행 하면서 동시에 질문에 대답하기 위해 상태를 반환한다면 이는 동시에 두 가지 작업을 하고 있는 것이고 명령-쿼리 분리 원칙을 위배하는 것이므로 반드시 하나만 하도록 수정해야 한다.

메서드 이름에 따라 실제 코드가 무엇을 하는지 혼돈스럽고 이해하기가 어려운 경우가 있다.

예를 들어 set_email이라는 메서드를 if self.set_email("a@j.com")처럼 사용했다면 이 코드는 무엇을 의미하는 걸까? a@j.com으로 이메일을 설정하려는 걸까? 이미 이메일이 해당 값으로 설정되어 있는지 확인하려는 걸까? 아니면 동시에 이메일 값을 설정하고 상태가 유효한지 체크하려는 걸까?

프로퍼티를 사용하면 이런 종류의 혼동을 피할 수 있다. @property 데코레이터는 무언가에 응답하기 위한 쿼리이고, @〈property_name〉.setter는 무언가를 하기 위한 커맨드이다.

이 예제에서 착안할 수 있는 또 다른 조언 하나는 한 메서드에서 한 가지 이상의 일을 하지 말라는 것이다. 무언가를 할당하고 유효성 검사를 하고 싶으면 두 개 이상의 문장으로 나누어야 한다.

앞의 예를 통해 이것이 의미하는 바를 설명하자면 하나의 setter와 getter 메서드를 가져야 한다. 각각은 사용자의 이메일을 설정하는 기능과 단순히 이메일 정보를 가져오는 일만 해야 한다. 왜냐하면 객체의 현재 상태를 구할 때마다 부작용 없이 (내부 표현을 변경하지 않고) 현재 상태를 그대로 반환해야 하기 때문이다. 이 규칙에 대한 유일한 예외는 게으른 프로퍼티(lazy property)인 경우이다. 사전에 어떤 값을 미리 계산한 다음에 그 계산된 값을 사용하는 것이다. 그 외의 경우라면 프로퍼티가 멱등성(역주: idempotent – 연산을 여러 번 반복하더라도 결과가 동일한 성질)을 유지하도록 하고, 내부 표현을 변경하는 메서드를 따로 만들어야 한다. 두 가지 기능을 하나에 섞지 않도록 유의하자.

 메서드는 한 가지만 수행해야 한다. 작업을 처리한 다음 상태를 확인하려면 메서드를 분리해야 한다.

보다 간결한 구문으로 클래스 만들기

파이썬에는 객체의 값을 초기화하는 일반적인 보일러플레이트(역주: boilerplate code 또는 간단히 boilerplate – 모든 프로젝트에서 공통적으로 반복해서 사용되는 코드) 코드가 있다. __init__ 메서드에 객체에서 필요한 모든 속성을 파라미터로 받은 다음 내부 변수에 할당하는 것이다. 일반적으로 다음과 같은 형태로 작성한다.

```
def __init__(self, x, y, … ):
    self.x = x
    self.y = y
```

파이썬 3.7부터는 dataclasses 모듈을 사용하여 위 코드를 훨씬 단순화할 수 있다(이것은 PEP-557에서 소개된 개념이다). 이전 장에서는 dataclasses가 어노테이션으로서 어떤 역할을 하는지 살펴보았는데, 여기에서는 더 간결한 코드를 작성하는 데 어떤 역할을 하는지 살펴볼 것이다.

dataclasses 모듈은 @dataclass 데코레이터를 제공한다. 이 데코레이터를 클래스에 적용하면 모든 클래스의 속성에 대해서 마치 __init__ 메서드에서 정의한 것처럼 인스턴스 속성으로 처리한다. @dataclass 데코레이터를 사용하면 __init__ 메서드를 자동으로 생성하므로 또 다시 __init__ 메서드를 구현할 필요가 없다.

또한 dataclasses 모듈은 field라는 객체도 제공한다. 이 field 객체는 해당 속성에 특별한 특징이 있음을 표시한다. 예를 들어, 속성 중 하나가 리스트(list)처럼 변경 가능한 (mutable) 데이터 타입인 경우, __init__ 에서 비어 있는 리스트를 할당할 수 없고 대신에 None으로 초기화한 다음에 인스턴스마다 적절한 값으로 다시 초기화를 해야 한다.

(역주: 이렇게 동작하는 이유는 필드의 기본 값이 인스턴스마다 공유되는 값이기 때문에 변경된 초기값을 다음 인스턴스에서 잘못 사용할 수 있기 때문이다. mylist = [ ] 처럼 할당할 경우 다음 에러가 발생한다. ValueError: mutable default ⟨class 'list'⟩ for field friends is not allowed: use default_factory)

field 객체를 사용하면 default_factory 파라미터에 list 객체를 전달하여 초기값을 지정할 수 있다. default_factory에 전달되는 객체는 호출 가능한 객체(callable)이어야 하고, 초기화 시 특별한 값을 지정하지 않는다면 비어 있는 인자와 함께 해당 객체를 호출한다. (역주: mylist라는 속성이 있고 아이템이 없는 상태로 초기화하고 싶으면 mylist = field(default_factory=list)와 같이 지정하면 된다. 이제 객체 초기화 시 mylist 값을 따로 지정하지 않았다면 @dataclass가 mylist=list()로 초기화 해준다. 즉, mylist = []로 초기화 된다.)

그런데 이제 __init__ 메서드가 없는데 초기화 직후 유효성 검사를 하고 싶으면 어떻게 할까? 또는 값을 초기화하기 전에 어떤 계산을 하거나 로직을 추가하고 싶으면 어떻게 할까? 후자에 대한 답변은 조금 전에 살펴 본 프로퍼티를 사용하면 된다. 전자에 대한 답변은 초기화 직후 호출되는 __post_init__ 이라는 최적의 장소가 제공되므로 그 곳에서 처리 가능하다.

지금까지 배운 모든 것들이 어떻게 동작하는지 살펴보기 위해 R-Trie 자료 구조에 대한 노드 모델링을 해보자. 여기서 R은 radix를 뜻하며, 이는 일부 기본 요소(base R)에 대한 인덱싱된 트리를 의미한다. (역주: 여기서 Trie는 Tree의 오타가 아니다. Radix는 주어진 데이터를 구성하는 기본 요소로서, 문자열을 검색하는 경우 알파벳이 기본 요소가 된다. base R이란 이러한 기본 요소를 말한다. R-Trie를 이용하면 검색창에서 몇 글자만 입력했을 때 다음에 나올 글자를 검색하여 보여주는 것처럼 접두사(prefix)가 주어진 상황에서 이어질 단어를 빠르게 검색할 수 있다.)

이 데이터 구조와 알고리즘에 대한 자세한 내용은 이 책의 범위를 벗어나므로 문자열에 대한 빠른 검색을 위해 사용된다는 점 정도만 알아두자. 간단하게 생각하면 이 자료 구조는 현재의 문자를 나타내는 value와 다음에 나올 문자를 나타내는 next_ 배열을 가지고 있다. 이것은 재귀적으로 연결된 linked list나 tree 형태의 자료구조와 비슷하다. next_ 배열의 각 원소는 다음 노드에 대한 참조 값이다. 예를 들어, a로 시작하는 단어 집합을 표현하려는 경우 value에 a가 저장되고, next_에는 이어지는 문자의 종류별로 R-Trie 노드에 대한 참조가 저장된다. (역주: next_는 Radix 기본 요소 만큼의 고정된 길이, 즉 여기서는 알파벳 대문자나 소문자를 기준으로 한다고 하면 26의 고정된 길이를 갖는 배열이다.)

데이터 구조를 그림으로 그려보면 다음과 같다.

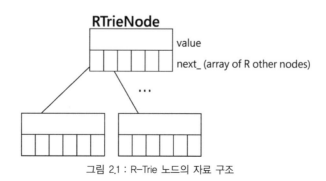

그림 2.1 : R-Trie 노드의 자료 구조

지금까지의 내용을 다음의 코드로 작성할 수 있다. 다음 코드에서 next_는 빌트인(built-in) next 함수와 구분 짓기 위해 끝에 밑줄을 사용했다. 지금의 예에서는 next로 했어도 문제가 없지만 시스템이 점차 복잡해지는 경우 나중에 굉장히 잡기 어려운 버그를 만들 수도 있으므로 미리 구분하는 것이 좋다.

```python
from typing import List
from dataclasses import dataclass, field

R = 26


@dataclass
class RTrieNode:
    size = R
    value: int
    next_: List["RTrieNode"] = field(default_factory=lambda: [None] * R)

    def __post_init__(self):
        if len(self.next_) != self.size:
            raise ValueError(f"리스트(next_)의 길이가 유효하지 않음")
```

위의 코드는 여러 내용이 포함되어 있다. 먼저 R-Trie를 영어 알파벳으로 정의하기 위해 R=26으로 정의했다(26이라는 숫자 자체는 이 코드를 이해하는 데 중요한 것은 아니지만 전체 문맥을 파악하기 위해 설명한다). 이제 단어들의 정보를 저장하려면 next_ 배열에서 다음 문자를 나타내는 위치에 해당 알파벳 노드의 참조 값을 저장하면 된다(예: a 문자 노드는 0번째 위치에, b 문자 노드는 1번째 위치에 배치).

첫 번째 속성인 size에 주의하자. 이 멤버는 어노테이션이 없으므로 일반적인 클래스 속성으로 처리된다. 즉, 모든 객체가 값을 공유한다. 이렇게 하는 것이 헷갈릴 것 같다면 size = field(init=False)와 같은 방법으로 할 수도 있지만 위와 같이 하는 것이 더 간결하다. 그럼에도 __init__ 메서드를 사용하지 않으면서 어노테이션을 추가하고 싶다면 field(init=False)로 하는 것이 유일한 방법이다.

size 다음에는 어노테이션을 가진 두 개의 다른 속성이 있다. 첫 번째 value는 정수형이지만 기본 값은 가지고 있지 않다. 따라서 객체 생성 시 반드시 값을 정해줘야 한다. 두 번째 next_는 변경 가능한(mutable) list 타입의 속성이며 field 객체를 사용해 초기값을 지정하고 있다. 여기서는 R 크기 만큼의 슬롯을 가진 배열로 초기화하고, 배열의 각 아이템은 모두 None 값을 갖는다.

만약 field(default_factory=list)를 사용했다면 길이가 0인 리스트 []가 생성되는 문제가 있다. 이런 경우를 확인하기 위해 __post_init__ 메서드에서 next_가 원하는 형태로 잘 생성되었는지 확인하는 코드를 추가했다. 만약 잘못된 크기로 초기화 되었다면 __post_init__ 메서드의 유효성 검사 단계에서 ValueError를 던진다.

> **TIP** @dataclass 데코레이터를 사용하면 __init__ 메서드에서 모든 변수의 이름을 반복해서 작성하는 번거로움 없이 간편하게 데이터 클래스를 만들 수 있다.

복잡하게 유효성 검사를 하거나 특별한 변환을 하지 않는 데이터를 저장하려는 경우 이러한 데이터 클래스가 좋은 대안이 될 수 있다. 다만, 어노테이션이 데이터 변환을 해주지는 않는다는 점을 명심하자. 예를 들어 float 타입이거나 integer 타입이어야만 한다면 __init__ 메서드 안에서 이 변환을 해야 한다. 어노테이션만을 사용해서 데이터 클래스로 구현하면 나중에 발견하기 힘든 미묘한 오류를 일으킬 수 있다. 즉, __init__ 메서드 안에서 별도의 처리를 하거나, 유효성 검사가 엄격하게 필요하지 않은 경우에 데이터 클래스를 사용하는 것이 적합하다.

아마도 데이터 컨테이너나 래퍼(wrapper) 클래스의 용도로 사용되는 모든 경우에 데이터 클래스가 유용할 것이다. 즉, 네임드 튜플(역주: named tuple – 일반적인 튜플은 읽기 전용의 리스트 역할을 하는데 각 요소에 접근할 때 순서를 정확히 기억해야 하는 불편함이 있다. named tuple은 collections 모듈에 포함된 함수로 각 필드에 이름을 부여할 수 있어서 사용이 편리하다. Point = namedtuple('Point', ['x', 'y'])와 같이 정의한 뒤에 Point(x=1, y=2) 처럼 필드의 이름을 사용해 접근할 수 있다.)이나 네임스페이스를 사용한 상황 등이다. 네임드 튜플(named tuple)이나 네임스페이스(namespace)의 대안을 찾고 있다면 데이터 클래스를 고려해보자.

이터러블 객체

파이썬에는 기본적으로 반복 가능한 객체가 있다. 예를 들어 리스트(list), 튜플(tuple), 세트(set) 및 사전(dict)은 특정한 형태의 데이터를 보유할 수 있을 뿐만 아니라 for 루프를 통해 반복적으로 값을 가져오는데 사용될 수도 있다.

그러나 이러한 내장 반복형 객체만 for 루프에서 사용 가능한 것은 아니다. 나만의 반복 로직을 가진 이터러블을 직접 만들 수도 있다. 엄밀히 말하면 이터러블은 __iter__ 매직 메서드를 구현한 객체, 이터레이터는 __next__ 매직 메서드를 구현한 객체를 말하는데 지금은 반복과 관련된 객체 정도로만 이해하자. 자세한 내용은 7장에서 다룬다.

이런 객체를 만들기 위해 다시 한 번 매직 메서드를 사용할 것이다.

파이썬의 반복은 이터러블 프로토콜이라는 자체 프로토콜을 사용해 동작한다. for e in myobject: 형태로 객체를 반복할 수 있는지 확인하기 위해 파이썬은 고수준에서 다음 두 가지를 차례로 검사한다.

- 객체가 __next__나 __iter__ 이터레이터 메서드 중 하나를 포함하는지 여부
- 객체가 시퀀스이고 __len__과 __getitem__를 모두 가졌는지 여부

즉 폴백 메커니즘(역주 : fallback mechanism – 만일을 대비해 준비한 절차)으로 시퀀스도 반복을 할 수 있으므로 for 루프에서 반복 가능한 객체를 만드는 방법은 두 가지가 있다.

❏ 이터러블 객체 만들기

객체를 반복하려고 하면 파이썬은 해당 객체의 iter() 함수를 호출한다. 이 함수가 처음으로 하는 것은 해당 객체에 __iter__ 메서드가 있는지를 확인하는 것이다. 만약 있으면 __iter__ 메서드를 실행한다.

다음은 일정 기간의 날짜를 하루 간격으로 반복하는 객체의 코드이다.

```python
from datetime import timedelta

class DateRangeIterable:
    """자체 이터레이터 메서드를 가지고 있는 이터러블 """

    def __init__(self, start_date, end_date):
        self.start_date = start_date
        self.end_date = end_date
        self._present_day = start_date

    def __iter__(self):
        return self

    def __next__(self):
```

```
        if self._present_day >= self.end_date:
            raise StopIteration()
        today = self._present_day
        self._present_day += timedelta(days=1)
        return today
```

이 객체는 한 쌍의 날짜를 통해 생성되며 다음과 같이 해당 기간의 날짜를 반복하면서 하루 간격으로 날짜를 표시한다.

```
>>> from datetime import date
>>> for day in DateRangeIterable(date(2022, 1, 1), date(2022, 1, 5)):
...     print(day)
...
2022-01-01
2022-01-02
2022-01-03
2022-01-04
>>>
```

for 루프는 앞서 만든 객체를 사용해 새로운 반복을 시작한다. 이제 파이썬은 iter() 함수를 호출할 것이고, 이 함수는 __iter__ 매직 메서드를 호출할 것이다. __iter__ 메서드는 self를 반환하고 있으므로 객체 자신이 이터러블임을 나타내고 있다. 따라서 루프의 각 단계에서마다 자신의 next() 함수를 호출한다. next() 함수는 다시 __next__ 메서드에게 위임한다. 이 메서드는 요소를 어떻게 생산하고 하나씩 반환할 것인지 결정한다. 더 이상 생산할 것이 없을 경우 파이썬에게 StopIteration 예외를 발생시켜 알려줘야 한다. 즉 for 루프가 작동하는 원리는 StopIteration 예외가 발생할 때까지 next()를 호출하는 것과 같다.

```
>>> r = DateRangeIterable(date(2022, 1, 1), date(2022, 1, 5))
>>> next(r)
datetime.date(2022, 1, 1)
>>> next(r)
datetime.date(2022, 1, 2)
>>> next(r)
datetime.date(2022, 1, 3)
>>> next(r)
datetime.date(2022, 1, 4)
>>> next(r)
```

```
Traceback (most recent call last):
    File "<stdin>", line 1, in <module>
    File ... __next__
        raise StopIteration
StopIteration
>>>
```

이 예제는 잘 동작하지만 작은 문제가 하나 있다. 일단 한 번 실행하면 끝의 날짜에 도달한 상태이므로 이후에 계속 호출하면 StopIteration 예외가 발생한다. 즉, 두 개 이상의 for 루프에서 이 값을 사용하면 첫 번째 루프만 작동하고 두 번째 루프는 작동하지 않게 된다.

```
>>> r1 = DateRangeIterable(date(2022, 1, 1), date(2022, 1, 5))
>>> ", ".join(map(str, r1))
'2022-01-01, 2022-01-02, 2022-01-03, 2022-01-04'
>>> max(r1)
Traceback (most recent call last):
    File "<stdin>", line 1, in <module>
ValueError: max() arg is an empty sequence
>>>
```

이 문제가 발생하는 이유는 이터러블 프로토콜이 작동하는 방식 때문이다. 이터러블의 __iter__ 매직 메서드는 이터레이터를 반환하고, 이 이터레이터를 사용해 반복한다. 위의 예제에서 __iter__는 self를 반환했지만 호출될 때마다 새로운 이터레이터를 만들 수 있다. 이 문제를 수정하는 한 가지 방법은 매번 새로운 DateRangeIterable 인스턴스를 만드는 것이다. 이것도 그리 끔찍한 방법은 아니다. 그러나 __iter__에서 제너레이터(이터레이터 객체)를 사용할 수도 있다.

```
class DateRangeContainerIterable:
    def __init__(self, start_date, end_date):
        self.start_date = start_date
        self.end_date = end_date

    def __iter__(self):
        current_day = self.start_date
        while current_day < self.end_date:
            yield current_day
            current_day += timedelta(days=1)
```

이제 다음과 같이 잘 동작한다.

```
>>> r1 = DateRangeContainerIterable(date(2022, 1, 1), date(2022, 1, 5))
>>> ", ".join(map(str, r1))
'2022-01-01, 2022-01-02, 2022-01-03, 2022-01-04'
>>> max(r1)
datetime.date(2022, 1, 4)
>>>
```

달라진 점은 각각의 for 루프는 __iter__를 호출하고, __iter__는 다시 제너레이터를 생성한다는 것이다.

이러한 형태의 객체를 컨테이너 이터러블(container iterable)이라고 한다.

 일반적으로 제너레이터를 사용할 때는 컨테이너 이터러블을 사용하는 것이 좋다.

제너레이터에 대한 자세한 내용은 7장에서 다룬다.

❏ 시퀀스 만들기

객체에 __iter__() 메서드를 정의하지 않았지만 반복하기를 원하는 경우도 있다. iter() 함수는 객체에 __iter__가 정의되어 있지 않으면 __getitem__을 찾고 없으면 TypeError를 발생시킨다.

시퀀스는 __len__과 __getitem__을 구현하고 첫 번째 인덱스 0부터 시작하여 포함된 요소를 한 번에 하나씩 차례로 가져올 수 있어야 한다. 즉 __getitem__을 올바르게 구현하여 이러한 인덱싱이 가능하도록 주의를 기울여야 한다. 그렇지 않으면 반복이 작동하지 않게 된다.

이전 섹션의 예제는 메모리를 적게 사용한다는 장점이 있다. 즉 한 번에 하나의 날짜만 보관하고 한 번에 하나씩 날짜를 생성하는 법을 알고 있음을 의미한다. 그러나 n번째 요소를 얻고 싶다면 도달할 때까지 n번 반복한다는 단점이 있다. 이 문제는 컴퓨터 과학에서 발생하는 전형적인 메모리와 CPU 사이의 트레이드오프이다.

이터러블을 사용하면 메모리를 적게 사용하지만 n 번째 요소를 얻기 위한 시간복잡도는 O(n)이다. 하지만 시퀀스로 구현하면 더 많은 메모리가 사용되지만 (모든 것을 한 번에 보관해야 하므로) 특정 요소를 가져오기 위한 인덱싱의 시간복잡도는 O(1)로 상수에 가능하다.

앞의 O(n)과 같은 표기법을 점근적 표기법(역주: asymptotic notation – 알고리즘의 효율성을 따질 때 사용하는 표기법으로 가장 중요한 항의 성장률만 집중해서 비교하는 방법) 또는 빅 오 (big-O) 표기법이라고 하며 알고리즘의 복잡도를 설명한다. 크게 보면 n이라는 크기의 입력에 대해서 해당 알고리즘이 얼마나 많은 연산을 해야 하는지를 나타낸다. 이에 대한 보다 자세한 내용은 이 장의 끝에 있는 참고자료에서 소개된 ALGO01에서 확인할 수 있다.

새롭게 구현한 코드는 다음과 같다.

```python
class DateRangeSequence:
    def __init__(self, start_date, end_date):
        self.start_date = start_date
        self.end_date = end_date
        self._range = self._create_range()

    def _create_range(self):
        days = []
        current_day = self.start_date
        while current_day < self.end_date:
            days.append(current_day)
            current_day += timedelta(days=1)
        return days

    def __getitem__(self, day_no):
        return self._range[day_no]

    def __len__(self):
        return len(self._range)
```

다음은 이 객체가 어떻게 동작하는지 설명한다.

```python
>>> s1 = DateRangeSequence(date(2022, 1, 1), date(2022, 1, 5))
>>> for day in s1:
...     print(day)
...
2022-01-01
2022-01-02
```

```
2022-01-03
2022-01-04
>>> s1[0]
datetime.date(2022, 1, 1)
>>> s1[3]
datetime.date(2022, 1, 4)
>>> s1[-1]
datetime.date(2022, 1, 4)
```

코드를 보면 음수 인덱스도 동작한다는 것을 알 수 있다. 이는 DateRangeSequence 객체가 모든
작업을 래핑된 객체인 리스트에 위임하기 때문인데 이렇게 하는 것이 호환성과 일관성을 유지
하는 가장 좋은 방법이다.

 두 가지 구현 중 어느 것을 사용할지 결정할 때 메모리와 CPU 사이의 트레이드오프를 계산해보자. 일
반적으로 이터레이션이 더 좋은 선택이지만 (제너레이터는 더욱 바람직하지만) 모든 경우의 요건을 염
두에 둬야 한다.

컨테이너 객체

컨테이너는 __contains__ 메서드를 구현한 객체로 __contains__ 메서드는 일반적으로
Boolean 값을 반환한다. 이 메서드는 파이썬에서 in 키워드가 발견될 때 호출된다.

예를 들면 다음과 같은 코드이다.

```
element in container
```

이 코드를 파이썬은 다음과 같이 해석한다.

```
container.__contains__(element)
```

이 메서드를 잘 사용하면 코드의 가독성이 정말 높아진다(파이썬스러운 코드다!).

2차원 게임 지도에서 특정 위치에 표시를 해야 한다고 생각해보자. 다음과 같은 함수를 생각할
수 있다.

```
def mark_coordinate(grid, coord):
```

```
if 0 <= coord.x < grid.width and 0 <= coord.y < grid.height:
    grid[coord] = MARKED
```

여기서 첫 번째 if 문은 상당히 난해해 보인다. 코드의 의도가 무엇인지 이해하기 어렵고 직관적이지 않으며 무엇보다 위치를 지정하기 전에 매번 if문을 통해 grid 영역 안에 있는지 검사해야 한다.

Grid 객체 스스로 특정 좌표가 자신의 영역 안에 포함되었는지 판단할 수는 없을까? 그리고 그 일을 더 작은 객체 – Boundaries에 위임하면 어떨까?

우리는 이 문제를 객체 지향 설계와 매직 메서드를 사용하여 보다 우아한 방식으로 해결할 수 있다. 이 경우 Grid의 경계선을 나타내는 새로운 추상화 클래스 Boundaries를 만들 수 있다.

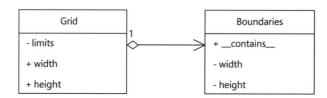

그림 2.2: 컴포지션(composition)을 사용하여 다른 클래스에 책임을 분배하고,
컨테이너 매직 메서드__contains__를 사용하는 모습

객체 이름에 대해서 조금 언급을 하자면, 클래스 이름은 단수형 명사를 사용하는 것이 일반적이다. 따라서 Boundaries라는 클래스 이름이 이상하게 보일 수 있지만, 경계선이 여러 개 있는 경우에도 각각에 대해서 __contains__ 메서드를 활용할 수 있는 구조로 되어 있기 때문에 복수형을 사용했다.

이러한 디자인을 사용하면 Grid에게 어떤 좌표가 포함되어 있는지 직접 물어볼 수 있으며, Grid는 내부적으로 협력 객체(Boundaries)에게 질의를 전달하여 도움을 받을 수 있다.

```
class Boundaries:
    def __init__(self, width, height):
        self.width = width
        self.height = height
    def __contains__(self, coord):
        x, y = coord
        return 0 <= x < self.width and 0 <= y < self.height
```

```
class Grid:
    def __init__(self, width, height):
        self.width = width
        self.height = height
        self.limits = Boundaries(width, height)

    def __contains__(self, coord):
        return coord in self.limits
```

이 코드는 앞의 코드보다 훨씬 좋은 코드이다. 컴포지션 패턴을 사용해 Grid의 일부 기능을 Broundaries 클래스에 위임했다. 두 객체는 매우 응집력이 있으며, 최소한의 로직을 가지고 있다. 메서드는 간결하고 그 자체로 자명하여 부연 설명이 필요 없다. "coord in limits"는 좌표 (coord)가 한계 허용치(limits) 안에(in) 있는지 확인하려는 의도를 명확히 나타내고 있다.

실제 사용 예를 보면 그 차이가 더 극명하게 보인다. 다음 코드를 보면 마치 파이썬이 문제를 해결한 것처럼 보인다.

```
def mark_coordinate(grid, coord):
    if coord in grid:
        grid[coord] = MARKED
```

객체의 동적인 속성

__getattr__ 매직 메서드를 사용하면 객체가 속성에 접근하는 방법을 제어할 수 있다. 우리가 〈myobject〉.〈myattribute〉 형태로 객체의 속성에 접근하려고 하면 파이썬은 객체 인스턴스의 속성(attribute) 정보를 가지고 있는 __dict__ 사전에서 〈myattribute〉가 있는지 검색한다. 만약 해당 이름의 속성이 있는 경우 검색된 속성 객체에 대해서 __getattribute__ 메서드를 호출한다. 객체에 찾고 있는 속성이 없는 경우, 조회하려는 속성(myattribute)의 이름을 파라미터로 하여 __getattr__ 메서드를 호출한다. __getattr__ 메서드를 활용하면 존재하지 않는 속성을 호출하려고 했을 때의 행동을 제어할 수 있다. (역주: __dict__ 는 객체의 속성 정보를 담고 있는 특별한 내부 변수로서 객체의 인스턴스마다 별도의 값을 갖는다.) 심지어 __dict__ 변수를 사용하면 객체의 인스턴스에 새로운 속성을 동적으로 추가할 수도 있다. (역주: __dict__ 변수는 인스턴스마다 별도로 생성되기 때문에 a 인스턴스에 동적으로 추가한 속성이 b 인스턴스에 전파되지는 않는다.)

다음은 __getattr__ 메서드를 설명하는 예제이다.

```python
class DynamicAttributes:

    def __init__(self, attribute):
        self.attribute = attribute

    def __getattr__(self, attr):
        if attr.startswith("fallback_"):
            name = attr.replace("fallback_", "")
            return f"[fallback resolved] {name}"
        raise AttributeError(f"{self.__class__.__name__}에는 {attr} 속성이 없음.")
```

다음은 이 클래스 객체에 대한 호출 결과이다.

```python
>>> dyn = DynamicAttributes("value")
>>> dyn.attribute
'value'

>>> dyn.fallback_test
'[fallback resolved] test'

>>> dyn.__dict__["fallback_new"] = "new value"
>>> dyn.fallback_new
'new value'

>>> getattr(dyn, "something", "default")
'default'
```

첫 번째 호출 예제는 이해하기 쉽다. 객체에 정상적으로 존재하는 속성에 접근하여 그 값을 그 대로 반환했다. 두 번째 호출 예제는 객체에 존재하지 않는 fallback_test라는 속성에 접근하려 고 했다, 이 경우 attr="fallback_test" 파라미터와 함께 __getattr__ 메서드가 호출된다. 위의 코 드에서 __getattr__ 메서드는 어떤 속성에 접근하려고 했었는지를 나타내는 오류 문자열을 반 환한다.

세 번째 호출 예제는 fallback_new라는 새로운 속성을 추가하는 흥미로운 예제이다. 이 코드는 dyn.fallback_new = "new value"처럼 작성한 것과 동일하다. 여기서는 __dict__ 메서드를 통해 직접 인스턴스의 속성을 추가했기 때문에 __getattr__ 메서드가 호출되지 않는다는 것에 유의하자.

마지막은 가장 흥미로운 호출 예제이다. 큰 차이를 만들 수 있는 작은 디테일이 숨어 있다. __getattr__ 메서드를 다시 한번 살펴보자. __getattr__ 메서드는 존재하지 않는 속성에 접근하려고 할 때 호출된다. 그리고 그 존재하지 않는 속성의 이름이 fallback_으로 시작하는 경우에는 단순히 그런 속성이 없다고 안내하는 문자열을 반환한다. 그러나 나머지 이름에 대해서는 AttributeError 오류를 발생시킨다. 이렇게 오류를 발생시키면 에러 메시지에 어떤 속성이 없었는지 알려줌으로써 일관성을 유지할 수 있을 뿐만 아니라, getattr 함수에서도 활용할 수 있다. getattr 함수는 이렇게 오류가 발생하는 경우 세 번째 파라미터에서 지정한 기본값을 사용한다.

 __getattr__ 처럼 동적으로 변하는 속성에 대한 메서드를 작성하는 경우, 존재하지 않는 속성에 접근하려고 하면 AttributeError 오류를 발생시키도록 하자.

__getattr__ 매직 메서드는 많은 상황에서 유용하게 쓰일 수 있다. 한 예로 다른 객체에 대한 프록시(proxy) 역할을 할 수 있다. 예를 들어, 컴포지션을 통해 기존 객체의 위에서 동작하는 래퍼(wrapper) 객체를 만든다고 생각해보자. 이런 경우 기존 객체에서 가져오려는 메서드를 래퍼 객체에 그대로 중복해서 복사하는 대신에, __getattr__ 메서드로 내부적으로 같은 이름의 메서드를 호출하도록 하면 쉽게 위임이 가능하다.

또 다른 예는 동적으로 계산되는 속성이 필요한 경우이다. 예전 프로젝트에서 Graphene (https://graphenepython.org) 라이브러리를 사용하여 GraphQL(https://graphql.org/)을 구현하면서 이러한 방식을 사용한 적이 있다. (역주: GraphQL은 페이스북에서 개발한 API용 쿼리 언어이고, Graphene은 GraphQL을 구현한 라이브러리이다.) Graphene 라이브러리는 기본적으로 X 속성에 접근하려고 하면 resolve_X 형태의 메서드를 호출하는 방식이다. Graphene 객체에는 각각의 X 속성을 나타내는 도메인 객체가 있었기 때문에, 방대한 보일러플레이트(boilerplate) 코드를 작성할 필요없이 __getattr__ 메서드를 사용하여 손쉽게 구현이 가능했다.

중복 코드가 많이 발생하거나 보일러플레이트 (boilerplate) 코드가 많은 경우 __getattr__ 매직 메서드가 좋은 선택이 될 수 있다. 그러나 이 메서드를 남용하면 코드의 가독성이 떨어지므로 필요한 경우를 잘 판단하여 사용하도록 하자. 명시적으로 선언하지 않은 속성이 많아지면 코드를 이해하기가 더 어려워진다. __getattr__ 메서드를 사용할 때는 항상 코드의 간결성과 유지 관리 비용의 트레이드오프(tradeoff)를 고려해야 한다.

호출형 객체(callable)

함수처럼 동작하는 객체를 만들면 편리한 경우가 있다. 가장 대표적인 활용 사례로는 나중에 살펴볼 데코레이터가 있는데, 꼭 데코레이터에 한정된 얘기는 아니다.

객체를 일반 함수처럼 호출하면 __call__ 매직 메서드가 호출된다. 이때 객체 호출 시 사용된 모든 파라미터는 __call__ 메서드에 그대로 전달된다.

(호출 가능한 형태의 함수가 아니라) 객체를 사용하는 가장 큰 장점은 객체에 상태를 저장할 수 있기 때문에 호출이 일어날 때 알맞은 정보를 저장하고 나중에 활용할 수 있다는 점이다. 즉, 어떤 기능을 호출할 때마다 관리해야 하는 상태가 있다면 따로 상태를 관리하는 함수를 만드는 것보다 호출형(callable) 객체를 사용하는 것이 훨씬 편리하다는 뜻이다. 메모이제이션 (memoization) 또는 내부 캐시 기능을 구현하면서 살펴보자.

파이썬은 object(*args, **kwargs) 같은 구문으로 생성한 객체를 object.__call__ (*args, **kwargs) 형태로 변환한다.

이 메서드는 객체를 파라미터가 있는 함수처럼 사용하거나 정보를 기억하는 함수처럼 사용할 경우 유용하다.

다음은 동일한 파라미터 값으로 몇 번이나 호출되었는지를 카운트하기 위해 __call__ 메서드를 사용하는 예이다

```
from collections import defaultdict

class CallCount:
    def __init__(self):
        self._counts = defaultdict(int)

    def __call__(self, argument):
        self._counts[argument] += 1
        return self._counts[argument]
```

호출 결과를 확인해보자.

```
>>> cc = CallCount()
>>> cc(1)
1
>>> cc(2)
1
>>> cc(1)
2
>>> cc(1)
3
>>> cc("something")
1
>>> callable(cc)
    True
```

나중에 데코레이터 생성 시 호출형 객체를 다시 한번 유용하게 사용할 예정이다.

매직 메서드 요약

이전 섹션에서 설명한 개념을 다음과 같은 컨닝페이퍼(cheat sheet) 형태로 요약할 수 있다. 아래 테이블은 각 매직 메서드마다 사용 예제와 그 의미에 대해서 설명한다.

사용 예	매직 메서드	비고
obj[key] obj[i:j] obj[i:j:k]	__getitem__(key)	첨자형 (subscriptable) 객체
with obj: ...	__enter__ / __exit__	컨텍스트 관리자
for l in obj: ...	__iter__ / __next__ __len__ / __getitem__	이터러블 객체 시퀀스
obj.⟨attribute⟩	__getattr__	동적 속성 조회
obj(*args, **kwargs)	__call__(*args, **kwargs)	호출형 (callable) 객체

표 2.1 파이썬에서의 매직 메서드

이러한 매직 메서드를 올바르게 구현하고 같이 구현해야 하는 조합이 무엇인지 확인하는 가장 좋은 방법은 collections.abc 모듈(https://docs.python.org/3/library/collections.abc.html#collections-abstract-base-classes)에서 정의된 추상 클래스를 상속하는 것이다. 이 모듈에 포함된 인터페이스는 구현해야만 하는 메서드를 목록을 제공하므로, 올바르게 동작하는 클래스를 쉽게 만들 수 있도록 도와준다. 뿐만 아니라 isinstance() 같은 함수가 호출되었을 경우에도 잘 동작할 수 있게 도와준다.

지금까지 파이썬의 독특한 문법을 활용한 컨텍스트 관리자, 호출형 객체, 사용자 정의 시퀀스 등의 기능들을 살펴보았다. 이제 우리는 파이썬의 기본 예약어와 잘 어울리는 코드를 작성할 수 있게 되었다(예를 들면, with 구문과 함께 자체적으로 정의한 컨텍스트 관리자나 in 연산자를 사용할 수 있다).

연습과 경험을 하면서 이러한 파이썬의 기능에 점점 익숙해질 것이다. 그때까지는 멋지고 작은 인터페이스를 기반으로 로직을 추상화하는 습관을 들여야 한다. 그렇게 충분한 시간이 지나면 나중에는 파이썬이 나를 프로그래밍하는 것과 같은 효과가 나타날 것이다. 즉, 자연스럽게 작고 클린한 인터페이스를 생각하게 되기 때문에 다른 언어로 개발을 할 때에도 이러한 개념을 사용하려고 할 것이다. 예를 들어, 자바나 C(또는 심지어 Bash에서도)로 프로그래밍하는 경우에도 언제 컨텍스트 관리자가 유용하게 쓰일 수 있는지 생각해보게 될 것이다. 그리고 해당 언어가 그 기능을 지원하지 않는 경우에도 유사한 기능을 제공하도록 추상화를 시도하게 될 것이다. 이것은 좋은 현상이다. 개별 언어를 뛰어 넘어 좋은 개념을 내면화하고 다양한 상황에 적용할 수 있다는 뜻이기 때문이다.

모든 프로그래밍 언어는 주의 사항이 있으며 파이썬도 예외는 아니다. 다음 섹션에서는 파이썬을 좀 더 완벽하게 이해하고 사용하기 위해 어떤 것들을 주의해야 하는지 살펴보자.

파이썬에서 유의할 점

언어의 주요 기능을 이해하는 것 외에도 흔히 발생하는 잠재적인 문제를 피할 수 있는 관용적인 코드를 작성하는 것도 중요하다. 이번 섹션에서는 방어코드를 작성하지 않으면 오랜 시간 디버깅하는데 고생할 수 있는 일반적인 이슈들을 살펴본다.

이번 섹션에서 논의되는 대부분은 완전히 피할 수 있는 것들이며, 감히 안티 패턴을 정당화하는 시나리오가 거의 없다고 말할 수 있다. 따라서 작업 중인 코드에서 이러한 코드를 발견하면 제안된 방식으로 리팩토링하는 것이 좋다. 코드 리뷰를 하는 동안 이런 특징을 발견하면 무언가 수정해야 한다는 분명한 신호이다.

변경 가능한(mutable) 파라미터의 기본 값

쉽게 말해 변경 가능한 객체를 함수의 기본 인자로 사용하면 안 된다. 만약 변경 가능한 객체를 기본 인자로 사용하면 기대와 다른 결과를 얻게 된다.

다음과 같이 잘못 정의된 함수를 살펴보자.

```
def wrong_user_display(user_metadata: dict = {"name": "John", "age": 30}):
    name = user_metadata.pop("name")
    age = user_metadata.pop("age")

    return f"{name} ({age})"
```

사실 여기에는 두 가지 문제가 있다. 변경 가능한 기본 값을 사용한 것 외에도 함수의 본문에서 수정 가능한 객체의 값을 직접 수정하여 부작용이 발생한다. 하지만 가장 큰 문제는 user_metadata의 기본 인자이다.

실제로 이 함수는 인자를 사용하지 않고 호출할 경우 처음에만 정상 동작한다. 그 다음부터는 명시적으로 user_metadata를 지정해야 하고, 그렇지 않으면 KeyError가 발생한다.

```
>>> wrong_user_display()
'John (30)'
>>> wrong_user_display({"name": "Jane", "age": 25})
'Jane (25)'
>>> wrong_user_display()
Traceback (most recent call last):
    File "<stdin>", line 1, in <module>
    File ... in wrong_user_display
        name = user_metadata.pop("name")
KeyError: 'name'
```

이유는 간단하다. 함수 정의에서 user_metadata의 기본값으로 사전을 사용했는데 실제로 이 사전은 한번만 생성된다. 파이썬 인터프리터는 함수의 시그니처에서 사전을 기본값으로 하는 코드를 발견하면 해당 파라미터에 사전을 생성하여 할당한다. 이렇게 사전은 딱 한번만 생성되며 프로그램이 종료될 때까지 모든 객체의 인스턴스는 같은 기본 값을 참조한다.

게다가 이 예제에서는 프로그램이 종료될 때까지 공유될 초기값용 사전에 대해서 pop 메서드로 "name"과 "age" 정보를 제거해버렸다. 이제 다음에 이 초기값 객체를 사용하는 경우 "name"과 "age" 정보가 이미 제거되어 없어져버린 사전으로 초기화 된다.

수정 방법은 간단하다. 기본 초기 값으로 None을 사용하고 함수 본문에서 기본 값을 할당하면 된다. 각 함수는 자체 스코프와 생명주기를 가지므로 None이 나타날 때마다 user_metadata를 사전에 할당한다.

```python
def user_display(user_metadata: dict = None):
    user_metadata = user_metadata or {"name": "John", "age": 30}

    name = user_metadata.pop("name")
    age = user_metadata.pop("age")

    return f"{name} ({age})"
```

내장(built-in) 타입 확장

리스트, 문자열, 사전과 같은 내장 타입을 확장하는 올바른 방법은 collections 모듈을 사용하는 것이다.

예를 들어, dict를 직접 상속 받아서 새로운 클래스를 만들다 보면 예상하지 못한 결과를 얻는 경우가 있다. 그 이유는 파이썬을 C로 구현한 CPython 코드가 내부에서 스스로 연관된 부분을 모두 찾아서 업데이트 해주지는 않기 때문이다. 예를들어, 사전의 key값을 가져오는 방식을 약간 수정하고 싶어서 __getitem__ 메서드를 재정의 했다고 해보자. 아이템을 조회하는 모든 곳에서 나의 코드가 잘 반영이 되었을 것이라고 예상하겠지만, 막상 for 루프를 사용해서 반복하려고 하면 변경된 __getitem__ 로직이 적용되지 않는 것을 확인할 수 있다.

이런 경우 collections.UserDict를 사용하여 문제를 해결할 수 있다. UserDict를 상속 받으면 관련된 모든 부분을 스스로 찾아서 업데이트 해주기 때문에 보다 견고하고 투명한 사용자 정의 사전을 만들 수 있다.

특정 위치의 아이템에 접근하려고 하면 접두어와 함께 해당 위치의 값을 문자열로 반환하는 사용자 정의 리스트를 생각해보자. 다음과 같이 구현하면 문제를 잘 해결한 것처럼 보이지만 실제로는 생각하지 못한 오류가 숨어 있다.

```python
class BadList(list):
    def __getitem__(self, index):
        value = super().__getitem__(index)
        if index % 2 == 0:
            prefix = "짝수"
        else:
            prefix = "홀수"
        return f"[{prefix}] {value}"
```

얼핏 보면 별다른 문제가 없어 보인다. 그렇지만 막상 BadList로 만든 숫자형 리스트의 값을 join으로 합치려고 하면 문제가 발생한다.

```python
>>> bl = BadList((0, 1, 2, 3, 4, 5))
>>> bl[0]
'[짝수] 0'
>>> bl[1]
'[홀수] 1'
>>> "".join(bl)
Traceback (most recent call last):
...
TypeError: sequence item 0: expected str instance, int found
```

join은 리스트(list), 문자열(string), 튜플(tuple)과 같이 반복 가능한 형태의 자료구조가 가진 문자형 원소들을 합치는 함수이다. (역주: join은 문자형 원소를 합치는 기능이기 때문에 숫자형 원소를 가지고 있다면 오류가 발생한다.) BadList는 __getitem__ 에서 문자열을 반환하고 있으므로 join에서 모든 문자열을 잘 합쳐줄 것으로 기대했지만, 실제로 위 코드를 실행하면 문자열이 아닌 숫자형 원소라서 합칠 수 없다는 오류가 발생한다.

이 문제는 사실 파이썬의 C 구현체인 CPython에서만 발생하며, 또다른 구현체인 PyPy에서는 문제가 발생하지 않는다(이 장의 끝 부분에 정리된 PyPy와 CPython의 차이점 문서 참조).

그러나 어떤 파이썬 구현체에서도 정상적으로 동작 가능한 코드를 작성하는 것이 좋으므로, list 대신 collections의 UserList를 상속 받도록 수정하자.

```python
from collections import UserList

class GoodList(UserList):
    def __getitem__(self, index):
        value = super().__getitem__(index)
        if index % 2 == 0:
            prefix = "짝수"
        else:
            prefix = "홀수"
        return f"[{prefix}] {value}"
```

이제는 잘 동작한다.

```
>>> gl = GoodList((0, 1, 2))
>>> gl[0]
'[짝수] 0'
>>> gl[1]
'[홀수] 1'
>>> "; ".join(gl)
'[짝수] 0; [홀수] 1; [짝수] 2'
```

 TIP 사용자 정의 사전을 만들려는 경우 dict를 직접 상속하지 말고 collections.UserDict를 상속받자. 마찬가지로 리스트는 collections.UserList, 문자열이라면 collections.UserString을 상속받자.

이제 파이썬의 주요 개념을 모두 살펴보았다. 파이썬 코드와 잘 어울리는 이상적인 코드를 작성하는 방법뿐만 아니라 문제가 되는 코드를 피하는 방법도 배웠다. 다음 섹션에서는 파이썬스러운 코드를 작성하기 위해 필수적인 부분은 아니지만 이를 보완하는 내용을 살펴본다.

이번 장을 마치기 전에 비동기 프로그래밍에 대해 간략히 소개하고자 한다. 엄밀히 말하면 비동기 프로그래밍은 클린 코드 자체와 큰 관련은 없지만, 나날이 인기가 높아지고 있고, 이를 효율적으로 코드에 반영하기 위해서는 관련 코드를 정확히 이해하고 읽을 줄 아는 능력을 갖추는 것이 중요하기 때문이다.

비동기 코드(asynchronous code)에 대한 간략한 소개 ■■

비동기 프로그래밍은 클린 코드와 관련이 없다. 따라서 이 섹션에서 설명하는 기능은 파이썬 코드의 유지 보수성을 높이기 위한 것은 아니다. 이 섹션에서는 코루틴(coroutine)과 함께 동작하는 간단한 파이썬 구문을 소개한다. 코루틴을 사용한 자세한 예제는 이 책의 뒷부분에서 나중에 다시 소개한다.

비동기식 프로그래밍의 기본 아이디어는 중지(suspend) 가능한 코드가 있다면 그동안 다른 코드를 실행하자는 것이다. 일반적으로 I/O 작업을 할 때는 CPU를 다른 곳에 사용하고자 하는 경우가 많다.

여기에 프로그래밍 방식을 변경할 수 있는 여지가 있다. 동기적으로 코드를 호출하여 해당 기능이 종료될 때까지 기다리는 대신 이벤트 루프(event loop)에서 우리의 코드를 호출하도록 변경하는 것이다. 이벤트 루프는 코루틴들을 스케줄링하는 역할을 하며, 모두 하나의 동일한 스레드에서 실행한다.

일련의 코루틴을 만들고 이벤트 루프에 추가한다. 이벤트 루프가 시작되면 가지고 있는 코루틴 중에서 하나를 선택하여 실행한다. 코루틴 중 하나가 I/O 작업을 수행하면 이벤트 루프에게 권한을 넘긴다. 이벤트 루프는 I/O 작업이 진행되는 동안 다른 코루틴을 실행한다. I/O 작업이 종료되면 중지된 마지막 지점에서 다시 해당 코루틴을 시작한다. 비동기 프로그래밍의 장점은 I/O 작업 진행되는 동안 프로그램을 멈추지 않는다는 것이다. 다만, 이것은 I/O 작업을 하는 동안 다른 코드를 실행할 수 있다는 뜻이지만 동시에 여러 프로세스가 실행된다는 의미는 아니다. 코드의 실행은 여전히 단일 스레드에서 이뤄진다.

파이썬에서 비동기 방식을 구현한 많은 프레임워크가 있다. 이전 버전의 파이썬에서는 이를 허용하는 특정 구문이 없었으므로 프레임워크의 구문이 복잡하거나 명확하지 않은 경우가 있었다. 파이썬 3.5부터는 코루틴을 선언하기 위한 구문이 추가되었고, 그보다 조금 앞서 기본 이벤트 루프 모듈인 asyncio도 표준 라이브러리에 도입되었다. 이러한 두 가지 주요 기능 덕분에 파이썬에서 비동기 프로그래밍을 작성하기 용이해졌다.

이 섹션에서는 비동기 처리를 위한 모듈로 asyncio를 사용하지만 이것 외에도 다양한 모듈이 있다. 예를 들면, trio(https://github.com/python-trio/trio)나 curio(https://github.com/dabeaz/curio)와 같은 라이브러리가 있다. 파이썬에서 제공하는 코루틴 문법은 API로 간주될 수도 있다. 선택한 라이브러리가 해당 API를 준수한다면 한 코루틴을 선언하는 방식을 변경하지 않고도 그대로 사용할 수 있어야 한다.

비동기 프로그래밍을 위한 코루틴이 일반 함수와 다른 점은 이름 앞에 async def가 추가된다는 점이다. 코루틴 안에서 다른 코루틴을 호출하려는 경우 호출 전에 await 키워드를 사용한다. await가 호출되면 이벤트 루프가 제어권을 되찾아 온다. 이벤트 루프는 해당 코루틴이 종료되기를 기다리는 동안 다른 코드를 실행한다. 원래의 코루틴 작업이 완료되면 이벤트 루프는 중단 지점 바로 다음 (await 문장 바로 다음 줄)에서부터 작업을 다시 시작한다.

일반적으로 코루틴은 다음과 같은 구조로 작성한다.

```
async def mycoro(*args, **kwargs):
    # … logic
    await third_party.coroutine(…)
    # … more of our logic
```

앞에서 언급했듯이 코루틴을 정의하기 위한 새로운 구문이 생겼다. 이 구문이 일반 함수와 다른 점은 해당 라인을 호출할 때 함수가 바로 실행되지 않는다는 것이다. 대신 코루틴 객체를 생성한다. 이 객체는 이벤트 루프에 포함되어 await 해야만 실행이 된다.

```
result = await mycoro(…)
# result = mycoro()처럼 호출하면 await 하지 않았다는 경고가 발생한다.
```

 TIP 코루틴을 await하는 것을 잊지 말자. 그렇지 않으면 코드가 실행되지 않는다. asyncio에서 제공하는 warning 메시지에 주의를 기울이자.

앞서 언급했듯이 비동기 프로그래밍을 위한 여러 라이브러리가 있으며 코루틴을 실행할 수 있는 이벤트 루프를 제공한다. 특히 asyncio의 경우는 해당 코루틴이 완료될 때까지 대기하는 내장 함수도 제공한다.

```
import asyncio
asyncio.run(mycoro(…))
```

코루틴이 어떻게 동작하는지에 대한 내용은 이 책의 범위를 벗어나지만, 이번 섹션에서 코루틴 구문에 대해서 간단하게 살펴보았다. 즉, 코루틴은 기술적으로 제너레이터 위에 구현되었으며,

이에 대해서는 7장, "제너레이터, 이터레이터 및 비동기 프로그래밍"에서 자세히 살펴볼 예정이다.

요약

이 장에서는 파이썬을 다른 언어와 비교해 독특한 언어로 만들어 주는 주요 기능들을 살펴보았다. 이 과정에서 파이썬의 다양한 메서드와 프로토콜 그리고 내부 동작 원리에 대해 알아보았다. 앞 장과 달리 파이썬 자체에 보다 초점을 맞추었다. 이 책의 주요 메시지는 코드 포맷팅과 같은 규칙이 좋은 코드를 만드는데 있어서 중요한 것이지만, 그것만으로는 클린 코드를 표현하기에 부족하다는 것이다. 그러한 규칙은 클린 코드를 위해 필요한 조건이지만 충분한 조건은 아니다. 다음 장에서는 보다 나은 디자인 및 구현을 달성하기 위해 필요한 주요 개념과 원리에 대해 알아볼 것이다.

이번 장에서는 파이썬 프로토콜이나 매직 메서드와 같이 파이썬의 핵심이 되는 개념과 아이디어에 대해서 알아보았다. 파이썬스러운 관용적인 코드를 작성하는 가장 좋은 방법은 관용구를 따르는 것뿐만이 아니라 파이썬이 제공하는 모든 기능을 최대한 활용하는 것이다. 즉, 매직 메서드, 컨텍스트 관리자, 또는 컴프리헨션(comprehension)이나 할당 표현식(assignment expression)을 사용하여 보다 간결한 코드를 작성함으로써 보다 유지 보수하기 쉬운 코드를 작성할 수 있게 되었다.

또한 비동기 프로그래밍에 대해서도 알게 되었고 이제 파이썬에서 비동기 코드를 읽는 것이 좀 더 쉬워졌을 것이다. 비동기 프로그래밍이 점점 더 대중화되고 있기 때문에 중요성이 높아지고 있으며 이 책의 뒷부분에서도 더 자세히 살펴볼 예정이다.

다음 장에서는 이러한 개념을 실전에 적용하여 소프트웨어 공학의 일반적인 개념을 파이썬으로 작성하는 방법에 대해 알아본다.

참고 자료

이번 장에서 다뤘던 토픽에 대한 추가 정보를 다음 참고자료에서 구할 수 있다. 파이썬에서 왜 현재의 인덱싱 방식을 사용 하는지는 EWD831에서 확인할 수 있다. EWD831은 다른 인덱싱 방법을 함께 소개하고 수학이나 프로그래밍 언어의 관점에서 각각의 특징을 분석하고 있다.

- EWD831 : 왜 넘버링(numbering)은 0부터 시작해야 하는가?
  https://www.cs.utexas.edu/users/EWD/transcriptions/EWD08xx/EWD831.html

- PEP-343 : with 구문
  https://www.python.org/dev/peps/pep-0343/

- CC08 : Robert C. Martin Clean Code: A Handbook of Agile Software Craftsmanship

- iter() 함수 파이썬 문서
  https://docs.python.org/3/library/functions.html#iter

- CPython과 PyPy의 차이
  https://pypy.readthedocs.io/en/latest/cpython_differences.html#subclasses-of-built-in-types

- The Art of Enbugging - 디버깅(de-bugging)의 반대 개념으로서의 en-bugging에 대한 설명: http://media.pragprog.com/articles/jan_03_enbug.pdf

- ALGO01: The book written by Thomas H. Cormen, Charles E. Leiserson, Ronald L. Rivest, and Clifford Stein entitled Introduction to Algorithms, 3rd Edition (The MIT Press)

좋은 코드의 일반적인 특징

이 책은 파이썬을 이용한 소프트웨어 개발에 대해 다룬다. 좋은 소프트웨어는 좋은 디자인으로부터 나온다. 클린 코드에 대해서 말하면 디자인보다는 세부 구현의 모범 사례에 대해서만 생각하기 쉽다. 그러나 이러한 생각은 잘못된 생각이다. 왜냐하면 코드가 디자인이고, 디자인이 코드이기 때문이다.

코드는 아마 디자인을 가장 상세하게 보여주는 표현일 것이다. 앞의 두 장에서는 어떻게 하면 일관된 코드를 만들 수 있는지, 그리고 어떻게 하면 보다 파이썬스러운 코드를 만들 수 있는지 알아보았다. 이제는 클린 코드가 무엇인지 이해해야 할 때이다. 궁극적인 목표는 보다 견고하고 결함이 없는 코드를 만드는 것이다.

이 장과 다음 장에서는 좀 더 높은 수준의 추상화를 할 수 있도록 도와주는 디자인 원칙에 대해 알아볼 것이다. 파이썬에 적용된 소프트웨어 엔지니어링의 근본 원리가 무엇인지 알아보자.

특히 이 장에서는 훌륭한 소프트웨어 디자인을 위한 몇 가지 원칙을 검토할 것이다. 훌륭한 소프트웨어는 이러한 아이디어를 바탕으로 만들어져야 하며 그래야 디자인 도구로서의 역할을 하게 될 것이다. 그렇다고 항상 모든 것을 적용해야 한다는 것은 아니다. 실제로 이들 중 일부는 다른 관점의 해결법을 제시하는 경우도 있다. **계약에 의한 설계**(Design by Contract – DbC)와 대비되는 방어적 프로그래밍 같은 것이다. 또한 이들 중 일부는 상황에 따라 적용이 어려운 경우도 있다.

고품질의 코드는 다차원의 개념을 갖는다. 소프트웨어 디자인의 품질은 한 두 가지 기준으로 설명하기 어렵고, 얼마나 안전한지, 얼마나 성능이 좋은지, 얼마나 유지보수를 하기 쉬운지 등의 다양한 기준으로 판단해야 한다.

이번 장의 목표는 다음과 같다.

- 견고한 소프트웨어의 개념을 이해
- 작업 중 잘못된 데이터를 다루는 방법
- 새로운 요구 사항을 쉽게 받아들이고 확장할 수 있는 유지보수가 쉬운 소프트웨어 설계
- 재사용 가능한 소프트웨어 설계
- 개발팀의 생산성을 높이는 효율적인 코드 작성

계약에 의한 디자인

소프트웨어는 사용자가 만들어서 직접 사용하기도 하지만 다른 레이어나 컴포넌트에서 호출하는 경우도 있다. 이런 경우 이들 간의 교류를 어떻게 해야 하는지 고민해보자.

컴포넌트는 기능을 숨겨 캡슐화하고 함수를 사용할 클라이언트에게는 **애플리케이션 프로그래밍 인터페이스(Application Programming Interface - API)**를 노출해야 한다. 컴포넌트의 함수, 클래스, 메서드는 특별한 유의사항에 따라 동작해야 하며, 그렇지 않을 경우 코드가 깨지게 된다. 반대로 코드를 호출하는 클라이언트는 특정 형태의 응답이나 실패를 기대하고 해당 형태와 다른 응답을 받는 경우 함수 호출에 실패하게 되고 부가적인 결함이 생기는 경우도 있다.

예를 들어 정수를 파라미터로 사용하는 함수에 문자열을 파라미터로 전달하면 기대한 것과 다르게 동작할 것이 분명하다. 이런 경우는 클라이언트가 실수를 하여 잘못 호출했기 때문에 함수가 실행이 되면 안 된다. 또한 조용히 오류를 지나쳐서도 안 된다.

물론 API를 디자인할 때 예상되는 입출력과 부작용을 문서화해야 한다. 그러나 문서화가 런타임 시의 소프트웨어의 동작까지 강제할 수는 없다. 이렇게 코드가 정상적으로 동작하기 위해 필요한 것과 클라이언트가 반환 받게 될 형태는 모두 디자인에 포함이 되어야 한다. 여기서 **계약(contract)**이라는 개념이 생긴다.

계약에 의한 디자인(Design by Contract)이란 이런 것이다. 관계자가 기대하는 바를 암묵적으로 코드에 삽입하는 대신 양측이 동의하는 계약을 먼저 한 다음, 계약을 어겼을 경우는 명시적으로 왜 계속할 수 없는지 예외를 발생시키라는 것이다.

이 책에서 말하는 계약은 소프트웨어 컴포넌트 간의 통신 중에 반드시 지켜져야 할 몇 가지 규칙을 강제하는 것이다. 계약은 주로 사전조건과 사후조건을 명시하지만 때로는 불변식과 부작용을 기술한다.

- **사전조건(precondition)** : 코드가 실행되기 전에 체크해야 하는 것들이다. 함수가 진행되기 전에 처리되어야 하는 모든 조건을 체크한다. 일반적으로 파라미터에 제공된 데이터의 유효성을 검사하지만 유효성 체크를 통해 부작용이 최소화된다는 점을 고려할 때 유효성 검사를 많이 하는 것이 좋다. 예를 들어 데이터베이스, 파일, 이전에 호출된 다른 메서드의 검사 등이다. 이러한 작업은 호출자에게 부과된 임무이다.
- **사후조건(postcondition)** : 사전조건과 반대로 여기서는 함수 반환값의 유효성 검사가 수행된다. 사후조건 검증은 호출자가 이 컴포넌트에서 기대한 것을 제대로 받았는지 확인하기 위해 수행한다.

- **불변식(invariant)** : 때로는 함수의 docstring에 불변식에 대해 문서화하는 것이 좋다. 불변식은 함수가 실행되는 동안에 일정하게 유지되는 것으로 함수의 로직에 문제가 없는지 확인하기 위한 것이다.
- **부작용(side-effect)** : 선택적으로 코드의 부작용을 docstring에 언급하기도한다.

이상적으로는 이 모든 것들을 소프트웨어 컴포넌트 계약서의 일부로 문서화해야 하지만, 처음 2개인 사전조건과 사후조건만 저수준(코드) 레벨에서 강제한다.

이렇게 계약에 의한 디자인을 하는 이유는 오류를 쉽게 찾아낼 수 있기 때문이다. 사전조건 또는 사후조건 검증에 실패할 경우 오류를 쉽게 찾아서 수정할 수 있다. 더 중요한 것은 잘못된 가정 하에 코드의 핵심 부분이 실행되는 것을 방지하기 위해서이다. 이렇게 하면 단지 애플리케이션의 어떤 부분에서 실패했다는 에러를 발생시키는데서 그치는 것이 아니라 책임의 한계를 명확히 하는데 도움이 된다. 만약 호출자가 잘못된 인자를 제공했다면 어디를 고쳐야 할까?

사전조건은 클라이언트와 연관되어 있다. 클라이언트는 코드를 실행하기 위해 사전에 약속한 조건을 준수해야만 한다. 반대로 사후조건은 컴포넌트와 연관되어 있다. 컴포넌트는 클라이언트가 확인하고 강제할 수 있는 값을 보장을 해야 한다.

이렇게 하면 책임소재를 신속하게 파악할 수 있다. 사전조건 검증에 실패하면 클라이언트의 결함에 의한 것이다. 반면에 사후조건 검증에 실패하면 특정 모듈이나 제공 클래스 자체에 문제가 있음을 쉽게 알 수 있다.

특히 사전조건은 런타임 중에 확인할 수 있다는 점을 기억하는 것이 중요하다. 만약 사전조건에 맞지 않는다면 실행하지 않아야 한다. 왜냐하면 조건에 맞지 않는데 실행하는 것이 이치에 맞지 않을뿐더러 상황을 더 악화시킬 수 있기 때문이다.

사전조건(precondition)

사전조건은 함수나 메서드가 제대로 동작하기 위해 보장해야 하는 모든 것을 말한다. 일반적인 프로그래밍 언어의 관점에서 보자면 제공하는 데이터가 적절한 형태여야 한다는 것이다. 예를 들면, 객체가 초기화 되어 있어야 한다거나 null이 아니어야 한다거나 하는 등의 조건이다. 특히 파이썬은 동적으로 타입이 결정되므로 전달된 데이터가 적절한 타입인지 확인하는 경우도 있다. 이것은 mypy가 하는 타입 체킹과 다르다. 그것보다는 필요로 하는 값이 정확한지 확인하는 것에 가깝다.

이러한 검사의 일부는 이미 1장 "코드 포매팅과 도구 소개"에서 소개한 mypy와 같은 정적 분석 도구를 사용하여 조기에 발견할 수 있지만 이러한 검사로는 충분하지 않다. 함수는 처리할 정보에 대한 적절한 유효성을 검사를 해야 한다.

이제 문제는 이 유효성 검사를 어디서 할지이다. 클라이언트가 함수를 호출하기 전에 모든 유효성 검사를 하도록 할 것인지, 함수가 자체적으로 로직을 실행하기 전에 검사하도록 할 것인지에 대한 문제이다. 전자는 관대한(tolerant) 접근법이다. 왜냐하면 함수 입장에서는 여전히 어떤 값이라도(심지어 깨진 데이터도) 수용하기 때문이다. 반면 후자는 까다로운(demanding) 접근 방법에 해당한다.

분석을 위해 까다로운 접근법을 사용해보자. 일반적으로 가장 안전하고 견고한 방법이며 업계에서도 가장 널리 쓰이는 방법이다.

어떤 방식을 택하든 중복 제거 원칙을 항상 마음속에 간직해야 한다. 중복 제거 원칙은 사전조건 검증을 양쪽에서 하지 말고 오직 어느 한쪽에서만 해야 한다는 것이다. 즉, 검증 로직을 클라이언트에 두거나 함수 자체에 두어야 한다. 어떤 경우에도 중복해서는 안 된다. 이것은 뒤쪽에서 다룰 DRY 원칙과 관련이 있다.

사후조건(postcondition)

사후조건은 메서드 또는 함수가 반환된 후의 상태를 강제하는 것이다. 함수 또는 메서드가 적절하게 호출되었다면 (즉 사전조건에 맞는다면) 사후조건은 특정 속성이 보존되어야 한다.

클라이언트는 사후조건을 사용하여 필요로 하는 모든 조건을 확인해 볼 수 있다. 메서드가 적절히 실행되었다면 계약이 이루어졌으므로 사후조건 검증에 모두 통과해야 하고 클라이언트는 반환 객체를 아무 문제없이 사용할 수 있어야 한다.

파이썬스러운 계약

이 책을 쓰는 시점에 PEP-316(Programming by Contract for Python)은 연기(deferred) 상태이다. 그러나 계약에 의한 디자인은 일반적인 디자인 원칙을 의미하므로 PEP 316이 연기되었다고 하여 이 원칙을 파이썬으로 구현할 수 없다는 뜻은 아니다.

아마도 이 디자인 원칙을 구현하는 가장 좋은 방법은 메서드, 함수, 클래스에 제어 메커니즘을 추가하고 검사에 실패할 경우 RuntimeError나 ValueError를 발생시키는 것일 것이다. 올바른 예외 타입이 무엇인지는 애플리케이션의 특성에 따라 달라질 수 있다. 앞에서 언급한 예외는 가장 일반적인 예외의 형태인데 만약 문제를 정확히 특정하기 어려우면 사용자 정의 예외를 만드는 것도 좋다.

또한 코드를 가능한 한 격리된 상태로 유지하는 것이 좋다. 즉 사전조건에 대한 검사와 사후조건에 대한 검사 그리고 핵심 기능에 대한 구현을 구분하는 것이다. 더 작은 함수를 생성하여 해결할 수도 있지만 데코레이터를 사용하는 것도 좋은 방법이다.

계약에 의한 디자인(DbC) – 결론

디자인 원칙의 주된 가치는 문제가 있는 부분을 효과적으로 식별하는데 있다. 계약을 정의함으로써 런타임 오류가 발생했을 때 코드의 어떤 부분이 손상되었는지 그리고 무엇이 계약을 파손시켰는지 명확해진다.

이 원칙을 따르게 되면 코드가 더욱 견고해진다. 각 컴포넌트는 자체적으로 제약 조건과 불변식을 관리하며 이러한 불변식이 유지되는 한 프로그램이 정상 동작하는 것으로 볼 수 있다.

또한 프로그램의 구조를 명확히 하는 목적으로도 사용할 수 있다. 즉흥적으로 유효성 검사를 해보거 나 가능한 모든 실패 시나리오를 검증하는 대신 계약을 사용하면 명시적으로 함수나 메서드가 정상적으로 동작하기 위해 필요한 것이 무엇인지, 그리고 정상적으로 동작한 후에 무엇을 반환하는지 정의할 수 있다.

물론 이러한 원칙을 따르면 추가 작업이 발생한다. 왜냐하면 애플리케이션의 핵심 논리뿐만 아니라 계약을 작성해야 하기 때문이다. 또한 이러한 계약에 대한 단위 테스트를 추가해야 할 수도 있다. 그러나 이 방법을 통해 얻은 품질은 장기적으로 보상된다. 따라서 중요한 애플리케이션의 컴포넌트에 대해서는 이 원칙을 따르는 것이 좋다.

그럼에도 불구하고 이 방법이 효과적이기 위해서는 무엇을 기꺼이 검증할 것인지 신중히 검토해봐야 하며 이는 굉장히 중요한 부분이다. 예를 들어 함수에 제공된 파라미터의 올바른 데이터 타입만 검사하는 계약을 정의하는 것은 별로 의미가 없다. 많은 프로그래머는 그렇게 하는 것은 파이썬을 정적 타입을 가진 언어로 만드는 것과 비슷한 것이라고 주장한다. 이런 주장과 별개로 mypy와 같은 도구를 함께 사용하면 이 목적을 훨씬 효과적이고 적은 노력으로 이룰 수 있는 것이 사실이다. 이를 염두에 두고 함수에 전달되는 객체의 속성과 반환 값을 검사하고 이들이 유지해야 하는 조건을 확인하는 등의 작업을 하는 것은 실직적인 가치가 있다.

방어적(defensive) 프로그래밍

방어적 프로그래밍은 DbC와는 다소 다른 접근 방식을 따른다. 계약에서 예외를 발생시키고 실패하게 되는 모든 조건을 기술하는 대신 객체, 함수 또는 메서드와 같은 코드의 모든 부분을 유효하지 않은 것으로부터 스스로 보호할 수 있게 하는 것이다.

방어적 프로그래밍은 여러 측면을 고려한 기술이며 다른 디자인 원칙과 결합할 경우 특히 유용하다. 이것이 DbC와 다른 철학을 가졌다는 의미는 아니다. 다른 디자인 원칙과 서로 보완 관계에 있을 수 있다는 것을 의미한다.

방어적 프로그래밍의 주요 주제는 예상할 수 있는 시나리오의 오류를 처리하는 방법과 (불가피한 조건에 의해서) 발생하지 않아야 하는 오류를 처리하는 방법에 대한 것이다. 전자는 에러 핸들링 프로시저에 대한 것이며, 후자는 어설션(assertion)에 대한 것이다. 이 두 가지 주제는 다음 섹션에서 확인할 것이다.

에러 핸들링

오류가 발생하기 쉬운 상황에서 에러 핸들링 프로시저를 사용하는데 일반적으로 데이터 입력 확인 시 자주 사용된다.

에러 핸들링의 주요 목적은 예상되는 에러에 대해서 실행을 계속할 수 있을지 아니면 극복할 수 없는 오류여서 프로그램을 중단할지를 결정하는 것이다.

프로그램에서 에러를 처리하는 방법은 여러가지가 있지만, 모든 방법이 항상 적용 가능한 것은 아니다. 에러 처리 방법으로는 다음과 같은 것들이 있다.

- 값 대체(value substitution)
- 에러 로깅
- 예외 처리

다음 두 섹션에서는 값 대체와 예외 처리에 중점을 둘 것이다. 이러한 처리 방법에 대해서 분석할 내용이 더 많기 때문이다. 에러 로깅은 보완적인 수단으로 사용되지만(이것 역시 좋은 습관이고 항상 에러를 로그로 남겨야 한다) 따로 수행할 만한 다른 작업이 없을 때만 로그를 남기기 때문에, 다른 처리 방법에 대해서 좀 더 자세히 분석해본다.

❏ 값 대체

일부 시나리오에서는 오류가 있어 소프트웨어가 잘못된 값을 생성하거나 전체가 종료될 위험이 있을 경우 결과 값을 안전한 다른 값으로 대체할 수 있다. 이것을 값 대체라고 한다. 잘못된 결과를 정합성을 깨지 않는 다른 값으로 대체하기 때문이다. 기본 값 또는 잘 알려진 상수, 초기 값으로 바꾸는 것이다. 예를 들어, 결과 값을 누적시키는 경우 0을 반환하면 결과에 영향을 미치지 않게 된다.

그러나 값 대체가 항상 가능하지는 않다. 대체 값이 실제로 안전한 옵션인 경우에 한해 신중하게 선택해야 한다. 이 결정을 내리는 것은 견고성과 정확성 간의 트레이드오프이다. 소프트웨어 프로그램은 예상치 못한 상황에서도 실패하지 않아야 견고하다고 할 수 있다. 그러나 무조건 실패하지 않는 것이 항상 옳은 것은 아니다.

어떤 소프트웨어는 모든 것을 허용하는 게 어려울 수 있다. 애플리케이션이 민감하고 중요한 정보를 다루는 경우 부정확한 결과를 그대로 내보낼 수 없기 때문이다. 이런 경우는 잘못된 대체 값을 사용하는 것보다는 정확성을 선택해야 한다.

약간 다른 의미지만 안전한 방법의 하나로 정보가 제공되지 않을 경우 기본 값을 제공할 수도 있다. 설정되지 않은 환경 변수의 기본 값, 설정 파일의 누락된 항목 또는 함수의 파라미터와 같은 것들은 기본 값으로 동작이 가능한 것들이다. 예를 들어 사전의 get 메서드 두 번째 파라미터에 기본값을 지정할 수도 있다.

```
>>> configuration = {"dbport": 5432}
>>> configuration.get("dbhost", "localhost")
'localhost'
>>> configuration.get("dbport")
5432
```

환경 변수에도 유사한 API가 있다.

```
>>> import os
>>> os.getenv("DBHOST")
'localhost'
>>> os.getenv("DPORT", 5432)
5432
```

앞의 두 예제 모두 두 번째 파라미터를 제공하지 않으면 None을 반환한다. None이 함수에서 정의한 기본 값이기 때문이다. 사용자 정의 함수에도 파라미터의 기본 값을 직접 정의할 수 있다.

```
>>> def connect_database(host="localhost", port=5432):
...     logger.info("다음 정보의 데이터베이스에 접속: %s:%i", host, port)
```

일반적으로 누락된 파라미터를 기본 값으로 바꾸어도 큰 문제가 없지만 오류가 있는 데이터를 유사한 값으로 대체하는 것은 더 위험하며 일부 오류를 숨겨버릴 수 있다. 이 접근법을 사용할 때는 이러한 기준을 고려해야 한다.

❏ 예외 처리

잘못된 값을 입력하거나 누락할 경우에도 복구가 가능한 경우가 있다. 그러나 어떤 경우에는 잘못된 데이터를 사용하여 계속 실행하는 것보다는 차라리 실행을 멈추는 것이 더 좋을 수 있다. 이런 경우에는 호출자에게 실패했음을 빨리 알리는 것이 좋은 선택이다. DbC에서 보았듯이 사전조건 검증에 실패한 것과 같은 경우이다.

그러나 입력이 잘못되었을 때만 함수에 문제가 생기는 것은 아니다. 함수는 단순히 데이터를 전달받는 것이 아니라 외부 컴포넌트에 연결되어 있으며 부작용 또한 가지고 있다.

함수 호출 실패는 함수 자체의 문제가 아니라 이러한 외부 컴포넌트 중 하나의 문제로 인한 것일 수 있다. 이런 경우 적절하게 인터페이스를 설계하면 쉽게 디버깅할 수 있다. 함수는 심각한 오류에 대해 명확하고 분명하게 알려줘서 적절하게 해결할 수 있도록 해야 한다.

이것이 바로 예외 메커니즘이다. 예외적인 상황을 명확하게 알려주고 원래의 비즈니스 로직에 따라 흐름을 유지하는 것이 중요하다.

그러나 정상적인 시나리오나 비즈니스 로직을 예외 처리하려고 하면 프로그램의 흐름을 읽기가 어려워진다. 이것은 예외를 go-to문처럼 사용하는 것과 같다. 예외가 호출 스택의 여러 레벨에서 사용될 경우 올바른 위치에서 추상화를 하지 못하게 되고 로직을 캡슐화하지도 못하게 된다. 그리고 프로그램이 꼭 처리해야 하는 정말 예외적인 비즈니스 로직을 except 블록과 혼합하여 사용하면 상황이 더욱 악화될 수 있다. 이렇게 되면 유지보수가 필요한 핵심 논리와 오류를 구별하는 것이 더 어려워진다.

 TIP 비즈니스 로직을 처리하기 위해 예외를 go-to 문처럼 사용해서는 안된다. 호출자가 알아야만 하는 실질적인 문제가 있을 경우에만 예외를 발생시켜야 한다.

마지막으로 중요한 개념이 하나 더 있다. 예외는 대개 호출자에게 잘못을 알려주는 것이다. 예외는 캡슐화를 약화시키기 때문에 신중하게 사용해야 한다. 함수에 예외가 많을수록 호출자는 함수에 대해 더 많은 것을 알아야만 한다. 그리고 함수가 너무 많은 예외를 발생시킨다는 것은 문맥에서 자유롭지 않다는 것을 의미한다. 왜냐하면 호출할 때마다 발생 가능한 부작용을 염두에 두고 문맥을 유지해야하기 때문이다.

이것은 함수가 응집력이 약하고 너무 많은 책임을 가지고 있다는 것을 의미할 수도 있다. 만약 함수에서 너무 많은 예외를 발생시켜야 한다면 여러 개의 작은 기능으로 나눌 수 있는지 검토해보자.

다음은 파이썬의 예외와 관련된 몇 가지 권장 사항이다.

올바른 수준의 추상화 단계에서 예외 처리

예외는 오직 한 가지 일을 하는 함수의 한 부분이어야 한다. 함수가 처리하는 (또는 발생시키는) 예외는 함수가 캡슐화하고 있는 로직에 대한 것이어야 한다.

다음은 서로 다른 수준의 추상화를 혼합하는 예제이다. 애플리케이션에서 디코딩한 데이터를 외부 컴포넌트에 전달하는 객체를 상상해보자. deliver_event 메서드를 중점적으로 살펴보자.

```python
class DataTransport:
    """다양한 수준의 예외를 처리하는 예"""
    _RETRY_BACKOFF: int = 5
    _RETRY_TIMES: int = 3

    def __init__(self, connector: Connector) -> None:
        self._connector = connector
        self.connection = None
```

```python
    def deliver_event(self, event: Event):
        try:
            self.connect()
            data = event.decode()
            self.send(data)
        except ConnectionError as e:
            logger.info("커넥션 오류 발견: %s", e)
            raise
        except ValueError as e:
            logger.error("%r 이벤트에 잘못된 데이터 포함: %s", event, e)
            raise

    def connect(self):
        for _ in range(self._RETRY_TIMES):
            try:
                self.connection = self._connector.connect()
            except ConnectionError as e:
                logger.info("%s: 새로운 커넥션 시도 %is", e, self._RETRY_BACKOFF)
                time.sleep(self._RETRY_BACKOFF)
            else:
                return self.connection
        raise ConnectionError(f"연결실패 재시도 횟수 {self._RETRY_TIMES} times")

    def send(self, data: bytes):
        return self.connection.send(data)
```

deliver_event() 메서드가 예외를 처리하는 방법에 초점을 맞추어 분석해보자.

ValueError와 ConnectionError는 무슨 관계일까? 별로 관계가 없다. 이렇게 매우 다른 유형의 오류를 살펴봄으로써 책임을 어떻게 분산해야 하는지에 대한 아이디어를 얻을 수 있다. ConnectionError는 connect 메서드 내에서 처리되어야한다. 이렇게 하면 행동을 명확하게 분리할 수 있다. 예를 들어 메서드가 재시도를 지원하는 경우 그 안에서 예외처리를 할 수 있다. 반대로 ValueError는 event의 decode 메서드에 속한 에러이다. 이렇게 구현을 수정하면 deliver_event에서는 예외를 catch할 필요가 없다. 이전에 걱정했던 예외는 각각의 내부 메서드에서 처리하거나 의도적으로 예외가 발생하도록 내버려둘 수 있다.

따라서 deliver_event 메서드는 다른 메서드나 함수로 분리해야만 한다. 연결을 관리하는 것은 작은 함수로 충분해야 한다. 이 함수는 연결을 맺고, 발생 가능한 예외를 처리하고 로깅을 담당한다.

```python
def connect_with_retry(connector: Connector, retry_n_times: int, retry_backoff:
int = 5):
    """<connector>를 사용해 연결을 시도함.
    연결에 실패할 경우 <retry_n_times>회 만큼 재시도
    재시도 사이에는 <retry_backoff>초 만큼 대기

    연결에 성공하면 connection 객체를 반환
    재시도 횟수를 초과하여 연결에 실패하면 ConnectionError 오류 발생.

    :param connector: connect() 메서드를 가진 객체
    :param retry_n_times int: 연결 재시도 횟수
    :param retry_backoff int: 재시도 사이의 대시 시간(초)
    """
    for _ in range(retry_n_times):
        try:
            return connector.connect()
        except ConnectionError as e:
            logger.info("%s: 연결 실패 (%i초 후에 연결 재시도)", e, retry_backoff)
            time.sleep(retry_backoff)
    exc = ConnectionError(f"연결 실패 ({retry_n_times}회 재시도)")
    logger.exception(exc)
    raise exc
```

이제 원래 deliver_event 메서드에서 이 함수를 호출하면 된다. event의 ValueError 예외에 대해서도 새로운 객체로 분리할 수 있지만 일단 다른 메서드로 분리하는 것으로 대신한다. 이러한 두 가지를 적용한 새 메서드는 훨씬 더 작고 읽기 쉽다.

```python
class DataTransport:
    """추상화 수준에 따른 예외 분리를 한 객체"""
    _RETRY_BACKOFF: int = 5
    _RETRY_TIMES: int = 3

    def __init__(self, connector: Connector) -> None:
        self._connector = connector
        self.connection = None

    def deliver_event(self, event:Event):
        self.connection = connect_with_retry(
```

```
                    self._connector, self._RETRY_TIMES, self._RETRY_BACKOFF)
                self.send(event)

        def send(self, event:Event):
            try:
                return self.connection.send(event.decode())
            except ValueError as e:
                logger.error("%r 잘못된 데이터 포함: %s", event, e)
                raise
```

이제 예외 처리가 어떻게 관심사를 분리하는지 살펴보자. 처음 작성한 코드에서는 모든 것이 섞여 있고 명확하게 관심사를 분리하지 못했었다. 그래서 연결 기능에 집중하여 connect_with_retry 함수를 만들고 그 함수 내에서 ConnectionError가 처리되도록 수정했다. 반면에 ValueError는 연결 기능의 일부가 아니므로 여전히 send 메서드에 그대로 남아 있다.

예외마다 나름의 의미가 있다. 때문에 각 예외의 유형별로 적절한 계층에서 처리하는 것이 중요하다. 그러나 때로는 예외에 중요한 민감 정보가 담겨 있어서 잘못된 사람의 손에 넘어가면 안 되는 경우도 있다. 다음 섹션에서 예외가 보안에 미치는 영향에 대해 논의할 것이다.

엔드 유저에게 Traceback 노출 금지

이것은 보안을 위한 고려 사항이다. 예외를 처리할 때 오류의 발생 사실이 너무 중요하다면 그것을 전파하는 것도 가능하다. 그러나 검토된 특정 시나리오이거나 견고함보다 정확성이 중요한 경우 등의 상황에서는 프로그램을 바로 중단할 수도 있다.

특정 문제를 나타내는 예외가 발생한 경우 문제를 효율적으로 해결할 수 있도록 traceback 정보, 메시지 및 기타 수집 가능한 정보를 최대한 로그로 남기는 것이 중요하다. 그러나 이러한 세부사항은 절대 사용자에게 보여서는 안 된다.

파이썬의 traceback은 매우 풍부하고 유용한 디버깅 정보를 포함하고 있다. 안타깝게도 이 정보는 악의적인 사용자에게도 매우 유용한 정보여서 이것을 노출하면 중요 정보나 지적 재산이 유출될 위험이 있다.

예외가 전파되도록 하는 경우 중요한 정보를 공개하지 않도록 주의해야 한다. 또한 사용자에게 문제를 알리려면 "알 수 없는 문제가 발생했습니다." 또는 "페이지를 찾을 수 없습니다."와 같은 일반적인 메시지를 사용해야 한다.

이것은 웹에서 HTTP 오류가 발생할 때 사용하는 기법이다.

비어있는 *except* 블록 지양

이것은 파이썬의 안티패턴 중에서도 가장 악마 같은 패턴(REAL 01)이다. 일부 오류에 대비하여 프로그램을 방어하는 것은 좋은 일이지만 너무 방어적인 것은 더 심각한 문제로 이어질 수 있다. 특히 너무 방어적이어서 아무것도 하지 않은 채로 조용히 지나쳐버리는 비어있는 except 블록은 가장 안 좋은 예이다.

파이썬은 매우 유연하여 결함이 있는 코드도 쉽게 작성할 수 있으며, 다음과 같은 경우에도 오류를 발생시키지 않는다.

```
try:
    process_data()
except:
    pass
```

이 코드의 문제는 어떠한 예외도 발견할 수 없다는 점이다. 심지어 심각한 오류가 발생한 경우에도… 에러는 결코 조용히 전달되어서는 안된다는 파이썬의 철학(The Zen of Python)을 떠올리면 이는 파이썬스러운 코드가 아니다.

 TIP 아무것도 하지 않는 예외 블록을 자동으로 탐지할 수 있도록 CI 환경을 구축하자. (1장에서 소개된 도구를 사용할 수 있다.)

진짜 예외 상황이 발생한 경우에도 이 코드는 아무런 액션을 취하지 않는다. 어쩌면 그것을 원한 것일 수도 있다. 그러나 process_data() 함수 처리 중에 예상하지 못한 문제가 발생한 경우에는 어떻게 될까? 이런 경우는 어떤 문제가 있는지 보고해야만 한다. 그러나 지금처럼 조용히 에러를 삼키는 경우 유지보수가 더 어려워질 수밖에 없다.

다음과 같은 두 가지 대안이 있다.

- 보다 구체적인 예외를 사용하는 것이다(Exception 같이 광범위한 예외를 사용하면 안된다). 실제로 코드가 너무 광범위한 예외를 사용하는 경우 린팅 도구나 IDE에서 경고를 표시한다.
- except 블록에서 실제 오류 처리를 한다.

가장 좋은 방법은 두 항목을 동시에 적용하는 것이다.

보다 구체적인 예외 (예: AttributeError 또는 KeyError)를 사용하면 사용자는 무엇을 기대하는지 알게 되기 때문에 프로그램을 더욱 유지보수하기 쉽다. 또한 다른 종류의 예외가 발생하면 바로 버그로 판단할 수 있으므로 쉽게 대응할 수 있다.

예외를 자체적으로 처리하는 것은 여러 가지를 의미할 수 있다. 가장 간단한 예로 단지 예외 상황을 로깅할 수 있다(logger.exception 또는 logger.error를 사용하여 발생한 일의 전체 컨텍스트를 제공해야 한다.). 다른 방법으로는 기본 값을 반환하는 것이다. 여기서 말하는 기본 값은 오류를 발견하기 전이 아니라 오직 오류를 발견한 뒤에만 사용하는 값이다. 또는 기존 오류와 다른 새로운 예외를 발생시킬 수도 있다.

 TIP 새로운 예외를 발생시키려고 한다면, 문제를 일으킨 원본 예외를 같이 전달하자(자세한 내용은 다음 섹션에서 다룬다).

pass를 사용해서 비어 있는 예외 처리 블록을 만드는 것이 나쁜 이유는 그것이 의미하는 바를 알 수 없기 때문이다. 코드를 읽는 사람은 해당 블록이 실제로 해당 오류를 무시하기 위해 한 것인지 알 수가 없을 것이다. 명시적으로 해당 오류를 무시하려면 contextlib.suppress 함수를 사용하는 것이 올바른 방법이다.

예를 들어 다음과 같이 작성할 수 있다.

```
import contextlib

with contextlib.suppress(KeyError):
    process_data()
```

다시 말하지만, 여기서도 Exception을 사용하면 모든 예외가 무시되므로 반드시 구체적인 예외를 지정해야 한다.

원본 예외 포함

오류 처리 과정에서 기존 오류와 다른 새로운 오류를 발생시키고 오류 메시지를 변경할 수도 있다. 이런 경우 원래 어떤 오류가 있었는지에 대한 정보를 포함하는 것이 좋다.

PEP-3134(Exception Chaining and Embedded Tracebacks)에서 소개된 raise ⟨e⟩ from ⟨original_exception⟩ 구문을 사용하면 여러 예외를 연결할 수 있다. 이렇게 하면 원본 오류의 traceback 정보가 새로운 exception에 포함되고, 원본 오류는 새로운 오류의 원인으로 분류되어 __cause__ 속성에 할당된다.

예를 들어 기본 예외를 사용자 정의 예외로 래핑하고 싶다면 루트 예외에 대한 정보를 다음과 같이 포함할 수 있다.

```python
class InternalDataError(Exception):
    """업무 도메인 데이터의 예외"""


def process(data_dictionary, record_id):
    try:
        return data_dictionary[record_id]
    except KeyError as e:
        raise InternalDataError("데이터가 존재하지 않음") from e
```

 TIP 예외 처리 중에 새로운 예외를 다시 정의하는 경우 항상 raise ⟨e⟩ from ⟨original⟩ 구문을 사용하자.

이 구문을 사용하면 traceback에 방금 발생한 오류에 대해서 보다 많은 정보를 전달할 수 있다. 이 정보들은 디버깅을 할 때 크게 도움이 된다.

파이썬에서 어설션(assertion) 사용하기

어설션은 절대로 일어나지 않아야 하는 상황에 사용되므로 assert 문에 사용된 표현식은 불가능한 조건을 의미한다. 이 상태가 된다는 건 소프트웨어에 결함이 있음을 의미한다.

예외를 직접 처리하는 방식과 비교해보면, 어떤 특정 상황이 발생했을 때에는 더 이상 프로그램을 실행하는 것이 의미가 없을 수도 있다. 더 이상 극복할 수 없는 오류이거나 프로그램 내에서 스스로 치유할 수 있는 다른 방법을 찾기 어려운 경우인데, 이런 경우는 빨리 실패하고 다음 버전에서 수정이 가능하도록 그 상황을 알려주는 것이 더 나은 선택일 수 있다.

어설션은 잘못된 시나리오에 도달할 경우 프로그램이 더 큰 피해를 입지 않도록 하는 것이다. 때로는 잘못된 가정 하에 처리를 계속하기보다는 프로그램을 중단시키는 것이 더 좋다.

문법상으로 어설션(assertion)은 항상 참이어야만 하는 Boolean 조건이다. 만약 이 조건이 False가 되어 AssertionError가 발생했다면, 프로그램에서 극복할 수 없는 치명적인 결함이 발견되었다는 뜻이다.

이러한 이유로 어설션을 비즈니스 로직과 섞거나 소프트웨어의 제어 흐름 메커니즘으로 사용해서는 안 된다. 다음 예제는 좋지 않은 생각이다.

```
try:
    assert condition.holds(), "조건에 맞지 않음."
except AssertionError:
    alternative_procedure()
```

AssertionError는 더 이상 처리가 불가능한 상황을 의미하므로 catch 후에 프로그램을 계속 실행하면 안된다. 특정 조건에 대한 검사가 필요하다면 보다 구체적인 오류를 발생시키도록 하자.

위의 Tip은 프로그램이 오류 상황을 조용히 그냥 넘겨서는 안 된다는 것을 뜻한다. 그러나 우아하게 종료(gracefully fail)하고 싶은 경우도 있다. 그래서 애플리케이션을 갑자기 종료(hard crash)하는 대신 AssertionError를 catch하여 일반적인 에러 메시지를 보여주고 상세 에러를 내부 시스템에 기록하고 종료시킬 수도 있다. 이렇게 하는 이유는 AssertionError를 catch 했는지 여부보다 추후 소프트웨어 개선에 유용한 정보를 더욱 잘 관리하기 위해서이다.

어설션에 실패하면 프로그램이 종료되는지 한번 더 확인하자. 어설션은 프로그램의 문제가 발생했을 때 호출되기 때문이다. 많은 프로그래밍 언어에서 상용 환경의 프로그램에 대해서는 어설션을 비활성화 할 수 있다고 생각하는 경향이 있다. 그러나 이렇게 하는 것은 원래의 취지를 잃게 하는 것이다. 상용 환경에서 발생하는 문제에 대해서도 수정되어야 하는 부분을 정확하게 보고할 수 있어야 한다.

특히 파이썬 프로그램을 -O 플래그와 함께 실행하면 assert 문을 무시하도록 할 수 있지만, 앞서 설명한 이유로 권장하지 않는다.(역주: 영어 대문자 O 옵션과 함께 파이썬 인터프리터를 실행하면 assert 문과 __debug__가 True일 경우 실행되는 문장을 제거하는 Optimization을 수행한다.)

어설션 문장에 설명이 포함된 오류 메시지를 작성하여 나중에 디버깅하고 수정할 수 있도록 해야 한다.

앞의 예제 코드가 나쁜 또 다른 중요한 이유는 AssertionError를 처리하는 것 외에도 어설션 문장이 함수라는 것이다. 함수 호출은 부작용을 가질 수 있으며 항상 반복 가능하지는 않다(사실 condition.holds()를 다시 호출했을 때 같은 결과가 나올지도 모른다). 또한 디버거를 사용해 해당 라인에서 중지하여 오류 결과를 편리하게 볼 수 없으며, 다시 함수를 호출한다 하더라도 잘못된 값이었는지 알 수 없다.

보다 나은 방법은 코드를 줄이고 유용한 정보를 추가하는 것이다.

```
result = condition.holds()
assert result > 0, f"Error with {result}"
```

어설션과 예외 처리는 어떤 관계가 있을까? 어설션도 예외 처리로 볼 수 있을까? if 문과 raise exception 구문을 사용하면 되는데, 어설션을 사용하는 이유는 뭘까? 여기에는 미묘한 차이가 있다. 일반적으로 예외(exception)는 예상하지 못한 상황을 처리하기 위한 것이고, 어설션(assertion)은 정확성(correctness)를 보장하기 위해 스스로 체크하기 위한 것이다.

이러한 이유로 예외를 발생시키는 것이 assert 구문을 사용하는 것보다 훨씬 일반적이다. Assert 구문은 항상 변하지 않는 고정된 조건에 대해서 검증할 때 사용된다. 이 조건이 깨진다면 무엇인가 잘못 구현되었거나 문제가 발생했음을 의미한다.

지금까지 파이썬의 방어적 프로그래밍과 예외 처리와 관련된 주제를 살펴보았다. 이제 다음 섹션에서 굉장히 중요한 주제인 관심사의 분리에 대해서 알아보자.

관심사의 분리

이것은 여러 수준에서 적용되는 디자인 원칙이다. 저수준의 디자인(코드)에 관한 것이 아니라 더 높은 수준의 추상화와도 관련이 있으므로 나중에 아키텍처에 관해서 이야기 할 때 다시 살펴 볼 것이다.

책임이 다르면 컴포넌트, 계층 또는 모듈로 분리되어야 한다. 프로그램의 각 부분은 기능의 일 부분(관심사)에 대해서만 책임을 지며 나머지 부분에 대해서는 알 필요가 없다.

소프트웨어 디자인에서 관심사 분리의 목표는 파급 효과를 최소화하여 유지보수성을 향상시키는 것이다. **파급(ripple)** 효과는 어느 지점에서의 변화가 전체로 전파되는 것을 의미한다. 이러한 오류나 예외는 다른 예외를 유발하거나 혹은 먼 지점의 결함을 초래한다. 함수 정의를 약간만 변경해도 코드의 여러 부분에 영향을 미쳐 많은 코드를 변경해야 할 수도 있다.

분명히 이런 시나리오를 원한 것은 아니었을 것이다. 소프트웨어는 쉽게 변경될 수 있어야 한다. 애플리케이션의 나머지 부분에 대한 영향성을 최소화하면서 코드를 수정하거나 리팩토링을 하고 싶다면 적절한 캡슐화가 필요하다.

비슷한 개념으로 문제가 생긴 경우 오류를 발생시켜 큰 피해를 입히지 않도록 해야 한다.

이 개념은 각 관심사가 계약에 의해 시행될 수 있다는 점에서 DbC 원칙과 비슷하다. 계약에 위배되는 행동으로 예외가 발생하면 프로그램의 어떤 부분이 실패했는지 그리고 어떤 책임을 이행하지 못했는지 알 수 있기 때문이다.

이렇게 유사한 부분이 있지만 관심사의 분리는 좀 더 큰 내용이다. 일반적으로 함수, 메서드 또는 클래스 간에는 계약에 의한 디자인을 생각해 볼 수 있다. 여기서도 관심사의 분리를 생각할 수 있다. 그러나 관심사의 분리는 기본적으로 파이썬 모듈, 패키지 그리고 모든 소프트웨어 컴포넌트에 대해서 적용된다.

응집력(cohesion)과 결합력(coupling)

이것은 소프트웨어 설계를 위한 중요한 개념이다.

응집력이란 객체가 작고 잘 정의된 목적을 가져야 하며 가능하면 작아야 한다는 것을 의미한다. 이것은 유닉스 명령어가 한 가지 일만 잘 수행하라는 철학을 가진 것과 유사하다. 객체의 응집력이 높을수록 더 유용하고 재사용성이 높아지므로 더 좋은 디자인이다.

결합력이란 두 개 이상의 객체가 서로 어떻게 의존하는지를 나타낸다. 이 종속성은 제한을 의미한다. 객체 또는 메서드의 두 부분이 서로 너무 의존적이라면 다음과 같은 바람직하지 않은 결과를 가져온다.

- **낮은 재사용성** : 만약 어떤 함수가 특정 객체에 지나치게 의존하는 경우 또는 너무 많은 파라미터를 가진 경우 이 함수는 해당 객체에 결합하게 된다. 즉 다른 상황에서는 이 함수를 사용하기가 매우 어렵다는 뜻이다. 그렇게 하려면 매우 제한적인 인터페이스를 따르는 적절한 파라미터를 찾아야만 한다.
- **파급(ripple) 효과** : 너무 가깝게 붙어 있게 되면 두 부분 중 하나를 변경하면 다른 부분에도 영향을 미친다.
- **낮은 수준의 추상화** : 두 함수가 너무 가깝게 관련되어 있으면 서로 다른 추상화 레벨에서 문제를 해결하기 어렵기 때문에 관심사가 분리되어 있다고 보기 어렵다.

 일반적으로 잘 정의된 소프트웨어는 높은 응집력과 낮은 결합력을 갖는다. (high cohesion and low coupling)

개발 지침 약어

이 섹션에서는 좋은 디자인 아이디어를 주는 몇 가지 원칙을 검토한다. 요점은 좋은 소프트웨어 관행을 약어를 통해 쉽게 기억하자는 것이다. 이 단어들을 염두에 두고 있으면 좋은 모범사례와 쉽게 연관시킬 수 있으며, 특정 코드에 적합한 좋은 아이디어를 빠르게 떠올릴 수 있을 것이다.

이것들이 정식 학술 용어는 아니지만 소프트웨어 업계에서 수년간 일한 경험에 의하면 많이 사용되는 용어들이다. 이들 중 일부는 유명한 저자가 쓴 책에 (참고 자료 첨부) 있는 내용이거나 또는 블로그 게시물이나 논문, 회의 내용에 기반을 둔 것들이다.

DRY/OAOO

DRY(Do not Repeat Yourself)와 OAOO(Once and Only Once)는 밀접한 관련이 있으므로 함

께 다룬다. 자명한 원리로서 중복을 반드시 피해야 한다.

코드에 있는 지식은 단 한번, 단 한 곳에 정의되어야 한다. 코드를 변경하려고 할 때 수정이 필요한 곳은 단 한군데만 있어야 한다. 그렇지 않다는 것은 잘못된 시스템의 징조이다.

코드 중복은 유지보수에 직접적인 영향을 미치는 문제이다. 부정적인 영향이 많기 때문에 코드 중복은 매우 바람직하지 않다.

- **오류가 발생하기 쉽다** : 어떤 로직이 코드 전체에 여러 번 반복되어 있는데 수정을 한다고 해보자. 이때 인스턴스의 하나라도 빠뜨리면 버그가 발생할 것이다.
- **비용이 비싸다** : 앞의 내용과 연결된 부분이다. 한 번 정의했을 때보다 여러 곳에서 정의했을 경우 변경하는 데 더 많은 시간이 소요된다(개발할 때도 테스트 할 때도). 이것은 팀 전체의 개발 속도를 느리 게 한다.
- **신뢰성이 떨어진다** : 이것 또한 첫 번째와 관련이 있다. 문맥상 여러 코드를 변경해야하는 경우 사람이 모든 인스턴스의 위치를 기억해야 한다. 단일 데이터 소스(single source of truth)가 아니므로 데이터의 완결성이 떨어진다.

중복은 기존 코드의 지식을 무시함으로써(또는 잊어버림으로써) 발생한다. 코드의 특정 부분에 의미를 부여함으로써 해당 지식을 식별하고 표시할 수 있다.

예제를 통해 이것이 무엇을 의미하는지 알아보자. 연구 센터에서 학생들을 다음과 같은 기준으로 평가한다고 가정해보자. 시험 통과 11점, 시험 통과 실패 −5점, 1년이 지날 때마다 −2점이다. 다음은 나쁜 코드의 예제로 어떻게 코드가 중복될 수 있는지 나타낸 것이다.

```python
def process_students_list(students):
    # 중간 생략...

    students_ranking = sorted(
        students, key=lambda s: s.passed * 11 - s.failed * 5 - s.years * 2
    )
    # 학생별 순위 출력
    for student in students_ranking:
        print(
            "이름: {0}, 점수: {1}".format(
                student.name,
                (student.passed * 11 - student.failed * 5 - student.years * 2),
            )
        )
```

sorted 함수의 key로 사용되는 lambda가 특별한 도메인 지식을 나타내지만 아무런 정의가 없는 것에 유의하자. 특별히 할당된 이름이 있는 코드 블록도 없고 어떤 의미도 부여하지 않았다. 코드에서 의미를 부여하지 않았기 때문에 순위를 출력할 때 중복이 발생한다.

이렇게 도메인 문제에 대한 지식이 사용된 경우 의미를 부여해야 한다. 그러면 중복으로부터 덜 고통 받을 수 있고 이해하기도 쉬운 코드가 된다.

```python
def score_for_student(student):
    return student.passed * 11 - student.failed * 5 - student.years * 2


def process_students_list(students):
    # 중간 생략...

    students_ranking = sorted(students, key=score_for_student)
    # 학생별 순위 출력
    for student in students_ranking:
        print(
            "이름: {0}, 점수: {1}".format(
                student.name, score_for_student(student)
            )
        )
```

참고로 이것은 코드 중복의 특징 중 하나를 분석한 것이다. 실제로 코드 중복에는 더 많은 유형이 있다. 한 장 전체에서 다룰 수 있을 만큼 큰 주제이지만 여기서는 약어에 숨어 있는 특별한 측면에 초점을 맞추었다.

이 예제에서는 중복을 제거하는 가장 간단한 방법인 함수 생성 기법을 사용했다. 경우에 따라 최선의 해결책은 달라질 수 있다. 전체적으로 추상화를 하지 않은 경우 완전히 새로운 객체를 만드는 것이 좋다. 어떤 경우에는 컨텍스트 관리자를 사용하여 중복을 제거할 수 있다. 7장에서 설명하는 이터레이터나 제너레이터가 코드의 반복을 피하는데 도움이 될 수 있으며 5장에서 설명하는 데코레이터가 도움이 될 수도 있다.

불행하게도 파이썬의 어떤 기능이 코드 중복 문제를 해결하는데 가장 적합한지를 알려주는 일반적인 규칙이나 패턴은 없지만 이 책의 예제와 파이썬의 구성요소를 살펴봄으로써 독자 자신만의 직관을 발전시킬 수 있을 것이다.

YAGNI

YAGNI(You Ain't Gonna Need it)는 과잉 엔지니어링을 하지 않기 위해 계속 염두에 두어야 하는 원칙이다.

우리는 프로그램을 쉽게 수정하여 미래 보장성이 높은 코드를 작성하고자 한다. 많은 개발자는 미래의 모든 요구사항을 고려하여 매우 복잡한 솔루션을 만들고, 추상화를 하여 읽기 어렵고, 유지보수가 어렵고, 이해하기 어려운 코드를 만든다. 그러나 결국에는 예상되는 요구 사항이 나타나지 않거나 동작하기는 하지만 (놀랍게도!) 다른 방식으로 동작하며, 정교하게 처리할 것이라 믿었던 원래의 코드가 제대로 동작하지 않는 경우가 있다. 이런 상황이 되었을 때의 문제는 프로그램을 리팩토링하고 확장하는 것이 더 어렵다는 것이다. 초기 솔루션이 원래 요구 사항을 올바르게 처리하지 못했고, 현재의 요구사항도 제대로 처리하지 못하게 된 것인데 이것은 순전히 추상화를 잘못 했기 때문이다.

유지보수가 가능한 소프트웨어를 만드는 것은 미래의 요구 사항을 예측하는 것이 아니다(우리는 미래학자가 아니다!). 오직 현재의 요구사항을 잘 해결하기 위한 소프트웨어를 작성하고 가능한 나중에 수정하기 쉽도록 작성하는 것이다. 다시 말하면, 프로그램을 설계할 때 지나친 제약사항 없이 개발을 계속 할 수 있어야 하지만, 굳이 필요 없는 기능을 개발하지는 말라는 것이다.

개발 시간을 절약할 수 있는 좋은 원리를 알고 있는 경우에 이 원칙을 따르지 않으려고 할 수도 있다. 예를 들어 이 책의 뒷부분에서 소개할 디자인 패턴이 있다. 디자인 패턴은 공통적으로 사용할 수 있는 일반적인 솔루션이지만, 섣부르게 적용하면 YAGNI 원칙에 위배될 수 있으므로 주의해서 사용해야 한다.

예를 들어 어떤 행동을 캡슐화하는 객체를 만들려고 한다고 해보자. 지금 당장의 요구사항을 구현한 클래스를 만들었지만 이것을 공통으로 하는 다른 클래스가 생길 것으로 예상되어 인터페이스로 만들고, 해당 인터페이스를 구현하도록 변경할 수 있다. 이것은 여러 가지 이유로 잘못된 것이다. 첫째, 지금 당장 필요한 것은 처음에 생성한 클래스이다. 나중에 필요할지 모르는 기능을 위해 과도하게 일반화를 위해 시간을 투자하는 것은 좋은 방법이 아니다. 그리고 지금 생성한 클래스는 현재의 요구사항에 편향되었을 가능성이 높으므로 올바른 추상화가 되지 않았을 가능성이 높다.

가장 좋은 방법은 현재 필요한 것만 작성하는 것이다. 나중에 새로운 요구 사항이 발생하면 베이스(base) 클래스를 만들고 일부 메서드를 추상화할 수 있으며, 아마도 나중에는 어떤 디자인 패턴이 출현하는 것도 발견하게 될 것이다. 이것이 바로 객체 지향에서 동작하는 상향식 (bottom-up) 설계의 원리이다.

마지막으로 YAGNI는 상세 코드 수준에 대해서 뿐만 아니라 전체적인 소프트웨어 아키텍처 수준에서도 적용되는 아이디어라는 점을 강조하고 싶다.

KIS

KIS(Keep It Simple)는 이전 원칙과 매우 흡사하다. 소프트웨어 컴포넌트를 설계할 때 과잉 엔지니어링을 피해야 한다. 선택한 솔루션이 문제에 적합한 최소한의 솔루션인지 자문해보자.

문제를 올바르게 해결하는 최소한의 기능을 구현하고 필요한 것 이상으로 솔루션을 복잡하게 만들지 않도록 해야 한다. 기억해야 할 점은 디자인이 단순할수록 유지 관리가 쉽다는 것이다.

이 디자인 원칙은 높은 수준의 디자인을 할 때에도 특정 코드 라인을 다루는 디자인을 할 때에도 모든 추상화 수준에서 염두에 두어야 할 원칙이다.

높은 수준에서 컴포넌트를 생각해보자. 정말 모든 기능이 필요할까? 이 모듈은 정말 지금 당장 완전히 확장 가능해야 할까? "지금 당장"이라는 부분을 다시 살펴보자. 어쩌면 해당 컴포넌트를 확장 가능하게 만든다 하여도 지금은 적절한 시기가 아니거나, 적절한 추상화를 하기에 아직은 충분한 정보가 없는 경우일지도 모른다. 그리고 이 시기에 일반적인 인터페이스를 만든다면 더욱 심각한 문제로 이어질 것이다.

일반적으로 코드의 단순함이란 문제에 맞는 가장 작은 데이터 구조를 사용하는 것을 의미한다. 대부분은 표준 라이브러리에서 찾을 수 있다.

때로는 코드를 지나치게 복잡하게 만들고 필요한 것보다 더 많은 함수 또는 메서드를 만들 수 있다. 다음 클래스는 키워드 파라미터에서 제공된 값들을 속성으로 초기화하는데 다소 복잡한 구조로 되어 있다.

```python
class ComplicatedNamespace:
    """프로퍼티를 복잡한 방식으로 초기화하는 객체"""

    ACCEPTED_VALUES = ("id_", "user", "location")

    @classmethod
```

```
def init_with_data(cls, **data):
    instance = cls()
    for key, value in data.items():
        if key in cls.ACCEPTED_VALUES:
            setattr(instance, key, value)
    return instance
```

객체를 초기화 하기 위해 추가적인 클래스 메서드를 만드는 것은 꼭 필요해 보이지 않는다. 반복을 통해 setattr을 호출하는 것은 상황을 더 이상하게 만든다. 사용자에게 노출된 인터페이스 또한 분명하지 않다.

```
>>> cn = ComplicatedNamespace.init_with_data(
...         id_=42, user="root", location="127.0.0.1", extra="excluded"
... )
>>> cn.id_, cn.user, cn.location
(42, 'root', '127.0.0.1')

>>> hasattr(cn, "extra")
False
```

사용자는 초기화를 위해 init_with_data라는 일반적이지 않은 메서드의 이름을 알아야 하는데 이것 또한 불편한 부분이다. 파이썬에서 다른 객체를 초기화 할 때는(딱 이런 경우를 위한 메서드가 있다) __init__ 메서드를 사용하는 것이 훨씬 간편할 것이다.

```
class Namespace:
    """키워드 인자(keyword argument)를 사용하여 객체를 생성"""

    ACCEPTED_VALUES = ("id_", "user", "location")

    def __init__(self, **data):
        for attr_name, attr_value in data.items():
            if attr_name in self.ACCEPTED_VALUES:
                setattr(self, attr_name, attr_value)
```

파이썬의 철학을 기억하자 : 단순한 것이 복잡한 것보다 낫다.

파이썬에서는 코드를 단순하게 유지하려는 시나리오가 많다. 그 중 하나는 이전에 살펴본 코드 중복과 관련이 있다. 파이썬에서 코드를 추상화하는 일반적인 방법은 데코레이터를 사용하는 것이다. 나중에 5장, "데코레이터를 사용한 코드 개선"에서 자세히 살펴본다. 그러나 작은 섹션의 중복을 피하려는 경우는 어떻게 하는 것이 좋을까? 예를 들어 세 줄짜리 코드를 생각해보자. 이 경우 데코레이터를 작성하는데 더 많은 라인이 필요하고 나중에 적용하려고 할 때도 또 다른 문제를 일으킬 지도 모른다. 이 경우 상식적인 선에서 실용적인 방법을 택할 수 있다. 약간의 중복 코드가 복잡한 함수보다 나을 수 있다. 물론 중복을 제거하고 코드를 단순하게 유지하는 간단한 방법 없을 경우에 한해서이다!

코드를 단순하게 유지하기 위해 메타 클래스와 같은 파이썬의 고급 기능을 사용하는 것은 피하는 것이 좋다. 왜냐하면 이런 기능이 필요한 경우는 매우 한정적일 뿐만 아니라 이런 고급 기능을 사용하면 코드를 읽기가 훨씬 어려워지고 유지보수 또한 어려워지기 때문이다.

EAFP/LBYL

EAFP(Easier to Ask Forgiveness than Permission)는 허락보다는 용서를 구하는 것이 쉽다는 뜻이다. (역주: 무엇을 하기 위해 미리 허락(Permission)을 구하는 것 보다는 일단 실행한 뒤에 발생하는 오류에 대해서 용서(Forgiveness)를 구하는 것이 쉽다는 뜻) 반면에 **LBYL(Look Before You Leap)**는 도약하기 전에 미리 살피라는 뜻이다.

EAFP는 일단 코드를 실행하고 실제 동작하지 않을 경우에 대응한다는 뜻이다. 일반적으로는 EAFP 방식으로 구현하면 일단 코드를 실행하고 발생한 예외를 catch하고 except 블록에서 바로 잡는 코드를 실행하게 된다.

LBYL는 그 반대이다. 이름에서 알 수 있듯이 도약하기 전에 먼저 무엇을 사용하려고 하는지 확인한다. 예를 들어 파일을 사용하기 전에 먼저 파일을 사용할 수 있는지 확인하는 것이다.

```
if os.path.exists(filename):
    with open(filename) as f:
        ...
```

이전 코드의 EAFP 버전은 다음과 같다.

```
try:
    with open(filename) as f:
        ...
except FileNotFoundError as e:
```

```
logger.error(e)
```

예외가 없는 C 언어 같은 경우라면 LBYL 방식을 사용할 수 있다. 그리고 C++와 같은 언어에서는 성능상의 이슈로 예외 사용을 권장하지 않는 경우가 있지만 일반적으로 파이썬에서는 적용되지 않는다.

물론 특수한 경우에 LBYL 방식이 필요한 경우가 있지만, 대부분의 경우 EAFP 방식이 보다 더 의미를 명확하게 드러낸다. EAFP 방식으로 작성된 코드는 사전에 검증을 하는 대신에 예외 처리가 필요한 부분으로 바로 이동하기 때문에 가독성이 높다. 다시 말해서, 마지막 예제를 보면 파일을 열고 처리한다. 파일이 없는 경우 예외 구문에서 해당 오류를 처리한다. LBYL 방식으로 구현한 앞의 예제에서는 파일이 존재하는지 먼저 확인하고 이후 작업을 진행한다. 이것 또한 분명하다고 주장할 수 있지만, EAFP처럼 확실하지는 않다. 왜냐하면 존재 여부를 체크한 파일은 다른 파일이거나, 다른 계층에서 작업을 하다가 남은 부분일 수도 있다. EAFP 방식으로 구현한 코드가 에러를 발생시킬 가능성이 보다 낮고 한 눈에 이해하기 쉽다.

두 가지 방법 중 어떤 것이든 적용할 수 있는 상황도 있다. 그러나 일반적으로 EAFP 방식으로 작성하는 것이 더 쉬운 선택이고, 만약 어떤 것을 사용할지 망설여진다면 EAFP 방식을 사용하는 것을 추천한다.

상속

객체 지향 소프트웨어를 디자인할 때 다형성, 상속, 캡슐화 같은 주요 개념을 어떻게 사용하여 문제를 해결할 것인지에 대한 논쟁이 오랫동안 있어왔다.

아마도 가장 일반적으로 사용되는 개념은 상속일 것이다. 개발자는 종종 필요한 클래스들의 계층 구조를 만들고 각 클래스가 구현해야 하는 메서드를 결정하는 것으로부터 개발을 시작한다.

상속은 강력한 개념이지만 위험도 있다. 가장 주된 위험은 부모 클래스를 확장하여 새로운 클래스를 만들 때마다 부모와 강력하게 결합된 새로운 클래스가 생긴다는 점이다. 이미 설명했듯이 소프트웨어를 설계할 때 결합력(coupling)을 최소한으로 줄이는 것이 중요하다.

상속과 관련해 개발자들이 가장 많이 사용하는 기능은 코드 재사용이다. 코드 재사용을 염두에 둬야 하지만 단지 부모 클래스에 있는 메서드를 공짜로 얻을 수 있기 때문에 상속을 하는 것은 좋지 않은 생각이다. 코드를 재사용하는 올바른 방법은 여러 상황에서 동작 가능하고 쉽게 조합할 수 있는 응집력 높은 객체를 사용하는 것이다.

상속이 좋은 선택인 경우

파생 클래스를 만드는 것은 양날의 검이 될 수 있으므로 주의해야 한다. 한편으로는 부모 클래스의 메서드를 공짜로 전수 받을 수 있는 장점이 있지만 그러나 다른 한편으로 모든 것을 새로운 클래스로 가져왔기 때문에 불필요하게 너무 많은 기능을 추가하게 되는 단점도 있다.

경험상 새로운 하위 클래스를 만들 때 클래스가 올바르게 정의되었는지 확인하고 싶다면 상속된 모든 메서드를 실제로 사용할 것인지 생각해보는 것이 좋다. 만약 대부분의 메서드를 필요로 하지 않고 재정의하거나 대체해야 한다면 다음과 같은 이유로 설계상의 실수라고 할 수 있다.

- 상위 클래스는 잘 정의된 인터페이스 대신 막연한 정의와 너무 많은 책임을 가졌다.
- 하위 클래스는 확장하려고 하는 상위 클래스의 적절한 세분화가 아니다.

상속을 잘 사용한 좋은 예는 다음과 같다. public 메서드와 속성을 인터페이스로 잘 정의한 클래스가 있다. 그리고 이 클래스와 같은 기능을 하지만 일부 기능을 수정하거나 새로운 것을 추가하고 싶어서 상속을 한 경우다.

파이썬 표준 라이브러리에서 상속의 좋은 예를 찾을 수 있다. 예를 들어 http.server 패키지에는 BaseHTTPRequestHandler 부모 클래스와 이 클래스의 일부 기능을 추가하거나 변경하기 위해 확장하는 SimpleHTTPRequestHandler 하위 클래스가 있다. http.server 패키지는 다음 주소에서 확인할 수 있다.

https://docs.python.org/3/library/http.server.html#http.server.BaseHTTPRequestHandler

인터페이스 정의는 상속의 또 다른 좋은 예이다. 어떤 객체에 인터페이스 방식을 강제하고자 할 때 세부 구현을 하지 않은 기본 추상 클래스를 만들고, 실제 이 클래스를 상속하는 하위 클래스에서 적절한 구현을 하도록 하는 것이다.

마지막으로 상속의 또 다른 사용 예는 예외(Exception)이다. 파이썬의 표준 예외는 Exception에서 파생된다는 것을 알 수 있다. 이것은 except Exception: 같은 일반 구문을 통해 모든 에러를 catch할 수 있게 해준다. 중요한 것은 모든 예외가 Exception에서 상속받은 클래스라는 것이다. 이것은 requests 같이 잘 알려진 라이브러리에서도 잘 동작한다. 예를 들어 HTTPError는 RequestException를 상속받고, RequestException은 IOError를 상속받는다.

상속 안티패턴

이전 섹션을 한 단어로 요약한다면 전문화가 될 것이다. 상속을 올바르게 사용했다면 파생된 클래스는 부모 클래스와 유사한 기능을 전문화 했거나, 부모 클래스보다 좀 더 구체화된 추상화를 해야 한다.

부모 (또는 기본) 클래스는 새롭게 파생된 클래스의 public 선언의 일부를 담당한다. 왜냐하면 부모 클래스의 public 메서드가 그대로 자식 클래스로 상속되기 때문이다. 이러한 이유로 자식 클래스의 public 메서드는 부모 클래스에서 정의한 것과 일관성을 가져야 한다.

예를 들어, BaseHTTPRequestHandler를 상속 받은 클래스가 handle() 메서드를 구현했다면 이것은 부모 메서드를 오버라이딩한 것이므로 일관성에 아무 문제가 없다. 또는 자식 클래스에서 HTTP 요청과 관련된 것으로 보이는 메서드가 추가되었다면 이것 역시 부모와 자식 간에 일관성을 갖고 있다고 생각할 수 있다. 그러나 process_purchase()와 같이 HTTP와 무관해 보이는 메서드가 추가 되었다면 이것은 올바른 상속이라고 볼 수 없다.

앞의 설명은 당연해 보이지만 코드의 재사용성만을 생각해서 상속하다보면 자주 발생하는 문제이다. 다음 예제는 파이썬의 전형적인 안티 패턴을 보여준다. 도메인 문제를 해결하기 위해 만든 자료 구조를 그대로 객체로 활용하는 경우이다.

예제를 통해 이 문제를 보다 구체적으로 살펴보자. 여러 고객에게 다양한 정책을 적용하는 보험 시스템을 생각해보자. 먼저 이후 처리를 하기 전에 정책을 적용하려는 대상의 고객 정보를 메모리로 불러와야 한다. 새로운 고객 정보를 저장하고, 변경된 정책을 반영하고, 일부 데이터를 수정하는 등의 기본적인 연산이 필요하다. 또한 어떤 작업 중에 정책이 변경되면 해당 트랜잭션에 묶인 고객들에게 변경사항을 반영할 수 있도록 배치 작업 또한 지원해야 한다.

필요한 데이터 구조를 생각해 보면 특정 고객의 정보에 상수 시간에 접근할 수 있어야 한다. 따라서 policy_transaction[customer_id]처럼 구현하는 것이 멋진 인터페이스처럼 보인다.

이러한 요건을 생각하면 첨자형(subscriptable) 객체, 더 나아가 사전 타입의 객체를 상속받는 것이 좋아보인다.

```
class TransactionalPolicy(collections.UserDict):
    """잘못된 상속의 예"""

    def change_in_policy(self, customer_id, **new_policy_data):
        self[customer_id].update(**new_policy_data)
```

이렇게 클래스를 설계하면, 이제 customer_id로 해당 고객의 정보를 조회할 수 있다.

```
>>> policy = TransactionalPolicy({
...     "client001": {
...         "fee": 1000.0,
...         "expiration_date": datetime(2022, 1, 3),
...     }
... })
>>> policy["client001"]
{'fee': 1000.0, 'expiration_date': datetime.datetime(2022, 1, 3, 0, 0)}
>>> policy.change_in_policy("client001", expiration_date=datetime(2022, 1, 4))
>>> policy["client001"]
{'fee': 1000.0, 'expiration_date': datetime.datetime(2022, 1, 4, 0, 0)}
```

이렇게 함으로써 처음에 원했던 기능을 구현하게 되었지만, 비용 측면에서는 어떨까?

이제 이 클래스에는 불필요한 수많은 메서드가 포함되어 있다.

```
>>> dir(policy)
[ # 간략화를 위해 매직 메서드와 특수 메서드는 생략…
'change_in_policy', 'clear', 'copy', 'data', 'fromkeys', 'get', 'items',
'keys', 'pop', 'popitem', 'setdefault', 'update', 'values']
```

이 디자인에는 적어도 두 가지의 주요 문제점이 있다. 하나는 계층 구조가 잘못된 것이다. 기본 클래스에서 새 클래스를 만드는 것은 말 그대로 그것이 개념적으로 확장되고 세부적인 것이라는 것을 의미한다. TransactionalPolicy라는 이름만 보고 어떻게 사전 타입이라는 것을 알 수 있을까? 사용자가 객체의 public 인터페이스를 통해 노출된 public 메서드들을 확인하게 되면 전문화가 잘못 되었다고 생각할 것이다.

다른 하나는 결합력(coupling)에 대한 문제이다. TransactionPolicy는 이제 사전의 모든 메서드를 포함한다. TransactionPolicy에 pop() 또는 items()와 같은 메서드가 실제로 필요할까? 필요하지 않지만 그런 메서드가 포함되어 있다. 이것들은 public 메서드이므로 이 인터페이스의 사용자는 부작용이 있을지도 모르는 이 메서드들을 호출할 수 있다. 게다가 사실 사전 타입을 확장함으로써 얻은 이득도 별로 없다. 현재 정책에 영향을 받는 모든 고객 정보를 업데이트하는 기능은 부모 클래스에 있지도 않아서, 우리가 직접 구현해야 한다.

이것이 구현 객체를 도메인 객체와 혼합할 때 발생하는 문제이다. 사전은 특정 유형의 작업에 적합한 객체 또는 데이터 구조로서 다른 데이터 구조와 마찬가지로 트레이드오프가 있다. TransactionPolicy는 특정 도메인의 정보를 나타내는 것이므로 해결하려는 문제의 일부분에 사용되는 엔티티여야만 한다.

 TIP 동일한 계층에 자료구조를 구현한 것과 도메인 클래스(domain class)를 혼합해서 사용하지 말자.

이 같은 계층 구조는 올바르지 않다. 그리고 단지 첨자 기능을 얻기 위해 사전을 확장하는 것은 충분한 확장의 근거가 되지 않는다. 구현 클래스(implementation class)는 새롭거나, 보다 구체적인 기능을 구현하는 경우에만 사용해야 한다. 즉, 좀 더 구체적이거나 약간 수정된 사전이 필요할 때에만 사전을 확장해야 한다. 동일한 원칙이 도메인 클래스에 대해서도 적용된다.

올바른 해결책은 컴포지션을 사용하는 것이다. TransactionalPolicy 자체가 사전이 되는 것이 아니라 사전을 활용하는 것이다. 사전을 private 속성에 저장하고 __getitem__()으로 사전의 프록시를 만들고 나머지 필요한 public 메서드를 추가적으로 구현하는 것이다.

```python
class TransactionalPolicy:
    """컴포지션을 사용한 리팩토링 예제"""

    def __init__(self, policy_data, **extra_data):
        self._data = {**policy_data, **extra_data}

    def change_in_policy(self, customer_id, **new_policy_data):
        self._data[customer_id].update(**new_policy_data)

    def __getitem__(self, customer_id):
        return self._data[customer_id]

    def __len__(self):
        return len(self._data)
```

이 방법은 개념적으로 정확할 뿐만 아니라 확장성도 뛰어나다. 현재 사전인 데이터 구조를 향후 변경하려고 해도 인터페이스만 유지하면 사용자는 영향을 받지 않다. 이는 결합력을 줄이고 파급 효과를 최소화하며 보다 나은 리팩토링(단위 테스트를 변경하지 않아도 됨)을 허용하고 코드를 유지 관리하기 쉽게 만든다.

파이썬의 다중상속

파이썬은 다중 상속을 지원한다. 부적절하게 사용된 상속은 디자인 문제를 유발하며 특히 다중 상속을 잘못 사용하면 더 큰 문제를 초래할 수도 있다.

다중 상속은 양날의 검이다. 어떤 경우에는 매우 유익할 수도 있다. 명확하게 말하면 다중 상속에 문제가 있는 것은 아니다. 유일한 문제는 올바르게 구현되지 않으면 문제가 커진다는 것이다.

다중 상속을 올바르게 사용하면 완벽하게 타당한 솔루션이 될 수 있으며, 다중상속은 9장 "일반적인 디자인 패턴"에서 논의할 어댑터 패턴이나 믹스인(mixin) 등에 활용할 수 있다.

다중 상속을 가장 잘 사용한 예는 믹스인일 것이다. 믹스인을 살펴보기 전에 다중 상속이 어떻게 동작하는지, 복잡한 계층구조에서 메서드의 호출은 어떻게 결정되는지 이해할 필요가 있다.

❏ 메서드 결정 순서(MRO)

일부 사람들은 다른 프로그래밍 언어에 존재하는 소위 다이아몬드 문제와 같은 제약조건이 생기기 때문에 다중 상속을 싫어한다. (역주 : 다이아몬드 문제는 4개의 클래스가 사각형을 45도 회전시킨 다이아몬드 형태로 다중 상속을 받은 상황에서 손자 클래스 입장에서 두 개의 부모 클래스가 같은 이름의 메서드를 가진 경우 어떤 메서드를 사용해야 할지 모호해지는 문제) 두 개 이상의 클래스를 확장하고, 해당 클래스들이 모두 하나의 같은 기본 클래스를 확장한 경우 맨 아래 클래스가 최상위 클래스에서 오는 메서드를 해결하는 방법은 여러 가지가 있다. 문제는 이러한 구현 중 어느 것을 사용해야 하는 가이다.

다중 상속 구조를 설명하기 위해 다음 다이어그램을 살펴보자. 최상위 클래스는 module_ name 속성을 가지며 __str__ 메서드를 구현한다. ConcreteModuleA12와 같은 구체 클래스를 생각해 보자. 이 클래스는 BaseModule1과 BaseModule2를 확장하며, 각각은 BaseModule에서 __str__

을 구현한다. 이 두 가지 메서드 중 어떤 것이 ConcreteModuleA12의 메서드가 될까?

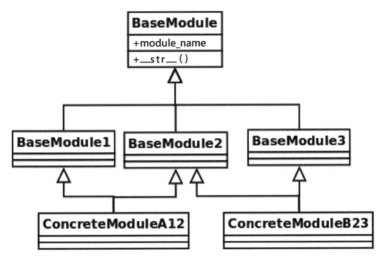

그림 3.1: 메서드 결정 순서(MRO)

클래스의 속성 값을 통해 명확하게 확인해볼 수 있다.

```python
class BaseModule:
    module_name = "top"

    def __init__(self, module_name):
        self.name = module_name

    def __str__(self):
        return f"{self.module_name}:{self.name}"

class BaseModule1(BaseModule):
    module_name = "module-1"

class BaseModule2(BaseModule):
    module_name = "module-2"

class BaseModule3(BaseModule):
    module_name = "module-3"
```

```
class ConcreteModuleA12(BaseModule1, BaseModule2):
    """1과 2 확장"""

class ConcreteModuleB23(BaseModule2, BaseModule3):
    """2와 3 확장"""
```

이제 어떤 메서드가 호출되는지 살펴보자.

```
>>> str(ConcreteModuleA12("test"))
'module-1:test'
```

충돌이 발생하진 않았다. 파이썬은 C3 linearization 또는 MRO라는 알고리즘을 사용하여 이 문제를 해결한다. 이 알고리즘은 메서드가 호출되는 방식을 정의한다.

사실 구체적으로 클래스에게 결정 순서를 직접 물어볼 수도 있다.

```
>>> [cls.__name__ for cls in ConcreteModuleA12.mro()]
['ConcreteModuleA12', 'BaseModule1', 'BaseModule2', 'BaseModule', 'object']
```

메서드가 계층 구조에서 어떻게 해결되는지 알고 있다면 믹스인을 이해하는데 도움이 된다.

❏ 믹스인(mixin)

믹스인은 코드를 재사용하기 위해 일반적인 행동을 캡슐화해 놓은 부모 클래스이다. 일반적으로 믹스인 클래스 자체만으로는 유용하지 않고, 믹스인 클래스만 확장하는 경우에도 큰 의미가 없다. 왜냐하면 믹스인 클래스는 대부분 다른 클래스의 메서드나 속성과 결합하여 사용되기 때문이다. 보통은 다른 클래스와 믹스인 클래스를 다중 상속하고, 믹스인 클래스의 메서드와 속성을 다른 클래스에서 활용한다.

문자열을 받아서 하이픈(-)으로 구분된 값을 반환하는 파서를 생각해보자.

```
class BaseTokenizer:

    def __init__(self, str_token):
        self.str_token = str_token

    def __iter__(self):
```

```
        yield from self.str_token.split("-")
```

여기까지는 매우 직관적이다.

```
>>> tk = BaseTokenizer("28a2320b-fd3f-4627-9792-a2b38e3c46b0")
>>> list(tk)
['28a2320b', 'fd3f', '4627', '9792', 'a2b38e3c46b0']
```

이제 기본 클래스를 변경하지 않고 값을 대문자로 변환해보자. 이것은 간단한 예제이므로 새로운 클래스를 만들 수도 있지만 많은 클래스가 이미 BaseTokenizer를 확장했고 모든 클래스를 바꾸고 싶지는 않다고 해보자. 이러한 변환 작업을 처리하는 계층 구조에 새로운 클래스를 만들어서 혼합(mix)할 수 있다.

```
class UpperIterableMixin:
    def __iter__(self):
        return map(str.upper, super().__iter__())

class Tokenizer(UpperIterableMixin, BaseTokenizer):
    pass
```

새로운 Tokenizer 클래스는 매우 간단하다. 믹스인을 이용하기 때문에 새로운 코드가 필요 없다. 이러한 유형의 혼합은 일종의 데코레이터 역할을 한다. 방금 본 것을 바탕으로 Tokenizer는 믹스인에서 __iter__를 호출하고 __iter__는 다시 super() 메서드를 호출하여 변환을 마친 다음에 BaseTokenizer에 전달한다. 이때는 이미 대문자를 전달하기 때문에 원하는 결과를 얻어낼 수 있다.

파이썬의 상속에 대해 논의하면서 소프트웨어 설계에서 중요한 역할을 하는 응집력 및 결합력과 같은 주제도 살펴보았다. 이러한 개념은 소프트웨어 설계에 있어서 반복적으로 나타나는 개념으로 다음 섹션에서 살펴볼 함수나 파라미터의 관점에서도 사용될 수 있다.

함수와 메서드의 인자

파이썬은 여러 가지 방법으로 인자를 받도록 함수를 정의할 수 있으며 사용자도 여러 가지 방법으로 인자를 제공할 수 있다.

또한 소프트웨어 엔지니어링에서 함수의 인자를 정의하는 것과 관련해 업계에서 널리 사용하고 있는 관행이 있다.

이 섹션에서는 파이썬 함수의 인자 전달 메커니즘을 살펴보고 소프트웨어 엔지니어링의 모범 사례에서 발견되는 일반적인 원칙을 살펴본다. 그리고 최종적으로 이 둘의 개념을 함께 검토한다.

파이썬의 함수 인자 동작방식

먼저 파이썬에서 함수에 인자를 전달하는 방법의 특수성에 대해서 살펴보자.

파이썬이 파라미터를 처리하는 과정을 먼저 이해함으로써 일반적인 규칙을 보다 쉽고 완전하게 이해할 수 있으며, 인자를 처리할 때 좋은 패턴이나 관용구가 무엇인지 쉽게 결론을 내릴 수 있다. 그렇게 하면 어떤 시나리오가 파이썬스러운 접근방식을 사용한 올바른 경우인지, 어떤 것이 파이썬의 기능을 남용한 경우인지 구별할 수 있다.

❏ 인자는 함수에 어떻게 복사되는가

파이썬은 항상 모든 인자를 값에 의해 전달(pass by value)해야 한다. 함수에 값을 전달하면 함수의 서명에 있는 변수에 할당하고 나중에 사용한다. 함수는 파라미터의 데이터 타입에 따라 값을 변경하기도 하고 변경하지 않기도 한다. 만약 변경 가능한(mutable) 객체를 전달했는데 함수 안에서 값을 변경했다면, 실제로 파라미터의 내용이 변경되는 부작용이 발생한다.

다음 코드에서 차이점을 확인할 수 있다.

```
>>> def function(arg):
...     arg += " in function"
...     print(arg)
...
>>> immutable = "hello"
>>> function(immutable)
hello in function
>>> mutable = list("hello")
>>> immutable
```

```
'hello'
>>> function(mutable)
['h', 'e', 'l', 'l', 'o', ' ', 'i', 'n', ' ', 'f', 'u', 'n', 'c', 't', 'i', 'o',
'n']
>>> mutable
['h', 'e', 'l', 'l', 'o', ' ', 'i', 'n', ' ', 'f', 'u', 'n', 'c', 't', 'i', 'o',
'n']
>>>
```

이것이 모순처럼 보일지 모르지만 그렇지 않다. 첫 번째 인자(문자열)를 전달하면 함수의 인자에 할당한다. string 객체는 불변형(immutable) 타입이므로 "arg + = 〈expression〉" 문장은 사실 "arg + 〈expression〉" 형태의 새로운 객체를 만들어서 arg에 다시 할당한다. 이 시점에서 arg는 단지 함수 스코프 내에 있는 로컬 변수이며 호출자의 원래 변수와는 아무런 관련이 없다.

반면에 변형(mutable) 객체인 리스트를 전달하면 해당 문장은 다른 의미를 갖는다(실제로는 list의 extend()를 호출하는 것과 같다). 이 연산자는 원래 리스트 객체에 대한 참조를 통해 값을 수정하므로 함수 외부에서도 값을 수정할 수 있다.

두 번째 경우를 좀 더 살펴보면, list의 참조 값이 함수에 값 형태로 (pass by a value) 전달된다. 하지만 그 값 자체가 참조이기 때문에 원본 list 객체를 변경하고 있으므로 함수 호출이 끝난 뒤에도 변경된 값이 남아있게 된다. 이 상황은 다음의 코드를 실행한 것과 비슷하다.

```
>>> a = list(range(5))
>>> b = a   # 변형 객체에 대한 참조 값을 할당.
>>> b.append(99)
>>> b
[0, 1, 2, 3, 4, 99]
>>> a
[0, 1, 2, 3, 4, 99]   # b에서 추가한 99 값이 a 리스트에도 같이 반영된다.
```

그러나 이러한 유형의 파라미터를 사용하면 예상치 못한 부작용을 유발할 수 있으므로 주의해야 한다. 이러한 방식으로 변경하는 것이 꼭 필요한 상황이 아니라면 가급적 다른 대안을 찾아야 한다.

 함수 인자를 함수 안에서 변경하지 말자. 최대한 함수 호출을 통해 발생할 수 있는 부작용을 회피하자.

파이썬의 인자는 다른 많은 프로그래밍 언어와 마찬가지로 위치에 기반을 두어 호출할 수도 있고 키워드에 기반을 두어 호출할 수도 있다. 키워드 인자를 사용하면 반드시 명시적으로 파라미터의 이름을 지정해야 한다. 키워드 인자 호출 방식의 유일한 주의 사항은 이후의 파라미터도 반드시 키워드 인자 방식으로 호출해야 한다는 점이다. 그렇지 않으면 SyntaxError가 발생한다.

❏ 가변인자

파이썬은 다른 언어와 마찬가지로 가변 인자를 사용할 수 있는 내장 함수와 구조를 가지고 있다. C에서 printf 함수와 유사한 구조를 갖는 문자열 보간 함수를 생각해보자. 문자열 연산을 위해 % 연산자 또는 format 메서드를 사용하는 경우이다. 첫 번째 파라미터는 문자열의 포맷이고 그 뒤에 이어서 각각의 마커에 위치할 인자들이 임의의 개수만큼 따라온다.

파이썬에서 제공하는 이러한 함수를 사용하는 대신에 비슷한 방식으로 동작하는 우리 자신만의 가변 함수를 만들 수도 있다. 이번 섹션에서는 가변 인자 함수를 위한 몇 가지 권장사항과 함께 기본 원칙을 살펴볼 것이다. 다음 섹션에서는 일반적인 문제를 해결할 때 이 기능을 활용하는 방법을 다루고 너무 많은 인자를 사용했을 경우의 제약 사항에 대해 다룬다.

가변 인자를 사용하려면 해당 인자를 패킹(packing)할 변수의 이름 앞에 별표(*)를 사용한다. 이것은 파이썬의 패킹 메커니즘에 따른 것이다.

3개의 위치 인자를 갖는 함수가 있다고 가정해보자. 함수에서 기대하는 순서대로 리스트의 값을 편리하게 전달할 수 있다. 첫 번째 요소에 list [0], 두 번째 요소에 list [1] ... 이것은 전혀 파이썬스러운 코드가 아니다. 여기서 패킹 기법을 사용하면 하나의 명령어로 전달할 수 있다.

```
>>> def f(first, second, third):
...     print(first)
...     print(second)
...     print(third)
...
>>> l = [1, 2, 3]
>>> f(*l)
1
2
3
```

패킹 기법의 장점은 다른 방향으로도 동작한다는 것이다. 리스트의 값을 각 위치별로 변수에 언패킹하려면 다음과 같이 할당할 수 있다.

```
>>> a, b, c = [1, 2, 3]
>>> a
1
>>> b
2
>>> c
3
```

부분적인 언패킹도 가능하다. 시퀀스(또는 리스트나 튜플 등)의 첫 번째 값과 나머지에 관심이 있다고 가정해보자. 이런 경우 첫 번째를 필요한 변수를 할당하고 나머지는 리스트로 패킹할 수 있다. 언패킹하는 순서는 제한이 없다. 언패킹할 부분이 없다면 결과는 비어있게 된다. 독자 여러분도 파이썬 터미널에서 다음 코드를 실행하여 제너레이터와 함께 언패킹이 어떻게 동작하는지 확인해보길 바란다.

```
>>> def show(e, rest):
...     print("요소: {0} -나머지: {1}".format(e, rest))
...
>>> first, *rest = [1, 2, 3, 4, 5]
>>> show(first, rest)
요소: 1 - 나머지: [2, 3, 4, 5]
>>> *rest, last = range(6)
>>> show(last, rest)
요소: 5 - 나머지: [0, 1, 2, 3, 4]
>>> first, *middle, last = range(6)
>>> first
0
>>> middle
[1, 2, 3, 4]
>>> last
5
>>> first, last, *empty = 1, 2
>>> first
1
>>> last
2
>>> empty
[]
```

변수 언패킹의 가장 좋은 사용 예는 반복(iteration)이다. 일련의 요소를 반복해야 하고 각 요소가 차례로 있다면 각 요소를 반복할 때 언패킹하는 것이 좋다. 이러한 동작을 살펴보기 위해 데이터베이스의 결과를 리스트로 받는 함수를 가정해보자. 이 함수는 데이터를 받아서 사용자를 생성한다. 첫 번째 구현에서는 전혀 이상적이지는 않지만 레코드의 각 칼럼에 해당하는 값을 받아서 사용자를 생성한다. 두 번째 구현에서는 언패킹을 사용해 반복을 수행한다.

```python
from dataclasses import dataclass

USERS = [
    (i, f"first_name_{i}", f"last_name_{i}")
    for i in range(1_000)
]

@dataclass
class User:
    user_id: int
    first_name: str
    last_name: str

def bad_users_from_rows(dbrows) -> list:
    """DB 레코드로부터 User를 생성하는 파이썬스럽지 않은 나쁜 코드 """
    return [User(row[0], row[1], row[2]) for row in dbrows]

def users_from_rows(dbrows) -> list:
    """DB 레코드로부터 User 만들기"""
    return [
        User(user_id, first_name, last_name)
        for (user_id, first_name, last_name) in dbrows
    ]
```

두 번째 버전이 훨씬 읽기 쉽다. 첫 번째 버전의 함수 bad_users_from_rows는 row [0], row[1], row [2] 형태의 데이터가 있는데 무엇을 뜻하는지 전혀 알 수가 없다. 반면에 user_id, first_name, last_name과 같은 변수는 자명한 이름이다.

또는 User 객체를 생성할 때 튜플의 모든 위치 인자 (positional parameter)를 넘기려면 다음과 같이 할 수도 있다.

```python
[User(*row) for row in dbrows]
```

자체 함수를 디자인할 때 이러한 종류의 기능을 활용할 수 있다.

표준 라이브러리에 있는 max 함수에서도 이러한 예를 찾아볼 수 있다. max 함수의 정의는 다음과 같다.

```
max(...)
    max(iterable, *[, default=obj, key=func]) -> value
    max(arg1, arg2, *args, *[, key=func]) -> value

    인자로 이터러블(iterable) 1개만 넘기면 그 중에 가장 큰 값을 반환.
    비어 있는 이터러블(iterable)을 넘겼을 경우는 default 키워드 인자 파라미터의
    값을 반환.
    2개 이상의 인자가 사용되면 가장 큰 인자를 반환.
```

비슷한 표기법으로 이중 별표(**)를 키워드 인자에 사용할 수 있다. 사전에 이중 별표를 사용하여 함수에 전달하면 사전의 키를 파라미터 이름으로 사용하고, 사전의 값을 파라미터 값으로 사용한다. 다음 예를 통해 확인해보자.

```
function(**{"key": "value"})
```

이것은 다음과 동일하다.

```
function(key="value")
```

반대로 이중 별표로 시작하는 파라미터를 함수에 사용하면 반대 현상이 벌어진다. 키워드 제공 인자들이 사전으로 패킹된다.

```
>>> def function(**kwargs):
...     print(kwargs)
...
>>> function(key="value")
{'key': 'value'}
```

이것은 함수에 전달할 값을 동적으로 생성할 수 있게 해주는 정말 강력한 기능이다. 그러나 이 기능을 남용하면 코드의 가독성이 떨어질 수 있다.

함수의 정의에 이중 별표 (**) 인자를 사용한다는 것은 임의의 키워드 인자(keyword argument)

를 허용한다는 것이고, 이런 경우 파이썬은 우리가 임의로 접근할 수 있는 사전을 만들어준다. 앞의 예에서 kwargs 인자가 바로 그 사전이다. 다만, 이 사전에서 직접 어떤 값을 추출하는 용도로 사용하는 것을 추천하지 않는다.

즉, 사전에서 특정 키로 인자 값을 조회하지 말고, 필요한 경우 함수의 정의에서 직접 꺼내도록 하자.

예를 들어 다음과 같이 하는 대신:

```python
def function(**kwargs):  # 안 좋은 예
    timeout = kwargs.get("timeout", DEFAULT_TIMEOUT)
    ...
```

함수의 서명에서 파이썬이 직접 압축을 풀고(unpack) 기본 값을 설정하도록 하자.

```python
def function(timeout=DEFAULT_TIMEOUT, **kwargs):  # 좋은 예
    ...
```

이 예에서 timeout은 엄격하게 말하자면 키워드 전용 인자(keyword-only argument)가 아니다. 나중에 키워드 전용 인자를 사용하는 방법에 대해서 다시 살펴보겠지만, 중요한 점은 kwargs 사전을 직접 조작하면 안 되고 함수의 서명에서 적절한 언패킹을 해야 한다는 것이다.

키워드 전용 인자에 대해 알아보기 전에 먼저 위치 전용 인자(positional-only argument)에 대해 알아보자.

❏ 위치 전용(positional-only) 인자

이미 살펴본 것처럼 위치 인자는 함수의 앞 쪽에 제공되는 인자이다. 인수의 값은 함수에 정의된 순서에 따라 차례로 인식된다.

함수 인자를 정의할 때 특별한 구문을 사용하지 않았다면, 기본적으로 위치 또는 키워드로 전달할 수 있다. 예를 들어, 다음의 호출 방법은 모두 동일한 효과를 갖는다.

```python
>>> def my_function(x, y):
...     print(f"{x=}, {y=}")
...
>>> my_function(1, 2)
```

```
x=1, y=2
>>> my_function(x=1, y=2)
x=1, y=2
>>> my_function(y=2, x=1)
x=1, y=2
>>> my_function(1, y=2)
x=1, y=2
```

이것은 첫 번째의 경우 1과 2를 전달했는데 위치에 따라 x와 y로 해석된다. 이러한 점을 생각하면, 필요에 따라 더 명시적으로 키워드 이름을 붙여서 (심지어 역순으로도) 인자를 전달할 수 있다. 여기서 유일한 제약 조건은 하나의 인수를 키워드로 전달했다면 이후의 모든 인자도 키워드로 전달해야 한다는 점이다. 마지막 예에서 my_function(y=2, 1)처럼 호출한다면 에러가 발생한다.

그러나 파이썬 3.8(PEP-570)부터는 반드시 위치 인자만 사용해야 하는 새로운 구문이 추가되었다. 즉, 값을 전달할 때 키워드를 사용할 수 없다. 이를 사용하려면 마지막 위치 전용 인자의 끝에 /를 추가하면 된다. 예를 들어 다음과 같이 사용할 수 있다.

```
>>> def my_function(x, y, /):
...     print(f"{x=}, {y=}")
...
>>> my_function(1, 2)
x=1, y=2
>>> my_function(x=1, y=2)  # 키워드 인자를 사용하면 다음과 같은 에러 발생
Traceback (most recent call last):
    File "<stdin>", line 1, in <module>
TypeError: my_function() got some positional-only arguments passed as
keyword arguments: 'x, y'
```

첫 번째 호출 방식은 이전처럼 잘 동작하지만, 두 번째 방식처럼 키워드 인자를 사용하려고 하면 에러가 발생한다. 에러는 위치 전용(positional-only parameter) 인자에 키워드 전용(keyword-only) 인자를 전달하려고 했다는 내용이다. 일반적으로 키워드 인자를 사용하면 어떤 변수에 어떤 값을 할당하려고 했는지 바로 알 수 있기 때문에 가독성이 높아지지만, 키워드 인자를 사용하는 것이 큰 의미가 없는 경우가 있을 수 있다(이름을 대충 지었기 때문이 아니라, 그렇게 할 수 없는 상황이기 때문이다!). 이런 경우는 오히려 이름을 사용하려고 하는 것이 효율적이지 않은 일이 된다.

정말 간단한 예를 들어 두 단어가 아나그램(역주: anagram 동일한 철자를 가지고 순서만 바꾼 단어. 예를 들어 LISTEN과 SILENT는 아나그램이다)인지 확인하는 함수를 가정해보자. 이 함수는 두 개의 문자열을 받아서 비교 작업을 해야 한다. 사실 이 두개의 문자열 이름을 무엇으로 하는지는 그다지 중요하지 않다. 첫 번째 단어와 두 번째 단어일 뿐이다. 이러한 인수에 대해서 좋은 이름을 찾기 위해 노력하는 것은 큰 의미가 없으며 키워드를 지정하여 넘길 필요도 없다.

이런 경우가 아니라면 위치 전용 인자(positional-only parameter) 사용을 피해야 한다.

 TIP 위치 전용 인자를 사용한 경우 인자에서 특별한 의미를 찾으려고 하지 말자.

매우 특별한 경우에는 위치 전용 인자를 사용하는 것이 좋은 선택일 수 있지만, 대부분의 경우 꼭 필요한 것은 아니다. 이 기능은 일반적인 상황에서 자주 사용하기 위한 것은 아니고, 오히려 키워드를 사용하여 인자를 전달하는 것이 가독성을 높여주는 장점이 있다. 때문에 위치 전용 인자와 정 반대되는 개념의 키워드 전용 인자도 존재한다.

❏ 키워드 전용(keyword-only) 인자

위치 전용 인자와 유사하게 일부 인수를 키워드 전용으로 만들 수도 있다. 함수 호출 시 키워드 인자를 사용하면 그 의미를 명확히 알 수 있다는 점에서 키워드 사용을 강제하는 것은 일리가 있다.

위치 전용 인자와 달리 키워드 전용 인자는 *를 사용하여 그 시작을 알린다. 함수 서명에서 * 뒤에 오는 것들은 키워드 전용 인자가 된다. 아래 예에서 *args 다음에 오는 kw1, kw2가 키워드 전용 인자이다.

예를 들어, 다음 함수 정의는 두 개의 위치 인자를 받고, 다음에 임의의 개수만큼 위치 인자를 사용한다. 그 다음에 마지막에 2개의 인자가 바로 키워드 전용 인자이다. 마지막 인자 kw2는 기본값을 가지고 있는데 필수 사항은 아니다.

```
>>> def my_function(x, y, *args, kw1, kw2=0):
...     print(f"{x=}, {y=}, {kw1=}, {kw2=}")
...
>>> my_function(1, 2, kw1=3, kw2=4)
```

```
x=1, y=2, kw1=3, kw2=4
>>> my_function(1, 2, kw1=3)
x=1, y=2, kw1=3, kw2=0
```

이제 함수가 어떻게 동작하는지 명확하게 알 수 있다. 처음 두 개 이후에 더 이상의 위치 인자를 원하지 않으면 *args 대신 *를 넣으면 된다(역주: *args를 사용하면 my_function(1, 2, 3, kw=4) 처럼 위치 인자와 키워드 인자 사이에 임의의 개수만큼 위치 인자를 사용할 수 있지만, *로 정 의했을 경우는 딱 2개의 위치 인자만 사용 가능하다).

이 기능은 하위 호환을 유지하면서 기존 함수를 확장할 수 있기 때문에 유용하다. 예를 들어, 두 개의 인자를 취하는 함수가 있고 위치 인자와 키워드 인자를 섞어서 다양한 형태로 호출되는 함 수가 있다고 해보자. 여기서 기존 코드를 수정하지 않으면서 세 번째 인자를 추가하려면 기본값 을 지정해야 한다. 그리고 좀 더 좋은 구조로 만들려면 세 번째 파라미터를 키워드 전용 인자로 만들어서 명시적으로 새로운 정의를 사용한다고 알려주는 것이 좋을 것이다.

이와 같은 맥락에서 키워드 리팩토링을 하거나 호환성을 유지하게 하려는 경우에 유용하게 쓸 수 있다. 예를 들어 내부의 구현을 새로 했지만, 호환성을 위해 기존 함수는 래퍼(wrapper) 형태 로 그대로 사용하는 경우를 생각해보자.

새로운 함수를 호출하는 다음 두 가지 방법을 비교해보자.

```
result = my_function(1, 2, True)
```

다음과 같이 호출할 수도 있다.

```
result = my_function(1, 2, use_new_implementation=True)
```

두 번째 방식이 훨씬 더 명확하고 함수 호출을 보는 즉시 무슨 일이 일어나고 있는지 알 수 있 다. 이러한 이유로 새로운 인자를 추가한다면 키워드 인자 방식을 사용하는 것이 좋다.

특히 지금처럼 무슨 일이 벌어지고 있는지 문맥을 제공해야 하는 경우는 키워드 전용 인자를 사 용하는 것이 좋다.

지금까지 파이썬의 인자가 어떻게 전달되고 동작하는지 알아보았다. 이제 이 지식을 활용하여 좋은 디자인에 어떻게 활용할 수 있는지 알아보자.

함수 인자의 개수

이 섹션에서는 너무 많은 인자를 사용하는 함수나 메서드가 왜 나쁜 디자인(코드 스멜-code smell)의 징후인지를 살펴본다. 그런 다음이 이 문제를 해결할 방법을 제안한다.

첫 번째 대안은 일반적인 소프트웨어 디자인의 원칙을 사용하는 것이다. 즉, **구체화(reification)** 하는 것이다. 전달하는 모든 인자를 포함하는 새로운 객체를 만드는 것이다. 인자가 많다는 것은 아마도 추상화를 빼먹었기 때문일 것이다. 여러 인자를 새로운 객체로 압축하는 것은 파이썬 만의 고유한 솔루션이 아니라 모든 프로그래밍 언어에서 적용할 수 있는 방법이다.

또 다른 옵션은 이전 섹션에서 보았던 파이썬의 특정 기능을 사용하는 것이다. 가변 인자나 키 워드 인자를 사용하여 동적 서명을 가진 함수를 만든다. 이것이 파이썬스러운 방법일지 모르지 만 남용하지 않도록 주의해야 한다. 왜냐하면 매우 동적이어서 유지보수하기가 어렵기 때문이 다. 이런 경우 함수의 본문을 살펴 봐야한다. 서명에 관계없이 (파라미터가 올바르게 사용되었 다 해도) 만약 파라미터의 값에 대응하여 너무 많은 것들을 함수에서 처리하고 있다면 함수를 분리하라는 사인이다. 함수는 오직 한 가지 일만 해야 한다는 점을 기억하자.

❏ 함수 인자와 결합력

함수 서명의 인수가 많을수록 호출자 함수와 밀접하게 결합될 가능성이 커진다.

f1이라는 함수가 f2라는 함수를 호출하고 f2는 다섯 개의 파라미터를 사용한다고 가정해보자. f2 가 더 많은 파라미터를 사용할수록 호출자는 정상 동작을 위한 모든 정보를 수집하는 것이 점점 더 어려워질 것이다.

이제 f1이 f2 호출을 위한 모든 정보를 갖고 있다고 해보자. 이런 경우 다음 두 가지 결론을 내릴 수 있다. 첫째 f2는 아마도 추상화가 부족했을 것이다. f1은 f2가 필요로 하는 모든 것을 알고 있 기 때문에 f2 내부적으로 무엇을 하는지 알아낼 수 있으며 거의 자체적으로 수행할 수 있다. 결 국 f2는 그렇게 많은 것을 추상화를 하지 않은 것이다. 둘째 f2는 다른 환경에서 사용하기가 어 려워 f1에서만 유용하기 때문에 재사용성이 떨어진다.

함수가 보다 일반적인 인터페이스를 제공하고 더 높은 수준의 추상화를 했다면 코드 재사용성 이 높아진다.

이것은 클래스의 __init__ 메서드를 포함하여 모든 종류의 함수와 객체 메서드에 적용된다. 인자가 많은 메서드가 있다는 것은 일반적으로 (항상 그런 것은 아니지만) 새로운 상위 레벨의 추상화가 가능하다거나 누락된 객체가 있음을 의미한다.

 TIP 함수가 제대로 동작하기 위해 너무 많은 파라미터가 필요한 경우 코드 스멜(code smell)이 아닌지 검토해보자

실제로 이것은 1장에서 소개한 pylint 같은 정적 분석 도구를 사용하면 기본 설정에 의해 경고를 표시하는 문제이다. 이러한 경고를 만나면 무시하지 말고 리팩토링을 해야 한다.

❏ 많은 인자를 가진 함수의 서명 간소화

너무 많은 파라미터를 사용하는 함수를 찾았다고 가정해보자. 코드를 그대로 둘 수는 없고 리팩토링이 꼭 필요하다는 것은 알고 있다. 어떤 방법이 있을까?

경우에 따라 다음 규칙 중 하나를 적용해 볼 수 있다. 그리 대단한 방법은 아니지만 자주 발생하는 문제를 해결해주는 아이디어를 제공해 줄 것이다.

만약 공통 객체에 파라미터 대부분이 포함되어 있다면 가장 쉽게 수정할 수 있다. 예를 들어 다음과 같은 함수 호출을 생각해보자.

```
track_request(request.headers, request.ip_addr, request.request_id)
```

여기에 파라미터가 추가될 수도 있지만 그렇지 않을 수도 있다. 그러나 분명한 것은 모든 파라미터가 request와 관련이 있다는 것이다. 그렇다면 그냥 request를 파라미터로 전달하는 것이 어떨까? 이것은 간단한 변경사항이지만 코드를 크게 향상시킨다. 올바르게 함수를 호출하려면 track_request(request)의 형태여야 한다. 의미적으로도 보다 이치에 맞는 것은 두말할 필요가 없다.

이와 같이 파라미터를 전달할 것을 권장하지만 변경 가능한 객체를 전달할 때에는 부작용에 주의해야 한다. 함수는 전달받은 객체를 변경해서는 안 된다. 부작용이 발생할 수 있기 때문이다. 명시적으로 이것을 의도한 경우가 아니라면 권장하지 않는다. 실제로 객체의 무언가를 바꾸고 싶다면 전달된 값을 복사한 다음 새로운 수정본을 반환하는 것이 나은 대안이다.

TIP 변경 불가능한 객체를 사용하여 부작용을 최소화한다.

파라미터 그룹핑이라는 비슷한 방법도 있다. 이전 예제에서 파라미터는 이미 그룹화되었기 때문에 그룹 (앞의 예제에서는 request 객체)을 사용하지는 않았다. 그러나 조금 전과 같이 명확한 경우가 아니라면 컨테이너처럼 동작하는 단일 객체에 모든 파라미터를 담을 수도 있다. 이러한 그룹핑 아이디어를 구체화(reify)라고 하며 초기 디자인에서 누락된 추상화를 하는 것이다.

이전 방법들이 통하지 않으면 최후의 수단으로 함수의 서명을 변경하여 다양한 인자를 허용할 수 있다. 인자가 너무 많을 경우 *args 또는 **kwargs를 사용하면 더 이해하기 어려운 상황을 만들 수도 있다. 이런 경우 인터페이스에 대해서 적절히 문서화를 하고 인터페이스를 올바르게 구현했는지 확실히 해야 한다. 그러나 때로는 이렇게 하는 것이 의미가 있는 경우가 있다.

*args와 **kwargs로 함수를 정의하면 매우 유연하고 적응력이 뛰어난 코드를 만들 수 있지만, 단점은 함수 서명으로서의 기능을 잃어버린다는 것과 가독성이 완전히 떨어진다는 것이다. 지금까지 여러 예제에서 좋은 변수의 이름을 사용하면 코드의 가독성이 훨씬 높아진다는 것을 경험했다. 위치 인자든 키워드 인자든 가변인자를 사용하면, 매우 좋은 docstring을 만들어 놓지 않는 한 나중에 해당 함수에 사용된 파라미터를 보고도 정확한 동작을 알 수가 없다.

 TIP 가장 일반화된 인자(*args, **kwargs)는 super()를 통해 파라미터를 그대로 부모에 전달해야 하는 래퍼(wrapper) 클래스나 파라미터에 독립적으로 동작해야 하는 데코레이터와 같은 경우에만 사용하자.

소프트웨어 디자인 우수 사례 결론

좋은 소프트웨어 디자인이란 소프트웨어 엔지니어링의 우수 사례를 따르고 언어에서 제공하는 대부분의 장점을 잘 활용하는 디자인이다. 파이썬이 제공하는 모든 기능을 잘 활용하는 것은 큰 가치가 있겠지만, 이것 또한 남용하는 것은 좋지 않으며 복잡한 기능을 단순한 디자인에 억지로 끼워넣으려고 한다면 큰 위험이 발생할 수도 있다.

이러한 일반 원칙과 더불어 최종 권장사항을 몇 가지 추가한다.

소프트웨어의 독립성(orthogonality)

직교(orthogonality)는 매우 일반적인 단어로 여러 의미 또는 해석을 가질 수 있다. 수학에서 직교란 두 요소가 독립적이라는 것을 의미한다. 두 벡터가 직교하면 스칼라 곱은 0이다. 이것은 그들이 전혀 관련이 없다는 것을 의미한다. 이들 중 하나가 변화해도 다른 하나에는 전혀 영향을 미치지 않는다. 소프트웨어에서도 이와 비슷한 의미를 가진다.

모듈, 클래스 또는 함수를 변경하면 수정한 컴포넌트가 외부 세계에 영향을 미치지 않아야 한다. 물론 이것은 바람직하지만 항상 가능한 것은 아니다. 이것이 불가능하다 해도 좋은 디자인은 가능한 한 영향을 최소화하려고 시도해야 한다. 이러한 디자인 원칙으로 관심사의 분리, 응집력, 컴포넌트의 격리를 살펴보았다.

소프트웨어의 런타임 구조 측면에서 직교성 또는 독립성은 변경(또는 부작용)을 내부 문제로 만드는 것이라고 할 수 있다. 예를 들어 어떤 객체의 메서드를 호출하는 것은 다른 관련 없는 객체의 내부 상태를 변경해서는 안 된다는 것을 의미한다. 이 책에서는 이미 부작용을 최소화하는 것에 대한 중요성을 강조했다. 이 부분은 앞으로도 계속 강조할 내용이다.

앞서 소개한 믹스인 클래스 예제에서는 이터러블을 반환하는 tokenizer 객체를 만들었다. 특히 __iter__ 메서드는 새로운 제너레이터를 반환했는데, 이는 기본 클래스, 믹스인 클래스, 구체 클래스 모두가 독립적일 가능성을 높여준다. 그러나 __iter__ 메서드에서 일반 리스트를 반환했다고 해보자. 이렇게 하면 나머지 클래스에서 (의도하든 의도하지 않든) 직접 리스트를 변경할 수 있으므로 종속성이 생기게 되고 결과적으로 독립성을 잃게 된다.

간단한 예제를 살펴보자. 파이썬에서 함수는 일반 객체일 뿐이므로 파라미터로 전달할 수 있다. 독립성을 얻기 위해 이 기능을 활용할 수 있다. 세금과 할인율을 고려하여 가격을 계산하는 함수를 가지고 있고, 최종 계산된 값을 포매팅하고 싶다고 해보자.

```python
def calculate_price(base_price: float, tax: float, discount: float) -> float:
    return (base_price * (1 + tax)) * (1 - discount)

def show_price(price: float) -> str:
    return "$ {0:,.2f}".format(price)

def str_final_price(
    base_price: float, tax: float, discount: float, fmt_function=str) -> str:
    return fmt_function(calculate_price(base_price, tax, discount))
```

위쪽의 두 개의 함수는 독립성을 갖는다. 하나는 가격을 계산하는 함수이고, 다른 하나는 가격을 어떻게 표현할지에 대한 함수이다. 만약 하나를 변경해도 다른 하나는 변경되지 않는다. 마지막 함수는 fmt_function 파라미터를 지정하지 않으면 str을 기본 포맷 함수로 사용하고, 사용자 정의 함수를 전달하면 해당 함수를 사용해 문자열을 포맷한다. 그러나 show_price의 변경 사항은 calculate_price에 영향을 미치지 않는다. 어느 함수를 변경해도 나머지 함수가 그대로라는 것을 알게되면 어떤함수든 편하게 수정할 수 있다.

```
>>> str_final_price(10, 0.2, 0.5)
'6.0'

>>> str_final_price(1000, 0.2, 0)
'1200.0'

>>> str_final_price(1000, 0.2, 0.1, fmt_function=show_price)
'$ 1,080.00'
```

독립성과 관련된 흥미로운 품질 특성이 있다. 코드의 두 부분이 독립적이라는 것은 다른 부분에 영향을 주지 않고 변경할 수 있다는 것을 뜻한다. 이는 변경된 부분의 단위 테스트가 나머지 단위 테스트와도 독립적이라는 것을 뜻한다. 이러한 가정 하에 두 개의 테스트가 통과하면 전체 회귀 테스트를 하지 않고도 애플리케이션에 문제가 없다고 어느 정도 확신할 수 있다.

보다 넓게는 독립성을 기능면에서 생각해볼 수 있다. 애플리케이션의 두 가지 기능이 완전히 독립적이라면 다른 코드를 손상시킬 것에 대한 염려가 없으므로 간단한 테스트 후에 배포할 수 있다. 프로젝트에 새로운 인증 메커니즘이 필요하다고 가정해보자. 예를 들어, oauth2가 필요한데 동시에 다른 팀도 새로운 보고서 기능을 작성 중이다. 해당 시스템에서 근본적으로 문제가 없다면 해당 기능 중 어느 것도 다른 기능에 영향을 미치지 않아야 한다. 이 중에 어떤 것이 먼저 병합되는지와 상관없이 서로 영향을 미치지 않아야 한다.

코드 구조

코드를 구조화하는 방법은 팀의 작업 효율성과 유지보수성에 영향을 미친다.

특히 여러 정의(클래스, 함수, 상수 등)가 들어있는 큰 파일을 만드는 것은 좋지 않다. 극단적으로 하나의 파일에 하나의 정의만 유지하라는 것은 아니지만, 좋은 코드라면 유사한 컴포넌트끼리 정리하여 구조화해야 한다.

다행히도 대부분의 경우 파이썬에서 대용량 파일을 작은 파일로 나누는 것은 어려운 작업이 아니다. 만약 코드의 여러 부분이 해당 파일의 정의에 종속되어 있어도 전체적인 호환성을 유지하면서 패키지로 나눌 수 있다. 해결 방법은 __init__.py 파일을 가진 새 디렉토리를 만드는 것이다. 이렇게 하면 파이썬 패키지가 만들어 진다. 이 파일과 함께 특정 정의를 포함하는 여러 파일을 생성한다. 이때는 각각의 기준에 맞춰 보다 적은 클래스와 함수를 갖게 된다. 그런 다음 __init__.py 파일에 다른 파일에 있던 모든 정의를 가져옴으로써 호환성도 보장할 수 있다. 뿐만 아니라 이러한 정의는 모듈의 __all__ 변수에 익스포트가 가능하도록 표시할 수도 있다.

이것은 많은 장점이 있다. 각 파일을 탐색하고 검색이 쉽다는 것 외에도 다음과 같은 이유 때문에 더 효율적이라고 할 수 있다.

- 모듈을 import 할 때 구문을 분석하고 메모리에 로드할 객체가 줄어든다.
- 의존성이 줄었기 때문에 더 적은 모듈만 가져오면 된다.

또한 프로젝트를 위한 컨벤션을 갖는 데에도 도움이 된다. 예를 들어 모든 파일에서 상수를 정의하는 대신, 프로젝트에서 사용할 상수 값을 저장할 특정한 파일을 만들고 다음과 같이 import 하면 된다.

```
from mypoject.constants import CONNECTION_TIMEOUT
```

이와 같이 정보를 중앙화하면 코드 재사용이 쉬워지고 실수로 인한 중복을 피할 수 있다.

모듈 분리와 파이썬 패키지 생성에 대한 자세한 내용은 10 장 "클린 아키텍처"에서 살펴볼 것이다.

요약

이 장에서는 클린 디자인을 달성하기 위한 몇 가지 원칙을 살펴보았다. 코드도 디자인의 일부라는 것을 이해하는 것이 고품질의 소프트웨어를 만들기 위한 키이다. 이 장과 다음 장은 정확하게 이 부분에 초점을 맞추고 있다.

이러한 생각을 통해 보다 견고한 코드를 만들 수 있다. 예를 들어 DbC(계약에 의한 디자인)를 적용하면 주어진 조건 하에서 동작이 보장되는 컴포넌트를 만들 수 있다. 더 중요한 것은 만약 오류가 발생한 경우, 아무런 이유 없이 갑자기 발생했다고 느끼는 것이 아니라 정확히 어떤 부분에서 문제가 있었는지 계약을 확인하여 책임소재를 분명히 할 수 있다는 점이다. 이러한 역할 분담은 효과적인 디버깅에 유리할 것이 분명하다.

유사한 맥락으로 악의적인 의도를 가진 또는 잘못된 입력으로부터 스스로를 보호하면 각 컴포넌트를 더욱 강력하게 만들 수 있다. 이 아이디어는 DbC(계약에 의한 디자인)와는 다른 방향에서 진행되지만 그것을 잘 보완할 수 있다. 특히 애플리케이션의 중요한 부분에 대해서는 방어 프로그래밍을 하는 것이 좋은 아이디어이다.

계약에 의한 디자인과 방어 프로그래밍에 의한 디자인 모두 어설션을 올바르게 처리하는 것이 중요하다. 어설션을 사용할 때는 그 용도를 정확히 이해해야 하고, 특히 프로그램의 흐름을 제어하는 용도로 사용해서는 안 된다. 어설션을 catch하여 처리하지 않는 것에도 유의하자.

예외에 대해 말하자면 언제 어떻게 사용해야 하는지를 아는 것이 중요하다. 여기서 가장 중요한 점은 제어 흐름(go-to)의 수단으로 예외를 사용하면 안 된다는 것이다.

객체 지향 디자인에서 상속 또는 컴포지션 중 어떤 것을 선택할지 결정하는 주제에 대해서도 탐구 했다. 여기서 가장 중요한 교훈은 한 가지 옵션을 더 많이 사용하는 것이 아니라, 상황에 알맞는 더 나은 옵션을 선택을 해야 한다는 것이다. 또한 파이썬의 높은 동적 특성으로 인해 자주 보게되는 일반적인 안티 패턴을 피해야만 한다.

마지막으로, 함수의 파라미터가 많은 경우 어떻게 수정하여 클린 디자인을 이룰 수 있는지 살펴보았다.

이러한 개념들은 다음 장의 기초가 되는 근본적인 디자인 원리이다. 다음 장에 나오는 SOLID 원칙과 같은 고급 주제로 나아가기 위해서는 이러한 개념들을 먼저 이해해야 한다.

참고 자료

- Object-Oriented Software Construction, Second Edition, written by Bertrand Meyer

- 실용주의 프로그래머(The Pragmatic Programmer : From Journeyman to Master) by Andrew Hunt and David Thomas

- PEP-316 : 파이썬을 위한 계약에 의한 프로그래밍
  https://www.python.org/dev/peps/pep-0316/

- REAL 01 : 가장 악마스러운 파이썬 안티패턴
  https://realpython.com/the-most-diabolical-python-antipattern/

- PEP-3134 : 예외 연결과 traceback 포함
  https://www.python.org/dev/peps/pep-3134/

- 이상적인 파이썬 : EAFP vs LBYL
  https://blogs.msdn.microsoft.com/pythonengineering/2016/06/29/idiomatic-python-eafpversus-lbyl/

- 컴포지션 vs 상속 : 어떤 기준으로 선택해야 할까?
  https://www.thoughtworks.com/insights/blog/composition-vs-inheritance-how-choose

- 파이썬 HTTP
  https://docs.python.org/3/library/http.server.html#http.server.BaseHTTPRequestHandler

- requests 라이브러리의 예외 소스 참조
  http://docs.python-requests.org/en/master/_modules/requests/exceptions/

- 코드 컴플리트 2 (더 나은 소프트웨어 구현을 위한 실무 지침서) : Code Complete written by Steve McConnell

- PEP-570: 위치 전용 인자
  Python Positional-Only Parameters(https://www.python.org/dev/peps/pep-0570/)

- PEP-3102: 키워드 전용 인자
  Keyword-Only Arguments(https://www.python.org/dev/peps/pep-3102/)

Chapter **4**

SOLID 원칙

이 장에서는 파이썬에 적용된 클린 디자인의 원리를 계속 탐구할 것이다. 특히 이른바 솔리드 (SOLID) 원칙이라는 것을 검토하고 이를 파이썬스러운 방식으로 어떻게 구현할 수 있는지 살펴 볼 것이다. 이를 구현하면서 고품질의 소프트웨어를 만들기 위한 우수 사례들도 함께 살펴본다. SOLID는 다음을 뜻한다.

- S : 단일 책임 원칙(Single responsibility principle)
- O : 개방/폐쇄의 원칙(Open/closed principle)
- L : 리스코프(Liskov) 치환 원칙(Liskov's substitution principle)
- I : 인터페이스 분리 원칙(Interface segregation principle)
- D : 의존성 역전 원칙(Dependency inversion principle)

이 장의 목표는 다음과 같다.

- 소프트웨어 디자인에서의 SOLID 원칙을 익힌다.
- 단일 책임 원칙을 따르는 컴포넌트를 디자인한다.
- 개방/폐쇄의 원칙을 통해 유지보수성을 뛰어나게 한다.
- 리스코프 치환 원칙을 준수하여 객체지향 디자인에서 적절한 클래스 계층을 설계한다.
- 인터페이스 분리와 의존성 역전을 활용해 설계하기

단일 책임 원칙

단일 책임 원칙(Single Responsibility Principle -SRP)은 소프트웨어 컴포넌트(일반적으로 클래 스)가 단 하나의 책임을 져야한다는 원칙이다. 클래스가 유일한 책임이 있다는 것은 하나의 구 체적인 일을 담당한다는 것을 의미하며 따라서 변경이 필요한 이유도 단 하나만 있어야 한다.

오직 해당 도메인의 문제가 변경되는 경우에만 클래스를 업데이트해야 한다. 다른 이유로 클래 스를 업데이트해야 한다면, 그것은 아마 추상화가 잘못 되었거나 해당 클래스가 너무 많은 책임 을 가지고 있기 때문일 것이다. 이는 최소한 한 개 이상의 추상화가 더 필요하다는 뜻이다. 즉, 현재 클래스가 잘못 가지고 있는 책임을 분리하여 가져갈 추가 클래스가 필요하다.

2장 "파이썬스러운 코드"에서 소개한 것처럼 이 디자인 원칙은 보다 응집력 있는 추상화를 하는

데 도움이 된다. 즉 유닉스 철학을 따르는 딱 하나의 일을 하는 객체를 만드는 것이다. 어떤 경우에도 여러 책임을 가진 객체를 만들어서는 안 된다. 종종 이렇게 필요한 일 이상의 것을 하거나 너무 많은 것을 알고 있는 객체를 일컬어 **신(god) 객체**라 부른다. 이러한 객체는 서로 다른 (주로 관련이 없는) 행동을 그룹화한 것이므로 유지보수가 어렵다.

다시 말해 클래스는 작을수록 좋다. 3장 "좋은 코드의 일반적인 특징"에서 관심사의 분리 원칙에 대해 논의하면서 살펴본 것처럼 소프트웨어 디자인에서 SRP는 응집력과 밀접한 관련이 있다. 여기서 추구하려는 것은 클래스에 있는 프로퍼티와 속성이 항상 메서드를 통해서 사용되도록 하는 것이다. 이렇게 하면 이들은 관련된 개념이기 때문에 동일한 추상화로 묶는 것이 가능하다.

어떤 면에서 이런 생각은 관계형 데이터베이스 설계에서의 정규화 개념과 유사하다. 만약 객체의 속성이나 메서드의 특성이 다른 그룹(파티션)이 발견되면 이들을 다른 곳으로 옮겨야 한다. 이것은 두 개 이상의 다른 추상화가 한 곳에 혼합되어 있다는 신호이기 때문이다.

이 원칙을 다른 방법으로 생각해볼 수도 있다. 하나의 클래스에 있는 메서드들 중에 상호 배타적이며 서로 관련이 없는 것이 있다면, 이들은 서로 다른 책임을 가지고 있는 것이므로 더 작은 클래스로 분리할 수 있어야만 한다는 것이다.

너무 많은 책임을 가진 클래스

이번 예제에서는 로그 파일이나 데이터베이스와 같은 소스에서 이벤트의 정보를 읽어서 로그별로 필요한 액션을 분류하는 애플리케이션을 만들어볼 것이다.

다음은 SRP를 준수하지 않은 디자인이다.

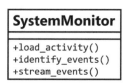

그림 4.1: 너무 많은 책임을 가지고 있는 클래스

세부 구현을 제외한 코드의 모습은 다음과 같다.

```
# srp_1.py
class SystemMonitor:
    def load_activity(self):
        """소스에서 처리할 이벤트를 가져오기"""

    def identify_events(self):
        """가져온 데이터를 파싱하여 도메인 객체 이벤트로 변환"""

    def stream_events(self):
        """파싱한 이벤트를 외부 에이전트로 전송"""
```

이 클래스의 문제점은 독립적인 동작을 하는 메서드를 하나의 인터페이스에 정의했다는 것이다. 각각의 동작은 나머지 부분과 독립적으로 수행할 수 있다.

이 디자인 결함은 유지보수를 어렵게 하여 클래스가 경직되고 융통성이 없으며 오류가 발생하기 쉽게 만든다. 이 예제에서 각 메서드는 클래스의 책임을 대표한다. 각각의 책임마다 수정 사유가 발생한다. 즉 메서드마다 다양한 변경의 필요성이 생기게 된다.

특정 소스에서 정보를 가져오는 로더(loader) 메서드를 생각해보자. 추상화를 할 것이므로 실제 어떻게 구현했는지는 중요하지 않다. 분명한 것은 로더가 자체적인 절차를 갖게 된다는 것이다. 데이터 소스에 연결하고, 데이터를 로드하고, 예상된 형식으로 파싱하는 등의 작업이다. 만약 데이터 구조를 바꾸는 등의 이유로 이 중에 어떤 것이라도 수정해야 한다면 SystemMonitor 클래스를 변경해야 한다. 데이터의 표현이 변경되었다고 해서 시스템 모니터링하는 객체를 변경해서는 안된다.

동일한 추론이 다른 두 가지 메서드에도 적용된다. 이벤트를 인식하는 방법이나 전달하는 방법을 변경하면 마찬가지로 클래스를 변경해야 한다.

이제 이 클래스가 손상되기 쉽고 유지보수가 어렵다는 점을 명확히 인지할 수 있다. 클래스를 변경해야 하는 이유가 너무 많다. 외부 요소에 의한 영향을 최소화 하고 싶을 때 해결책은 보다 작고 응집력 있는 추상화를 하는 것이다.

책임 분산

솔루션을 관리하기 쉽도록 모든 메서드를 다른 클래스로 분리하여 각 클래스마다 단일 책임을 갖게 하자.

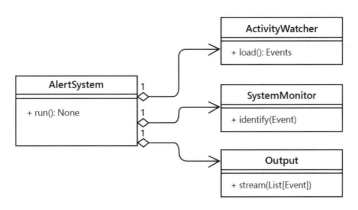

그림 4.2: 여러 클래스에 책임을 분산한 모습

이것은 다음과 같이 구현해볼 수 있다. 각자의 책임을 가진 클래스를 만들고, 이것의 인스턴스들과 교류하는 하나의 객체를 만드는 것이다. 각각의 클래스는 나머지와 독립적인 특정한 메서드를 캡슐화한 상태이므로 수정이 필요한 경우에도 나머지 객체에는 영향을 미치지 않게 된다. 예를 들어, ActivityWatcher에서 이벤트를 로드하는 방법을 변경해도 AlertSystem은 그 사실조차 알지 못하며, SystemMonitor도 아무것도 수정하지 않아도 된다. Output 역시 어떤 것도 수정이 필요 없다.

이제는 변경 사항이 로컬에만 적용되고 영향이 미미하므로 각 클래스의 유지보수가 쉽다.

새로운 클래스는 유지보수뿐 아니라 재사용이 쉬운 인터페이스를 정의한다. 애플리케이션의 다른 부분에서 로그를 읽어야 한다고 생각해보자. 이 디자인을 적용하면 단순히 ActivityWatcher 타입의 객체를 사용하면 된다. ActivityWatcher 객체는 실제로 인터페이스가 되어야 하겠지만 지금은 세부사항을 고려하지 않고 설명한다. 이전의 디자인 방식에서 상속을 했다면 불필요한 identify_events()나 stream_events() 같은 메서드도 상속 받을 것이기 때문에 이치에 맞지 않지만, 이제는 관련된 메서드만 상속받을 것이므로 문제가 없다.

그러나 각 클래스가 단 하나의 메서드만 가져야 한다는 뜻은 아님에 주의하자. 담당해야 할 로직이 맞다면 하나의 클래스가 여러 메서드를 가질 수 있다.

이번 장에서 살펴보고 있는 원칙의 대부분(전부는 아닐지라도)은 맨 처음부터 원칙을 준수하려고 할 필요는 없다. 나중에 보다 안정화된 버전으로 발전할 수 있도록, 확장 가능하고 수정 가능한 디자인을 유지하기만 하면 된다.

SRP 원칙에 대해서 생각해보자. 예를 들어 어떤 컴포넌트(지금은 클래스라고 해보자)가 있는데 너무 많은 기능을 가지고 있다면, 기능이 계속 확장될 것이라고 예상할 수 있다. 이런 경우 책임을 분리하는 것이 좋은 출발점이다. 문제는 책임을 분리하는 경계선을 어디로 하느냐이다. 이런 경우 내부 협업이 어떻게 이뤄지고 있는지, 책임은 어떻게 분산되고 있는지 이해하기 위해 단일 모놀리식(monolithic) 클래스를 먼저 만들어 보면서 시작할 수 있다. 이렇게 하면 추상화를 어떻게 해야 하는지 보다 명확하게 파악하는 데 도움이 된다.

개방/폐쇄 원칙(OCP)

개방/폐쇄 원칙(Open/Close Principle)은 모듈이 개방되어 있으면서도 폐쇄되어야 한다는 원칙이다.

클래스를 디자인할 때는 유지보수가 쉽도록 로직을 캡슐화하여 확장에는 개방되고 수정에는 폐쇄되도록 해야 한다.

간단히 말해서 확장 가능하고, 새로운 요구사항이나 도메인 변화에 잘 적응하는 코드를 작성해야 한다는 뜻이다. 즉 새로운 문제가 발생할 경우 새로운 것을 추가만 할 뿐 기존 코드는 그대로 유지해야 한다는 뜻이다.

새로운 기능을 추가하다가 기존 코드를 수정했다면 그것은 기존 로직이 잘못 디자인되었다는 것을 뜻한다. 이상적으로는 요구사항이 변경되면 새로운 기능을 구현하기 위해 기존 모듈을 확장하되 기존 코드는 수정을 하면 안 된다.

이 원칙은 여러 소프트웨어의 추상화에 적용된다. 클래스뿐 아니라 모듈에도 적용할 수 있다. 다음 섹션에서 관련 예제를 볼 수 있다.

개방/폐쇄 원칙을 따르지 않을 경우 유지보수의 어려움

개방/폐쇄 원칙을 따르지 않는 예제를 통해 유지보수의 어려움과 비유연성을 확인해보자. 이 예제는 다른 시스템에서 발생하는 이벤트를 분류하는 기능을 가지고 있다. 각 컴포넌트는 수집한 데이터를 기반으로 어떤 타입의 이벤트인지 정확히 분류를 해야 한다. 단순함을 위해 데이터는 사전 형태로 저장되어 있고 로그나 쿼리 등의 방법으로 이미 데이터를 수집했다고 가정한다. 이제 이벤트 타입의 계층구조를 나누고, 각각의 이벤트를 대변하는 클래스를 만들어보자.

아래 그림 4.3의 클래스 다이어그램에서 Event 인터페이스를 상속받은 하위 클래스와 해당 Event를 참조하는 SystemMonitor 클래스를 확인할 수 있다.

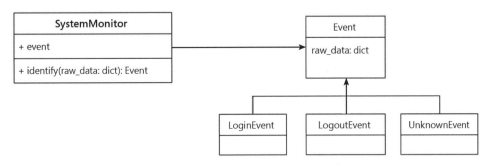

그림 4.3: 수정에 닫혀 있지 않은 디자인

얼핏 보기에는 확장 가능한 구조로 보인다. 새로운 이벤트가 추가되면 Event의 하위 클래스를 추가하고, SystemMonitor는 새로운 유형의 이벤트를 처리할 수 있는 것처럼 보인다. 그러나 자세히 살펴보면 새로운 유형을 판단하는 로직은 SystemMonitor의 identify 안에서 이뤄지기 때문에 SystemMonitor는 새로운 유형의 이벤트에 완전히 종속되어 있다.

첫 번째로 다음과 같이 문제를 해결할 수 있다.

```python
# openclosed_1.py
@dataclass
class Event:
    raw_data: dict


class UnknownEvent(Event):
    """데이터만으로 식별할 수 없는 이벤트"""


class LoginEvent(Event):
    """로그인 사용자에 의한 이벤트"""


class LogoutEvent(Event):
    """로그아웃 사용자에 의한 이벤트"""
```

```
class SystemMonitor:
    """시스템에서 발생한 이벤트 분류"""

    def __init__(self, event_data):
        self.event_data = event_data

    def identify_event(self):
        if (
            self.event_data["before"]["session"] == 0
            and self.event_data["after"]["session"] == 1
        ):
            return LoginEvent(self.event_data)
        elif (
            self.event_data["before"]["session"] == 1
            and self.event_data["after"]["session"] == 0
        ):
            return LogoutEvent(self.event_data)

        return UnknownEvent(self.event_data)
```

이 코드는 다음과 같이 동작한다.

```
>>> l1 = SystemMonitor({"before": {"session": 0}, "after": {"session": 1}})
>>> l1.identify_event().__class__.__name__
'LoginEvent'

>>> l2 = SystemMonitor({"before": {"session": 1}, "after": {"session": 0}})
>>> l2.identify_event().__class__.__name__
'LogoutEvent'

>>> l3 = SystemMonitor({"before": {"session": 1}, "after": {"session": 1}})
>>> l3.identify_event().__class__.__name__
'UnknownEvent'
```

위 결과를 통해 이벤트 유형이 어떻게 분류되는지 알 수 있다. 예를 들어 이전에는 session 플래그가 0이었다가 이후에는 1로 변경되는 경우 LoginEvent로 분류한다. 반대의 상황이 되면 LogoutEvent로 분류한다. 나머지 경우에는 이벤트를 식별할 수 없다는 의미로 UnknownEvent로 분류한다. 마지막에 None 대신에 기본값으로 UnknownEvent 객체를 반환함으로써 다형성을 보장하기 위한 것이다. 이러한 패턴을 null 객체 패턴이라고 하는데, null 객체 패턴은 9장

"일반적인 디자인 패턴"에서 다시 설명한다.

이 디자인에는 몇 가지 문제점이 있다. 첫 번째 문제는 이벤트 유형을 결정하는 로직이 단일 메서드에 중앙 집중화된다는 점이다. 지원하려는 이벤트가 늘어날수록 메서드도 커질 것이므로 결국 매우 큰 메서드가 될 수 있다. 이미 논의한 것처럼 한 가지 일만 하는 것도 아니고 한 가지 일을 제대로 하지도 못한다.

같은 방법으로 이 메서드가 수정을 위해 닫히지 않았다는 것을 알 수 있다. 새로운 유형의 이벤트를 시스템에 추가할 때마다 메서드를 수정해야 한다(줄줄이 이어진 elif 문장이 가독성 측면에서 최악이라는 것은 두말할 필요가 없다).

이 메서드를 변경하지 않고도 새로운 유형의 이벤트를 추가하고 싶다(폐쇄 원칙). 새로운 이벤트가 추가될 때 이미 존재하는 코드를 변경하지 않고 코드를 확장하여 새로운 유형의 이벤트를 지원하고 싶다(개방 원칙).

확장성을 가진 이벤트 시스템으로 리팩토링

이전 예제의 문제점은 SystemMonitor 클래스가 분류하려는 구체 클래스와 직접 상호 작용한다는 점이다. 개방/폐쇄 원칙을 따르는 디자인을 하려면 추상화를 해야 한다.

대안은 SystemMonitor 클래스를 추상적인 이벤트와 협력하도록 변경하고, 이벤트에 대응하는 개별 로직은 각 이벤트 클래스에 위임하는 것이다.

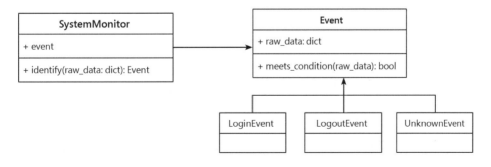

그림 4.4: 개방/폐쇄 원칙을 따르는 디자인

그런 다음 각각의 이벤트에 다형성을 가진 새로운 메서드를 추가해야 한다. 이 메서드는 전달되는 데이터가 해당 클래스의 타입과 일치하는지 판단하는 역할을 한다. 또한 기존 분류 로직을 수정하여 전체 이벤트에 대해서 해당 판별 로직에 매칭이 되는지 확인한다.

새 코드는 다음과 같다.

```python
# openclosed_2.py
class Event:
    def __init__(self, raw_data):
        self.raw_data = raw_data

    @staticmethod
    def meets_condition(event_data: dict) -> bool:
        return False

class UnknownEvent(Event):
    """데이터만으로 식별할 수 없는 이벤트"""

class LoginEvent(Event):
    @staticmethod
    def meets_condition(event_data: dict):
        return (
            event_data["before"]["session"] == 0
            and event_data["after"]["session"] == 1
        )

class LogoutEvent(Event):
    @staticmethod
    def meets_condition(event_data: dict):
        return (
            event_data["before"]["session"] == 1
            and event_data["after"]["session"] == 0
        )

class SystemMonitor:
    """시스템에서 발생한 이벤트 분류"""

    def __init__(self, event_data):
        self.event_data = event_data

    def identify_event(self):
```

```
for event_cls in Event.__subclasses__():
    try:
        if event_cls.meets_condition(self.event_data):
            return event_cls(self.event_data)
    except KeyError:
        continue

return UnknownEvent(self.event_data)
```

이제 상호 작용이 추상화를 통해 이뤄지고 있음에 주목하자(이 경우 Event는 추상 클래스이거나 인터페이스가 될 수 있지만 설명을 간단하게 하기 위해 구체 클래스를 사용한다). identify_event는 이제 특정 이벤트 타입과 비교하는 것이 아니고, 일반적인 인터페이스를 가진 제네릭 이벤트와 비교한다. 이 인터페이스를 따르는 제네릭들은 모두 meets_condition 메서드를 구현하여 다형성을 보장한다.

__subclasses__() 메서드를 사용해 이벤트 유형의 목록을 가져오는 것에 주목하자. 이제 새로운 유형의 이벤트를 지원하려면 단지 Event 클래스를 상속 받고 비즈니스 로직에 따라 meets_condition() 메서드를 구현하기만 하면 된다.

이 예제는 확장 가능한 디자인에 대해서만 설명하면 되기 때문에 __subclasses__() 메서드를 사용했다. 그러나 abc 모듈의 register 메서드를 사용하여 클래스를 등록하거나, 자체적으로 클래스 레지스트리 목록을 관리한 뒤에 조회하는 것도 가능하다. 중요한 것은 객체들 간의 관계가 변하면 안 된다는 것이다.

이 디자인을 사용하면 원래의 identify_event 메서드가 닫히게 된다. 새로운 유형의 이벤트가 도메인에 추가되더라도 수정할 필요가 없다. 반대로, 이벤트 계층은 확장을 위해 열려 있다. 새로운 이벤트가 도메인에 추가되면 인터페이스에 맞춰서 새로운 클래스를 추가하기만 하면 된다.

이벤트 시스템 확장

이제 이 디자인이 실제로 원하는 대로 확장 가능하다는 것을 증명해보자. 모니터링하는 시스템에서 새로운 트랜잭션이 실행되었음을 알려주는 이벤트가 추가되었다고 가정해보자.

새로운 이벤트를 포함하는 클래스 다이어그램은 다음과 같다.

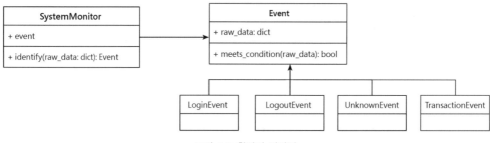

그림 4.5: 확장된 디자인

TransactionEvent라는 새로운 클래스를 추가하고 meets_condition이라는 메서드도 구현했다. 이것만으로 기존 코드가 예상한대로 잘 동작한다.

이전 정의의 나머지 부분이 모두 변경되지 않는다고 가정하고 새 클래스에 대한 코드는 다음과 같다.

```
# openclosed_3.py
class TransactionEvent(Event):
    """시스템에서 발생한 트랜잭션 이벤트"""

    @staticmethod
    def meets_condition(event_data: dict):
        return event_data["after"].get("transaction") is not None
```

다음과 같이 코드를 실행하여 이전에 있던 이벤트도 그대로 잘 분류하고, 새로운 이벤트에 대해서도 정확하게 분류하는 것을 알 수 있다.

```
>>> l1 = SystemMonitor({"before": {"session": 0}, "after": {"session": 1}})
>>> l1.identify_event().__class__.__name__
'LoginEvent'

>>> l2 = SystemMonitor({"before": {"session": 1}, "after": {"session": 0}})
>>> l2.identify_event().__class__.__name__
'LogoutEvent'

>>> l3 = SystemMonitor({"before": {"session": 1}, "after": {"session": 1}})
>>> l3.identify_event().__class__.__name__
'UnknownEvent'
```

```
>>> l4 = SystemMonitor({"after": {"transaction": "Tx001"}})
>>> l4.identify_event().__class__.__name__
'TransactionEvent'
```

새 이벤트를 추가했지만 SystemMonitor.identify_event() 메서드는 전혀 수정하지 않은 것에 주목하자. 따라서 이 메서드가 새로운 유형의 이벤트에 대해서 폐쇄되어 있다고 말할 수 있다.

반대로 Event 클래스는 필요할 때마다 새로운 유형의 이벤트를 추가할 수 있게 해준다. 따라서 이벤트는 새로운 타입의 확장에 대해 개방되어 있다고 말할 수 있다.

이것이 바로 이 원칙의 진정한 본질이다. 도메인에 새로운 문제가 나타나도 기존 코드를 수정하지 않고 새 코드를 추가하기만 하면 된다.

OCP 최종 정리

이미 눈치 챘겠지만 이 원칙은 다형성의 효과적인 사용과 밀접하게 관련되어 있다. 다형성을 따르는 형태의 계약을 만들고 모델을 쉽게 확장할 수 있는 일반적인 구조로 디자인하는 것이다.

이 원칙은 소프트웨어 엔지니어링의 중요한 문제인 유지보수성에 대한 문제를 해결한다. OCP를 따르지 않으면 파급 효과가 생기거나 작은 변경이 코드 전체에 영향을 미치거나 다른 부분을 손상시키게 된다.

마지막 중요한 요점은 코드를 변경하지 않고 기능을 확장하기 위해서는 보호하려는 추상화(여기서는 새로운 이벤트 유형)에 대해서 적절한 폐쇄를 해야 한다는 것이다. 일부 추상화의 경우 충돌이 발생할 수 있기 때문에 모든 프로그램에서 이 원칙을 적용할 수 있는 것은 아니다. 예를 들어, 특정 요구사항에 대해서는 적절한 추상화가 다른 유형의 요구사항에 대해서는 부적절한 추상화가 될 수도 있다. 이런 경우에는 가장 확장성이 뛰어난 요구사항에 대해서 폐쇄를 하도록 해야 한다.

리스코프 치환 원칙(LSP)

리스코프 치환 원칙(Liskov substitution principle, LSP)은 설계의 안정성을 높이기 위해 객체

가 가져야 하는 일련의 특성을 말한다.

LSP의 요지는 클라이언트가 특별한 주의를 기울이지 않고도 부모 클래스를 대신하여 하위 클래스를 그대로 사용할 수 있어야 한다는 것이다. 즉, 클라이언트는 부모 타입 대신에 어떠한 하위 타입을 사용해도 정상적으로 동작해야 한다. 클라이언트는 사용하는 클래스의 계층 구조가 변경되는 것에 대해 알 수 없으며, 그러한 변경사항에 대해 완전히 독립적이어야 한다.

좀 더 공식적으로 리스코프 치환 원칙의 원래 정의(LISKOV 01)는 다음과 같다. 만약 S가 T의 하위 타입이라면 프로그램을 변경하지 않고 T 타입의 객체를 S 타입의 객체로 치환 가능해야 한다.

이것은 다음과 같은 클래스 다이어그램을 사용해서 확인해볼 수 있다. 여러 하위 타입을 가진 객체를 사용하는 클라이언트를 상상해보자. 이런 경우 클라이언트는 어떤 타입, 즉 인터페이스를 통해 상호 작용하기를 원할 것이다.

이 타입은 행위를 가진 클래스가 아니고 제네릭 인터페이스 정의일 뿐 아니라 추상 클래스 또는 인터페이스일 수 있다. 이 타입을 확장하는 여러 하위 타입이 있을 수 있다(아래 다이어그램에서는 Subtype으로 표기했다. N개가 있을 수 있다). 이 원칙의 배경은 계층 구조가 올바르게 구현되었다면 클라이언트 클래스가 주의를 기울이지 않고도 모든 하위 클래스의 인스턴스로 작업할 수 있어야한다는 것이다. 그림 4.6에 있는 하위 클래스 중에 어떤 것을 사용해도 문제가 없어야 한다.

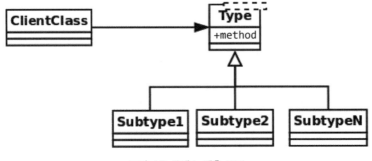

그림 4.6: 클래스 계층 구조

이는 이미 살펴본 인터페이스 디자인과 관련이 있다. 좋은 클래스는 명확하고 간결한 인터페이스를 가지고 있으며, 하위 클래스가 해당 인터페이스를 따르는 한 프로그램은 정상적으로 동작한다.

결론적으로 이 원칙은 계약을 통한 설계와도 관련이 있다. 주어진 타입과 클라이언트 사이에는 계약이 필요하다. LSP의 규칙에 따르면 하위 클래스는 상위 클래스에서 정의한 계약을 따르도록 디자인해야 한다.

도구를 사용해 LSP 문제 검사하기

악명 높은 LSP 문제를 1장 "소개, 코드 포매팅과 도구"에서 소개한 mypy나 pylint 같은 도구를 사용해 쉽게 검출할 수 있다.

❏ mypy로 잘못된 메서드 서명 검사

1장 "소개, 코드 포매팅과 도구"에서 권장한 것처럼 코드 전체에 타입 어노테이션을 사용했고 mypy를 설정했다면 초기에 기본 오류 여부와 LSP 준수 여부를 빠르게 확인할 수 있다.

Event 클래스의 하위 클래스 중 하나가 호환되지 않는 방식으로 메서드를 재정의하면 mypy는 어노테이션을 검사하여 이를 보고한다.

```python
class Event:
    ...
    def meets_condition(self, event_data: dict) -> bool:
        return False

class LoginEvent(Event):
    def meets_condition(self, event_data: list) -> bool:
        return bool(event_data)
```

이 파일에 대해 mypy를 실행하면 다음과 같은 오류 메시지가 표시된다.

```
error: Argument 1 of "meets_condition" incompatible with supertype "Event"
```

이 코드는 명확히 LSP를 위반했다. 파생 클래스가 부모 클래스에서 정의한 파라미터와 다른 타입을 사용했기 때문이다. LSP 원칙을 따랐다면 호출자는 아무런 차이를 느끼지 않고 투명하게 Event 또는 LoginEvent를 사용할 수 있어야 한다. 이 두 가지 타입의 객체를 치환해도 애플리케이션 실행에 실패해서는 안 된다. 그렇지 않다면 계층 구조의 다형성이 손상된 것이다.

반환 값을 부울 값이 아닌 다른 값으로 변경해도 동일한 오류가 발생한다. 오류의 이론적 근거는 이 코드의 클라이언트가 부울 값을 사용할 것으로 기대한다는 것이다. 파생 클래스 중 하나가 이 반환 타입을 변경하면 계약을 위반하게 되며 프로그램이 정상적으로 동작할 것이라고 기대할 수 없다.

상속 관계에 있지는 않지만, 공통 인터페이스를 사용하는 경우의 주의사항에 대해서도 살펴보자. 설명을 위해 가장 간단한 예를 찾아보면 사전과 리스트가 바로 이런 관계이다. 이들은 모두 이터러블(iterable)이라는 공통점이 있다. 따라서 클라이언트가 사전이나 리스트를 받기 위해 이터러블 인터페이스를 파라미터의 타입으로 정의할 수도 있다. 이렇게 하면 LSP 원칙도 준수하고 있으므로 논리 자체에는 문제가 없지만, 실제 파라미터로 사전이나 리스트가 아닌 다른 이터러블 데이터 타입이 들어온다면 문제가 발생한다. 이런 경우 메서드의 구조를 바꾸거나, 전체 디자인을 다시 하거나, 아니라면 타입 어노테이션이라도 바꿔야 한다. 어떠한 경우에도 mypy가 보고한 경고를 무시하면 안 된다.

> **TIP** # type : ignore 같은 주석을 통해 에러를 무시하면 안 된다. 이 문제를 실제로 해결하기 위해 코드를 리팩토링하거나 수정해야 한다. 코드 분석 도구는 수정이 필요한 타당한 이유가 있기 때문에 디자인 결함을 보고하고 있다.

LSP 원칙은 객체 지향 설계의 관점에서도 의미가 있다. 서브클래싱(subclassing)을 할 때는 구체화를 해야 하지만 각 서브클래스의 기본 틀은 부모 클래스가 선언하는 것이어야 한다. 이전 예에서 SystemMonitor 클래스는 모든 이벤트 유형과 상호 교환 가능하기를 기대할 것이다. 여기서 각 이벤트 유형은 결국 Event를 상속받은 클래스이다(LoginEvent는 Event의 한 종류이고 나머지 하위 클래스도 마찬가지이다). 이러한 하위 클래스 중 하나가 기본 클래스의 메시지를 구현하지 않거나, 선언되지 않은 다른 public 메서드를 구현하거나, 메서드의 서명을 변경하여 계층 구조를 깨뜨리면 identify_event 메서드는 더 이상 동작하지 않게 된다.

❏ pylint로 호환되지 않는 서명 검사

또 다른 자주 발생하는 LSP 위반 사례는 계층의 파라미터 타입이 다른 것이 아니라 메서드의 서명 자체가 완전히 다른 경우이다. 이것은 아주 큰 실수처럼 보이지만 탐지하는 것이 쉽지 않다. 파이썬은 인터프리터 언어이므로 초기에 컴파일러를 사용해 이러한 유형의 오류를 감지하지 못했다면 런타임까지 발견되지 않는다. 다행히도 mypy나 pylint와 같은 정적 코드 분석기를 사용해 초기에 이러한 오류를 잡을 수 있다.

mypy로 이러한 유형의 오류를 잡고 pylint를 실행해 더 많은 통찰력을 얻는 것도 좋다.

다음과 같이 계층 구조의 호환성을 깨는 클래스가 있다고 가정해보자. 메서드의 서명을 변경하거나 파라미터를 추가하는 등의 차이가 있는 경우이다.

```python
# lsp_1.py
class LogoutEvent(Event):
    def meets_condition(self, event_data: dict, override: bool) -> bool:
        if override:
            return True
        ...
```

pylint는 이를 감지하여 유익한 정보를 출력한다.

Parameters differ from overridden 'meets_condition' method (argumentsdiffer)

이전과 마찬가지로 이러한 오류를 비활성화하면 안 된다는 점에 다시 한 번 유의하자. 도구가 제공하는 경고와 오류에 주의를 기울이고 그에 맞게 코드를 수정하자.

애매한 LSP 위반 사례

어떤 경우는 LSP를 위반한 것이 명확하지 않아서 자동화된 도구로 검사하기 애매할 수 있다. 이런 경우는 코드 리뷰를 하면서 자세히 코드를 살펴볼 수밖에 없다.

계약이 수정되는 경우는 특히 자동으로 감지하기가 더 어렵다. LSP에서 하위 클래스는 상위 클래스와 호환 가능하다는 점을 감안할 때 계약은 계층 구조 어디에서나 항상 유지되어야만 한다.

3장 "좋은 코드의 일반적인 특징"을 떠올려 보자. 클라이언트와 컴포넌트 사이의 계약은 몇 가지 규칙을 가지고 있다. 클라이언트는 컴포넌트가 유효성을 검사할 수 있도록 사전조건을 제공하고 컴포넌트는 클라이언트가 사후조건으로 검사할 값을 반환한다.

부모 클래스는 클라이언트와의 계약을 정의한다. 하위 클래스는 그러한 계약을 따라야 한다. 예를 들면 다음과 같다.

- 하위 클래스는 부모 클래스에 정의된 것보다 사전조건을 엄격하게 만들면 안 된다.
- 하위 클래스는 부모 클래스에 정의된 것보다 약한 사후조건을 만들면 안 된다.

이전 섹션에서 정의한 이벤트 계층구조를 이제는 LSP와 DbC 간의 관계를 보여주기 위해 변경해보자.

이번 예제는 사전조건에서 파라미터가 사전 타입인지, 그리고 "before"와 "after" 키를 가지고 있는지 확인한다. "before"와 "after" 키의 값은 또다시 사전을 내포하고 있다. 이렇게 하면 클라이언트는 KeyError를 받지 않으므로 보다 발전된 캡슐화를 할 수 있다. 그저 사전조건 체크 메서드만 호출하면 되기 때문이다. 사전조건 검증에 실패한 경우 시스템 실패로 처리해도 무방하다고 가정한다. 이제 SystemMonitor는 더 이상 협력하는 클래스에서 어떤 예외를 발생시키는지 몰라도 상관이 없다(예외는 캡슐화를 약화시킨다는 점을 기억하자. 예외 처리를 하려면 호출하는 객체에 대한 부가적인 정보가 필요하기 때문이다).

이러한 디자인은 다음과 같이 변경할 수 있다.

```python
# lsp_2.py
from collections.abc import Mapping

class Event:
    def __init__(self, raw_data):
        self.raw_data = raw_data

    @staticmethod
    def meets_condition(event_data: dict) -> bool:
        return False

    @staticmethod
    def validate_precondition(event_data: dict):
        """인터페이스 계약의 사전조건
        ''event_ data'' 파라미터가 적절한 형태인지 유효성 검사
        """
        if not isinstance(event_data, Mapping):
            raise ValueError(f"{event_data!r} dict 데이터 타입이 아님!")
        for moment in ("before", "after"):
            if moment not in event_data:
                raise ValueError(f"{event_data}에 {moment} 정보가 없음!")
```

```
        if not isinstance(event_data[moment], Mapping):
            raise ValueError(f"event_data[{moment!r}] dict 데이터 타입이
            아님!")
```

이제 올바른 이벤트 유형을 탐지하기 전에 사전조건을 먼저 검사한다.

```
# lsp_2.py
class SystemMonitor:
    """시스템에서 발생한 이벤트 분류"""

    def __init__(self, event_data):
        self.event_data = event_data

    def identify_event(self):
        Event.validate_precondition(self.event_data)
        event_cls = next(
            (
                event_cls
                for event_cls in Event.__subclasses__()
                if event_cls.meets_condition(self.event_data)
            ),
            UnknownEvent,
        )
        return event_cls(self.event_data)
```

계약은 오직 최상위 레벨의 키 "before"와 "after"가 필수이고 그 값 또한 사전 타입이어야 한다고만 명시되어 있다. 하위 클래스에서 보다 제한적인 파라미터를 요구하는 경우 검사에 통과하지 못한다.

트랜잭션을 위한 이벤트 클래스는 올바르게 설계되었다. "transaction"이라는 키에 제한을 두지 않고 사용하고 있다. 그 값이 있을 경우에만 사용하고 필수로 필요한 것은 아니다.

```
# lsp_2.py
class TransactionEvent(Event):
    """시스템에서 발생한 트랜잭션 이벤트"""

    @staticmethod
    def meets_condition(event_data: dict): ->bool:
        return event_data["after"].get("transaction") is not None
```

그러나 이전에 사용하던 LoginEvent와 LogoutEvent 클래스는 before와 after의 "session"이라는 키를 사용하기 때문에 그대로 사용할 수 없다. 이렇게 되면 계약이 깨지고 KeyError가 발생하기 때문에 나머지 클래스를 사용하는 것과 같은 방식으로 클래스를 사용할 수 없다.

이 문제는 TransactionEvent와 마찬가지로 대괄호 대신 .get() 메서드를 사용해서 해결할 수 있다. 이제 LSP를 사용한 계약이 다시 성립하고 다형성을 활용할 수 있다.

```
>>> l1 = SystemMonitor({"before": {"session": 0}, "after": {"session": 1}})
>>> l1.identify_event().__class__.__name__
'LoginEvent'

>>> l2 = SystemMonitor({"before": {"session": 1}, "after": {"session": 0}})
>>> l2.identify_event().__class__.__name__
'LogoutEvent'

>>> l3 = SystemMonitor({"before": {"session": 1}, "after": {"session": 1}})
>>> l3.identify_event().__class__.__name__
'UnknownEvent'

>>> l4 = SystemMonitor({"before": {}, "after": {"transaction": "Tx001"}})
>>> l4.identify_event().__class__.__name__
'TransactionEvent'
```

자동화된 도구가 얼마나 유용하고 유익한 지에 관계없이 이런 것까지 검출해주기를 기대하는 것은 무리이다. 클래스 디자인을 할 때는 실수로 메서드의 입력과 출력을 변경해서 원래 기대한 것과 달라지지 않도록 주의해야 한다.

LSP 최종 정리

LSP는 객체지향 소프트웨어 설계의 핵심이 되는 다형성을 강조하기 때문에 좋은 디자인의 기초가 된다. 인터페이스의 메서드가 올바른 계층구조를 갖도록 하여 상속된 클래스가 부모 클래스와 다형성을 유지하도록 하는 것이다.

이 원리가 이전의 원리와 어떻게 관련되어 있는지 주목하는 것도 흥미롭다. 새로운 클래스가 원래의 계약과 호환되지 않는 확장을 하려고 하면 클라이언트와의 계약이 깨져서 결과적으로 그러한 확장이 가능하지 않을 것이다. 또는 확장을 가능하게 하려면 수정에 대해 폐쇄되어야 한다는 원칙을 깨야 한다. 이는 전혀 바람직하지 않은 형태이다.

LSP에서 제안하는 방식으로 신중하게 클래스를 디자인하면 계층을 올바르게 확장하는데 도움이 된다. 즉 LSP가 OCP에 기여한다고 말할 수 있다.

인터페이스 분리 원칙

인터페이스 분리 원칙(Interface Segregation Principle, ISP)은 이미 반복적으로 재검토했던 "작은 인터페이스"에 대한 가이드라인을 제공한다.

객체 지향적인 용어로 **인터페이스**는 객체가 노출하는 메서드의 집합이다. 즉 객체가 수신하거나 해석할 수 있는 모든 메시지가 인터페이스를 구성하며, 클라이언트는 이것들을 호출할 수 있다. 인터페이스는 클래스의 정의와 구현을 분리한다.

파이썬에서 인터페이스는 메서드의 형태를 보고 암시적으로 정의된다. 이것은 파이썬이 소위 말하는 **덕 타이핑(duck typing)** 원리를 따르기 때문이다.

덕 타이핑은 모든 객체가 자신이 가지고 있는 메서드와 자신이 할 수 있는 일에 의해서 표현된다는 점에서 출발한다. 즉 클래스의 타입, 이름, docstring, 클래스 속성 또는 인스턴스 속성에 관계없이 객체의 본질을 정의하는 것은 궁극적으로 메서드의 형태이다. 클래스의 메서드는 실제로 그 객체가 무엇인지 결정한다. "어떤 새가 오리처럼 걷고 오리처럼 꽥꽥 소리를 낸다면 오리여야만 한다"는 데서 덕 타이핑이라고 불린다.

오랫동안 덕 타이핑은 파이썬에서 인터페이스를 정의하는 유일한 방법이었다. 파이썬 3(PEP-3119)에서 인터페이스를 다른 방식으로 정의하는 추상 기본 클래스 개념을 도입했다. 추상 기본 클래스는 파생 클래스가 구현해야 할 일부분을 공통된 기본 동작으로 구현하거나 인터페이스로 정의하는 것이다. 이는 특정 중요 메서드가 실제로 재정의 되었는지 확인이 필요할 때 유용하며 isinstance()와 같은 메서드의 기능을 재정의하거나 확장하는 메커니즘으로도 작동한다.

추상 기본 클래스(abstract base class)는 파생 클래스가 반드시 구현해야 하는 것을 명시적으로 가리키기 위한 유용하고 강력한 도구이다. 예를 들어, 리스코프 치환 원칙(LSP)에서 Event가 제네릭 클래스라면 Event 클래스 자체를 사용하기보다는(Event 자체로는 실질적인 무엇을 의미하지 않기 때문이다), LoginEvent처럼 실제 이벤트 중 하나를 사용하게 될 것이다. 이런 경우 명시적으로 Event를 추상 기본 클래스(abstract base class)로 지정할 수 있다. 이제 SystemMonitor는 이 추상 클래스와 작업을 하고, Event 클래스는 인터페이스처럼 동작하게 된다. (인터페이스는 "어떤 행위를 가지고 있는지 표현하는 객체"를 말한다.) 여기서 더 나아가서 기본 클래스에 있는 meets_condition 메서드에서 제공하는 구현 내용이 부족하다고 판단되면 각 파생 클래스가 이를 직접 구현하도록 강제할 수 있다. 이런 경우에 @abstractmethod 데코레이터를 사용한다. (역주: 기본(base) 클래스에서 @abstractmethod로 마킹한 메서드는 반드시 파생 클래스에서 모두 구현을 해야만 인스턴스화가 가능하다.)

abc 모듈에는 **가상 서브클래스(virtual subclass)**를 계층 구조의 일부로 등록하는 방법도 포함되어 있다. (역주: ABC의 register() 메서드를 사용하면 기존 기본 클래스에 파생 클래스를 추가할 수 있다. 이렇게 추가된 파생 클래스를 virtual subclass라고 한다.) 즉, 오리와 같이 걷고, 오리와 같이 소리를 내고, 자신을 오리라고 말할 수 있는 새로운 유형의 오리를 등록하는 것이다.

파이썬이 인터페이스를 어떻게 해석하는지에 대한 이러한 개념은 이번 원리와 다음 원리를 이해하는데 중요하다.

추상적으로 말하자면 ISP는 다음을 뜻한다. 여러 메서드를 가진 인터페이스가 있다면 매우 정확하고 구체적인 구분에 따라 더 적은 수의 메서드(가급적이면 단 하나)를 가진 여러 개의 인터페이스로 분할하는 것이 좋다는 것이다. 재사용성을 높이기 위해 가능한 작은 단위로 인터페이스를 분리한다면 인터페이스를 구현하려는 각 클래스가 매우 명확한 동작과 책임을 지니기 때문에 응집력이 높아진다.

너무 많은 일을 하는 인터페이스

여러 데이터 소스에서 이벤트를 파싱하는 인터페이스를 가정해보자. 예를 들면 XML과 JSON 포맷의 데이터를 파싱하는 경우이다. 모범사례를 참고하여 구체 클래스(concrete class)를 만드는 대신에 다음과 같은 인터페이스를 만들었다고 해보자.

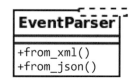

그림 4.7: 불필요한 모든 기능을 정의한 인터페이스

이것을 인터페이스로 만들려면 파이썬에서는 추상 기본 클래스를 만들고 from_xml()과 from_json()이라는 메서드를 정의한다. 이 추상 기본 클래스를 상속한 이벤트는 구체적인 유형의 이벤트를 처리할 수 있도록 이 메서드들을 구현해야만 한다.

그러나 어떤 클래스는 XML 메서드를 필요로 하지 않고 JSON으로만 구성할 수 있다면 어떨까? 그럼에도 여전히 인터페이스에서는 필요하지 않은 from_xml() 메서드를 제공할 것이다. 이것은 결합력을 높이고 유연성을 떨어뜨리며 클라이언트가 필요하지도 않은 메서드를 구현하도록 한다.

인터페이스는 작을수록 좋다.

앞의 인터페이스는 각각 하나의 메서드를 가진 두 개의 다른 인터페이스로 분리하는 것이 좋다. 이렇게 하더라도 EventParser가 두 개의 인터페이스를 모두 구현하면 여전히 동일한 기능을 달성할 수 있다. 왜냐하면 인터페이스나 추상 기본 클래스는 그저 몇 가지 조건이 더해진 일반 클래스이기 때문이다. 그리고 파이썬은 다중 상속을 지원한다. 이제 재사용 가능한 보다 구체적인 인터페이스를 갖게 되었고, 각각의 메소드가 별도의 인터페이스로 분리되었다.

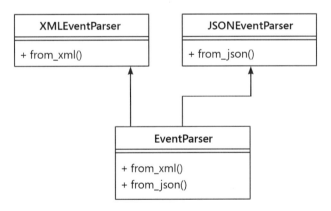

그림 4.8: 동일한 기능을 별도의 인터페이스로 구현한 모습

이 디자인을 사용하면 XMLEventParser에서 파생된 클래스는 from_xml() 메서드만을 구현하면 되고, 마찬가지로 JSONEventParser에서 파생된 클래스는 from_json() 메서드만을 구현하면 된다. 이것만으로 XML과 JSON을 다룰 수 있다. 무엇보다 중요한 것은 이 둘이 독립성을 유지하게 되었고, 새로운 작은 객체를 사용해 모든 기능을 유연하게 조합할 수 있게 되었다는 점이다.

다음은 그림 4.8을 구현한 코드이다.

```python
from abc import ABCMeta, abstractmethod

class XMLEventParser(metaclass=ABCMeta):
    @abstractmethod
    def from_xml(xml_data: str):
        """XML 형태의 데이터를 파싱"""

class JSONEventParser(metaclass=ABCMeta):
    @abstractmethod
    def from_json(json_data: str):
        """JSON 형태의 데이터를 파싱"""

class EventParser(XMLEventParser, JSONEventParser):
    """XML과 JSON 형태의 데이터를 파싱"""

    def from_xml(xml_data):
        pass

    def from_json(json_data: str):
        pass
```

인터페이스에서 정의한 추상 메서드는 구체 클래스에서 반드시 구현해야 한다는 점에 주의하자. 추상메서드를 구현하지 않으면 다음과 같은 런타임 오류가 발생한다.

```
>>> from src.isp import EventParser
>>> EventParser()
Traceback (most recent call last):
  File "<stdin>", line 1, in <module>
TypeError: Can't instantiate abstract class EventParser with abstract
methods from_json, from_xml
```

SRP와 유사하지만 주요 차이점은 ISP는 인터페이스에 대해 이야기하고 있다는 점이다. 따라서 이것은 행동의 추상화이다. 인터페이스가 실제로 구현될 때까지는 아무 것도 정해진 것이 없으므로 변경할 이유가 없다. 그러나 이 원칙을 준수하지 않으면 별개의 기능이 결합된 인터페이스를 만들게 된다. 이렇게 상속된 클래스는 SRP 또한 준수할 수 없게 된다. 클래스를 변경해야 할 이유가 두 가지 이상이 되기 때문이다.

인터페이스는 얼마나 작아야 할까?

이전 섹션의 요점은 여전히 유효하지만 주의할 것이 있다. 그 의미를 오해해서 극단적으로 받아들이면 안 된다.

추상 클래스이든 아니든 기본 클래스는 다른 클래스들이 확장할 수 있도록 인터페이스를 정의한다. 응집력의 관점에서 가능한 단 한 가지 일을 수행하는 작은 인터페이스여야 한다. 그렇다고 반드시 딱 한 가지 메서드만 있어야 한다는 뜻은 아니다. 앞의 예제에서는 두 메서드가 완전히 관련이 없기 때문에 다른 클래스로 분리하는 것이 합리적이었다.

그러나 하나 이상의 메서드라 하더라도 적절하게 하나의 클래스에 속해 있을 수 있다. 컨텍스트 관리자를 추상화한 믹스인 클래스를 제공하고자 한다고 가정해보자. 이 믹스인 클래스를 상속받은 클래스는 공짜로 컨텍스트 관리자의 기능을 얻게 된다. 이미 알고 있듯이 컨텍스트 관리자는 __enter__와 __exit__ 두 가지 메서드를 필요로 한다. 이들은 반드시 함께 제공되어야 한다. 그렇지 않으면 전혀 유효한 컨텍스트 관리자가 아니기 때문이다.

이 두 메서드를 하나의 클래스에서 제공하지 않으면 전혀 쓸모없는 것은 물론이고 잘못 이해할 가능성도 높아진다. 이것은 약간 과장된 예제이지만 앞의 섹션에 사용된 예제와의 비교를 통해 인터페이스를 디자인할 때 타산지석으로 삼아야 할 것이다.

의존성 역전 ▬▬▬▬▬▬▬▬▬▬▬▬▬▬▬▬

이것은 나중에 9장 "일반적인 디자인 패턴"과 10장 "클린 아키텍처"에서 다시 한 번 살펴보게 될 내용으로 굉장히 강력한 원칙이다.

의존성 역전 원칙(DIP)은 코드가 깨지거나 손상되는 취약점으로부터 보호해주는 흥미로운 디자인 원칙을 제시한다. 의존성을 역전시킨다는 것은 코드가 세부 사항이나 구체적인 구현에 적응하도록 하지 않고, 대신에 API 같은 것에 적응하도록 하는 것이다.

추상화를 통해 세부 사항에 의존하지 않도록 해야 하지만, 반대로 세부 사항 (구체적인 구현)은 추상화에 의존해야 한다.

A와 B 두 객체가 상호 교류를 한다고 생각해보자. A는 B의 인스턴스를 사용하지만 우리가 B 모

듈을 직접 관리하지는 않는다. 외부 라이브러리 또는 다른 팀의 모듈 등을 사용하는 경우이다. 만약 코드가 B에 크게 의존하면 B 코드가 변경되면 원래의 코드는 쉽게 깨지게 된다. 이를 방지하기 위해서 의존성을 거꾸로 뒤집어서 역전시켜야 한다. 즉 B가 A에 적응해야 한다. 이렇게 하려면 인터페이스를 개발하고 코드가 B의 구체적인 구현에 의존하지 않도록 해야 한다. 대신에 정의한 인터페이스에 의존적이도록 해야 한다. 해당 인터페이스를 준수하는 것은 B의 책임이다.

이전 섹션에서 살펴본 것처럼 추상화는 인터페이스 형태로 제공된다. 파이썬에서는 추상 기본 클래스의 형태로 제공된다.

일반적으로 구체적인 구현이 추상 컴포넌트보다 훨씬 더 자주 바뀔 것이다. 이런 이유로 시스템이 변경, 수정 또는 확장될 것으로 예상되는 지점에 유연성을 확보하기 위해 추상화(인터페이스 사용)를 하는 것이다.

강한 의존성을 가진 예

이벤트 모니터링 시스템의 마지막 부분은 식별된 이벤트를 데이터 수집기로 전달하여 분석하는 것이었다. 단순하게 구현해보자면 데이터를 목표지에 전송하는 이벤트 전송 클래스 Syslog를 만들면 된다.

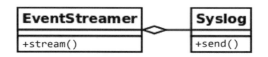

그림 4.9: 다른 클래스에 강한 의존성을 갖는 예

그러나 이것은 저수준의 내용에 따라 고수준의 클래스가 변경되어야 하므로 별로 좋은 디자인이 아니다. 만약 Syslog로 데이터를 보내는 방식이 변경되면 EventStreamer를 수정해야 한다. 만약 다른 데이터에 대해서는 전송 목적지를 변경하거나 새로운 데이터를 추가하려면 stream() 메서드를 이러한 요구사항에 따라 지속적으로 적응(수정)해야 하므로 문제가 생긴다.

의존성을 거꾸로

이러한 문제를 해결하려면 EventStreamer를 구체 클래스가 아닌 인터페이스와 대화하도록 하는 것이 좋다. 이렇게 하면 인터페이스의 구현은 세부 구현사항을 가진 저수준 클래스가 담당하게 된다.

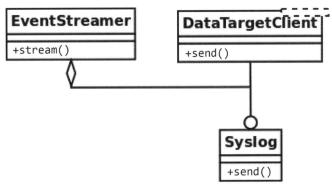

그림 4.10: 의존성을 거꾸로 한 뒤의 모습

이제 데이터를 전송할 대상을 나타내는 인터페이스가 생겼다. 의존성이 어떻게 역전되었는지 살펴보자. EventStreamer는 특정 데이터 대상의 구체적인 구현과 관련이 없어졌다. 구현 내용이 바뀌어도 수정할 필요가 없다. 실제 인터페이스를 정확하게 구현하고 변화를 수용하는 것은 각각의 인터페이스 구현체가 담당한다.

즉 첫 번째 EventStreamer 구현은 Syslog 유형의 객체와만 동작했기 때문에 유연성이 떨어진다. 그렇지만 .send() 메서드를 가진 어떤 것과도 통신할 수 있다는 것을 알았으므로 이것을 인터페이스의 메서드로 만들었다. Syslog는 send() 메서드가 정의된 DataTargetClient 추상 기본 클래스를 확장한다. 이제부터 이메일 같은 새로운 유형의 데이터 대상이 추가되어도 send() 메서드의 구현은 모두 새로운 클래스에서 담당한다

심지어 런타임 중에도 send() 메서드를 구현한 객체의 프로퍼티를 수정해도 여전히 잘 동작한다. 이렇게 의존성을 동적으로 제공한다고 하여 종종 **의존성 주입**(dependency injection)이라고 한다.

주의 깊게 살펴본 독자는 실제로 이것이 왜 필요한지 궁금해 할 것이다. 파이썬은 충분히 융통성이 있으며(때로는 너무 유연하다), 동적인 타입의 언어이기 때문에 인터페이스를 사용하지 않고도 EventStreamer에 특정 데이터 대상 객체를 제공할 수 있다. 그렇다면 간단하게 send() 메

서드를 가진 객체를 넘기면 되는데 왜 굳이 추상 기본 클래스(인터페이스)를 정의하는 것일까?

엄밀히 말하면 그렇게 할 수도 있다. 실제로 꼭 이렇게 할 필요는 없으며 그렇게 해도 프로그램은 똑같이 동작한다. 결국 다형성에서 상속이 항상 효과가 있다는 것을 의미하지는 않는다. 그러나 추상 기본 클래스를 사용하는 것이 좋은 습관이다. 첫 번째 장점은 덕 타이핑이다. 덕 타이핑이 가능하면 모델의 가독성이 높아진다. 상속은 is a 관계임을 기억하자. (역주 : is a는 객체 지향 프로그래밍에서 객체 간의 관계를 표현할 때 사용하는 용어 중 하나인데, "The apple is a fruit." 처럼 is a를 사용 해 표현이 가능하다면 apple과 fruit은 상속 관계라는 뜻이다. apple이 fruit을 상속했으므로 "사과는 과일이다."라고 말할 수 있다. 주의할 것은 그 반대는 성립하지 않는 다는 것이다. "과일은 사과다"라고 말할 수 없다. 즉, 상속은 **is a 관계**를 표현하므로 (특히 영어에 익숙한 사람이라면) 상속을 is a로 치환하는 것만으로도 코드를 쉽게 이해할 수 있을 것이다.)

따라서 추상 기본 클래스를 선언하고 확장함으로써 Syslog는 DataTargetClient라고 말할 수 있다. 즉 코드 사용자는 코드를 읽고 이해할 수 있다(이것이 바로 덕 타이핑이다).

결국 추상 기본 클래스를 사용하는 것이 필수는 아니다. 그러나 클린 디자인을 위해서 바람직하다. 이것이 이 책이 있는 이유 중 하나로 파이썬이 너무 유연하여 자주 발생하는 실수를 줄이기 위함이다.

의존성 주입(Dependency injection)

이전 섹션에서 살펴본 내용은 우리에게 다음과 같은 강력한 영감을 안겨준다. 우리의 코드가 구체적인 특정 구현에 종속되게 하지 말고, 계층 사이를 연결하는 강력한 추상화 개체와 이야기하게 하자. 앞의 예에서 시스템 로그를 저장하는 Syslog에 의존하면 시스템이 어떻게 경직화 되는지 살펴보았다. 그래서 DataTargetClient 인터페이스를 만들고 Syslog는 그것을 구현하도록 디자인을 변경했다. 이렇게 함으로써 클라이언트에게 좀 더 개방된 형태의 디자인을 제공할 수 있게 되었다. 새로운 전송지가 추가된다면 인터페이스를 따르는 새 클래스를 만들기만 하면 된다. 이제 우리의 소프트웨어는 확장에 열려 있고, 수정에 닫혀 있다(여러 원칙들이 상호 연결되어 있는 것을 발견할 수 있다).

이제 이러한 객체들 간의 협업은 어떻게 될까? 이번에는 자신을 필요로 하는 객체에 어떻게 의존성을 주입시키는지 살펴보자.

단순한 구현 방법 중 하나는 이벤트 처리기(EventStreamer)에서 필요한 객체 (여기서는 Syslog)를 직접 생성하는 것이다.

```python
class EventStreamer:
    def __init__(self):
        self._target = Syslog()

    def stream(self, events: list[Event]) -> None:
        for event in events:
            self._target.send(event.serialise())
```

그러나 이것은 유연한 디자인이라 할 수 없으며, 우리가 만든 인터페이스를 최대한 활용하지도 않았다. 이렇게 구현하면 테스트도 어렵게 된다. 이 클래스에 대한 단위 테스트를 작성하려면 Syslog의 생성 로직을 수정하거나, 생성한 뒤에 정보를 업데이트 해야 한다. Syslog 생성 시 문제가 있다면 (일반적으로 생성 중에 많은 작업을 하는 것은 안 좋은 습관이지만 연결을 맺는 등의 작업이 필요할 수 있다) 해당 문제가 초기화 작업에 그대로 전파된다. 이 문제는 지연(lazy) 설정을 활용하여 극복할 수도 있지만, 이 경우에도 객체가 어떻게 동작하는지 계속 관심을 가져야 한다.

더 나은 디자인은 의존성을 주입하는 것이다. 이벤트 처리기가 필요로 하는 것들을 직접 관리하지 말고, 제공을 받도록 하자.

```python
class EventStreamer:
    def __init__(self, target: DataTargetClient):
        self._target = target

    def stream(self, events: list[Event]) -> None:
        for event in events:
            self._target.send(event.serialise())
```

이렇게 함으로써 인터페이스를 사용하고 다형성을 지원하게 되었다. 이제 초기화 시 인터페이스를 구현하는 어떤 객체도 전달할 수 있으며, 이벤트 처리기가 그런 유형을 모두 처리할 수 있다는 것을 더욱 명시적으로 표현하고 있다.

이전과 달리 이제 테스트도 간단하다. 단위 테스트에서 Syslog를 사용하고 싶지 않으면, 알맞은 테스트 더블(인터페이스와 호환되는 새로운 클래스)을 제공하기만 하면 된다. (역주: Test

Double – 여기서 double은 무언가를 꼭 닮은 역할을 하는 것을 말하는 것이다. 대역 배우를 body double이라 하는 것처럼 test double은 원래 코드를 대신하는 대역 테스트 코드이다.)

 __init__ 메서드에서 의존성이 있는 것들을 직접 생성하지 않도록 하자. 대신에 사용자가 __init__ 메서드에 의존을 파라미터로 전달하도록 하여 보다 유연하게 대응할 수 있도록 하자.

만약 복잡한 초기화 과정을 가졌거나 초기화 인자가 많은 경우라면, 종속성 그래프를 만들고 관련 라이브러리가 생성을 담당하도록 하는 것이 좋은 방법이다. 즉, 객체를 연결하기 위한 글루 코드(glue code)에서 보일러플레이트(boilerplate) 코드를 제거할 수 있다(역주: 글루 코드(Glue code)는 프로그램의 기본 동작과는 관련이 없지만 프로그램 구성 요소 간의 호환성을 위해 접착제(glue) 역할을 하는 코드이다).

이러한 라이브러리의 예로 pinject(https://github.com/google/pinject)가 있다. 우리의 예에 pinject 라이브러리를 적용하면 다음과 같은 코드가 된다.

```
class EventStreamer:
    def __init__(self, target: DataTargetClient):
        self.target = target

    def stream(self, events: list[Event]) -> None:
        for event in events:
            self.target.send(event.serialise())

class _EventStreamerBindingSpec(pinject.BindingSpec):
    def provide_target(self):
        return Syslog()

object_graph = pinject.new_object_graph(
    binding_specs=[_EventStreamerBindingSpec()])
```

의존성 주입이 필요한 클래스에 의존성이 어떻게 주입될지를 결정하는 바인딩 스펙(binding specification) 객체를 정의할 수 있다. 바인딩 스펙 객체에서 provide_〈dependency〉 형태의 모든 메서드는 해당 〈dependency〉와 같은 이름의 변수에 대해 의존성을 반환한다(이번 예제에서는 Syslog를 반환한다).

(역주 : 바로 아래의 코드를 함께 보면 이해가 쉽다. _EventStreamerBindingSpec의 provide_target() 메서드는 EventStreamer의 생성자 파라미터 중 target에 대해서 Syslog() 객체를 사용해야 한다고 알려주는 스펙의 역할을 한다.)

이제 새롭게 생성한 object_graph의 provide() 메서드를 사용해서 다음과 같이 의존성이 주입된 객체를 얻을 수 있다.

```
event_streamer = object_graph.provide(EventStreamer)
```

위 코드를 실행하면 Syslog를 target으로 하는 EventStreamer의 인스턴스 event_streamer를 얻을 수 있다.

만약 설정해야 할 의존성이 많고, 객체 간의 관계가 복잡하다면 명시적으로 이들 간의 관계를 선언하고, 도구에서 초기화하는 것이 좋다. 다시 말하면, 한 곳에서 생성 방법을 관리하고, 도구가 실제 생성을 담당하도록 하는 것이다(그런 면에서 팩토리 객체와 유사하다).

이렇게 의존성을 주입한다고 해서 원래의 디자인에서 얻은 유연성을 잃은 것은 아니라는 점을 기억하자. 객체 그래프(object graph)는 객체에 필요한 엔티티를 어떻게 만드는지를 정의한 객체일 뿐이다. 여전히 우리는 EventStreamer 클래스를 완전히 제어할 수 있으며, 인터페이스 규격만 맞춘다면 이전과 같은 형태로 어떤 객체든 전달하여 생성하고 사용할 수 있다. 인터페이스의 규격을 준수하여 개발한 여러 객체를 초기화 스펙에 맞춰 생성하고 이전과 동일하게 사용할 수 있다.

요약

SOLID 원칙은 객체 지향 소프트웨어 설계의 핵심 원칙이다. 소프트웨어 빌드는 엄청나게 어려운 작업이다. 코드에 포함된 로직은 복잡하다. 런타임에서의 동작은(때로는 가능할 때도 있지만) 예측할 수 없을 수 있고, 요구 사항이 지속적으로 변할 뿐만 아니라 환경도 끊임없이 변하므로 여러 문제가 발생할 수 있다.

또한 다양한 기술, 패러다임 등을 사용한 디자인으로 소프트웨어를 구성할 수 있으며 특정 방법으로 문제를 해결하기 위해서 함께 작동할 수도 있다. 시간이 지나면서 요구 사항이 변경되면 이러한 접근 방식 중 일부가 정확하지 않을 수 있다. 그러나 이때는 이미 잘못된 디자인을 적절하고 융통성이 있게 리팩토링을 하기에는 너무 늦은 타이밍이 될 수 있다.

즉 디자인을 잘못하면 미래에 많은 비용이 든다는 것을 의미한다. 어떻게 하면 좋은 결과를 얻을 수 있을까? 대답은 확실히 알지 못한다는 것이다. 미래는 불확실하다. 설계가 정확한 것인지 그리고 기존의 소프트웨어가 앞으로 수년 후에도 융통성 있게 변화에 적응할 수 있는지를 확인할 방법은 없다. 바로 이러한 이유 때문에 원칙에 충실해야 한다는 것이다.

SOLID 원칙이 바로 이 원칙이다. 이것이 마법의 주문은 아니다. 결국 소프트웨어 공학에서 만능 해결책은 없다. 다만 과거 프로젝트에서 검증된 좋은 가이드라인을 따름으로서 성공할 가능성이 높은 소프트웨어를 만들도록 도와준다.

이 장에서는 클린 디자인을 이해하기 위한 목표로 SOLID 원칙을 탐구했다. 다음 장에서는 계속해서 언어의 세부 사항을 탐구하고 이러한 원칙에 사용하는 도구와 기능을 함께 살펴볼 것이다.

5장, "데코레이터를 사용하여 코드 개선"에서는 데코레이터를 사용하여 더 나은 코드를 만드는 방법에 대해서 알아본다. 이번 장에서는 소프트웨어 엔지니어링 관점에서의 추상화에 초점을 맞추었다면 다음 장에서는 파이썬 자체의 기능을 활용하여 어떻게 지금껏 배운 원칙들을 구현할 수 있을지 살펴본다.

참고 자료

- SRP 01 : SRP(Single Responsibility Principle) 원칙
  https://blog.cleancoder.com/uncle-bob/2014/05/08/SingleReponsibilityPrinciple.html
- PEP-3119 : 추상 기본 클래스 소개
  https://www.python.org/dev/peps/pep-3119/
- LISKOV 01 : Barbara Liskov의 Data Abstraction and Hierarchy
- Bertrand Meyer의 Object-Oriented Software Construction, Second Edition

데코레이터를 사용한 코드 개선

이 장에서는 데코레이터가 무엇인지, 어떻게 동작하는지 그리고 어떻게 구현되는지 살펴본다. 그리고 실제 데코레이터가 디자인을 개선하는데 어떻게 유용하게 사용될 수 있는지도 살펴본다.

이렇게 배운 내용을 토대로 이전 장에서 배운 소프트웨어 디자인의 모범 사례들을 다시 살펴보고 데코레이터가 각 원칙을 준수하는데 어떻게 도움이 되는지 살펴본다.

이 장의 목표는 다음과 같다.

- 파이썬에서 데코레이터가 동작하는 방식을 이해한다.
- 함수와 클래스에 적용되는 데코레이터를 구현하는 방법을 배운다.
- 일반적인 실수를 피하여 데코레이터를 효과적으로 구현하는 방법을 배운다.
- 데코레이터를 활용한 코드 중복을 회피(DRY 원칙 준수)
- 데코레이터를 활용한 관심사의 분리
- 좋은 데코레이터 사례
- 데코레이터가 좋은 선택이 될 수 있는 일반적인 상황, 관용구, 패턴

파이썬의 데코레이터

파이썬에서 데코레이터는 오래전에 PEP-318에서 기존 함수와 메서드의 기능을 쉽게 수정하기 위한 수단으로 소개되었다.

먼저 파이썬에서 함수는 일반적인 객체일 뿐이라는 것을 이해해야 한다. 즉, 변수에 할당하거나 파라미터로 전달하거나 또는 심지어 다른 함수에서 다시 기존 함수를 호출하도록 할 수 있다. 함수를 다시 호출하는 것은 보통 작은 함수를 만들고 해당 함수에 어떤 변환을 거쳐 수정된 새로운 형태의 함수를 반환하는 순서로 이뤄진다. 수학에서 $g(f(x))$처럼 합성함수의 동작 방식과 유사하다.

데코레이터를 개발하기 전에는 classmethod나 staticmethod 같은 함수를 사용해서 기존 메서드의 정의를 변형하고 있었는데, 이 방법은 추가적인 코드가 필요하고, 기존 함수의 정의를 별도 문장에서 변경해야 하는 불편함이 있었다.

다시 말해서 함수를 변형하고 싶을 때마다 변형을 담당하는 modifier 함수(역주: modifier는 표

준 라이브러리 함수가 아니고 기존 함수를 수정한다는 의미로 이름을 붙인 가상의 사용자 정의 함수이다)를 호출하고, 기존 함수와 같은 이름으로 변환 결과를 다시 저장해야 했다.

예를 들어 original이라는 함수가 있고, modifier라는 사용자 정의 변환 함수가 있다고 하면, 다음과 같이 원본 함수를 변경할 수 있다.

```
def original(...):
    ...
original = modifier(original)
```

함수를 동일한 이름으로 다시 할당하는 것에 주의하자. 이것은 혼란스럽고 오류가 발생하기 쉽고 번거롭다(함수를 재할당하는 것을 잊어버리거나 함수 정의가 멀리 떨어져 있는 경우). 이러한 이유로 새로운 구문이 추가되었다.

앞의 예제는 다음과 같이 작성하면 된다.

```
@modifier
def original(...):
    ...
```

즉 데코레이터는 데코레이터 이후에 나오는 것을 데코레이터의 첫 번째 파라미터로 하고 데코레이터의 결과 값을 반환하게 하는 문법적 설탕(syntax sugar)일 뿐이다. (역주 : 어떤 언어에서 동일한 기능이지만 타이핑의 수고를 덜어주기 위해 또는 읽기 쉽게 하기 위해 다른 표현으로 코딩할 수 있게 해주는 기능을 Syntactic sugar 또는 Syntax sugar라고 한다. Sugar the pill이라는 숙어가 있는 것처럼 쓴 약을 달게 해주거나 고통을 덜어주는 느낌을 떠올려보자. i = i + 1;을 자주 사용하는데 언어에서 i++;도 허락해준다면 그 느낌이 얼마나 달콤할까? 군이 의역을 하자면 "달콤한 문법"이 될 수 있겠지만 TypeScript나 Scala 등의 언어에서도 자주 사용되는 단어로 대명사화 되고 있기 때문에 원단어를 그대로 사용한다.)

데코레이터 구문은 가독성을 크게 향상시킨다. 왜냐하면 이제 독자는 한 곳에서 함수의 전체 정의를 찾을 수 있기 때문이다. 물론 이전과 같이 수동으로 기능을 수정하는 방법도 여전히 계속 사용할 수 있다.

이번 예제에서 말하는 modifier는 파이썬 용어로 **데코레이터**라 하고, original을 데코레이팅된 (decorated) 함수 또는 **래핑된(wrapped) 객체**라 한다.

원래는 함수와 메서드를 위해 고안되었지만 실제로는 어떤 종류의 객체에도 적용이 가능하기 때문에 여기서는 함수와 메서드, 제너레이터, 클래스에 데코레이터를 적용하는 방법을 살펴본다.

한 가지 주의할 점은 데코레이터라는 이름은 래핑된 함수의 기능을 수정하고 확장하기 때문에 정확한 이름이지만 "데코레이터 디자인 패턴"과 혼동하면 안 된다.

함수 데코레이터

파이썬에서 데코레이터를 사용하여 기능을 변경하는 가장 간단한 방법은 함수에 적용하는 것이다. 함수에 데코레이터를 사용하면 어떤 종류의 로직이라도 적용할 수 있다. 파라미터의 유효성을 검사하거나 사전조건을 검사하거나, 기능 전체를 새롭게 정의할 수도 있고, 서명을 변경할 수도 있고, 원래 함수의 결과를 캐시하는 등의 작업을 모두 할 수 있다.

예를 들어 다음과 같이 도메인의 특정 예외에 대해서 특정 횟수만큼 재시도하는 데코레이터를 만들어 볼 수 있다.

```python
# decorator_function_1.py
class ControlledException(Exception):
    """도메인에서 발생하는 일반적인 예외"""


def retry(operation):
    @wraps(operation)
    def wrapped(*args, **kwargs):
        last_raised = None
        RETRIES_LIMIT = 3
        for _ in range(RETRIES_LIMIT):
            try:
                return operation(*args, **kwargs)
```

```
        except ControlledException as e:
            logger.info("%s 재시도", operation.__qualname__)
            last_raised = e
    raise last_raised

    return wrapped
```

@wraps를 사용한 부분은 지금은 무시해도 된다. '데코레이터의 활용 – 흔한 실수 피하기' 섹션에서 다시 다룰 예정이다.

 TIP for 루프에서 _는 (해당 변수를 반복문 내에서 사용하지 않을 것이므로) 변수의 값에 관심이 없음을 의미한다(일반적으로 파이썬에서 _는 무시하는 변수를 의미한다).

retry 데코레이터는 파라미터가 필요 없으므로 어떤 함수에도 쉽게 적용할 수 있다. 다음은 적용 예제이다.

```
@retry
def run_operation(task):
    """실행중 예외가 발생할 것으로 예상되는 특정 작업을 실행"""
    return task.run()
```

run_operation 위에 있는 @retry는 실제로 파이썬에서 run_operation = retry(run_operation)을 실행하게 해주는 문법적 설탕일 뿐이다.

이번 짧은 예제에서는 timeout 같은 예외가 발생할 경우 여러 번 호출을 반복하는 retry 로직을 어떻게 데코레이터로 만들 수 있는지 살펴보았다.

클래스 데코레이터

파이썬에서는 클래스(class) 역시 객체(object)이다. 솔직히 파이썬에서는 거의 모든 것이 객체이고 그렇지 않은 경우를 찾기가 어렵다. 약간의 기술적 뉘앙스의 차이가 있을 뿐이다. 따라서 클래스에도 객체와 동일한 것들이 적용된다. 파라미터로 전달되거나, 변수에 할당되거나, 메서드를 갖거나, 변형(decorated)될 수 있다.

클래스 데코레이터는 PEP-3129에서 도입되었으며 방금 살펴본 함수 데코레이터와 매우 유사하다. 유일한 차이점은 래퍼(wrapper)가 함수가 아니라 클래스라는 점이다.

우리는 이미 2장, "파이썬스러운 코드"에서 dataclasses 모듈의 dataclass 클래스 데코레이터를 사용하는 방법을 살펴보았었다. 이 장에서는 클래스 데코레이터를 직접 작성하는 방법에 대해서 알아본다.

어떤 개발자들은 클래스 데코레이터가 복잡하고 가독성을 떨어뜨릴 수 있다고 말할 수 있다. 왜냐하면 클래스에서 정의한 속성과 메서드를 데코레이터 안에서 완전히 다른 용도로 변경할 수 있기 때문이다.

데코레이터를 남용할 경우 이것 또한 사실이다. 파이썬에서 보면 함수 데코레이터와 클래스 데코레이터는 다른 타입을 사용하는 것만 다를 뿐 차이점이 없다. 이 문제에 대한 장단점은 이후 '데코레이터와 관심사의 분리'에서 살펴보고 지금은 클래스 데코레이터의 장점에 대해 살펴본다.

- 클래스 데코레이터는 코드 재사용과 DRY 원칙의 모든 이점을 공유한다. 클래스 데코레이터를 사용하면 여러 클래스가 특정 인터페이스나 기준을 따르도록 강제할 수 있다. 여러 클래스에 적용할 검사를 데코레이터에서 한 번만 하면 된다.
- 당장은 작고 간단한 클래스를 생성하고 나중에 데코레이터로 기능을 보강할 수 있다.
- 어떤 클래스에 대해서는 유지보수 시 데코레이터를 사용해 기존 로직을 훨씬 쉽게 변경할 수 있다. 메타클래스와 같은 방법을 사용해 보다 복잡하게 만드는 것은 일반적으로 권장되지 않는다.

데코레이터가 유용하게 사용될 수 있는 예제를 살펴보자. 이 예제가 클래스 데코레이터의 유일한 방법은 아니며 실제로는 다양한 방법이 있을 수 있고, 각 방법마다 장단점이 있을 수 있지만 여기서는 유용성을 설명하기 위한 용도임에 유의하자.

모니터링 플랫폼을 위한 이벤트 시스템은 각 이벤트의 데이터를 변환하여 외부 시스템으로 보내야한다. 그러나 각 이벤트 유형은 데이터 전송 방법에 특별한 점이 있을 수 있다.

특히 로그인 이벤트에는 자격 증명과 같은 중요한 정보를 숨겨야만 한다. timestamp와 같은 필드는 특별한 포맷으로 표시하기 때문에 변환이 필요할 수도 있다. 이러한 요구 사항을 준수하기 위한 가장 간단한 방법은 각 이벤트마다 직렬화 방법을 정의한 클래스를 만드는 것이다.

```python
class LoginEventSerializer:
    def __init__(self, event):
        self.event = event

    def serialize(self) -> dict:
        return {
            "username": self.event.username,
            "password": "**민감한 정보 삭제**",
            "ip": self.event.ip,
            "timestamp": self.event.timestamp.strftime("%Y-%m-%d %H:%M"),
        }


@dataclass
class LoginEvent:
    SERIALIZER = LoginEventSerializer

    username: str
    password: str
    ip: str
    timestamp: datetime

    def serialize(self) -> dict:
        return self.SERIALIZER(self).serialize()
```

여기서는 로그인 이벤트에 직접 매핑할 클래스를 선언했다. 이 클래스는 password 필드를 숨기고, timestamp 필드를 포매팅하는 기능이 들어있다.

이 방법은 처음에는 잘 동작하지만, 시간이 지나면서 시스템을 확장할수록 다음과 같은 문제가 발생하게 된다.

- **클래스가 너무 많아진다** : 이벤트 클래스와 직렬화 클래스가 1대 1로 매핑되어 있으므로 직렬화 클래스가 점점 많아지게 된다.

- **이러한 방법은 충분히 유연하지 않다** : 만약 password를 가진 다른 클래스에서도 이 필드를 숨기려면 함수로 분리한 다음 여러 클래스에서 호출해야 한다. 이는 코드를 충분히 재사용했다고 볼 수가 없다.

- **표준화** : serialize() 메서드는 모든 이벤트 클래스에 있어야만 한다. 비록 믹스인을 사용해 다른 클래스로 분리할 수 있지만 상속을 제대로 사용했다고 볼 수 없다.

또 다른 방법은 이벤트 인스턴스와 변형 함수를 필터로 받아서 동적으로 객체를 만드는 것이다. 필터를 이벤트 인스턴스의 필드들에 적용해 직렬화하는 것이다. 각 필드를 변형할 함수를 만든 다음 이들을 조합해 직렬화 객체를 만들면 된다.

다음과 같이 클래스에 serialize() 메서드를 추가하기 위해 Serialization 객체를 활용한다.

```python
from datetime import datetime

def hide_field(field) -> str:
    return "**민감한 정보 삭제**"

def format_time(field_timestamp: datetime) -> str:
    return field_timestamp.strftime("%Y-%m-%d %H:%M")

def show_original(event_field):
    return event_field

class EventSerializer:
    def __init__(self, serialization_fields: dict) -> None:
        self.serialization_fields = serialization_fields

    def serialize(self, event) -> dict:
        return {
            field: transformation(getattr(event, field))
            for field, transformation
            in self.serialization_fields.items()
        }

class Serialization:
    def __init__(self, **transformations):
        self.serializer = EventSerializer(transformations)

    def __call__(self, event_class):
        def serialize_method(event_instance):
            return self.serializer.serialize(event_instance)
        event_class.serialize = serialize_method
        return event_class

@Serialization(
    username=show_original,
    password=hide_field,
```

```
        ip=show_original,
        timestamp=format_time,
    )
@dataclass
class LoginEvent:
    username: str
    password: str
    ip: str
    timestamp: datetime
```

데코레이터를 사용하면 다른 클래스의 코드를 확인하지 않고도 각 필드가 어떻게 처리되는지 쉽게 알 수 있다. 클래스 데코레이터에 전달된 인수를 읽는 것만으로도 username과 ip는 수정되지 않고, password 필드는 숨겨지고, timestamp는 포매팅된다는 것을 알 수 있다.

다른 유형의 데코레이터

데코레이터의 @ 구문이 실제로 무엇을 의미하는지 알았으므로 데코레이터가 단지 함수나 메서드, 클래스에만 적용되지 않는다는 것도 알 수 있다. 사실 제너레이터나 코루틴, 심지어 이미 데코레이트된 객체도 데코레이트 가능하다. 즉 데코레이터는 스택 형태로 쌓일 수 있다.

앞의 예는 데코레이터가 어떻게 연결될 수 있는지를 보여준다. 먼저 클래스를 정의하고 @dataclass를 적용하여 속성의 컨테이너 역할을 하는 데이터 클래스로 변환한다. 그런 다음 @Serialization에서 serialize() 메서드가 추가된 새로운 클래스를 반환한다.

데코레이터의 기본 사항과 작성 방법을 알았으므로 더 복잡한 예제로 넘어갈 수 있다. 다음 섹션에서는 데코레이터에 파라미터가 있는 경우 어떻게 구현하고 사용할 수 있는지 알아보자.

고급 데코레이터

지금까지 데코레이터가 무엇인지, 그 구문과 의미는 무엇인지에 대해서 알아보았다. 이제 코드를 보다 깔끔하게 해주는 데코레이터의 고급 사용법에 대해 알아보자.

데코레이터를 사용하여 관심사를 더 작은 기능으로 분리하고 코드를 재사용할 수 있다는 것을 알게 되었다. 그러나 이를 효율적으로 하려면 데코레이터에 파라미터를 추가할 수 있어야 한다(그렇지 않으면 또다시 비슷한 코드를 반복해야 한다). 이를 위해 어떻게 데코레이터에 파라미터를 전달할 수 있는지 살펴보자.

그런 다음 데코레이터를 어떻게 하면 잘 사용할 수 있는지 몇 가지 예제를 통해 살펴본다.

데코레이터에 인자 전달

지금까지 살펴본 바로도 데코레이터가 파이썬에서 강력한 도구임을 알 수 있다. 그러나 파라미터를 전달받아 로직을 추상화한다면 더욱 강력해질 수 있다.

파라미터를 갖는 데코레이터를 구현하는 방법은 여러 가지가 있지만 가장 일반적인 방법을 살펴볼 것이다. 첫 번째는 간접 참조(indirection)를 통해 새로운 레벨의 중첩 함수를 만들어 데코레이터의 모든 것을 한 단계 더 깊게 만드는 것이다. (역주 : indirection은 a=1; b=a; c=b;처럼 실제 값을 직접적인 경로를 통해 가져오는 것이 아니라 간접적인 경로를 거친 다음에 가져오기 때문에 간접 참조라고 부른다.) 두 번째 방법은 데코레이터를 위한 클래스를 만드는 것이다(데코레이터는 호출 가능한 객체라면 무엇이든 가능하다).

일반적으로 두 번째 방법이 가독성이 더 좋다. 왜냐하면 세 단계 이상 중첩된 클로저 함수보다 객체가 이해하기 쉽기 때문이다. 그러나 완벽을 기하기 위해 두 가지 모두를 살펴볼 것이며 여러분은 상황에 알맞은 최선의 결정을 내리면 된다.

❏ 중첩 함수를 사용한 데코레이터

크게 보면 데코레이터는 함수를 파라미터로 받아서 함수를 반환하는 함수이다. 함수형 프로그래밍(functional programming)에서 함수를 받아서 함수를 반환하는 함수를 고차 함수(higher-order function)라고 부른다. 여기에서 말하는 것과 같은 개념이다. 실제로는 데코레이터 안에서 정의된 함수가 호출된다.

이제 데코레이터에 파라미터를 추가하려면 다른 수준의 간접 참조가 필요하다. 첫 번째 함수는 파라미터를 받아서 내부 함수에 전달한다. 두 번째 함수는 데코레이터가 될 함수다. 세 번째는 데코레이팅의 결과를 반환하는 함수이다. 즉 최소 세 단계의 중첩 함수가 필요하다는 뜻이다.

아직 정확히 이해가 되지 않아도 괜찮다. 다음 예제를 보면 정확히 이해가 될 것이다.

앞서 살펴 본 예제는 재시도 기능을 구현했다. 재시도 횟수가 데코레이터 안에 고정되어 있다는 점을 제외하면 좋은 시도였다.

이제는 인스턴스마다 재시도 횟수를 지정하려고 하며 파라미터에 기본 값도 추가할 것이다. 이렇게 하려면 함수를 한 단계 더 추가해야 한다. 먼저 파라미터에 대한 것과 그리고 데코레이터 자체에 대한 것이다.

코드는 다음과 같은 형태가 된다.

```
@retry(arg1, arg2, ...)
```

@ 구문은 데코레이팅 객체에 대한 연산 결과를 반환하는 것이기 때문에 위의 코드는 의미상 다음과 같다.

```
<original_function> = retry(arg1, arg2, ....)(<original_function>)
```

원하는 재시도 횟수 외에도 제어하려는 예외 유형을 나타낼 수도 있다. 새 요구 사항을 반영한 새로운 코드는 다음과 같다.

```python
_DEFAULT_RETRIES_LIMIT = 3


def with_retry(
    retries_limit: int = _DEFAULT_RETRIES_LIMIT,
    allowed_exceptions: Optional[Sequence[Exception]] = None,
):
    allowed_exceptions = allowed_exceptions or (ControlledException,) # type:
ignore

    def retry(operation):
        @wraps(operation)
        def wrapped(*args, **kwargs):
            last_raised = None
            for _ in range(retries_limit):
                try:
                    return operation(*args, **kwargs)
                except allowed_exceptions as e:
                    logger.warning(
                        "%s 재시도, 원인: %s",
```

```
                    operation.__qualname__, e
                )
                last_raised = e
            raise last_raised

        return wrapped

    return retry
```

다음은 이 데코레이터를 함수에 적용한 예이다.

```python
# decorator_parametrized_1.py
@with_retry()
def run_operation(task):
    return task.run()


@with_retry(retries_limit=5)
def run_with_custom_retries_limit(task):
    return task.run()


@with_retry(allowed_exceptions=(AttributeError,))
def run_with_custom_exceptions(task):
    return task.run()


@with_retry(
    retries_limit=4, allowed_exceptions=(ZeroDivisionError, AttributeError)
)
def run_with_custom_parameters(task):
    return task.run()
```

파라미터를 갖는 데코레이터를 구현하려고 할 때 이와 같이 중첩 함수를 사용하여 구현하는 방법을 가장 먼저 생각해볼 수 있다. 이 방법은 대부분의 경우에 잘 작동하지만, 이미 확인한 것처럼 새로운 함수가 추가될 때마다 들여쓰기가 추가되어 너무 많은 중첩 함수가 필요할 수 있다. 또한 함수는 상태를 저장하지 않기 때문에 객체가 하는 것처럼 내부 데이터를 관리하기가 어렵다.

다음 섹션에서는 중첩 함수를 대신하여 객체를 사용해서 데코레이터를 구현하는 방법에 대해서 알아본다.

❑ 데코레이터 객체

앞의 예제에서는 세 단계의 중첩된 함수가 필요하다. 첫 번째는 데코레이터의 파라미터를 받는 함수이다. 함수 내부의 다른 함수는 이렇게 전달된 파라미터를 로직에서 사용하는 클로저이다.

이것을 보다 깔끔하게 구현하기 위해 클래스를 사용하여 데코레이터를 정의할 수 있다. 이 경우 __init__ 메서드에 파라미터를 전달한 다음 __call__ 이라는 매직 메서드에서 데코레이터의 로직을 구현하면 된다. 데코레이터 객체는 다음과 같다.

```python
_DEFAULT_RETRIES_LIMIT = 3
class WithRetry:
    def __init__(
        self,
        retries_limit: int = _DEFAULT_RETRIES_LIMIT,
        allowed_exceptions: Optional[Sequence[Exception]] = None,
    ) -> None:
        self.retries_limit = retries_limit
        self.allowed_exceptions = allowed_exceptions or
        (ControlledException,)

    def __call__(self, operation):
        @wraps(operation)
        def wrapped(*args, **kwargs):
            last_raised = None

            for _ in range(self.retries_limit):
                try:
                    return operation(*args, **kwargs)
                except self.allowed_exceptions as e:
                    logger.warning(
                        "%s 재시도, 원인: %s",
                        operation.__qualname__, e
                    )
                    last_raised = e
            raise last_raised

        return wrapped
```

사용 방법은 이전과 거의 유사하다.

```
@WithRetry(retries_limit=5)
def run_with_custom_retries_limit(task):
    return task.run()
```

여기서 파이썬 구문이 어떻게 처리되는지 이해하는 것이 중요하다. 먼저 @ 연산 전에 전달된 파라미터를 사용해 데코레이터 객체를 생성한다. 데코레이터 객체는 __init__ 메서드에서 정해진 로직에 따라 초기화를 진행한다. 그 다음 @ 연산이 호출된다. 데코레이터 객체는 run_with_custom_retries_limit 함수를 래핑하여 __call__ 매직 메서드를 호출한다.

__call__ 매직 메서드는 앞의 데코레이터에서 하던 것처럼 원본 함수를 래핑하여 우리가 원하는 로직이 적용된 새로운 함수를 반환한다.

기본값을 가진 데코레이터

이전 예에서 파라미터를 가진 데코레이터를 살펴보았는데 파라미터에 기본값이 있었다. 여기서 기본값을 제공하는 이유는 사용자가 깜박 잊고 파라미터를 전달하지 않더라도 동작하도록 하기 위해서이다.

예를 들어 기본값을 사용하려면 다음과 같이 호출하면 된다(괄호가 있다).

```
@retry()
def my function(): ...
```

그러나 다음과 같이 호출하면 동작하지 않는다(괄호가 없음).

```
@retry
def my function(): ...
```

지금쯤 어떤 차이가 있는지 궁금해할 수 있다. (역주: 괄호가 없는 경우는 첫 번째 파라미터로 함수가 전달되지만, 괄호가 있는 경우는 첫 번째 파라미터로 None이 전달된다. 바로 이어서 소개되는 decorator 예제에서 둘의 차이를 확인할 수 있다.) 그러나 문서를 보면 첫 번째 방식이 올바른 방식이라는 것을 확인할 수 있다. 두 번째 방식으로 호출 시 에러가 발생하기 때문에 주의해서 사용해야 한다.

물론 데코레이터 파라미터에 기본값이 없는 경우 두 번째 구문은 한 눈에 보아도 문제가 있기 때문에 훨씬 간단하게 이해할 수 있다.

또는 데코레이터가 두 가지 경우 모두 지원하게 할 수도 있다. 예상한 것처럼 두 가지 방식을 모두 지원하려면 추가적인 작업이 필요하므로 꼭 필요한 것인지 잘 판단해보아야 한다.

그럼 두 가지 방식을 모두 지원하려면 어떻게 해야 하는지 예제를 통해 살펴보자. 다음 예제에서 원본 함수는 x와 y 두 개의 파라미터를 사용하며, 데코레이터도 동일한 파라미터를 가지고 있다. 그리고 함수에는 아무런 파라미터를 넘기지 않고, 대신에 데코레이터에서 넘긴 파라미터를 사용해보자.

```
@decorator(x=3, y=4)
def my_function(x, y):
    return x + y
my_function() # 7
```

위에서 본 것처럼 데코레이터에 기본값이 있기 때문에 함수의 인자가 없이도 호출할 수 있다. 이제 데코레이터 선언 시 괄호가 없는 경우도 처리를 해보자.

가장 간단한 방법은 조건문으로 function이 None인지에 따라 분기하는 방법이다.

```
def decorator(function=None, *, x=DEFAULT_X, y=DEFAULT_Y):
    if function is None:
        # `@decorator(...)` 형태로 괄호를 사용해서 호출한 경우
        def decorated(function):
            @wraps(function)
            def wrapped():
                return function(x, y)
            return wrapped
        return decorated
    else:
        # `@decorator` 형태로 괄호가 없이 호출한 경우
        @wraps(function)
        def wrapped():
            return function(x, y)

        return wrapped
```

데코레이터의 서명을 주의 깊게 살펴보자. 여기서 파라미터는 키워드 전용이다. 이렇게 함으로써 데코레이터의 서명이 간단해졌다. 왜냐하면 이렇게 하면 괄호를 사용하여 x, y를 전달하는 경우 function 파라미터의 값은 None이 될 것이기 때문이다(위치 기반으로 파라미터를 넘기면 첫 번째 인자가 무엇인지 헷갈릴 것이다). 만약에 좀 더 기능을 추가하자면 None(또는 어떤 센티널 값이든)(역주: 센티널 값(sentinel value)은 고유한 자리 표시자(placeholder) 값으로서 파라미터의 초기값 등에 유용하게 쓰인다. flag value, signal value, dummy data라고도 불리운다.)을 사용하는 대신에, 첫번째 파라미터의 타입이 함수인지를 확인하여 파라미터의 위치를 조절할 수도 있겠지만 데코레이터가 더욱 복잡해진다.

다음 대안은 래핑된(wrapped) 데코레이터의 일부를 추상화한 다음 (functools.partial를 사용해) 함수의 일부분에 적용하는 것이다. 이를 위해 중간 상태를 취하고 lambda 함수를 사용할 것이다. 다음 코드에서 데코레이터의 인자가 어떻게 이동(shift)하는지 살펴보자.

```
def decorator(function=None, *, x=DEFAULT_X, y=DEFAULT_Y):
    if function is None:
        return lambda f: decorator(f, x=x, y=y)

    @wraps(function)
    def wrapped():
        return function(x, y)

    return wrapped
```

이것은 wrapped 함수를 정의하고 데코레이팅한다는 점에서 이전 예제와 유사하다. 만약 함수가 제공되지 않으면 함수를 인자로 받아서 나머지 파라미터와 함께 재귀적으로 decorator를 다시 호출하는 lambda 함수를 반환한다. 이렇게 하면 두 번째 재귀 호출에서는 function 파라미터의 값이 존재하고 일반적인 데코레이터 함수(위 예제에서는 def wrapped 부분의 코드)가 반환된다.

여기서 lambda 부분은 다음과 같이 수정할 수 있다.

```
    return partial(decorator, x=x, y=y)
```

이렇게 하는 것이 너무 복잡하다면 항상 필수 값을 값을 받도록 결정할 수도 있다.

어떻게 하든 데코레이터의 파라미터는 (기본값을 가지고 있는지에 관계없이) 키워드 전용으로 하는 것이 좋다. 왜냐하면 데코레이터를 적용할 때 각 값이 하는 일에 대한 컨텍스트 정보가 많지 않고, 위치 파라미터를 사용하면 변수의 의미를 명확히 알 수 없으므로, 보다 많은 정보를 담고 있는 키워드 파라미터를 사용하는 것이 좋다.

 TIP 파라미터를 가진 데코레이터를 정의할 때는 키워드 전용 파라미터를 사용하도록 하자.

비슷한 원리로 데코레이터에서 파라미터를 사용하지 않을 것이라면 2장, "파이썬스러운 코드"에서 배운 구문을 사용하여 명시할 수도 있다. 예를 들면 다음과 같이 데코레이터가 단일 위치 전용 파라미터를 갖도록 정의하면 된다.

```
def retry(operation, /): ...
```

그러나 이것은 엄격하게 권장되는 것은 아니며 데코레이터의 호출 방식을 명시적으로 표현하기 위한 방법이다.

코루틴(coroutine)을 위한 데코레이터

서문에서 소개한 것처럼 파이썬에서는 거의 모든 것이 객체이기 때문에 거의 모든 것을 데코레이터로 꾸밀 수 있으며 코루틴도 마찬가지이다.

그러나 여기에는 주의 사항이 있다. 즉, 이전 장에서 설명했듯이 파이썬의 비동기 프로그래밍 구문은 몇 가지 차이점이 있다. 데코레이터에도 몇 가지 구문 차이가 있다.

간단하게 생각하면 코루틴에 대한 데코레이터를 작성하려면 새로운 구문을 사용하면 된다(래핑할 객체는 def가 아니라 async def로 선언해야 하고, 래핑된 코루틴은 await해야 한다는 것을 기억하자).

문제는 우리가 만든 데코레이터를 함수와 코루틴 모두에 적용하고 싶은 경우이다. 어쩌면 각각을 따로 지원하는 두 개의 데코레이터를 만드는 것이 가장 좋은 방법일 수 있다. 그러나 사용자에게 보다 간단한 인터페이스를 제공하려면 내부적으로 어떤 데코레이터를 사용해야 하는지 분기해주는 디스패처(dispatcher) 래퍼(wrapper)를 만들 수 있다. 마치 데코레이터를 위한 파사드(façade)를 만드는 것과 같다.

함수와 코루틴을 모두 지원하는 데코레이터를 만드는 것이 얼마나 어려운지에 대한 일반적인 결론은 없다. 왜냐하면 데코레이터 자체의 로직에 따라 달라지기 때문이다. 예를 들어, 다음 코드는 사용자가 입력한 파라미터를 무시하고 고정된 값을 사용하기 때문에 일반 함수와 코루틴 모두에 대해서 잘 동작한다.

```python
X, Y = 1, 2

def decorator(callable):
    """고정된 X와 Y 값으로 <callable> 호출"""

    @wraps(callable)
    def wrapped():
        return callable(X, Y)
    return wrapped

@decorator
def func(x, y):
    return x + y

@decorator
async def coro(x, y):
    return x + y
```

하지만 코루틴에 대해 한 가지 주의할 것이 있다. 데코레이터는 호출 가능한(callable) 인자를 받아서 파라미터와 함께 그것을 호출하는데, 코루틴을 받았을 경우에도 await 없이 호출한다는 점이다. 이렇게 하면 코루틴 객체(이벤트 루프에 전달할 작업)가 생성되지만 작업이 끝날 때까지 기다리지는 않는다. 즉, 나중에 await coro()를 호출하는 곳에서 결과를 알 수 있다. 즉, 지금은 전달받은 코루틴을 다른 코루틴으로 변경할 필요가 없어서 문제가 없었지만 일반적으로는 전달받은 코루틴에 대한 처리를 하는 것을 권장한다.

하지만 이것 역시 우리가 실제로 필요한 요건에 따라 달라질 수 있다. 만약 timing 함수를 만든다고 하면 코루틴을 전달받은 경우 실행된 시간을 측정하기 위해 해당 객체가 종료될 때까지 await 해야 한다. 즉, 래핑하는 객체 또한 코루틴이어야 한다.

다음 코드는 데코레이터의 파라미터 형태에 따라서 어떻게 호출 방식을 결정하는지 보여준다.

```python
import inspect

def timing(callable):
    @wraps(callable)
```

```
        def wrapped(*args, **kwargs):
            start = time.time()
            result = callable(*args, **kwargs)
            latency = time.time() - start
            return {"latency": latency, "result": result}

        @wraps(callable)
        async def wrapped_coro(*args, **kwargs):
            start = time.time()
            result = await callable(*args, **kwargs)
            latency = time.time() - start
            return {"latency": latency, "result": result}
        if inspect.iscoroutinefunction(callable):
            return wrapped_coro

    return wrapped
```

두 번째 래퍼는 코루틴을 위해 필요하다. 만약 이 부분이 없다면 두 가지 문제가 발생한다. 첫째, (await 없이) 코루틴을 호출하면 실제로는 작업이 끝나길 기다린 것이 아니므로 정확한 결과가 아니다. 그리고 더 나쁜 것은 반환하는 사전에서 result 키에 대한 값은 실제 결과 값이 아니라 코루틴이라는 것이다. 결과적으로 나중에 await 없이 result 키에 대한 값을 사용하려고 하면 에러가 발생한다.

 일반적으로 데코레이터에서 받은 꾸며진 객체(decorated object)는 같은 종류의 객체로 교체해야 한다. 즉, 함수를 받았다면 함수로, 코루틴을 받았다면 코루틴으로 교체한다.

마지막으로 파이썬에 추가된 최근의 개선 사항에 대해 알아보자. 이는 구문 상의 일부 제약 사항을 해결해준다.

데코레이터를 위한 확장 구문

파이썬 3.9의 PEP-614(https://www.python.org/dev/peps/pep-0614/)에서 보다 일반화된 문법을 지원하는 새로운 데코레이터 문법이 추가되었다. 이전에는 @를 사용할 수 있는 범위가 제한적이어서 모든 함수 표현식(expression)에 적용할 수 없었다.

이제 이러한 제약이 해제되어 보다 복잡한 표현식을 데코레이터에 사용할 수 있게 되었다. 덕분에 코드 라인을 줄일 수 있게 되었으나, 언제나 그렇든 너무 복잡한 기능을 축약하여 가독성을 떨어뜨리지 않도록 주의하자.

예를 들어, 함수에서 호출된 파라미터의 로그를 남기는 데코레이터를 만든다고 가정해보자. 이런 경우 내부 함수의 정의를 데코레이터 호출 시 두 개의 람다(lambda) 표현식으로 대체할 수 있다.

```
def _log(f, *args, **kwargs):
    print(f"함수 이름: {f.__qualname__!r}, 파라미터: {args=} 와 {kwargs=}")
    return f(*args, **kwargs)

@(lambda f: lambda *args, **kwargs: _log(f, *args, **kwargs))
def func(x):
    return x + 1
```

```
>>> func(3)
함수 이름: 'func', 파라미터: args=(3,) 와 kwargs={}
```

PEP 문서에서는 이 기능이 유용하게 쓰일 수 있는 몇 가지 경우를 소개하고 있다. 예를 들면 다른 표현식을 평가(eval)하기 위해 no-op 함수(역주: no-op 함수: no-operation 함수. 특별한 작업을 하지 않지만 명시적으로 아무 작업을 하지 않는다고 표현하거나 다른 문장을 실행하는 등의 용도로 사용됨)를 단순화한다거나 eval 함수를 호출하지 않도록 할 수 있다. (역주: PEP-614 웹 페이지에 기존의 문법을 지키기 위해 사용되던 hack(정식 가이드라인은 아니지만 어떤 문제를 쉽게 해결하도록 도와주는 임시 방편의 코드) 코드와 그것을 새로운 문법으로 단순화한 뒤의 코드를 비교하는 예제가 있다.)

이 기능에 대해서 이 책에서 권장하는 것은 가독성을 해치지 않는 범위 내에서 최대한 간결한 문장을 선택하자는 것이다. 데코레이터 표현을 읽기 어렵다면 두 개 이상의 함수로 나눠서 알기 쉽게 분리하도록 하자.

데코레이터 활용 우수 사례

이 섹션에서는 데코레이터 활용의 우수 사례를 살펴본다. 일반적으로 데코레이터가 좋은 선택이 될 수 있는 경우들이다.

데코레이터가 사용되는 예제는 수 없이 많이 있지만 가장 관련성이 높은 몇 가지만 소개한다.

- **파라미터 변환** : 파라미터가 어떻게 처리되는지 세부사항을 숨기면서 함수의 서명을 변경하는 경우에 사용한다. 명확한 의도를 가지고 사용할 경우에만 유용하기 때문에 주의해서 사용해야 한다. 다시 말해 기존의 다소 복잡한 함수에 대해 데코레이터를 사용해서 명시적으로 좋은 서명을 제공하는 경우라면 클린 코드를 달성하기 위한 좋은 방법이다. 반면에 데코레이터를 잘못 사용해 함수의 서명이 실수로 변경된 경우는 피해야만 하는 상황이다. 이 장의 끝 부분에서 이를 어떻게 보완할 수 있는지 논의한다.

- **코드 추적** : 파라미터와 함께 함수의 실행 경로를 로깅하려는 경우. 어쩌면 이미 여러 함수에서 제공하는 추적(tracing) 기능에 익숙할지도 모른다. 이 기능은 종종 데코레이터 방식으로 제공된다. 이것은 기존 코드를 건드리지 않고 외부의 기능을 통합할 수 있는 강력한 추상화이자 좋은 인터페이스이다. 관련 기능들은 나만의 로깅/추적 기능을 데코레이터로 구현하는 데 참고가 될 수 있다.

- **파라미터 유효성 검사** : 데코레이터는 파라미터의 값이나 데이터 타입이 유효한지 투명하게 검사하는 데 사용될 수 있다. 데코레이터를 사용하면 계약에 의한 디자인을 따르면서 추상화의 전제조건을 강요하도록 할 수 있다.

- **재시도 로직 구현** : 이전 섹션에서 살펴본 것과 같은 방법으로 구현이 가능하다.

- **일부 반복 작업을 데코레이터로 이동하여 클래스 단순화** : 이는 DRY 원칙과 관련이 있으며, 이번 장의 끝에서 다시 다룰 것이다.

다음 섹션에서는 이러한 주제 중 일부에 대해 더 자세히 설명한다.

함수 서명 변경

객체 지향 설계에서는 때때로 상호 작용해야 하는 객체 간의 다른 인터페이스를 가지는 경우가 있다. 이 문제에 대한 해결책은 어댑터 디자인 패턴으로, 7장, "제너레이터, 이터레이터 및 비동기 프로그래밍"에서 주요 디자인 패턴에 대해서 논의할 때 자세히 살펴볼 것이다.

이 섹션에서는 그와 유사한 방법으로 객체가 아닌 함수에 대해서 변경한다.

레거시 코드에 복잡한 서명(많은 파라미터, 보일러플레이트 코드 등)으로 정의된 함수가 많이 있다고 해보자. 많은 함수를 변경한다는 것은 대규모 리팩토링을 의미하므로 이러한 함수와 상호 작용할 수 있는 더 깨끗한 인터페이스가 있다면 좋을 것이다.

데코레이터를 사용하여 변경 사항을 최소화할 수 있다. 만약에 프레임워크에 이러한 내용을 염두에 두었다면 기존 코드와 통신할 때 데코레이터를 어댑터로 사용할 수 있다.

프레임워크에서 다음과 같은 함수를 호출하는 경우를 상상해보자.

```python
def resolver_function(root, args, context, info): ...
```

이제 이 함수를 여러 곳에서 사용하고 있어서, 모든 파라미터의 처리 부분을 캡슐화하고 우리 애플리케이션에 알맞은 동작으로 변환하는 추상화를 하는 것이 좋겠다고 결정을 내린 상황이다.

실제 코드를 살펴보면 첫 번째 줄에서 동일한 객체를 반복해서 생성하는 보일러플레이트 코드가 있고, 나머지 코드는 오직 이러한 도메인 객체와 교류하고 있다.

```python
def resolver_function(root, args, context, info):
    helper = DomainObject(root, args, context, info)
    ...
    helper.process()
```

이 예제에서는 데코레이터에서 함수의 서명을 변경하여 해당 도메인 객체가 직접 전달되는 것처럼 할 수 있다. (위 코드에서 보면 helper 객체가 직접 전달되는 것처럼 가정할 수 있다.) 이 경우 데코페이터는 원래의 파라미터를 가로채서 도메인 객체를 만들고, 데코레이팅된 함수에 helper 객체를 전달하고 있다. 이제 원래의 함수는 이미 초기화된 helper 객체를 가진 것처럼 서명을 변경할 수 있다.

다음과 같은 형태로 변경 가능하다.

```python
@DomainArgs
def resolver_function(helper):
    helper.process()
    ...
```

이러한 원리는 반대 방향으로도 잘 동작한다. 예를 들어 기존의 레거시 코드가 객체를 받아서 많은 파라미터로 분해하여 사용하고 있다면, 기존 코드를 모두 리팩토링하는 것보다는 데코레이터를 중간 레이어로서 사용하는 것이 좋은 선택일 수 있다.

이러한 작업의 주요 아이디어는 데코레이터를 사용해서 함수를 더 간단하고 간결한 서명을 갖도록 하자는 것이다.

파라미터 유효성 검사

전에 언급한 것처럼 데코레이터를 사용하여 파라미터의의 유효성을 검사할 수 있다. 심지어 DbC(Design by Contract)의 원칙에 따라 사전조건 또는 사후조건을 강제할 수도 있다. 따라서 일반적으로 파라미터를 다룰 때 데코레이터를 많이 사용하게 된다.

특히 유사한 객체를 반복적으로 생성하거나 추상화를 위해 유사한 변형을 반복하는 경우가 있다. 이런 경우 단순히 데코레이터를 만들어 사용하면 이 작업을 쉽게 처리할 수 있다.

코드 추적

이 섹션에서 말하는 **추적(tracing)**이란 다음과 같은 시나리오에서 사용하려는 것으로 모니터링하고자 하는 함수의 실행과 관련한 것이다.

- 함수의 실행 경로 추적(예를 들어 실행 함수 로깅)
- 함수 지표 모니터링(예를 들어 CPU 사용률이나 메모리 사용량 등)
- 함수의 실행 시간 측정
- 언제 함수가 실행되고 전달된 파라미터는 무엇인지 로깅

다음 섹션에서는 함수의 이름과 실행 시간을 포함해 함수의 실행 정보를 로깅하는 데코레이터 예제를 살펴본다.

데코레이터의 활용 - 흔한 실수 피하기

파이썬 데코레이터는 훌륭한 기능이지만 잘못 사용했을 경우 발생하는 문제에 있어서는 예외가

아니다. 이 섹션에서는 효과적인 데코레이터를 만들기 위해 피해야 할 몇 가지 공통된 사항을 살펴본다.

래핑된 원본 객체의 데이터 보존

데코레이터를 함수에 적용할 때 가장 많이 실수하는 것 중에 하나는 원본 함수의 일부 프로퍼티나 또는 속성을 유지하지 않아 원하지 않는 부작용을 유발한다는 것이다.

이를 설명하기 위해 함수가 실행될 때 로그를 남기는 데코레이터를 사용한다.

```python
# decorator_wraps_1.py

def trace_decorator(function):
    def wrapped(*args, **kwargs):
        logger.info("%s 실행", function.__qualname__)
        return function(*args, **kwargs)
    return wrapped
```

위의 데코레이터를 사용한 함수가 있다고 가정해보자. 처음에는 원본 함수의 정의와 비교해 함수가 전혀 수정되지 않은 것처럼 보일 것이다.

```python
@trace_decorator
def process_account(account_id: str):
    """id별 계정 처리"""
    logger.info("%s 계정 처리", account_id)

    ...
```

그러나 어쩌면 변화가 있을 수 있다.

원래 데코레이터는 기존 함수의 어떤 것도 변경하지 않아야 하지만 이번 코드는 어떤 결함으로 인해 함수명과 docstring을 변경해버렸다.

이 함수의 help를 확인해보자.

```
>>> help(process_account)
Help on function wrapped in module decorator_wraps_1:

wrapped(*args, **kwargs)
```

그리고 어떻게 호출되는지 확인해보자.

```
>>> process_account.__qualname__
'trace_decorator.<locals>.wrapped'
```

뿐만 아니라, 원래 함수의 어노테이션 정보도 없어졌다.

```
>>> process_account.__annotations__
{}
```

데코레이터가 원본 함수를 wrapped라 불리우는 새로운 함수로 변경해버렸기 때문에 원본 함수의 속성이 아닌 새로운 함수의 속성을 출력하고 있다.

만약 이 데코레이터를 다른 이름의 함수에 적용하더라도 결국은 wrapped라는 이름만 출력할 것이다. 이렇게 되면 개별 함수에 대해서 로깅을 하거나 다른 속성을 활용하고 싶을 때에도 원래의 함수를 알 수 없으므로 디버깅이 어려워지는 문제가 있다.

또 다른 문제는 (docstring 또한 wrapped 함수의 docstring으로 덮어씌워졌기 때문에) docstring에 테스트 코드를 작성한 경우 기존 테스트 정보는 없어진다는 점이다. 결과적으로 1장 "소개, 코드 포매팅과 도구"에서 살펴본 것처럼 doctest 모듈로 코드를 호출해도 docstring의 테스트가 호출되지 않는다. (역주 : doctest는 docstring 안에 파이썬 세션 형태의 텍스트를 검색하여 해당 세션과 같은 결과가 나오는지 비교해주는 테스트 모듈이다.)

이것을 수정하는 것은 간단하다. 래핑된 함수, 즉 wrapped 함수에 @wraps 데코레이터를 적용하여 실제로는 function 파라미터 함수를 래핑한 것이라고 알려주는 것이다.

```
# decorator_wraps_2.py
def trace_decorator(function):
    @wraps(function)
    def wrapped(*args, **kwargs):
        logger.info("running %s", function.__qualname__)
        return function(*args, **kwargs)

    return wrapped
```

이제 몇가지 속성을 확인하면 원했던 결과가 출력되는 것을 볼 수 있다. help 함수부터 확인해보자.

```
>>> from decorator_wraps_2 import process_account
>>> help(process_account)
Help on function process_account in module decorator_wraps_2:

process_account(account_id)
    Process an account by Id.
```

이제 __qualname__ (역주: 파이썬 객체에는 미리 정의된 특별한 속성들이 있는데 그 중에 하나이다. __name__ 속성은 함수의 이름을 반환하지만, PEP3155 파이썬 3.3에 추가된 __qualname__ 속성은 클래스의 정규화된 이름(fully qualified name)을 반환한다. A라는 클래스 안에 myfunc라는 메서드가 있는 경우 __name__은 myfunc이지만, __qualname__은 A.myfunc이어서 보다 자세한 정보를 얻을 수 있다.)이 올바르게 출력되는지 확인해보자.

```
>>> process_account.__qualname__
'process_account'
```

그러나 가장 중요한 것은 docstring에 포함된 단위 테스트 기능이 복구되었다는 것이다! 또한 wraps 데코레이터를 사용함으로써 __wrapped__ 속성을 통해 원본 함수에서 접근할 수 있게 되었다. (역주: __wrapped__ 은 원본 함수를 가리키는 속성인데 @wraps를 사용해야 속성이 추가된다.) 또한 상용 환경에서 사용하면 안 되겠지만, 단위 테스트에서 수정하지 않은 원본 함수의 기능을 점검할 때에도 유용하게 사용할 수 있게 되었다. 일반적으로 다음과 같은 템플릿에 맞추어 functools.wraps를 추가하면 된다.

```
def decorator(original_function):
    @wraps(original_function)
    def decorated_function(*args, **kwargs):
        # 데코레이터에 의한 수정 작업 ...
        return original_function(*args, **kwargs)

    return decorated_function
```

 데코레이터를 만들 때는 앞의 예제에서와 같이 항상 래핑된 함수 위에 functools.wraps를 사용한다.

데코레이터 부작용 처리

이번 섹션에서는 데코레이터 함수 구현 시 부작용이 발생하지 않도록 하는 방법에 대해서 알아볼 것이다. (일부러) 이런 부작용을 활용하는 경우도 있지만, 어떻게 하는 것이 좋을지 고민이 된다면 앞으로 설명할 이유로 인해 부작용이 발생하지 않도록 하는 것이 좋다. 데코레이터 함수를 구현할 때 지켜야할 단 하나의 조건은 구현 함수 가장 안쪽에 위치해야 한다는 것이다. 그렇게 하지 않으면 임포팅과 관련된 문제가 발생할 수 있다. 그럼에도 불구하고 때로는 이러한 부작용이 필요한(심지어 바람직한) 경우도 있고, 반대의 경우도 있다.

이러한 두 가지 예제를 모두 살펴볼 것이다. 확실하지 않다면 래핑된 함수가 호출되기 직전까지 부작용을 최대한 지연하도록 주의해야 한다.

다음으로 래핑된 함수 바깥에 추가 로직을 구현하는 것이 왜 좋지 않은지 살펴볼 것이다.

❏ 데코레이터 부작용의 잘못된 처리

함수의 실행과 실행 시간을 로깅하는 데코레이터를 생각해보자.

```python
def traced_function_wrong(function):
    logger.info("%s 함수 실행", function)
    start_time = time.time()

    @wraps(function)
    def wrapped(*args, **kwargs):
        result = function(*args, **kwargs)
        logger.info(
            "함수 %s의 실행시간: %.2fs", function, time.time() - start_time
        )
        return result

    return wrapped
```

위 데코레이터를 일반적인 함수에 적용하면 문제 없이 동작할 것이라고 생각할 수 있다.

```python
@traced_function_wrong
def process_with_delay(callback, delay=0):
    time.sleep(delay)
    return callback()
```

그러나 이 데코레이터는 미묘하지만 중요한 버그가 하나 있다.

먼저 함수를 import 하고, 함수를 여러 번 호출하면 어떻게 되는지 살펴보자.

```
>>> from decorator_side_effects_1 import process_with_delay
INFO:<function process_with_delay at 0x...> 함수 실행
```

함수를 import만 했을 뿐인데 데코레이터 함수가 실행되고 있다. 뭔가 잘못되고 있음을 알 수 있다. 실제 함수를 호출하지는 않았으므로 로그가 남지 않아야 한다.

이제 함수를 실행하고 실행하는 데 걸리는 시간을 확인하면 어떻게 될까? 같은 함수를 여러 번 호출했으므로 비슷한 수행시간이 출력될 것으로 기대하고 있다.

```
>>> main()
...
INFO:함수 <function process_with_delay at 0x>의 실행시간: 8.67s

>>> main()
...
INFO:함수 <function process_with_delay at 0x>의 실행시간: 13.39s

>>> main()
...
INFO:함수 <function process_with_delay at 0x>의 실행시간: 17.01s
```

동일한 기능인데 실행할 때마다 오래 걸린다! 이 지점에서 이미 명백한 문제가 있음을 알 수 있을 것이다.

데코레이터의 문법을 떠올려 보자. @traced_function_wrong은 실제로 다음을 의미한다.

```
process_with_delay = traced_function_wrong(process_with_delay)
```

이 문장은 모듈을 import 할 때 실행된다. 따라서 함수에 설정된 start_time은 모듈을 처음 import 할 때의 시간이 된다. 함수를 연속적으로 호출하면 함수의 실행시간으로 최초 시작 시점과의 시간차를 계산한다. 이 값은 함수가 실제로 호출된 순간부터 계산하지 않았기 때문에 잘못된 값이다.

다행히도 이것을 수정하는 것은 매우 간단하다. 실행을 지연시키기 위해 래핑된 함수 내부로 코

드를 이동하기만 하면 된다.

```python
def traced_function(function):
    @wraps(function)
    def wrapped(*args, **kwargs):
        logger.info("%s 함수 실행", function.__qualname__)
        start_time = time.time()
        result = function(*args, **kwargs)
        logger.info(
            "함수 %s의 실행시간: %.2fs",
            function.__qualname__,
            time.time() - start_time
        )
        return result
    return wrapped
```

이제 앞서 발생한 문제가 해결되었다.

데코레이터의 동작이 기대와 다른 경우 결과는 훨씬 더 비참할 수 있다. 예를 들어 이벤트 발생 시 로그를 남기고 외부 서비스로 전송하려는 경우 import 전에 어디로 보낼지 적절한 설정을 하지 않으면 전송에 실패하게 된다. 데코레이팅 사용 전에 설정을 했다는 것을 보장할 수는 없다. 설사 보장할 수 있다고 해도 데코레이터의 설정을 사용자 측에서 하는 것은 좋은 습관이 아니다. 데코레이터에서 파일을 읽는 중 또는 설정 파일을 파싱하는 중에 발생하는 다른 부작용에 대해서도 마찬가지이다.

❏ 데코레이터 부작용의 활용

때로는 이러한 부작용을 의도적으로 사용하여 실제 실행이 가능한 시점까지 기다리지 않는 경우도 있다.

데코레이터의 부작용을 활용하는 대표적인 예로 모듈의 공용 레지스트리에 객체를 등록하는 경우가 있다.

예를 들어 이전 이벤트 시스템에서 일부 이벤트만 사용하려는 경우를 살펴보자. 이런 경우 이벤트 계층 구조의 중간에 가상의 클래스를 만들고 일부 파생 클래스에 대해서만 이벤트를 처리하도록 할 수 있다.

각 클래스마다 처리 여부를 플래그(flag)로 표시하는 대신 데코레이터를 사용해 명시적으로 레지스트리에 등록할 수 있다.

여러 이벤트 정보가 있는데 사용자의 활동과 관련된 이벤트만 처리할 예정이라고 해보자. 여기서는 UserLoginEvent와 UserLogoutEvent만 처리한다.

```python
EVENTS_REGISTRY = {}


def register_event(event_cls):
    """모듈에서 접근 가능하도록 이벤트 클래스를 레지스트리에 등록"""
    EVENTS_REGISTRY[event_cls.__name__] = event_cls
    return event_cls


class Event:
    """기본 이벤트 객체"""


class UserEvent:
    TYPE = "user"


@register_event
class UserLoginEvent(UserEvent):
    """사용자가 시스템에 접근했을 때 발생하는 이벤트"""


@register_event
class UserLogoutEvent(UserEvent):
    """사용자가 시스템에서 나갈 때 발생하는 이벤트"""
```

위의 코드를 살펴보면 처음에 EVENTS_REGISTRY는 비어 있는 것처럼 보이지만 이 모듈의 일부를 import 하면 register_event 데코레이터로 지정한 클래스로 채워지게 된다.

```python
>>> from decorator_side_effects_2 import EVENTS_REGISTRY
>>> EVENTS_REGISTRY
{'UserLoginEvent': decorator_side_effects_2.UserLoginEvent,
 'UserLogoutEvent': decorator_side_effects_2.UserLogoutEvent}
```

위 코드만 봐서는 이해하기 어렵고 오해할 수 있다. 왜냐하면 EVENTS_REGISTRY는 런타임 중에 모듈을 import한 직후에야 최종 값을 가지므로 코드만 봐서는 어떤 값이 될지 쉽게 예측하기 어렵다.

이런 동작 방식이 문제가 되는 경우도 있지만 어떤 경우에는 이 패턴이 필요한 경우가 있다. 사실 많은 웹 프레임워크나 널리 알려진 라이브러리들은 이 원리로 객체를 노출하거나 활용하고 있다. 즉, 이와 유사한 기능을 구현하려고 한다면 먼저 이러한 위험에 대해 정확히 인지하고 있어야 한다. 대부분의 경우 다른 방법을 사용하는 것을 권장한다.

이 예제에서는 데코레이터가 래핑된 객체나 동작 방식을 변경하지 않고 원본 함수를 그대로 반환한 것도 사실이다. 그러나 여기서 중요한 점은 래핑된 객체를 일부 수정하거나 래핑된 객체를 수정하는 또다른 내부 함수를 정의했다면, 결과 객체를 외부에 노출하는 코드가 있어야 한다는 점이다.

"외부"라는 단어에 주목하자. 이전까지는 꼭 필요한 개념이 아니었지만 이제 결과 객체가 같은 클로저에 있지 않고 외부 스코프에 있으며 그렇기 때문에 이제 런타임까지 지연되지 않고 바로 실행이 된다.

어느 곳에서나 동작하는 데코레이터 만들기

데코레이터는 여러 시나리오에 적용될 수 있다. 예를 들어 같은 데코레이터를 함수나 클래스, 메서드 또는 정적 메서드 등 여러 곳에 재사용하려는 경우이다.

보통 데코레이터를 만들면 장식하고 싶은 첫 번째 유형의 객체만을 지원하려고 생각하게 된다. 그러나 같은 데코레이터를 다른 유형에 적용하려고 하면 오류가 발생한다는 것을 알 수 있다. 전형적인 예로 함수에 사용될 데코레이터를 클래스의 메서드에 적용하려는 경우이다. 메서드에 대한 데코레이터를 디자인한 다음 유사한 메서드 또는 클래스 메서드에도 적용하려는 경우에도 마찬가지이다.

데코레이터를 만들 때는 일반적으로 재사용을 고려하여 함수뿐 아니라 메서드에서도 동작하길 바란다.

*args와 **kwargs 서명을 사용하여 데코레이터를 정의하면 모든 경우에 사용할 수 있다. 그러나 다음 두 가지 이유로 원래 함수의 서명과 비슷하게 데코레이터를 정의하는 것이 좋을 때가 있다.

- 원래의 함수와 모양이 비슷하기 때문에 읽기가 쉽다.
- 파라미터를 받아서 뭔가를 하려면 *args와 **kwargs를 사용하는 것이 불편하다.

파라미터를 받아서 특정 객체를 생성하는 경우가 많다고 생각해보자. 예를 들어 문자열을 받아서 드라이버 객체를 초기화하는 경우이다. 이런 경우 파라미터를 변환해주는 데코레이터를 만들어 중복을 제거할 수 있다.

다음 예제에서 DBDriver 객체는 연결 문자열을 받아서 데이터베이스에 연결하고 DB 연산을 수행하는 객체이다. 메서드는 DB 정보 문자열을 받아서 DBDriver 인스턴스를 생성한다. 데코레이터는 이러한 변환을 자동화하여 문자열을 받아 DBDriver를 생성하고 함수에 전달한다. 따라서 마치 객체를 직접 받은 것처럼 가정할 수 있다.

다음은 이 함수를 사용하는 예이다.

```python
# src/decorator_universal_1.py
from functools import wraps
from log import logger


class DBDriver:
    def __init__(self, dbstring: str) -> None:
        self.dbstring = dbstring

    def execute(self, query: str) -> str:
        return f"query {query} at {self.dbstring}"


def inject_db_driver(function):
    """ 파라미터로 전달받은 데이터베이스 dns 문자열을
    사용하여 DBDriver 인스턴스 생성
    """
    @wraps(function)
    def wrapped(dbstring):
        return function(DBDriver(dbstring))
    return wrapped


@inject_db_driver
def run_query(driver):
    return driver.execute("test_function")
```

함수에 문자열을 전달하면 DBDriver 인스턴스를 반환하므로 예상한 것처럼 동작한다.

```
>>> run_query("test_OK")
'test_OK 에서 쿼리 test_function 실행'
```

하지만 이제 같은 기능을 하는 데코레이터를 클래스 메서드에서 재사용하고 싶다면 어떻게 될까?

```
class DataHandler:
    @inject_db_driver
    def run_query(self, driver):
        return driver.execute(self.__class__.__name__)
```

아래처럼 실행하면 동작하지 않는다.

```
>>> DataHandler().run_query("test_fails")
Traceback (most recent call last):
    ...
TypeError: wrapped() takes 1 positional argument but 2 were given
```

무엇이 문제일까? 클래스의 메서드에는 self라는 추가 변수가 있다.

메서드는 자신이 정의된 객체를 나타내는 self라는 특수한 변수를 항상 첫 번째 파라미터로 받도록 되어 있다.

따라서 하나의 파라미터만 받도록 설계된 이 데코레이터는 연결 문자열 자리에 self를 전달하고, 두 번째 파라미터에는 아무것도 전달하지 않아서 에러가 발생한다.

이 문제를 해결하려면 메서드와 함수에 대해서 동일하게 동작하는 데코레이터를 만들어야 한다. 디스크립터 프로토콜을 구현한 데코레이터 객체를 만든다.

디스크립터는 7장에서 자세히 설명하고 여기서는 단지 데코레이터가 동작하게 하는 수단으로만 이해하면 된다.

해결책은 데코레이터를 클래스 객체로 구현하고 __get__ 메서드를 구현한 디스크립터 객체를 만드는 것이다.

```
from functools import wraps
from types import MethodType

class inject_db_driver:
    """문자열을 DBDriver 인스턴스로 변환하여 래핑된 함수에 전달"""
```

```python
def __init__(self, function) -> None:
    self.function = function
    wraps(self.function)(self)

def __call__(self, dbstring):
    return self.function(DBDriver(dbstring))

def __get__(self, instance, owner):
    if instance is None:
        return self
    return self.__class__(MethodType(self.function, instance))
```

디스크립터에 대한 자세한 내용은 6장 "디스크립터로 더 멋진 객체 만들기"에서 설명한다. 지금은 호출할 수 있는 객체를 메서드에 다시 바인딩한다는 정도만 알면 된다. 즉 함수를 객체에 바인딩하고 데코레이터를 새로운 호출 가능 객체로 다시 생성한다.

함수의 경우 __get__ 메서드를 사용하지 않기 때문에 여전히 잘 작동한다.

데코레이터와 클린 코드

이제 데코레이터가 무엇인지, 어떻게 작성해야 하는지, 자주 발생하는 문제를 피하려면 어떻게 해야 하는지 알게 되었으므로 더 나은 소프트웨어를 만들기 위해 배운 내용을 어떻게 활용할 수 있는지 확인할 때이다.

이전 섹션에서 이 주제에 대해 간략하게 살펴보았지만 코드의 특정 줄(또는 섹션)의 가독성을 높이기 위한 방법으로서의 코드 개선 수단에 가까웠다.

이제부터 논의되는 주제는 보다 일반적인 설계 원칙과 관련이 있다. 일부 아이디어는 이전 장에서 살펴보았지만 특히 이번 장에서는 데코레이터를 활용해 해당 목적을 달성하는 방법에 대해서 알아본다.

상속보다 컴포지션(composition)

이미 간단하게 살펴본 것처럼 일반적으로 상속보다는 컴포지션이 더 좋은 선택이다. 왜냐하면 상속은 코드의 결합도를 높게 만들어서 몇 가지 문제를 수반하기 때문이다.

GoF의 디자인 패턴 (Design Patterns: Elements of Reusable Object-Oriented Software - DESIG01) 책의 내용은 대부분 다음 생각에 기반한다.

클래스 상속보다는 컴포지션 (Favor composition over class inheritance)

2장에서는 __getattr__ 이라는 매직 메서드를 사용하여 객체의 속성을 동적으로 확인하는 방법을 소개했었다. 또한 외부 프레임워크에서 요구하는 네이밍 컨벤션에 따라 속성의 접근을 자동으로 변환해주는 예제에 대해서도 살펴보았다. 실제로 이렇게 외부에서 요구하는 특별한 이름의 규칙이 있는 경우 어떻게 구현을 할 수 있는지 두 가지 사례를 비교하며 살펴보자.

이번 예에서는 특별한 프레임워크를 가정한다. 이 프레임워크는 모든 속성이 "resolve_" 접두어를 가지고 있다. 그러나 우리가 가지고 있는 도메인 객체는 "resolve_" 접두어가 없는 변수명을 가지고 있다.

이런 상황에서 x라는 변수에 대해서 "resolve_x"를 만드는 것처럼 일일이 모든 변수에 대해서 "resolve_"를 붙이는 수고를 하고 싶지는 않을 것이다. 첫 번째로 떠오르는 아이디어는 앞서 언급한 __getattr__ 매직 메서드를 구현한 믹스인(mixin) 부모 클래스를 만드는 것이다.

```python
class BaseResolverMixin:
    def __getattr__(self, attr: str):
        if attr.startswith("resolve_"):
            *_, actual_attr = attr.partition("resolve_")
        else:
            actual_attr = attr
        try:
            return self.__dict__[actual_attr]
        except KeyError as e:
            raise AttributeError from e


@dataclass
class Customer(BaseResolverMixin):
    customer_id: str
    name: str
    address: str
```

위의 트릭은 잘 동작한다. 그러나 더 좋은 방법이 없을까?

메서드 이름 변환 작업을 직접 담당하는 데코레이터를 만들어 볼 수 있다.

```python
from dataclasses import dataclass


def _resolver_method(self, attr):
    """__getattr__ 매직 메서드를 대신할 속성 결정(resolution) 메서드"""
    if attr.startswith("resolve_"):
        *_, actual_attr = attr.partition("resolve_")
    else:
        actual_attr = attr
    try:
        return self.__dict__[actual_attr]
    except KeyError as e:
        raise AttributeError from e


def with_resolver(cls):
    """사용자 정의 결정 메서드를 __getattr__에 할당"""
    cls.__getattr__ = _resolver_method
    return cls


@dataclass
@with_resolver
class Customer:
    customer_id: str
    name: str
    address: str
```

두 버전 모두 다음과 같이 잘 동작한다.

```python
>>> customer = Customer("1", "name", "address")
>>> customer.resolve_customer_id
'1'
>>> customer.resolve_name
'name'
```

with_resolver 데코레이터를 사용한 코드를 살펴보면 원래의 __getattr__과 유사한 서명을 가진 독립 함수를 결정(resolve) 메서드 _resolver_method로 만들었다. 그래서 _resolver_method의 첫 번째 파라미터도 의도적으로 self로 사용하여 원래의 __getattr__ 메서드가 함수로 변경되었음을 표시했다.

나머지 코드는 간단하다. with_resolver 데코레이터는 파라미터로 받은 클래스에 대해서 새로 만든 _resolver_method 메서드를 __getattr__ 결정 메서드로 등록했다. 이제 더 이상 상속을 사용하지 않고 데코레이터를 사용해 바로 클래스에 지정이 가능하다.

데코레이터를 사용한 방식이 이전 방식보다 나은 점은 무엇일까? 먼저, 데코레이터를 사용한다는 것은 상속 대신에 컴포지션(다른 클래스를 가져와서 수정한 새로운 객체를 반환)을 사용하고 있음을 의미한다. 때문에 첫 번째 방식보다 기본 클래스와 덜 결합되었다고 주장할 수 있다.

또한 첫 번째 예제에서 (mixin 클래스를 통해) 상속을 사용하는 것은 다소 현실적이지 않다. 단지 __getattr__ 메서드를 활용하기 위해 더 전문화된 상속을 사용하지는 않는다. 이렇게 상속하는 것은 두 가지 이유로 좋지 않다. 첫째, 상속은 코드를 재사용하는 가장 좋은 방법이 아니다. 좋은 코드는 계층 구조를 만드는 것이 아니라, 작고 응집력 있는 추상화를 통해 재사용된다.

둘째, 이전 장에서 배웠던 내용을 기억하자. 하위 클래스를 생성하는 것은 "is a" 관계를 가졌을 때 전문화를 해야 하는 경우에 필요하다. 개념적으로 Customer 클래스가 정말로 BaseResolver Mixin 클래스의 하위 관계에 있는지 생각해보자.

두 번째 포인트에 대해 좀 더 설명하기 위해 다음과 같은 계층 구조를 생각해보자.

```
class Connection: pass
class EncryptedConnection(Connection): pass
```

이런 경우라면 분명히 상속을 사용하는 것이 맞다. 결국 암호화된 연결은 특정한 종류의 연결이기 때문이다. 그러나 BaseResolverMixin을 구체화하면 무엇이 되야 할까? BaseResolverMixin은 믹스인(Mixin) 클래스이므로 다중 상속을 사용해 다른 클래스와 함께 혼합될 것이다. 믹스인 클래스의 사용은 순전히 실용적이며 구현상의 목적을 가지고 있다. 단, 이 책은 실용적인 목적의 책이므로 독자의 전문적인 경험에 따라 믹스인 클래스를 사용해도 전혀 문제가 없다. 그러나 순전히 구현상의 목적을 위해 추상화를 했다면 가급적 피하는 것이 좋으며, 기존의 도메인 객체(이 경우 Customer)를 손상시키지 않는 것이 훨씬 좋다.

데코레이터를 사용한 새로운 디자인의 또 다른 흥미로운 점은 확장성이다. 앞서 데코레이터에 파라미터를 사용하는 방법을 살펴보았다. 단 하나의 결정 기능만 사용하는 것이 아니라 파라미터에 따라서 여러 결정 기능을 갖는 데코레이터를 만든다면, 보다 높은 유연성을 가질 수 있다.

데코레이터와 DRY 원칙

데코레이터를 사용하여 특정 로직을 분리된 컴포넌트로 추상화하는 방법을 살펴보았다. 이렇게 하는 가장 큰 장점은 여러 객체에 데코레이터를 적용하여 코드를 재사용할 수 있다는 것이다. 이것은 특정 기능을 한 번만 정의하기 때문에 **DRY(Don□t Repeat Yourself)** 원칙을 잘 따른다.

이전 섹션에서 구현된 재시도 메커니즘은 코드를 쉽게 재사용하는 데코레이터의 좋은 예이다. 특정 기능별로 재시도 함수를 만드는 대신 하나의 데코레이터를 만들어 여러 번 재사용할 수 있다. 데코레이터가 함수와 메서드에 모두 적용 가능한 뒤에는 더욱 원리에 부합한다.

이벤트 클래스의 직렬화 방법을 정의하는 데코레이터 또한 DRY 원칙을 잘 따른다. 여러 클래스에 중복된 코드를 작성하지 않고 손쉽게 필드별 직렬화 방법을 정의할 수 있었다. 데코레이터를 재사용하여 여러 클래스에 적용할 수 있기 때문에 추가적인 개발 비용과 복잡도가 충분한 가치를 가진다.

마지막으로 코드 재사용을 위해 데코레이터를 사용할 때 염두에 두어야 할 것이 있다. 실질적으로 코드 사용량을 줄일 수 있다는 확실한 믿음이 있어야 한다.

모든 데코레이터, 특히 신중하게 설계되지 않은 데코레이터는 코드의 복잡성을 증가시킨다. 어떤 사용자는 함수의 로직을 완전히 이해하기 위해 데코레이터의 경로를 따라 가보길 원할 수 있다(이 내용은 다음 섹션에서 다룬다). 따라서 이 복잡성이 가치가 있어야 한다는 점을 기억하자. 그다지 재사용할 필요가 없을 경우 별개의 함수나 작은 클래스로도 충분한 경우가 있다.

그러나 재사용이 많다는 것을 어떻게 알 수 있을까? 기존 코드를 데코레이터로 리팩토링할지 결정하는 기준은 무엇일까? 파이썬의 데코레이터에 적용되는 특별한 기준은 없지만, 소프트웨어 공학에서 일반적으로 적용되는 원칙(GLASS 01)을 따를 수 있다. 컴포넌트가 충분히 재사용 가능한 추상화를 했다고 인정받기 위해서는 적어도 3가지 이상의 애플리케이션에서 시험해 봐야 한다는 것이다. 또한 같은 레퍼런스(GLASS 01)에서 재사용 가능한 컴포넌트를 만드는 것은 일반 컴포넌트를 만드는 것보다 세 배나 더 어렵다는 내용이 있다. (Facts and Fallacies of Software Engineering –"우리가 미처 알지 못한 소프트웨어 공학의 사실과 오해"라는 명서를 꼭 읽어보길 권한다.)

결론은 다음과 같은 사항을 고려했을 경우만 데코레이터를 사용을 권한다는 것이다.

- 처음부터 데코레이터를 만들지 않는다. 패턴이 생기고 데코레이터에 대한 추상화가 명확해지면 그때 리팩토링을 한다.
- 데코레이터가 적어도 3회 이상 필요한 경우에만 구현한다.
- 데코레이터 코드를 최소한으로 유지한다.

이번 섹션에서는 데코레이터가 어떻게 DRY 원칙에 사용될 수 있는지 살펴보았다. 다음 섹션에서는 관심사의 분리 원칙에 어떻게 활용될 수 있는지 살펴본다.

데코레이터와 관심사의 분리

이전 목록의 마지막 내용은 너무 중요하여 독자적인 섹션이 필요하다. 이미 코드 재사용에 대한 내용을 살펴보았으며 코드 재사용의 핵심은 응집력이 있는 컴포넌트를 만드는 것이었다. 즉, 최소한의 책임을 가져서 오직 한 가지 일만 해야 하며, 그 일을 잘 해야 한다. 컴포넌트가 작을수록 재사용성이 높아진다. 그리고 결합과 종속성을 유발하고 소프트웨어의 유연성을 떨어뜨리는 추가 동작이 필요 없이 여러 상황에서 쓰일 수 있다.

이것이 무엇을 의미 하는지 확인하기 위해 이전 예제를 다시 살펴보자. 다음과 같이 특정 함수의 실행을 추적하는 데코레이터를 생성한다.

```python
def traced_function(function):
    @wraps(function)
    def wrapped(*args, **kwargs):
        logger.info("%s 함수 실행", function.__qualname__)
        start_time = time.time()
        result = function(*args, **kwargs)
        logger.info(
            "함수 %s의 실행시간: %.2fs",
            function.__qualname__,
            time.time() - start_time
        )
        return result
    return wrapped
```

이 데코레이터는 동작에 문제가 있다. 하나 이상의 작업을 수행하고 있다. 특정 함수가 방금 호출된 것을 기록하고 실행하는데 걸린 시간도 기록한다. 오직 한 가지만 원하는 경우에도 두 가지 책임을 실행하고 있다.

이것은 좀 더 구체적이고 제한적인 책임을 지닌 더 작은 데코레이터로 분류되어야한다.

```python
def log_execution(function):
    @wraps(function)
    def wrapped(*args, **kwargs):
        logger.info("%s 함수 실행", function.__qualname__)
        return function(*kwargs, **kwargs)
    return wrapped


def measure_time(function):
    @wraps(function)
    def wrapped(*args, **kwargs):
        start_time = time.time()
        result = function(*args, **kwargs)
        logger.info("함수 %s의 실행시간: %.2fs",
            function.__qualname__,
            time.time() - start_time
        )
        return result
    return wrapped
```

동일한 기능을 다음과 같이 조합하여 달성할 수 있다.

```python
@measure_time
@log_execution
def operation():
    ....
```

데코레이터가 적용되는 순서도 중요하다.

 TIP 데코레이터에 하나 이상의 책임을 두면 안 된다. SRP(Single Responsibility Principle)는 데코레이터에도 적용된다.

마지막으로 좋은 데코레이터를 분석하여 실제 어떻게 사용되고 있는지 살펴보자. 다음 섹션에서는 데코레이터를 분석해보면서 지금까지 배운 내용을 정리한다.

좋은 데코레이터 분석

좋은 데코레이터의 예와 그것이 파이썬 자체와 인기 있는 라이브러리에서 어떻게 사용되는지 살펴보자. 이를 통해 좋은 데코레이터를 만드는 방법에 대한 가이드라인을 확인한다.

예제를 살펴보기 전에 먼저 훌륭한 데코레이터가 갖추어야 할 특성을 확인해보자.

- **캡슐화와 관심사의 분리** : 좋은 데코레이터는 실제로 하는 일과 데코레이팅하는 일의 책임을 명확히 구분해야 한다. 어설프게 추상화를 하면 안 된다. 즉 데코레이터의 클라이언트는 내부에서 어떻게 구현했는지 전혀 알 수 없는 블랙박스 모드로 동작해야 한다.
- **독립성** : 데코레이터가 하는 일은 독립적이어야 하며 데코레이팅되는 객체와 최대한 분리되어야한다.
- **재사용성** : 데코레이터는 하나의 함수 인스턴스에만 적용되는 것이 아니라 여러 유형에 적용 가능한 형태가 바람직하다. 왜냐하면 하나의 함수에만 적용된다면 데코레이터가 아니라 함수로 대신할 수도 있기 때문이다. 충분히 범용적이어야 한다.

Celery 프로젝트에서 데코레이터의 좋은 예를 볼 수 있다. Celery 프로젝트에서는 app.task 데코레이터를 함수에 적용하여 작업을 정의한다.

```
@app.task
def mytask():
    ....
```

이것이 좋은 데코레이터인 이유 중 하나는 캡슐화가 매우 잘되어 있기 때문이다. 라이브러리 사용자는 함수 본문을 정의하기만 하면 데코레이터가 이를 자동으로 작업으로 변환한다. "@ app. task" 데코레이터는 많은 로직과 코드를 래핑하지만 아무것도 "mytask()"의 본문과 관련이 없다. 완벽한 캡슐화와 관심사의 분리이다. 아무도 그 데코레이터가 하는 일을 살펴볼 필요가 없으므로 어떤 세부 사항도 누설하지 않는 정확한 추상화이다.

데코레이터의 또 다른 일반적인 사용 예는 웹 프레임워크(Pyramid, Flask, Sanic 등)이다. 뷰 핸들러는 데코레이터를 통해 URL로 등록된다.

```
@route("/", method=["GET"])
def view_handler(request):
    ...
```

이러한 종류의 데코레이터는 이전과 동일한 고려 사항이 있다. 이들은 웹 프레임워크의 사용자가 "@route" 데코레이터가 하는 일을 거의 알지 못하기 때문에 완벽한 캡슐화를 제공한다. 이 경우 우리는 데코레이터가 무엇인가 더 많은 작업을 한다는 것을 알고 있다. 예를 들면 함수를 매퍼에 등록하여 URL에 연결하거나 원래의 함수 서명을 변경하여 HTTP 요청 객체를 수신하여 더 깔끔한 인터페이스를 제공한다.

앞의 두 예제는 데코레이터 사용 방법에 대한 충분한 감을 잡게 해준다. API에 적합하다. 이러한 프레임워크 라이브러리는 데코레이터를 통해 사용자에게 기능을 노출하고 있으며 데코레이터는 깔끔한 프로그래밍 인터페이스를 정의하는 훌륭한 방법이다.

이것이 아마도 데코레이터에 대한 가장 적합한 해석일 것이다. 클래스 데코레이터가 이벤트의 속성이 어떻게 처리되는지 알려준 것처럼 좋은 데코레이터는 깔끔한 인터페이스를 제공하고 사용자가 내부 동작 원리를 자세히 몰라도 기대하는 바를 정확히 알 수 있게 해준다.

요약

파이썬 데코레이터는 클래스, 메서드, 함수, 제너레이터 등과 같은 많은 것들에 적용할 수 있는 강력한 도구이다. 목적에 알맞은 데코레이터를 생성하기 위한 여러 방법을 알아 보았고 몇 가지 결론도 도출해보았다.

함수를 위한 데코레이터를 만든다면 원래 함수의 시그니처와 일치하도록 만든다. 일반 *args나 **kwargs를 사용하는 대신 서명을 원본과 일치시키면 원본 함수와 유사하므로 사용자에게 더 익숙할 뿐 아니라 가독성이 높아지고 유지보수가 더 쉬워진다.

데코레이터는 코드를 재사용하고 DRY 원칙을 따르는 데 매우 유용한 도구이다. 그러나 비용 또한 발생하므로 현명하게 사용하지 않으면 복잡성이 이익보다 커질 수 있다. 때문에 3번 이상 여러 번 적용될 때에만 데코레이터를 사용해야 한다. DRY 원칙과 마찬가지로 관심사를 분리하기 위해 가능한 작게 데코레이터를 유지해야 한다.

데코레이터의 또 다른 좋은 사용 예는 깔끔한 인터페이스를 만들기 위해 로직의 일부를 데코레이터로 추출하여 클래스의 정의를 단순화하는 것이다. 이러한 의미에서 데코레이터는 사용자에게 내부 상세 동작 원리를 숨기면서도 어떤 일을 하는지 알려줌으로써 가독성을 높여준다. 다음 장에서는 파이썬의 또 다른 고급 기능인 디스크립터에 대해 알아본다. 특히 디스크립터의 도움을 받아 어떻게 더 나은 데코레이터를 만들 수 있는지 살펴보고 이 장에서 발견한 몇 가지 문제점을 해결할 것이다.

참고 자료

- PEP-318 : 함수와 메서드를 위한 데코레이터
  https://www.python.org/dev/peps/pep-0318/

- PEP-3129 : 클래스 데코레이터
  https://www.python.org/dev/peps/pep-3129/

- WRAPT 01 : https://pypi.org/project/wrapt/

- WRAPT 02 :
  https://wrapt.readthedocs.io/en/latest/decorators.html#universal-decorators

- Functools 모듈 : 파이썬 표준 라이브러리 functoo ls 모듈의 wraps 함수
  https://docs.python.org/3/library/functools.html#functools.wraps

- ATTRS 01 : attrs 라이브러리(https://pyp i.org/project/attrs/)

- PEP-557 : Data 클래스
  https://www.python.org/dev/peps/pep-0557/

- GLASS 01 : Robert L. Glass의 소프트웨어 공학의 사실과 오류 (Facts and Fallacies of Software Engineering)

- DESIG01: Erich Gamma의 GoF의 디자인 패턴 - 재사용성을 지닌 객체지향 소프트웨어의 핵심요소 (Design Patterns: Elements of Reusable Object-Oriented Software)

- PEP-614: 데코레이터 문법 제약 사항의 완화(Relaxing Grammar Restrictions On Decorators - https://www.python.org/dev/peps/pep-0614/)

## Chapter 6

디스크립터로 더 멋진 객체 만들기

이번 장에서는 파이썬의 새로운 고급기능인 디스크립터를 소개한다. 디스크립터는 다른 언어에서도 생소한 개념이어서 마땅한 비교대상이 없다.

디스크립터는 파이썬의 객체지향 수준을 한 단계 더 끌어올려주는 혁신적인 기능으로 이 기능을 잘 활용하면 보다 견고하고 재사용성이 높은 추상화를 할 수 있다. 디스크립터의 기능을 제대로 활용하는 예는 라이브러리나 프레임워크에서 많이 발견할 수 있다.

이번 장에서는 디스크립터와 관련된 다음 내용을 학습한다.

- 디스크립터가 무엇인지 어떻게 동작하는지, 어떻게 효율적으로 구현하는지 이해한다.
- 두 가지 유형의 디스크립터 – 데이터 디스크립터(data descriptor)와 비데이터 디스크립터(non-data descriptor)의 개념적 차이와 세부구현의 차이를 분석한다.
- 디스크립터를 활용한 코드 재사용 방법
- 디스크립터의 좋은 사용 예를 살펴보고 자체 라이브러리의 API에 어떻게 활용할 수 있는지 살펴본다.

디스크립터 개요

먼저 디스크립터의 내부 동작 메커니즘을 이해하기 위해 배경에 있는 주요 개념을 살펴보자. 이것이 분명해지면 다음 섹션에서 살펴볼 두 가지 유형의 디스크립터의 차이도 명확히 이해될 것이다.

디스크립터에 대한 배경지식을 쌓은 다음 보다 깔끔하고 파이썬스러운 구현을 한 예제를 살펴본다.

디스크립터 메커니즘

디스크립터의 동작방식은 그리 복잡하지 않다. 그러나 세부 구현 시의 주의사항이 많다는 점에 유의해야 한다.

디스크립터를 구현하려면 최소 두 개의 클래스가 필요하다. 클라이언트 클래스는 디스크립터 구현의 기능을 활용할 도메인 모델로서 솔루션을 위해 생성한 일반적인 추상화 객체이다. 디스크립터 클래스는 디스크립터 로직의 구현체이다.

디스크립터는 단지 디스크립터 프로토콜을 구현한 클래스의 인스턴스이다. 이 클래스는 다음 매직 메서드 중에 최소 한 개 이상을 포함해야 한다(파이썬 3.6 이상의 버전 기준).

- __get__
- __set__
- __delete__
- __set_name__

이름	의미
ClientClass	디스크립터 구현체의 기능을 활용할 도메인 추상화 객체. 디스크립터의 클라이언트이다. 클래스 속성(class attribute)으로 디스크립터를 갖는다. (역주 : 파이썬에서 말하는 클래스 속성(class attribute)은 단순히 클래스의 속성을 의미하는 것이 아니라는 것에 유의하자. 클래스 속성은 self.속성 형태로 정의한 인스턴스 속성(instance attribute)과 달리 클래스 본문에 정의한 속성으로 여러 객체가 값을 공유하는 특성이 있다) descriptor라는 이름의 클래스 속성은 DescriptorClass의 인스턴스이다.
DescriptorClass	디스크립터 로직을 구현한 클래스. 이 클래스는 앞으로 언급할 디스크립터 프로토콜을 따르는 매직 메서드를 구현해야만 한다.
client	ClientClass의 인스턴스 client = ClientClass()
descriptor	DescriptorClass의 인스턴스 descriptor = DescriptorClass() 이 객체는 클래스 속성으로서 ClientClass에 위치한다.

표 6.1: 6장에 사용된 디스크립터 네이밍 컨벤션

이 관계는 다음 다이어그램과 같이 표현할 수 있다.

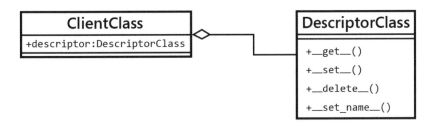

그림 6.1: ClientClass와 DescriptorClass의 관계

명심해야 할 중요한 사실은 이 프로토콜이 동작하려면 디스크립터 객체가 클래스 속성으로 정

의되어야 한다는 것이다. 이 객체를 인스턴스 속성으로 생성하면 동작하지 않으므로 init 메서드가 아니라 클래스 본문에 있어야 한다.

 디스크립터 객체는 항상 클래스 속성으로 선언해야 한다.

지금까지 디스크립터 프로토콜의 일부만 구현해도 된다는 것에 유의하자. 꼭 모든 것을 구현할 필요가 없으며 잠시 후 살펴볼 것처럼 원하는 일부 메서드만 구현해도 된다.

디스크립터에 어떤 요소들이 있고 어떻게 상호작용하는지 살펴보았다. 디스크립터 클래스와 디스크립터의 로직을 사용하는 클라이언트 클래스, 즉 디스크립터 객체(여기서는 DescriptorClass의 인스턴스)를 멤버로 갖는 클래스, 이렇게 두 개의 클래스가 있다. ClientClass의 인스턴스에서 descriptor 속성을 호출하면 디스크립터 프로토콜이 사용된다. 이 모든 동작은 런타임 중에 어떻게 동작하는 것일까?

다음 예에서 보이는 것처럼 일반적인 클래스의 속성 또는 프로퍼티에 접근하면 예상한 것과 같은 결과를 얻을 수 있다.

```
>>> class Attribute:
...     value = 42
...
>>> class Client:
...     attribute = Attribute()
...
>>> Client().attribute
<__main__.Attribute object at 0x7ff37ea90940>
>>> Client().attribute.value
42
```

그러나 디스크립터의 경우 약간 다르게 동작한다. 클래스 속성을 객체로 선언하면 디스크립터로 인식되고, 클라이언트에서 해당 속성을 호출하면 객체 자체를 반환하는 것이 아니라 __get__ 매직 메서드의 결과를 반환한다.

호출 당시의 문맥 정보를 로깅하고 클라이언트 인스턴스를 그대로 반환하는 간단한 예제를 살펴보자.

```
class DescriptorClass:
    def __get__(self, instance, owner):
        if instance is None:
            return self
        logger.info(
            "%s.__get__ 메서드 호출(%r, %r)",
            self.__class__.__name__,
            instance,
            owner
        )
        return instance


class ClientClass:
    descriptor = DescriptorClass()
```

이제 ClientClass 인스턴스의 descriptor 속성에 접근해보면 DescriptorClass 인스턴스를 반환하지 않고 대신에 __get__() 메서드의 반환 값을 사용한다는 것을 알 수 있다.

```
>>> client = ClientClass()
>>> client.descriptor
INFO:DescriptorClass.__get__ 메서드 호출(<ClientClass object at 0x...>,
<class 'ClientClass'>)
<ClientClass object at 0x...>
>>> client.descriptor is client
INFO:DescriptorClass.__get__ 메서드 호출(<ClientClass object at 0x...>,
<class 'ClientClass'>)
True
```

__get__ 메서드에 있던 로그가 어떻게 찍혔는지 살펴보자. 이 예제에서는 클라이언트 자체를 그대로 반환했으므로 마지막 비교 문장은 True가 된다. __get__ 메서드의 파라미터는 이후 섹션에서 자세히 살펴본다. 이 예제의 핵심은 디스크립터 속성을 조회할 경우 일반 속성을 조회할 때와 어떻게 다른지 이해하는 것이다(이 예제에서는 __get__ 메서드를 가지고 있으므로 조회 방식에 차이가 발생한다.).

간단한 설명용 예제에서 출발하여 더 복잡한 추상화와 더 나은 데코레이터를 만들어 볼 것이다. 왜냐하면 새롭고 강력한 추가 도구가 생겼기 때문이다. 디스크립터를 사용하면 완전히 새롭게 프로그램의 제어 흐름을 변경할 수 있다. 이 도구를 사용해 __get__ 메서드 뒤쪽으로 모든 종류의 로직을 추상화할 수 있으며 클라이언트에게 세부 내용을 숨긴 채로 모든 유형의 변환을 투명하게 실행할 수 있다. 이것은 새로운 레벨의 캡슐화이다.

디스크립터 프로토콜의 메서드 탐색

지금까지 디스크립터가 실제로 어떻게 사용되는지 또 어떻게 동작하는지 살펴보았다. 예제를 통해 디스크립터의 강력함을 맛보았지만 아직 자세히 설명하지 않은 내부 동작 원리가 있다.

디스크립터는 단지 객체이기 때문에 이러한 메서드들은 self를 첫 번째 파라미터로 사용한다. self는 디스크립터 객체 자신을 의미한다.

이 섹션에서는 디스크립터 프로토콜의 각 메서드에서 사용하는 파라미터와 사용 방법에 대해서 자세히 설명한다.

❏ get 메서드

이 매직 메서드의 서명은 다음과 같다.

```
__get__(self, instance, owner)
```

두 번째 파라미터 instance는 디스크립터를 호출한 객체를 의미한다. 앞선 예제에서는 client 객체를 의미한다.

owner 파라미터는 호출한 객체의 클래스를 의미한다. (역주: instance는 말 그대로 디스크립터 객체의 인스턴스이고, owner는 디스크립터를 소유한 클래스라고 생각하면 이해가 쉽다.) 이어질 예제에서는 ClientClass로 앞에서 살펴보았던 다이어그램의 왼쪽에 있는 클래스다.

앞에서 __get__ 메서드 시그니처에 있는 instance 파라미터는 디스크립터가 행동을 취하려는 객체이고 owner는 인스턴스의 클래스이다. 호기심이 많은 독자는 (owner = instance.__class__와 같은 형태로) instance에서 클래스를 직접 구할 수 있음에도 굳이 owner를 시그니처에 정의를 했는지 궁금할 것이다. 이렇게 하는 이유는 client 인스턴스가 아니라 ClientClass에서 descriptor를 직접 호출하는 특별한 경우 때문이다. 이런 경우 instance의 값은 None이기 때문에 클래스를 구할 수 없고, 따라서 굳이 따로 파라미터를 추가하여 owner를 받는 것이다.

다음 간단한 코드를 사용하여 디스크립터가 클래스에서 호출될 때와 인스턴스에서 호출될 때의 차이를 알아보자. __get__ 메서드는 각각의 경우에 대해 두 개의 개별적인 작업을 수행한다.

```
# descriptors_methods_1.py

class DescriptorClass:
    def __get__(self, instance, owner):
        if instance is None: # 클래스에 호출되는 경우
            return f"{self.__class__.__name__}.{owner.__name__}"
        return f"{instance} 인스턴스"  # 인스턴스에서 호출되는 경우

class ClientClass:
    descriptor = DescriptorClass()
```

ClientClass에서 직접 호출하면 네임스페이스와 함께 클래스 이름을 출력한다.

```
>>> ClientClass.descriptor
'DescriptorClass.ClientClass'
```

그리고 객체에서 호출하면 다른 메시지를 출력한다.

```
>>> ClientClass().descriptor
'<descriptors_methods_1.ClientClass object at 0x...> 인스턴스'
```

일반적으로 정말 owner 파라미터를 활용해야 하는 경우가 아니라면, 인스턴스가 None일 때는 단순히 디스크립터 자체를 반환한다. 이렇게 하는 이유는 클래스에서 (인스턴스를 만들지 않고) 직접 디스크립터에 접근하려는 경우 (즉, instance가 None인 경우) 단순히 디스크립터 자체를 받고 싶어하는 경우가 많을 것이기 때문이다. 물론 이것 또한 실제 사용하려는 상황에 따라 달라질 수 있다(이 장의 뒷부분에서 다른 사례가 필요한 경우도 알아볼 것이다).

❏ set 메서드

이 매직 메서드의 서명은 다음과 같다.

```
__set__(self, instance, value)
```

이 메서드는 디스크립터에 값을 할당하려고 할 때 호출된다. 다음과 같은 코드에서 디스크립터가 __set__() 메서드를 구현한 경우에 메서드가 활성화된다. 다음 예제의 경우 instance 파라미터는 client이고 value는 "value"라는 문자열이다.

```
    client.descriptor = "value"
```

이 동작은 이전 장에서의 @property.setter 데코레이터 동작과 비슷하다는 것을 알 수 있다. 즉, setter 함수의 파라미터로 할당문의 오른쪽에 있는 값이 들어온다. 이 부분에 대해서는 이 장의 뒤에서 다시 살펴본다.

만약 client.descriptor가 __set__() 메서드를 구현하지 않았다면, "value"(할당문의 오른쪽에 있는 값)로 descriptor 자체를 덮어씌울 것이다.

 디스크립터 속성에 값을 할당할 때는 __set__ 메서드를 구현했는지 반드시 확인하여 부작용이 생기지 않도록 주의해야 한다.

기본적으로 이 메서드는 단지 객체에 값을 저장하는 것이다. 하지만 이 기능을 잘 활용하면 강력한 추상화를 할 수 있다. 예를 들어, 자주 사용되는 유효성 검사 객체를 디스크립터로 만들면 프로퍼티의 세터 메서드에서 같은 유효성 검사를 반복할 필요가 없다.

다음은 이 메서드를 활용하여 어떻게 속성의 유효성을 검사하는 객체를 만들 수 있는지 보여준다. 유효성 검사 함수는 자유롭게 생성하여 지정할 수 있으며 객체에 값을 할당하기 전에 실행된다.

```python
class Validation:

    def __init__(
        self, validation_function: Callable[[Any], bool], error_msg: str
    ) -> None:
        self.validation_function = validation_function
        self.error_msg = error_msg

    def __call__(self, value):
        if not self.validation_function(value):
            raise ValueError(f"{value!r} {self.error_msg}")

class Field:

    def __init__(self, *validations):
        self._name = None
        self.validations = validations
```

```python
    def __set_name__(self, owner, name):
        self._name = name

    def __get__(self, instance, owner):
        if instance is None:
            return self
        return instance.__dict__[self._name]

    def validate(self, value):
        for validation in self.validations:
            validation(value)

    def __set__(self, instance, value):
        self.validate(value)
        instance.__dict__[self._name] = value

class ClientClass:
    descriptor = Field(
        Validation(lambda x: isinstance(x, (int, float)), "는 숫자가 아님"),
        Validation(lambda x: x >= 0, "는 0보다 작음"),
    )
```

위 코드를 실행 하면 다음과 같은 결과가 나온다.

```
>>> client = ClientClass()
>>> client.descriptor = 42
>>> client.descriptor
42
>>> client.descriptor = -42
Traceback (most recent call last):
    ...
ValueError: -42는 0보다 작음
>>> client.descriptor = "invalid value"
    ...
ValueError: 'invalid value'는 숫자가 아님
```

여기서 기억할 점은 프로퍼티 자리에 놓일 수 있는 것은 디스크립터로 추상화할 수 있으며 여러 번 재사용할 수 있다는 것이다. 이 예에서는 __set__() 메서드가 @property.setter가 하던 일을 대신한다.

이것은 프로퍼티의 동작 방식보다 일반적인 메커니즘으로, 사실 프로퍼티는 특별한 형태의 디스크립터이다.

❏ delete 메서드

delete의 서명은 더 간단한 형태를 갖는다. 이 매직 메서드의 서명은 다음과 같다.

```
__delete__(self, instance)
```

이 메서드는 다음과 같은 형태로 호출된다. self는 descriptor 속성을 나타내고 instance는 client를 나타낸다.

```
>>> del client.descriptor
```

다음 예제에서는 이 메서드를 사용하여 관리자 권한이 없는 객체에서 속성을 제거하지 못하도록 하는 디스크립터를 만들 것이다. 특히 디스크립터가 클라이언트 객체의 속성 값을 어떻게 다루고 있는지 유심히 살펴보자.

```python
# descriptors_methods_3.py

class ProtectedAttribute:
    def __init__(self, requires_role=None) -> None:
        self.permission_required = requires_role
        self._name = None

    def __set_name__(self, owner, name):
        self._name = name

    def __set__(self, user, value):
        if value is None:
            raise ValueError(f"{self._name}를 None으로 설정할 수 없음")
        user.__dict__[self._name] = value

    def __delete__(self, user):
        if self.permission_required in user.permissions:
            user.__dict__[self._name] = None
        else:
            raise ValueError(
```

```
                    f"{user!s} 사용자는 {self.permission_required} 권한이 없음"
                )

    class User:
        """admin 권한을 가진 사용자만 이메일 주소를 삭제할 수 있음."""

        email = ProtectedAttribute(requires_role="admin")

        def __init__(self, username: str, email: str, permission_list: list = None)
    -> None:
            self.username = username
            self.email = email
            self.permissions = permission_list or []

        def __str__(self):
            return self.username
```

객체가 어떻게 동작하는지 살펴보기 전에 몇 가지 디스크립터의 기준을 확인하는 것이 중요하다. User 클래스는 username과 email 파라미터를 필수로 받는다. __init__ 메서드를 보면 email 속성이 없으면 사용자를 생성할 수 없다. email 속성을 지워버리면 불완전한 객체가 되고 User 클래스에서 정의한 인터페이스와 맞지 않는 유효하지 않은 상태가 된다. 문제를 예방하기 위해서는 이 같은 세부 사항을 확인하는 것이 중요하다. User를 사용하고자 하는 객체는 email 속성이 있는 것으로 기대하고 있다.

이런 이유 때문에 email을 "삭제"하면 단순히 None으로 설정한다. 앞의 코드에서 굵게 표시한 부분이다. 같은 이유로 None 값으로 설정하는 것을 금지해야 한다. 왜냐하면 __delete__ 메서드의 메커니즘을 우회해버리기 때문이다.

"admin" 권한을 가진 사용자만 email 주소를 제거할 수 있다고 가정하면 다음과 같이 동작하는 것을 볼 수 있다.

```
>>> admin = User("root", "root@d.com", ["admin"])
>>> user = User("user", "user1@d.com", ["email", "helpdesk"])
>>> admin.email
'root@d.com'
>>> del admin.email
>>> admin.email is None
True
```

```
>>> user.email
'user1@d.com'
>>> user.email = None
...
ValueError: email을 None으로 설정할 수 없음
>>> del user.email
...
ValueError: user 사용자는 admin 권한이 없음
```

"admin" 권한이 있는 사용자만 email을 삭제할 수 있는 것을 볼 수 있다. 또한 해당 속성에 del
을 호출하면 ValueError 예외가 발생한다.

일반적으로 __delete__ 메서드는 앞의 두 메서드에 비해 자주 사용되지는 않지만 이해의 완결
성을 위해 살펴보는 것이 좋다.

❏ set_name 메서드

이것은 비교적 최근 파이썬 3.6에서 추가된 매직 메서드로 다음과 같은 서명을 갖는다.

```
__set__name__(self, owner, name)
```

일반적으로 클래스에 디스크립터 객체를 만들 때는 디스크립터가 처리하려는 속성의 이름을 알
아야 한다.

속성의 이름은 __dict__ 에서 __get__ 과 __set__ 메서드로 읽고 쓸 때 사용된다.

파이썬 3.6 이전에는 디스크립터가 이 이름을 자동으로 설정하지 못했기 때문에 보통은 객체 초
기화 시 명시적으로 이름을 전달했다. 이렇게 해도 잘 동작하지만 새로운 속성에 대한 디스크립
터를 추가할 때마다 이름을 복사해야 하는 불편함이 있었다.

다음은 __set_name__ 이 없을 때의 전형적인 디스크립터 코드이다.

```
class DescriptorWithName:
    def __init__(self, name):
        self.name = name
    def __get__(self, instance, value):
        if instance is None:
            return self
```

```
        logger.info("%r에서 %r 속성 가져오기", instance, self.name)
        return instance.__dict__[self.name]

    def __set__(self, instance, value):
        instance.__dict__[self.name] = value

class ClientClass:
    descriptor = DescriptorWithName("descriptor")
```

위 코드를 실행하면 다음과 같이 출력된다.

```
>>> client = ClientClass()
>>> client.descriptor = "value"
>>> client.descriptor
INFO:<ClientClass object at 0x...>에서 'descriptor' 속성 가져오기
'value'
```

속성의 이름을 두 번 쓰지 않으려면 (클래스 내부에 할당된 변수에 대해 한 번 그리고 디스크립터의 첫 번째 파라미터의 이름으로 다시 한 번), 다음과 같이 몇 가지 트릭을 사용해야 한다. 클래스 데코레이터를 사용하거나 심지어는 메타클래스를 사용해야 한다.

파이썬 3.6에서 새로운 메서드 __set_name__ 이 추가되었는데 이 메서드는 파라미터로 디스크립터를 소유한 클래스와 디스크립터의 이름을 받는다. 디스크립터에 이 메서드를 추가하여 필요한 이름을 지정하면 된다.

일반적으로 하위 호환을 위해 __init__ 메서드에 기본 값을 지정하고 __set_name__ 을 함께 사용하는 것이 좋다.

이 방법을 사용하면 다음과 같이 다시 작성할 수 있다.

```
class DescriptorWithName:
    def __init__(self, name=None):
        self.name = name

    def __set_name__(self, owner, name):
        self.name = name
    ...
```

__set_name__ 은 디스크립터가 할당된 속성의 이름을 구할 때 유용하다. 그러나 다른 값으로 설정하고 싶은 경우 우선순위가 높은 __init__ 메서드도 사용할 수 있기 때문에 유연성을 유지

할 수 있다.

디스크립터의 이름으로 무엇이든 사용할 수 있지만 일반적으로 디스크립터의 이름(속성 이름)
을 클라이언트 __dict__ 객체의 키로 사용한다. 즉, 디스크립터의 이름도 속성으로 해석된다는
것을 의미한다. 때문에 가급적 유효한 파이썬 변수명을 사용하려고 노력해야 한다.

 TIP 디스크립터 이름을 직접 정의하려는 경우 유효한 파이썬 변수명을 사용해야 한다.

디스크립터의 유형

방금 살펴본 메서드를 사용하는 디스크립터의 작동방식에 따라 디스크립터를 구분할 수 있다.
이 구분을 이해하는 것은 디스크립터를 효과적으로 사용하는데 중요한 역할을 하고, 런타임 시
경고 또는 일반적인 오류를 피하는데 도움이 된다.

디스크립터가 __set__ 이나 __delete__ 메서드를 구현했다면 **데이터 디스크립터(data
descriptor)**라고 부른다. 그렇지 않고 __get__ 만을 구현한 디스크립터를 **비데이터 디스크립터
(non-data descriptor)**라고 부른다. __set_name__ 은 이 분류에 전혀 영향을 미치지 않는다.

객체의 속성을 결정할 때 데이터 디스크립터가 객체의 사전보다 우선적으로 적용되지만 비데이
터 디스크립터는 그렇지 않다. 즉, 비데이터 디스크립터는 객체의 사전에 디스크립터와 동일한
이름의 키가 있으면 객체의 사전 값이 적용되고 디스크립터는 절대 호출되지 않을 것이다. 반대
로, 데이터 디스크립터에서는 디스크립터와 동일한 이름을 갖는 키가 사전에 존재하더라도 디
스크립터 자체가 항상 먼저 호출되기 때문에 객체의 키 값은 결코 사용되지 않을 것이다. (역주:
디스크립터는 객체의 __dict__ 사전과 별개의 객체임을 기억하자. 둘은 별개의 객체이지만 같
은 이름으로 접근할 수 있으므로 우선순위 지정이 필요한데, 데이터 디스크립터는 객체의 사전
보다 우선순위가 높고, 비데이터 디스크립터는 객체의 사전보다 우선순위가 낮다.)

다음 두 섹션에서는 디스크립터의 유형별 특징에 대해서 자세히 알아본다.

비데이터(non-data) 디스크립터

먼저 다음 예제를 통해 __get__ 메서드만을 구현한 디스크립터를 살펴보자.

```
class NonDataDescriptor:
    def __get__(self, instance, owner):
        if instance is None:
            return self
        return 42

class ClientClass:
    descriptor = NonDataDescriptor()
```

평소처럼 descriptor를 호출하면 __get__ 메서드의 결과를 얻을 수 있다.

```
>>> client = ClientClass()
>>> client.descriptor
42
```

descriptor 속성을 다른 값으로 바꾸면 이전의 값을 잃고 대신에 새로 설정한 값을 얻는다.

```
>>> client.descriptor = 43
>>> client.descriptor
43
```

이제 descriptor를 지우고 다시 물으면 어떤 값을 얻게 될까?

```
>>> del client.descriptor
>>> client.descriptor
42
```

방금 일어난 일을 다시 살펴보자. 처음 client 객체를 만들었을 때 descriptor 속성은 인스턴스가 아니라 클래스 안에 있다. 따라서 client 객체의 사전을 조회하면 그 값은 비어 있다. (역주 : vars는 파이썬의 내장함수로 클래스의 속성을 저장하는 사전인 __dict__를 반환한다.)

```
>>> vars(client)
{}
```

여기서 .descriptor 속성을 조회하면 client.__dict__에서 "descriptor"라는 이름의 키를 찾지 못하고 결국 클래스에서 디스크립터를 찾아보게 된다. 이것이 __get__ 메서드의 결과가 반환되는 이유이다.

그러나 .descriptor 속성에 다른 값을 설정하면 인스턴스의 사전이 변경되므로 client.__dict__는 비어 있지 않다.

```
>>> client.descriptor = 99
>>> vars(client)
{'descriptor': 99}
```

따라서 .descriptor 속성을 조회하면 객체의 __dict__ 사전에서 descriptor 키를 찾을 수 있으므로 클래스까지 검색하지 않고 바로 __dict__ 사전에서 값을 반환한다. 때문에 디스크립터 프로토콜이 사용되지 않고 다음에 이 속성을 조회할 때는 덮어써진 99 값을 반환한다.

그 뒤에 del을 호출해 이 속성을 지우면 객체의 __dict__ 사전에서 descriptor 키를 지운 것과 같으므로 다시 앞의 시나리오로 돌아가게 된다. 즉 다시 디스크립터 프로토콜이 다시 활성화된다.

```
>>> del client.descriptor
>>> vars(client)
{}
>>> client.descriptor
42
```

이렇게 descriptor에 속성 값을 설정하면 우연히 디스크립터가 깨진 것처럼 동작하게 된다. 왜냐하면 디스크립터가 __delete__ 메서드를 구현하지 않았기 때문이다(때로는 필요가 없는 경우도 있다).

이런 유형의 디스크립터는 다음 섹션에서 볼 예정인 __set__ 매직 메서드를 구현하지 않았기 때문에 비데이터 디스크립터라고 한다.

데이터 디스크립터

이제 데이터 디스크립터와의 차이를 살펴보자. 이를 위해 __set__ 메서드를 구현한 또 다른 간단한 디스크립터를 생성할 것이다.

```
class DataDescriptor:

    def __get__(self, instance, owner):
        if instance is None:
            return self
        return 42

    def __set__(self, instance, value):
        logger.debug("%s.descriptor를 %s 값으로 설정", instance, value)
        instance.__dict__["descriptor"] = value

class ClientClass:
    descriptor = DataDescriptor()
```

descriptor의 반환 값을 확인해보자.

```
>>> client = ClientClass()
>>> client.descriptor
42
```

값을 변경하고 반환 값을 확인해보자.

```
>>> client.descriptor = 99
>>> client.descriptor
42
```

descriptor의 반환 값이 변경되지 않았다. 그러나 다른 값으로 할당하면 앞의 예와 마찬가지로 객체의 __dict__ 사전에는 업데이트 돼야 한다.

```
>>> vars(client)
{'descriptor': 99}

>>> client.__dict__["descriptor"]
99
```

이렇게 되는 이유는 사실 __set__() 메서드가 호출되면 객체의 사전에 값을 설정하기 때문이다. 그리고 데이터 디스크립터에서 속성을 조회하면 객체의 __dict__에서 조회하는 대신 클래스의 descriptor를 먼저 조회한다. (역주 : 데이터 디스크립터는 인스턴스의 __dict__를 오버라이드하여 인스턴스 사전보다 높은 우선순위를 가지지만, 비데이터 디스크립터는 인스턴스 사전보다 낮은 우선순위를 가진다.)

속성 삭제는 더 이상 동작하지 않는다.

```
>>> del client.descriptor
Traceback (most recent call last):
    ...
AttributeError: __delete__
```

삭제가 되지 않는 이유는 del을 호출하면 인스턴스의 __dict__에서 속성을 지우려고 시도하는 것이 아니라 descriptor에서 __delete__() 메서드를 호출하게 되는데 이 예제에서는 __delete__ 메서드를 구현하지 않았기 때문이다.

이것이 데이터 디스크립터와 비데이터 디스크립터의 차이이다. 만약 디스크립터가 __set__() 메서드를 구현했다면 객체의 사전보다 높은 우선순위를 갖는다. __set__() 메서드를 구현하지 않았다면 객체의 사전이 우선순위를 갖고 그 다음에 디스크립터가 실행된다.

어쩌면 발견했을지도 모르는 흥미로운 코드가 있다.

```
instance.__dict__["descriptor"] = value
```

이 코드에는 살펴볼 내용이 많아 보인다. 하나씩 차례로 살펴보자.

첫째 왜 하필 "descriptor"라는 이름의 속성 값을 바꾸는 것일까? 이 예제는 단순화를 위해 디스크립터의 이름을 따로 설정하지 않았기 때문이다. 이것은 더 적은 코드를 사용하기 위해 단순화한 것이지만, 이전 섹션에서 공부한 __set_name__ 메서드를 사용하면 쉽게 해결할 수 있다.

실제로는 __init__ 메서드에서 디스크립터의 이름을 받아서 내부에 저장하거나 또는 __set_name__ 메서드를 사용해 이름을 설정할 수 있다.

다음으로 인스턴스의 __dict__ 속성에 직접 접근하는 이유는 무엇일까? 적어도 두 가지의 설명이 있을 수 있다. 첫째로 왜 단순하게 다음처럼 하지 않았을까 하는 것이다.

```
setattr(instance, "descriptor", value)
```

디스크립터의 속성에 무언가 할당하려고 하면 __set__ 메서드가 호출된다는 것을 기억하자.

따라서 setattr()을 사용하면 디스크립터의 __set__ 메서드가 호출되고, __set__ 메서드는 setattr을 호출하고 다시 __set__ 이 호출되는 무한루프가 발생한다. (역주 : instance.descriptor = value와 같은 할당 표현식도 같은 이유로 무한루프를 유발한다.)

 디스크립터의 __set__ 메서드에서 setattr()이나 할당 표현식을 직접 사용하면 안 된다. 무한루프가 발생한다.

그런데 디스크립터가 모든 인스턴스의 프로퍼티 값을 보관할 수 없는 이유는 뭘까?

클라이언트 클래스는 이미 디스크립터의 참조를 가지고 있다. 디스크립터가 다시 클라이언트 객체를 참조하면 순환 종속성(circular dependencies)이 생기게 되어 가비지 컬렉션이 되지 않는 문제가 생긴다. 서로를 가리키고 있기 때문에 참조 카운트가 제거 임계치 이하로 떨어지지 않는다.

 디스크립터(또는 일반적으로 객체)로 작업할 때 잠재적인 메모리 누수에 주의해야 한다. 순환 의존성 (circular dependency)을 만들지 않았는지 확인한다.

이에 대한 대안은 weakref 모듈에 있는 약한 참조를 사용하여 약한 참조 키 사전을 만드는 것이다. 약한 참조에 대한 내용은 잠시 후에 설명한다. 이러한 구현 방식을 따르는 것이 상당히 일반적이어서 이 책에서도 같은 방법을 사용한다.

지금까지 디스크립터에 어떤 종류가 있는지, 그것들은 무엇이며 어떻게 동작하는지 연구했으며, 어떻게 하면 잘 사용할 수 있는지에 대한 것까지 확인해보았다. 다음 섹션에서는 마지막으로 디스크립터가 실제로 어떻게 활용될 수 있는지 살펴본다. 이제부터는 보다 실용적인 측면에서 디스크립터를 사용하여 어떻게 더 나은 코드를 만들 수 있는지 예제와 함께 살펴보자.

디스크립터 실전

지금까지 디스크립터가 무엇인지 어떻게 작동하는지 그리고 그 뒤에 있는 주요 개념이 무엇인지 살펴보았다. 이 섹션에서는 디스크립터로 처리할 수 있는 몇 가지 상황에 대해 살펴본다.

디스크립터를 사용한 몇 가지 작업 예를 살펴보고, 여러 구현 방법과 각각의 장단점과 같은 구현 고려사항도 살펴본다. 마지막으로 디스크립터를 사용하기에 가장 적합한 시나리오는 어떤 것들이 있는지 알아본다.

디스크립터를 사용한 애플리케이션

이번에 다룰 예제는 간단한 예로 시작하겠지만 결국은 코드 중복에 대한 얘기로 끝날 것이다. 이 문제를 어떻게 해결할지는 명확하지 않다. 그러나 나중에 중복 코드를 디스크립터로 추상화하는 방법을 개발할 것이며 클라이언트의 코드가 혁신적으로 줄어드는 것을 볼 수 있을 것이다.

❑ 디스크립터를 사용하지 않은 예

지금부터 살펴볼 예제는 속성을 가진 일반적인 클래스인데 속성의 값이 달라질 때마다 추적하려고 한다. 처음 떠오르는 해법은 속성의 setter 메서드에서 값이 변경될 때 검사하여 리스트와 같은 내부 변수에 값을 저장하는 것이다.

이번 애플리케이션에서 사용하는 클래스는 여행자를 표현하며 현재 어느 도시에 있는지를 속성으로 가진다. 프로그램을 실행하면서 사용자가 방문한 모든 도시를 추적할 것이다. 다음 코드와 같이 구현할 수 있다.

```python
class Traveler:

    def __init__(self, name, current_city):
        self.name = name
        self._current_city = current_city
        self._cities_visited = [current_city]

    @property
    def current_city(self):
        return self._current_city

    @current_city.setter
```

```
    def current_city(self, new_city):
        if new_city != self._current_city:
            self._cities_visited.append(new_city)
        self._current_city = new_city

    @property
    def cities_visited(self):
        return self._cities_visited
```

이 코드가 요구 사항을 만족하는 것은 쉽게 확인할 수 있다.

```
>>> alice = Traveler("Alice", "Barcelona")
>>> alice.current_city = "Paris"
>>> alice.current_city = "Brussels"
>>> alice.current_city = "Amsterdam"

>>> alice.cities_visited
['Barcelona', 'Paris', 'Brussels', 'Amsterdam']
```

이것이 필요한 전부라면 추가로 구현할 것은 없다. 프로퍼티를 사용하는 것만으로 충분하다. 그러나 애플리케이션의 여러 곳에서 똑같은 로직을 사용한다면 어떻게 될까? 속성의 모든 변수를 추적하는 것이 보다 일반적인 문제라 가정해보자. 예를 들어 Alice가 구입한 모든 티켓을 추적한다거나 방문했던 모든 국가를 추적하는 등의 일을 하고 싶다면 모든 곳에서 같은 로직을 반복해야 할 것이다.

게다가 다른 클래스에서도 같은 로직을 사용하려 한다면 어떻게 될까? 코드를 반복하거나 데코레이터, 프로퍼티 빌더 또는 디스크립터 같은 것을 만들어야 할 것이다. 프로퍼티 빌더는 디스크립터의 보다 복잡한 특별한 버전으로 이 책의 범위를 넘어서기 때문에 디스크립터를 대신 사용한다.

이 문제에 대한 또 다른 해결책으로 2장, "파이썬스러운 코드"에서 소개된 __setattr__ 매직 메서드를 사용할 수 있다. 이전 장에서 __getattr__을 사용하는 대신에 데코레이터를 사용하는 방법에 대해 논의하면서 이미 이러한 종류의 문제를 어떻게 해결하는지 살펴보았다. 이러한 종류의 문제를 해결하는 방법은 유사하다. 공통적인 메서드를 구현하는 새로운 부모 클래스를 만들고, 추적할 속성에 신호를 보내기 위해 클래스 속성(class attribute)를 만들고, 해당 로직을 메서드로 구현하는 것이다. 이 클래스는 클래스의 계층 구조에 추가되는 믹스인 클래스가 될 수 있지만, 이전에 논의된 것과 동일한 문제가 생길 수 있다(결합도가 높아지고, 개념적으로 옳지 않은 계층 구조가 생길 수 있는 문제).

이전 장에서 보았듯이 차이점을 확인하고 부모 클래스에서 매직 메서드를 구현하는 방법보다 클래스 데코레이터를 사용하는 것이 더 낫다는 것을 확인했다. 여기서는 디스크립터를 사용하는 것이 더 나은 선택이고, 매직 메서드를 사용한 방법을 피해야 한다고 했으므로, 다음 섹션에서는 디스크립터를 사용하여 이 문제를 해결해볼 것이다. 즉, 비교 및 분석을 위해 __setattr__을 사용하여 구현해보는 것이 도움이 될 것이다.

❏ 이상적인 구현방법

이제 모든 클래스에 적용할 수 있도록 디스크립터를 사용하여 이전 섹션의 문제를 해결하는 방법을 살펴볼 것이다. 사실 이번 예제는 그러한 요구사항을 명시하지 않았기 때문에 그렇게까지 일반적인 처리가 필요한 것은 아니다. 심지어 유사한 패턴이 3회 이상 반복되어야 추상화를 고려해야 한다는 원칙도 지키지 않을 것이다. 그렇지만 실전에서 디스크립터 사용방법을 묘사하는데 도움이 된다.

 만약 실질적인 코드 반복의 증거가 없거나 복잡성의 대가가 명확하지 않다면 굳이 디스크립터를 사용할 필요가 없다.

이제 속성에 대해 이름을 가진 일반적인 디스크립터를 만들 것이다. 이 디스크립터는 값이 달라질 경우 리스트에 저장하여 추적하는 기능을 가진다.

이미 언급했듯이 만들 예제는 현재 필요한 것 이상의 기능을 제공하지만 디스크립터가 어떻게 유용하게 사용될 수 있는지 설명하기 위한 것이다. 디스크립터의 일반적인 특징이 그러하듯 메서드나 속성의 이름이 현재의 도메인 문제(여행자 객체)와 관련이 없음을 알 수 있다. 이는 디스크립터가 어떤 유형의 클래스 또는 다른 프로젝트에서도 동일한 결과를 내도록 설계되었기 때문이다.

이러한 이상적인 구현과 실전에서의 필요성에 대한 차이를 해결하기 위해 코드의 일부분에 주석 번호를 달고 각 코드의 기능과 원래 문제와의 관련성에 대한 설명이 추가되었다.

```python
class HistoryTracedAttribute:
    def __init__(self, trace_attribute_name: str) -> None:
        self.trace_attribute_name = trace_attribute_name # [1]
        self._name = None

    def __set_name__(self, owner, name):
        self._name = name

    def __get__(self, instance, owner):
        if instance is None:
            return self
        return instance.__dict__[self._name]

    def __set__(self, instance, value):
        self._track_change_in_value_for_instance(instance, value)
        instance.__dict__[self._name] = value

    def _track_change_in_value_for_instance(self, instance, value):
        self._set_default(instance) # [2]
        if self._needs_to_track_change(instance, value):
            instance.__dict__[self.trace_attribute_name].append(value)

    def _needs_to_track_change(self, instance, value) -> bool:
        try:
            current_value = instance.__dict__[self._name]
        except KeyError: # [3]
            return True
        return value != current_value # [4]

    def _set_default(self, instance):
        instance.__dict__.setdefault(self.trace_attribute_name, []) # [6]


class Traveler:

    current_city = HistoryTracedAttribute("cities_visited") # [1]

    def __init__(self, name: str, current_city: str) -> None:
        self.name = name
        self.current_city = current_city # [5]
```

디스크립터의 근간을 이루는 생각은 다른 속성에서 발생하는 변경 사항을 추적할 수 있는 새로운 속성을 만들자는 것이다. 이러한 설명에 따르자면, 변경이 발생하는 것을 추적된 속성(traced attribute), 변경사항을 추적하는 것을 추적자(tracer)라고 부를 수 있을 것이다.

주석 번호에 대한 코드는 다음과 같다(주석번호와 목록번호 각각이 대응됨).

1. 속성의 이름은 디스크립터에 할당된 변수 중 하나로 여기서는 current_city이다. 그리고 이에 대한 추적을 저장할 변수의 이름을 디스크립터에 전달한다. 이 예에서는 cities_visited라는 속성에 current_city의 모든 값을 추적하도록 지시한다.

2. 디스크립터를 처음으로 호출할 때는 추적 값이 존재하지 않을 것이므로 나중에 추가할 수 있도록 비어있는 배열로 초기화한다.

3. 처음 Traveler를 호출할 때는 방문지가 없으므로 인스턴스 사전에서 current_city의 키도 존재하지 않을 것이다. 이런 경우도 새로운 여행지가 생긴 것이므로 추적의 대상이 된다. 앞에서 목록을 초기화 하는 것과 비슷한 이유이다.

4. 새 값이 현재 설정된 값과 다른 경우에만 변경 사항을 추적한다.

5. Traveler의 __init__ 메서드에서 디스크립터가 이미 생성된 단계이다. 할당 명령은 2단계 값을 추적하기 위한 빈 리스트 만들기를 실행하고, 3단계를 실행하여 리스트에 값을 추가하고 나중에 검색하기 위한 키를 설정한다.

6. 사전의 setdefault 메서드는 KeyError를 피하기 위해 사용된다. setdefault는 두 개의 파라미터를 받는데 첫 번째 파라미터의 키가 있으면 해당 값을 반환하고 없으면 두 번째 파라미터를 반환한다. (https://docs.python.org/3.6/library/stdtypes.html#dict.setdefault).

디스크립터의 코드가 다소 복잡한 것은 사실이다. 반면에 클라이언트 클래스의 코드는 상당히 간단해졌다. 따라서 이 디스크립터를 여러 번 사용한다면 앞서 살펴본 것처럼 충분히 가치가 있을 것이다.

이 시점에서 궁금한 점은 디스크립터가 클라이언트 클래스와 완전히 독립적인가 하는 것이다. 디스크립터 안에서는 어떠한 비즈니스 로직도 포함되어 있지 않다. 따라서 완전히 다른 어떤 클래스에 적용하여도 같은 효과를 낼 것이다.

이것이 진정 파이썬스러운 디스크립터의 특징이다. 디스크립터는 비즈니스 로직의 구현보다는 라이브러리, 프레임워크 또는 내부 API를 정의하는데 적합하다.

이제 첫 번째 디스크립터를 구현해 보았으므로 디스크립터를 구현하는 다른 방법을 살펴보자. 지금까지는 단일한 형태만을 사용했지만 예상한 것처럼 디스크립터를 구현하는 다양한 방법이 있다.

다른 형태의 디스크립터

디스크립터의 구현 방법을 생각하기 전에 디스크립터의 특성과 관련된 문제를 먼저 이해해야 한다. 먼저 전역 상태 공유(global shared state) 문제에 대해 논의하고, 이후에 이 문제를 염두에 두고 어떻게 다양하게 구현할 수 있는지 살펴본다.

❏ 전역 상태 공유 이슈

이미 살펴본 것처럼 디스크립터는 클래스 속성으로 설정해야 한다. 이것은 대부분의 경우에 큰 문제가 안 되지만 몇 가지 고려해야 할 점이 있다.

클래스 속성의 문제점은 이들이 해당 클래스의 모든 인스턴스에서 공유된다는 것이다. 디스크립터도 예외가 아니기 때문에 디스크립터 객체에 데이터를 보관하면 모든 객체가 동일한 값에 접근할 수 있다.

각 객체에 데이터를 저장하는 대신 디스크립터가 데이터 자체를 유지하도록 잘못 정의하면 어떻게 되는지 살펴보자.

```python
class SharedDataDescriptor:
    def __init__(self, initial_value):
        self.value = initial_value

    def __get__(self, instance, owner):
        if instance is None:
            return self
        return self.value

    def __set__(self, instance, value):
        self.value = value

class ClientClass:
    descriptor = SharedDataDescriptor("첫 번째 값")
```

이 예에서 디스크립터 객체는 데이터 자체를 바로 저장한다. 이것은 인스턴스의 값을 수정하면 같은 클래스의 다른 모든 인스턴스에서도 값이 수정된다는 것을 의미한다. 다음 코드는 그러한 예를 보여준다.

```
>>> client1 = ClientClass()
>>> client1.descriptor
'첫 번째 값'

>>> client2 = ClientClass()
>>> client2.descriptor
'첫 번째 값'

>>> client2.descriptor = "client2를 위한 값"
>>> client2.descriptor
'client2를 위한 값'

>>> client1.descriptor
'client2를 위한 값'
```

한 객체의 값을 변경하면 갑자기 모든 객체의 값이 한꺼번에 변경되는 것을 볼 수 있다. 이것은 ClientClass.descriptor가 고유하기 때문이다. 이것은 모든 인스턴스에 대해 동일한 속성이다.

어떤 경우에는 이것이 실제로 원하는 것일 수도 있다(예를 들어 클래스의 모든 객체에 대해 상태를 공유하려는 일종의 Borg 패턴을 구현한 경우). 그러나 객체를 구별하는 것이 일반적이다. 이러한 패턴은 9장 "일반적인 디자인 패턴"에서 보다 자세히 설명한다.

이를 해결하기 위해서 디스크립터는 각 인스턴스의 값을 보관했다가 반환해야 한다. 이것이 각 인스턴스의 __dict__ 사전에 값을 설정하고 검색하는 이유이다.

이렇게 해결하는 것이 가장 일반적인 방법이다. 이미 살펴본 것처럼 getattr()과 setattr()을 사용할 수 없기 때문에 __dict__ 속성을 수정하는 것이 사용 가능한 최후의 선택이다.

❏ 객체의 사전에 접근하기

이 책 전체에 걸쳐 디스크립터는 객체의 사전 __dict__ 에 값을 저장하고 조회한다.

 항상 인스턴스의 __dict__ 속성에서 데이터를 저장하고 반환한다.

지금까지는 이러한 접근 방식만을 사용하지만, 다음 섹션에서는 몇 가지 다른 구현 방법을 살펴보겠다.

❏ 약한 참조 사용

__dict__를 사용하지 않으려는 경우 또 다른 대안은 디스크립터 객체가 직접 내부 매핑을 통해 각 인스턴스의 값을 보관하고 반환하는 것이다.

이렇게 하는 것에는 주의사항이 있다. 내부 매핑을 할 때 사전을 사용하면 안 된다. 클라이언트 클래스는 디스크립터에 대한 참조를 가지며 디스크립터는 디스크립터를 사용하는 객체에 대한 참조를 가지므로 순환 종속성이 생겨 결과적으로 결코 가비지 컬렉션이 되지 않는 문제가 있다.

이를 해결하기 위해 사전은 weakref(WEAKREF 01) 모듈에 정의된 것처럼 약한 키가 되어야 한다.

이 경우 디스크립터의 코드는 다음과 같다.

```python
from weakref import WeakKeyDictionary

class DescriptorClass:
    def __init__(self, initial_value):
        self.value = initial_value
        self.mapping = WeakKeyDictionary()

    def __get__(self, instance, owner):
        if instance is None:
            return self
        return self.mapping.get(instance, self.value)

    def __set__(self, instance, value):
        self.mapping[instance] = value
```

이렇게 하면 문제가 해결되지만 몇 가지 고려사항이 있다.

- 인스턴스 객체는 더 이상 속성을 보유하지 않는다. 대신 디스크립터가 속성을 보유한다. 이것은 다소 논란의 여지가 있으며 개념적 관점에서 보면 완전히 정확하지 않을 수도 있다. 이 세부 사항을 잊어버리면 객체의 사전에 있는 내용을 찾으려고 할 수 있으나(예: vars(client) 호출) 객체는 속성을 보유하지 않았기 때문에 완전한 데이터를 반환하지 않을 것이다.

- 객체는 __hash__ 메서드를 구현하여 해시가 가능해야 한다. 만약 해시가 가능하지 않다면 WeakKeyDictionary에 매핑할 수가 없다. 어떤 애플리케이션에서는 이것이 너무 엄격한 요구 사항일 수도 있다.

이러한 이유로 이 책에서는 지금까지 보여준 구현을 선호한다. 이 구현은 각 인스턴스의 __dict__ 사전을 사용한다. 그러나 완결성을 위해 대안을 검토해보았다.

디스크립터에 대한 추가 고려사항

여기서는 디스크립터를 사용하는 것이 좋은 선택일 경우 어떤 일을 할 수 있는지 그리고 처음에 접근했던 방법을 디스크립터를 사용해 어떻게 개선할 수 있는지에 대한 관점에서 일반적인 고려사항을 검토한다. 디스크립터를 사용해 구현한 다음에는 원래의 구현과 비교해 장단점을 비교해본다.

❏ 코드 재사용

디스크립터는 코드 중복을 피하기 위한 일반적인 도구이자 강력한 추상화 도구이다. 프로퍼티를 자주 사용하는 경우 디스크립터가 유용하게 활용될 수 있다. (@property, @⟨property⟩. setter, @⟨property⟩.deleter 형태가 반복해서 쓰이는 경우) 즉, 여러 타입에 동일한 로직이 적용되는 제네릭 프로퍼티 또는 동일한 로직이 반복되는 보일러플레이트(boilerplate) 코드가 여러 곳에서 필요한 경우이다. 프로퍼티는 디스크립터의 특별한 형태일 뿐이다. @property 데코레이터는 디스크립터 프로토콜에 맞추어 get, set, delete 액션을 모두 정의한 객체이다. 즉, 보다 복잡한 작업을 하기 위해 (프로퍼티를 대신하여) 디스크립터를 사용해도 된다.

5장 "데코레이터를 사용하여 코드 개선하기"에서 설명했듯이 또 다른 강력한 재사용 도구로 데코레이터가 있다. 디스크립터는 데코레이터가 클래스 메서드에서도 동작할 수 있도록 도와 더 나은 데코레이터를 만들 수 있게 한다.

데코레이터는 항상 __get__() 메서드를 구현하고 디스크립터를 사용하는 것이 안전하다고 말할 수 있다. 데코레이터를 만들 가치가 있는지 결정할 때는 5장 "데코레이터를 사용하여 코드 개선하기"에 설명된 "3의 규칙"(역주 : 3의 규칙. 같은 코드가 3회 이상 필요할 경우에 재사용성을 고려하라는 규칙)을 활용할 수 있다. 디스크립터도 마찬가지의 규칙을 적용할 수 있다.

일반적인 디스크립터에 대해서는 앞서 데코레이터에 적용한 "3의 규칙(three instances rule)" 외에도 기억할 것이 있다. 클라이언트가 사용하게 되는 내부 API에 대해서는 디스크립터를 사용하는 것이 좋다는 것이다. 이는 일회성 솔루션이 아닌 라이브러리나 프레임워크의 디자인에 대해서는 기능을 확장하기가 좋기 때문이다.

매우 특별한 이유가 있거나 또는 코드를 훨씬 좋게 하는 무언가가 없다면 디스크립터에 비즈니스 로직을 넣으면 안 된다. 대신 디스크립터의 코드에는 비즈니스 코드가 아닌 구현 코드가 더 많이 포함되어야 한다. 디스크립터는 비즈니스 로직에서 사용할 새로운 객체나 데이터 구조를 정의하는 것과 비슷하다.

 일반적으로 디스크립터는 구현 로직을 포함하며 비즈니스 로직을 포함하지 않는다.

❏ 클래스 데코레이터의 대안

5장 "데코레이터를 사용해 코드 개선하기"에서 이벤트 객체의 직렬화 방식을 결정하기 위해 사용한 클래스 데코레이터를 떠올려 보면 (파이썬 3.7+의 경우) 결국 두 개의 클래스 데코레이터를 사용하여 구현했었다.

```
@Serialization(
    username=show_original,
    password=hide_field,
    ip=show_original,
    timestamp=format_time,
)
@dataclass
class LoginEvent:
    username: str
    password: str
    ip: str
    timestamp: datetime
```

첫 번째 것은 어노테이션에서 속성을 가져와 변수를 선언할 때 사용하는 반면 두 번째는 파일을 처리하는 방법을 정의한다. 이 두 가지 데코레이터를 디스크립터로 변경할 수 있을지 살펴보자.

주요 내용은 각 속성의 값에 대해 요건에 맞게 변환 후에 수정된 버전을 반환하는 디스크립터를 만드는 것이다. 예를 들어 민감한 정보를 숨기거나 날짜를 정확하게 포매팅하는 등의 작업이다.

```python
from dataclasses import dataclass
from datetime import datetime
from functools import partial
from typing import Callable

class BaseFieldTransformation:

    def __init__(self, transformation: Callable[[], str]) -> None:
        self._name = None
        self.transformation = transformation

    def __get__(self, instance, owner):
        if instance is None:
            return self
        raw_value = instance.__dict__[self._name]
        return self.transformation(raw_value)

    def __set_name__(self, owner, name):
        self._name = name

    def __set__(self, instance, value):
        instance.__dict__[self._name] = value

ShowOriginal = partial(BaseFieldTransformation, transformation=lambda x: x)
HideField = partial(
    BaseFieldTransformation, transformation=lambda x: "**민감한 정보 삭제**"
)
FormatTime = partial(
    BaseFieldTransformation,
    transformation=lambda ft: ft.strftime("%Y-%m-%d %H:%M"),
)
```

하나의 파라미터를 취하여 하나의 값을 반환하는 함수를 가진 흥미로운 디스크립터이다. 이 함수는 필드에 적용하려는 변환 함수이다. 디스크립터 클래스의 정의와 함께 필요한 규칙이 정의되어 있는 디스크립터 클래스가 있다.

이 예제는 하위 클래스를 추가 생성하는 방법으로 functools.partial를 사용하고 있다(https://

docs.python.org/3.6/library/functools.html#functools.partial). 클래스 변환 함수에 호출 가능한 함수를 직접 전달하여 함수의 새 버전을 만들었다.

예제를 단순하게 하기 위해 __init__()과 serialize() 메서드 또한 추상화할 수 있지만 직접 구현할 것이다. 이러한 배경 아래 이벤트 클래스는 다음과 같이 정의된다.

```python
@dataclass
class LoginEvent:
    username: str = ShowOriginal()
    password: str = HideField()
    ip: str = ShowOriginal()
    timestamp: datetime = FormatTime()

    def serialize(self) -> dict:
        return {
            "username": self.username,
            "password": self.password,
            "ip": self.ip,
            "timestamp": self.timestamp,
        }
```

위 코드를 실행하면 다음과 같이 출력된다.

```python
>>> le = LoginEvent("john", "secret password", "1.1.1.1",
datetime.utcnow())
>>> vars(le)
{'username': 'john', 'password': 'secret password', 'ip': '1.1.1.1', 'timestamp':
...}
>>> le.serialize()
{'username': 'john', 'password': '**redacted**', 'ip': '1.1.1.1', 'timestamp':
'...'}
>>> le.password
'**민감한 정보 삭제**'
```

데코레이터를 사용한 이전 구현과 비교하면 몇 가지 차이점이 있다. 이 예제에서는 serialize() 메서드를 추가하고 필드를 결과 사전에 표시하기 전에 숨겼다. 그러나 이 순간에도 메모리의 이벤트 인스턴스에서 변환을 적용하지 않은 원래의 값을 구할 수 있다. 물론 값을 설정할 때 미리 변환한 값을 저장하고 가져올 때는 그대로 가져올 수도 있다.

애플리케이션의 민감도에 따라 허용되거나 허용하지 않을 수도 있지만, 이번 예제에서는 객체의 public 속성을 요청하면 디스크립터가 결과를 보여주기 전에 변환 작업을 적용한다. 객체의 `__dict__` 사전에 접근하여 원본 값을 가져올 수도 있다. 그러나 기본적으로는 값을 요청하면 변환된 값을 반환한다.

이 예제에서 모든 디스크립터는 기본 클래스에 정의된 공통 로직을 따른다. 디스크립터는 객체에 값을 저장한 다음 정의된 변환 로직에 따라 값을 반환한다. 템플릿 메서드 디자인 패턴으로 클래스마다 고유한 변환 함수를 갖도록 클래스 계층 구조를 만들 수도 있다. 그러나 이번 예제의 경우 파생 클래스의 변경 사항이 상대적으로 적기 때문에 (딱 1개의 함수) 파생 클래스를 기본 클래스의 부분 애플리케이션으로 만드는 방법을 선택했다. 새로운 변환 필드를 생성하는 것은 새로운 기본 클래스를 정의하는 것만큼 간단해야 한다. 기존 클래스에 기반을 둔 새로운 클래스는 간단하게 정의할 수 있으므로 이름을 설정할 필요가 없다.

이 구현과 관계없이 디스크립터는 객체이므로 모델을 만들어서 객체 지향 프로그래밍의 모든 규칙을 적용할 수 있다. 디자인 패턴은 디스크립터에도 적용된다. 계층 구조를 정의하고 사용자 정의 동작을 설정하는 등의 작업을 할 수 있다. 이 예제는 4장 "SOLID 원칙"에서 소개한 OCP를 따른다. 새로운 변환 기능을 추가할 때 기본 클래스를 수정하지 않고 파생 클래스를 만들면 되기 때문이다. 앞의 데코레이터 구현도 OCP를 따르지만 각 변환 메커니즘에 클래스가 사용되지는 않았다.

`__init__()`과 serialize() 메서드를 구현한 기본 클래스를 만들고, 다음과 같이 그것을 상속받아 LoginEvent 클래스를 간단히 정의하는 방법을 살펴보자.

```python
class LoginEvent(BaseEvent):
    username = ShowOriginal()
    password = HideField()
    ip = ShowOriginal()
    timestamp = FormatTime()
```

이렇게 코드를 작성하면 클래스가 훨씬 깔끔해 보인다. 필요한 속성만 정의하면 되고 각 속성의 클래스를 보면 어떤 로직이 적용되었는지 바로 이해할 수 있다. 기본 클래스는 공통 메서드만 추상화할 것이고, 결과적으로 각 이벤트 클래스는 더 작고 간단하게 된다.

각 이벤트 클래스가 단순해질 뿐 아니라, 디스크립터 자체도 매우 작아서 클래스 데코레이터보다 훨씬 간단하다. 클래스 데코레이터를 사용한 원래의 방식도 좋았지만 디스크립터를 사용한 방식이 더 뛰어나다.

디스크립터 분석

지금까지 디스크립터가 어떻게 동작하는지 살펴보았다. 또한 디스크립터가 로직을 단순화하고 클래스를 보다 컴팩트하게 만들어 클린 디자인에 기여하는 흥미로운 상황에 대해 살펴보았다.

지금까지는 디스크립터를 사용하면 반복적인 로직과 구현 세부 사항을 추상화하여 보다 명확한 코드를 작성할 수 있다는 것을 살펴보았다. 그러나 디스크립터를 사용하여 구현이 깨끗해지고 정확해졌다는 것을 어떻게 알 수 있을까? 좋은 디스크립터의 기준은 무엇일까? 우리는 이 도구를 적절히 사용하는 것일까 아니면 오버 엔지니어링을 하는 것일까?

이 섹션에서는 이러한 질문에 대답하기 위해 디스크립터를 보다 자세히 분석해볼 것이다.

파이썬 내부에서의 디스크립터 활용

어떤 것이 좋은 디스크립터인지 확인하는 가장 간단한 방법은 다른 훌륭한 파이썬 객체와 얼마나 유사한지를 보는 것이다. 좋은 디스크립터는 파이썬 자체의 디스크립터와 유사하다. 따라서 파이썬이 어떻게 디스크립터를 사용하는지 분석해보면 훌륭한 구현을 통해 기대할 수 있는 점을 알 수 있게 된다.

파이썬이 내부 로직의 일부를 해결하기 위해 디스크립터를 사용하는 가장 일반적인 시나리오를 살펴볼 것이다. 이 과정에서 우아하고도 평범하게 존재하는 디스크립터를 발견하게 될 것이다.

❏ 함수와 메서드

디스크립터 객체 중에 가장 멋있는 예는 바로 함수일 것이다. 함수는 __get__ 메서드를 구현했기 때문에 클래스 안에서 메서드처럼 동작할 수 있다.

파이썬에서 메서드는 추가 파라미터를 가진 함수일 뿐이다. 관습적으로 메서드의 첫 번째 파라미터는 "self"라는 이름을 사용하며 메서드를 소유하고 있는 클래스의 인스턴스를 나타낸다. 따라서 메서드에서 "self"를 사용하는 것은 객체를 받아서 수정을 하는 함수를 사용하는 것과 동일하다.

다른 말로하면 다음과 같이 정의한 경우 :

```
class MyClass:
    def method(self, ...):
        self.x = 1
```

실제로 다음과 같이 정의하는 것과 같다.

```
class MyClass: pass

def method(myclass_instance: MyClass, ...):
    myclass_instance.x = 1

method(MyClass())
```

따라서 메서드는 객체를 수정하는 또 다른 함수일 뿐이며, 객체 안에서 정의되었기 때문에 객체에 바인딩되어 있다고 말한다.

다음과 같은 형태로 호출하면

```
instance = MyClass()
instance.method(...)
```

파이썬은 실제로 다음과 같이 처리한다.

```
instance = MyClass()
MyClass.method(instance, ...)
```

이것은 파이썬에 의해 디스크립터의 도움을 받아 내부적으로 처리되는 구문 변환일 뿐이라는 것에 유의하자.

함수는 디스크립터 프로토콜을 구현하였으므로 __get__() 메서드가 먼저 호출된다(이 장의 시작 부분에서 살펴본 것처럼 이렇게 동작하는 것은 프로토콜이 그러하기 때문이다. 마찬가지로 해당 필드의 값을 조회하려고 하면 __set__ 메서드가 호출되고, __set__ 메서드의 결과값이 반환된다). 이제 __get__ 메서드는 일부 변환 작업을 한 다음에 내부 함수를 호출한다.

```
>>> def function(): pass
...
>>> function.__get__
<method-wrapper '__get__' of function object at 0x...>
```

instance.method(...) 구문에서는 괄호 안의 인자를 처리하기 전에 "instance.method" 부분이 먼저 평가된다.

method는 클래스 속성으로 정의된 객체이고 __get__ 메서드가 있기 때문에 __get__ 메서드가 호출된다. 그리고 __get__ 메서드가 하는 일은 함수를 메서드로 변환하는 것이다. 즉 함수를 작업하려는 객체의 인스턴스에 바인딩한다.

파이썬이 내부적으로 하는 일에 대해 좀 더 자세히 알아볼 수 있도록 예제를 살펴보자.

외부에서 호출 가능한 형태의 함수 또는 메서드를 클래스 내에 호출 가능한 객체로 정의할 것이다. Method 클래스의 인스턴스는 함수나 메서드 형태로 다른 클래스에서 사용될 것이다. 이 함수는 단지 전달받은 3개의 인자를 그대로 출력한다. 첫 번째 파라미터는 instance로 클래스에 정의될 경우 self가 된다. 그리고 __call__() 메서드에서 self는 MyClass의 인스턴스가 아니라 Method의 인스턴스를 나타내는 것에 주의하자. 파라미터로 전달된 instance가 MyClass 타입의 객체이다.

```
class Method:
    def __init__(self, name):
        self.name = name

    def __call__(self, instance, arg1, arg2):
        print(f"{self.name}: {instance} 호출됨. 인자는 {arg1}와 {arg2}입니다.")

class MyClass:
    method = Method("Internal call")
```

이상의 내용을 기반으로 객체를 만들었다면 다음과 두 가지 호출은 동일한 역할을 해야 한다.

```
instance = MyClass()
Method("External call")(instance, "first", "second")
instance.method("first", "second")
```

첫 번째 호출은 동작하지만, 두 번째 호출은 에러가 발생한다.

```
Traceback (most recent call last):
File "file", line , in <module>
    instance.method("first", "second")
TypeError: __call__() missing 1 required positional argument: 'arg2'
```

5장 "데코레이터를 사용하여 코드 개선하기"에서도 비슷한 오류가 발생했었다. (역주 : 메서드를 호출하면 파이썬에서 자동으로 첫 번째 파라미터에 인스턴스를 추가하는 것을 기억하자. 따라서 instance.method("first", "second")는 MyClass.method(instance, "first", "second")를 호출한 것과 비슷하다.)

오류가 발생하는 이유는 파라미터의 위치가 한 칸씩 밀려서 Method.__call__ 기준으로 self 자리에 instance가 전달되고, instance 자리에 "first"가 전달되고, arg1 자리에 "second"가 전달되는데, arg2 자리에는 아무 값도 전달되지 않았기 때문이다.

이 문제를 해결하려면 메서드를 디스크립터로 변경하면 된다.

그렇게 하면 instance.method 호출 시 Method.__get__ 메서드를 먼저 호출할 것이다. 여기에서 첫 번째 파라미터로 Method의 인스턴스를 전달함으로써 객체에 바인딩하면 된다.

```python
from types import MethodType

class Method:
    def __init__(self, name):
        self.name = name

    def __call__(self, instance, arg1, arg2):
        print(f"{self.name}: {instance} 호출됨. 인자는 {arg1}와 {arg2}입니다.")

    def __get__(self, instance, owner):
        if instance is None:
            return self
        return MethodType(self, instance)
```

이제는 두 호출이 모두 예상대로 동작한다.

```
External call: <MyClass object at 0x...> 호출됨. 인자는 first와 second입니다.
Internal call: <MyClass object at 0x...> 호출됨. 인자는 first와 second입니다.
```

수정한 것은 types 모듈의 MethodType을 사용하여 함수 (여기에서는 함수 대신에 호출 가능한 객체 Method를 만들어서 설명하고 있음)를 메서드로 변환하는 것이다. 이 클래스의 첫 번째 파라미터는 호출 가능한 것이어야 한다(여기에서는 self인데 self는 Method의 인스턴스로 __call__ 메서드를 구현했으므로 호출 가능한 형태이다). 두 번째 파라미터는 이 함수에 바인딩할 객체이다.

파이썬의 함수 객체도 이것과 비슷하게 동작한다. 따라서 클래스 내부에 함수를 정의할 경우 메서드처럼 사용할 수 있는 것이다. 이 예에서는 실제로 C로 구현된 인터프리터의 동작을 확인하기 어렵기 때문에 MyClass라는 추상화 객체를 사용해 함수 객체를 시뮬레이션 하고자 했다. 그러나 이 설명을 통해 객체의 메서드 호출 시 파이썬 내부적에서 무슨 일이 벌어지고 있는지 확인할 수 있었다.

이것은 매우 우아한 처리 방법으로 사용자 정의 객체를 만들 때도 이러한 파이썬스러운 접근 방식을 염두에 두는 것이 좋다. 예를 들어 사용자 정의 호출 가능한 객체를 정의할 때는 지금처럼 디스크립터로 만들어서 클래스 속성으로도 사용할 수 있도록 하는 것이 좋다.

❏ 메서드를 위한 빌트인 데코레이터

공식 문서(PYDESCR-02)에 설명된 것처럼 @property, @classmethod와 @staticmethod 데코레이터는 디스크립터이다.

메서드를 인스턴스가 아닌 클래스에서 직접 호출할 때는 관습적으로 디스크립터 자체를 반환한다는 것을 몇 차례 언급했었다. 프로퍼티를 클래스에서 직접 호출하면 계산할 속성이 없으므로 일종의 디스크립터인 프로퍼티 객체 자체를 반환한다.

```
>>> class MyClass:
... @property
... def prop(self): pass
...
>>> MyClass.prop
<property object at 0x...>
```

@classmethod를 사용하면 디스크립터의 __get__ 함수가 메서드를 인스턴스에서 호출하든 클래스에서 직접 호출하든 상관없이 데코레이팅 함수에 첫 번째 파라미터로 메서드를 소유한 클래스를 넘겨준다. @staticmethod를 사용하면 정의한 파라미터 이외의 파라미터를 넘기지 않도록

한다. 즉, __get__ 메서드에서 함수의 첫 번째 파라미터에 self를 바인딩하는 작업을 취소한다.

예를 들어 @property 데코레이터처럼 동작하지만 클래스를 대상으로 한다는 것만 다른 @classproperty 데코레이터를 만들었다고 가정해보자. 이 데코레이터를 잘 만들었다면 다음과 비슷한 코드가 잘 동작해야 한다.

```python
class TableEvent:
    schema = "public"
    table = "user"

    @classproperty
    def topic(cls):
        prefix = read_prefix_from_config()
        return f"{prefix}{cls.schema}.{cls.table}"
```

```
>>> TableEvent.topic
'public.user'
>>> TableEvent().topic
'public.user'
```

이 작업을 위한 코드는 비교적 간단하다.

```python
class classproperty:
    def __init__(self, fget):
        self.fget = fget

    def __get__(self, instance, owner):
        return self.fget(owner)
```

이전 장에서 보았듯이 초기화 메서드에서는 데코레이트될 될 함수를 취한다. 여기서 흥미로운 점은 __get__ 매직 메서드에서 값을 조회할 때 앞에서 저장한 함수와 인스턴스를 소유한 객체를 파라미터로 전달한다는 점이다.

이 예제가 클래스에서 직접 호출 시 일반적인 __get__ 메서드의 보일러플레이트 코드와 어떻게 다른지 확인할 수 있다. 원래는 instance가 None인 경우 self를 반환했지만 여기서는 그렇지 않다. 여기서는 instance가 None일 것으로 예상하기 때문에 (왜냐하면 객체가 아닌 클래스에서 호출되기 때문에) owner 파라미터를 사용한다.

❏ 슬롯(slots)

__slots__는 해당 클래스가 가질 수 있는 필드의 범위를 정의하는 클래스 속성(class attribute)이다.

지금까지 예제를 살펴보면서 파이썬이 내부적으로 객체의 정보를 사전으로 관리한다는 것을 알아차렸을 것이다. 객체의 속성 또한 __dict__라는 사전에 저장된다. 때문에 동적으로 새로운 속성을 추가하거나 기존 속성을 제거할 수도 있다. 그러나 객체의 정의를 고정(frozen)할 방법은 없었다. 단지, 이전 예에서처럼 특정 메서드를 거쳐서 호출하는 것은 가능했다.

이제 __slots__ 클래스 속성의 등장으로 이 모든 것이 변경되었다. __slots__ 속성을 사용해 앞으로 클래스에서 허용할 속성의 이름을 차례로 지정할 수 있다. 그럼 그 순간부터는 해당 클래스의 인스턴스에 새로운 속성을 동적으로 추가할 수 없다. 만약 __slots__ 속성을 가진 클래스 인스턴스에 새로운 속성을 추가하려고 하면 AttributeError 오류가 발생한다. __slots__ 속성을 정의하면 클래스의 속성이 정적(static)으로 되기 때문에 __dict__ 속성을 갖지 않으므로 더 이상 속성을 동적으로 추가할 수 없다.

그렇다면 객체의 사전이 없는데 어떻게 속성을 가져올 수 있을까? 바로 디스크립터를 사용하는 것이다. __slot__에 정의된 이름마다 디스크립터를 만들어서 값을 저장하고 있으므로 나중에 검색도 가능하다.

```python
from dataclasses import dataclass

@dataclass
class Coordinate2D:
    __slots__ = ("lat", "long")

    lat: float
    long: float

    def __repr__(self):
        return f"{self.__class__.__name__}({self.lat}, {self.long})"
```

__slots__를 사용하면 파이썬은 새로운 객체의 속성에 대비하여 오직 고정된 크기의 메모리만 예약한다. 따라서 객체는 __dict__ 속성을 갖지 않으며, 동적으로 변경할 수도 없다. 만약 vars(…) 같은 함수를 사용하여 사전을 변경하려고 하면 TypeError가 발생한다.

(역주: vars 내장 함수는 객체의 __dict__ 속성을 반환하는 함수인데, vars(Coordinate2D(0, 0)) 처럼 Coordinate2D 인스턴스의 __dict__ 사전에 접근하려고 하면 다음 에러가 발생한다.)

TypeError: vars() argument must have __dict__ attribute

그리고 인스턴스의 속성을 저장할 __dict__ 속성이 없기 때문에, 파이썬은 대신 각각의 slot에 대해서 디스크립터를 만들어준다. 이 말은 다시 생각하면 이제 클래스 속성과 인스턴스 속성을 혼합해서 사용할 수 없다는 것을 뜻한다. 예를 들어 인스턴스 속성의 기본 값으로 클래스 속성을 사용하는 경우가 종종 있는데, 이제 그렇게 하면 에러가 발생한다. (역주: _slot_0 = 'This is slot 0'처럼 클래스 속성 선언과 동시에 초기 값을 지정하려고 하면 에러가 발생한다. 슬롯 속성을 초기화하려는 경우 __init__ 메서드에서 초기화가 가능하다. 다음 사이트에서 예제와 함께 추가 설명을 확인할 수 있다. https://wiki.python.org/moin/UsingSlots)

이것은 흥미로운 기능이지만 파이썬의 동적 특성을 없애기 때문에 주의해서 사용해야 한다. 해당 객체가 정적으로 고정되어 있으며, 다른 곳에서도 동적으로 속성을 추가할 일이 없다는 것을 확신할 수 있을 때에만 사용해야 한다.

슬롯을 사용한 객체의 장점은 메모리를 덜 사용한다는 점이다. 왜냐하면 사전 형태가 아닌 고정된 필드의 값만 저장하면 되기 때문이다.

데코레이터를 디스크립터로 구현하기

지금까지 파이썬이 디스크립터를 사용하여 함수를 클래스 안에 선언했을 때에도 메서드처럼 사용할 수 있게 하는 것을 살펴보았다. 또한 데코레이터가 호출되는 형태에 맞춰 동작하도록 디스크립터 프로토콜의 __get__ 메서드를 활용하는 방법도 알아보았다. 이 기법들을 활용하면 파이썬이 함수를 메서드로 만드는 문제를 해결한 것과 마찬가지로 사용자 정의 데코레이터 개발 중 발생하는 문제를 해결할 수 있다.

데코레이터를 이런 형태로 만들기 위한 일반적인 방법은 __get__ 메서드를 구현하고 types.MethodType을 사용해 데코레이터 자체를 객체에 바인딩된 메서드로 만드는 것이다.

이렇게 하려면 데코레이터를 객체로 구현해야 한다. 만약 함수로 구현하는 경우 __get__() 메서드가 이미 존재할 것이기 때문에 정상적으로 동작하지 않게 된다. 더 깔끔한 방법은 데코레이터를 위한 클래스를 정의하는 것이다.

클래스 메서드에도 적용 가능한 데코레이터를 만들려면 데코레이터 클래스에 __get__() 메서드를 구현한다.

디스크립터 최종 정리

디스크립터에 대한 정리를 하기 전에 클린 코드와 모범 사례와 관련하여 경험을 통해 얻은 몇 가지 추천 사항을 소개한다.

디스크립터의 인터페이스

4장, SOLID 원칙에서 I에 해당하는 인터페이스 분리 원칙을 다시 생각해보자. 인터페이스를 작게 유지하는 것이 좋은 습관이라고 했었다.

이 원칙은 추상 기본 클래스(abstract base class) 뿐만 아니라 아니라, 디스크립터에 대해서도 적용된다.

이미 언급한 것처럼 디스크립터 프로토콜에는 4가지 메서드가 있지만 부분만 구현하는 것도 가능하다. 즉, 항상 모든 항목을 구현할 필요가 없다. 꼭 필요한 메서드만 구현하는 것이 더 좋다. 사실 대부분의 경우 __get__ 메서드만 구현하는 것으로도 요구 사항을 해결할 수 있을 것이다.

 필요하지 않은 메서드를 구현하지 말자. 디스크립터 프로토콜 중에 꼭 필요한 것만 구현하자.

__delete__ 메소드를 필요로 하는 경우는 많지 않을 것이다.

디스크립터의 객체 지향 설계

디스크립터를 사용하는 것 자체가 객체 지향 설계의 기능을 향상 시킨다는 것은 아니다. 여기서 말하고자 하는 것은 디스크립터도 일반 객체이기 일반적인 객체 지향 설계 규칙을 따라야 한다는 것이다. 예를 들어 디스크립터도 부모 클래스를 가질 수 있고 상속을 사용하여 보다 구체적인 파생 클래스를 만들 수도 있다.

다른 객체 지향 설계의 일반적인 모범 사례와 원칙 또한 그대로 적용된다. 예를 들어 __get__ 메서드만 있는 부모 클래스가 있는 상황에서, __set__ 메서드도 구현하는 하위 클래스를 만드는 것은 좋은 생각이 아니다. 왜냐하면 부모가 제공하지 않는 기능을 홀로 구현하는 하위 클래스는 리스코프 치환 원칙을 위반하기 때문이다.

디스크립터에 대한 타입 어노테이션

대부분의 경우 디스크립터에 타입 어노테이션을 추가하는 것은 어려운 일이다.

순환 의존성(circular dependency) 문제가 있을 수 있기 때문이다. 즉, 디스크립터가 정의된 파일은 디스크립터를 사용하는 객체의 타입을 확인하기 위해 클라이언트 파일을 읽어야 하지만, 클라이언트 파일 역시 디스크립터가 정의된 파일을 읽어야 한다. 만약에 실제 타입 대신 문자열을 사용하여 이러한 문제를 극복했다고 하더라도 또 다른 문제가 있다.

디스크립터에 타입 어노테이션을 추가할 수 있다는 말은 디스크립터가 한 가지 데이터 타입에 대해서만 사용 가능하다는 뜻이다. 그런데 이것은 일반적인 디스크립터의 목적과 상충되는 부분이다. 이 책에서 권장하는 것은 일반화할 수 있고, 코드 재사용성을 높일 수 있는 경우에 대해서 디스크립터를 사용하자는 것이다. 코드를 재사용하지 않는다면 디스크립터가 가지고 있는 복잡성은 의미가 없다.

때문에 항상 타입 어노테이션을 추가하는 것은 항상 좋은 습관이지만, 디스크립터의 경우에는 하지 않는 것이 더 간단한 선택일 수 있다. 그렇지만 디스크립터의 행동을 정확히 설명하는 docstring을 작성하기 위한 좋은 기회가 될 수 있다.

요약

디스크립터는 파이썬의 경계를 메타프로그래밍(metaprogrmming)에 가깝게 해주는 고급 기능이다. (역주 : 메타프로그래밍은 프로그램을 데이터처럼 다룰 수 있게 하는 프로그래밍 기법으로 다른 프로그램을 읽고, 생성하고, 분석하고, 변형시키고 심지어 런타임 중에도 수정할 수 있게 한다.) 디스크립터 활용의 가장 흥미로운 점은 파이썬의 클래스는 일반 객체일 뿐이므로 속성을 갖고 속성과 상호 교류할 수 있다는 점을 명확하게 해준다는 것이다. 이런 의미에서 디스크립터는 클래스가 가질 수 있는 가장 흥미로운 유형의 속성이다. 왜냐하면 디스크립터 프로토콜은 보다 진보된 형태의 객체 지향 기능을 활용하도록 촉진하기 때문이다.

그리고 디스크립터의 동작 방식과 메서드 그리고 그것들이 어떻게 결합되어 객체 지향 소프트웨어 디자인에 활용되는지 살펴보았다. 디스크립터를 활용함으로써 강력한 추상화를 통해 깔끔하고 컴팩트한 클래스를 만들 수 있었다. 함수와 메서드 모두에 사용할 수 있는 데코레이터를 만드는 방법에 대해 알아보았다. 파이썬이 내부적으로 어떻게 동작하는지 그리고 디스크립터가 어떻게 언어 구현에서 핵심적이고 중요한 역할을 하는지 이해했다.

디스크립터가 파이썬에서 내부적으로 어떻게 사용되는지에 대한 연구는 일반적인 해결책을 제시하는 것은 물론이고 사용자 정의 디스크립터의 올바른 사용을 위한 참고 자료로도 사용되어야한다.

디스크립터는 강력한 장점을 많이 가지고 있지만 불필요한 오버 엔지니어링에 사용되지 않도록 주의해야 한다. 이러한 측면에서 디스크립터는 내부 API 개발이나 라이브러리 또는 프레임워크 디자인과 같은 일반적인 경우에 대해서만 사용해야 한다. 이런 측면에서 중요한 또 다른 고려 사항은 디스크립터에는 비즈니스 로직을 구현한 컴포넌트에서 사용하기 위한 기술적인 기능 구현만을 포함하고 비즈니스 로직 자체를 포함하면 안 된다는 것이다.

다음 장에서도 흥미로운 고급 주제인 제너레이터에 대해서 다룬다. 얼핏 보기에는 제너레이터가 좀 더 단순하고 이미 익숙한 기능처럼 보이지만, 디스크립터처럼 다양한 기능을 가질 수 있으며 우아하고 고급스러운 디자인을 할 수 있도록 도와 파이썬만의 특별함을 더 돋보이게 할 것이다.

참고 자료

- 파이썬의 디스크립터 공식 문서
  https://docs.python.org/3/reference/datamodel.html#implementing-descriptors

- WEAKREF 01 : 파이썬 weakref 모듈
  https://docs.python.org/3/library/weakref.html

- PYDESCR-02 : 디스크립터를 사용한 빌트인 데코레이터
  https://docs.python.org/3/howto/descriptor.html#static-methods-and-class-methods

Chapter 7

제너레이터, 이터레이터 및 비동기 프로그래밍

제너레이터는 전통적인 언어와 파이썬을 구분 짓는 또 다른 특징적인 기능이다. 이 장에서는 제너레이터의 이론적 근거와 소개 배경 그리고 이를 통한 문제 해결 사례를 살펴볼 것이다. 또한 제너레이터를 사용해 이상적으로 문제를 해결하는 방법과 제너레이터(또는 이터러블)를 좀 더 파이썬스럽게 구현하는 방법에 대해 알아본다.

이터레이터 패턴을 따르면 왜 언어에서 자동으로 반복을 지원하게 되는지도 알게 될 것이다. 이 개념에서 출발하여 제너레이터가 어떻게 코루틴(coroutine)이나 비동기 프로그래밍 같은 기능을 지원하기 위한 기본 기능이 되었는지 살펴볼 것이다.

이 장의 목표는 다음과 같다.

- 프로그램의 성능을 향상시키는 제너레이터 만들기
- 이터레이터가 파이썬에 어떻게 (특히 이터레이터 패턴을 사용하여) 완전히 통합되었는지 확인
- 이터레이션 문제를 이상적으로 해결하는 방법
- 제너레이터가 어떻게 코루틴과 비동기 프로그래밍의 기반이 되는 역할을 하는지 확인
- 코루틴을 지원하기 위한 yield from, await, async def와 같은 문법의 세부 기능 확인

제너레이터를 마스터하면 이상적인 파이썬 코드를 작성하는 데 많은 도움이 되기 때문에 제너레이터를 이해하는 것은 중요하다. 이번 장에서는 제너레이터의 사용 방법뿐만 아니라, 제너레이터가 어떻게 동작하는지 정확히 이해하기 위해 내부의 작동 원리에 대해서도 알아볼 것이다.

기술적 요구사항

이 장의 예제는 파이썬 3.9를 사용하는 어떤 플랫폼에서도 정상 동작한다. 이 장에서 사용된 코드는

https://github.com/PacktPublishing/Clean-Code-in-Python-Second-Edition

에서 확인할 수 있다. 자세한 안내 사항은 README 파일에서 확인할 수 있다.

제너레이터 만들기

제너레이터는 파이썬에서 고성능이면서도 메모리를 적게 사용하는 반복을 위한 방법으로 (PEP-255) 아주 오래 전 2001년에 소개되었다.

제너레이터는 한 번에 하나씩 구성요소를 반환하는 이터레이터 객체를 반환하는 함수이다. 제너레이터를 사용하는 주요 목적은 메모리를 절약하는 것이다. 거대한 요소를 한꺼번에 메모리에 저장하는 대신 특정 요소를 어떻게 만드는지 아는 객체를 만들어서 필요할 때마다 하나씩만 가져오는 것이다.

이 기능은 하스켈과 같은 다른 함수형 프로그래밍 언어가 제공하는 것과 비슷한 방식으로 게으른 연산(lazy computation)을 통해 무거운 객체를 사용할 수 있도록 한다. 게으른 연산의 특성을 가졌기 때문에 무한 시퀀스를 사용할 수도 있다.

제너레이터 개요

먼저 예제를 살펴보자. 지금 하려는 것은 대규모의 구매 정보에서 최저 판매가, 최고 판매가, 평균 판매가를 구하는 것이다.

문제의 단순화를 위해 두 개의 필드만 있는 CSV 파일이 있다고 가정해보자.

```
<purchase_date>, <price>
...
```

모든 구매 정보를 받아 필요한 지표를 구해주는 객체를 만들어보자. 최솟값이나 최댓값 같은 지표는 min(), max() 같은 내장 함수를 사용하여 쉽게 구할 수 있다. 그러나 어떤 지표는 단번에 구할 수 없고 모든 구매 이력을 반복해야만 한다.

쉽게 생각하면 지표를 구하는 코드 자체는 간단하다. for 루프의 각 단계에서 각 지표를 업데이트하기만 하면 된다. 일단 다음처럼 간단하게 구현을 하고 제너레이터에 대한 학습을 한 뒤에 훨씬 간단하고 깔끔한 형태의 구현을 다시 해볼 것이다.

```python
class PurchasesStats:
    def __init__(self, purchases):
        self.purchases = iter(purchases)
```

```python
        self.min_price: float = None
        self.max_price: float = None
        self._total_purchases_price: float = 0.0
        self._total_purchases = 0
        self._initialize()

    def _initialize(self):
        try:
            first_value = next(self.purchases)
        except StopIteration:
            raise ValueError("더이상 값이 없음")

        self.min_price = self.max_price = first_value
        self._update_avg(first_value)

    def process(self):
        for purchase_value in self.purchases:
            self._update_min(purchase_value)
            self._update_max(purchase_value)
            self._update_avg(purchase_value)
        return self

    def _update_min(self, new_value: float):
        if new_value < self.min_price:
            self.min_price = new_value

    def _update_max(self, new_value: float):
        if new_value > self.max_price:
            self.max_price = new_value

    @property
    def avg_price(self):
        return self._total_purchases_price / self._total_purchases

    def _update_avg(self, new_value: float):
        self._total_purchases_price += new_value
        self._total_purchases += 1

    def __str__(self):
        return (
            f"{self.__class__.__name__}({self.min_price}, "
```

```
            f"{self.max_price}, {self.avg_price})"
        )
```

이 객체는 모든 구매 정보(purchases)를 받아서 필요한 계산을 한다. 이제 이 모든 정보를 로드해서 어딘가에 담아서 반환해주는 함수를 만들어보자. 다음은 첫 번째 버전이다.

```
def _load_purchases(filename):
    purchases = []
    with open(filename) as f:
        for line in f:
            *_, price_raw = line.partition(",")
            purchases.append(float(price_raw))

    return purchases
```

이 코드는 정상적인 결과를 반환한다. 파일에서 모든 정보를 읽어서 리스트에 저장한다. 그러나 성능에 문제가 있다. 파일에 상당히 많은 데이터가 있다면 로드하는데 시간이 오래 걸리고 메인 메모리에 담지 못할 만큼 큰 데이터일 수도 있다.

그런데 앞서 작성한 코드를 살펴보면 한 번에 하나의 데이터만을 사용하고 있다는 걸 알 수 있다. 그렇다면 굳이 파일의 모든 데이터를 한 번에 모두 읽어 와서 메모리에 보관해야 할 이유가 무엇일까? 뭔가 더 좋은 해결책이 있을 것이다.

해결책은 제너레이터를 만드는 것이다. 파일의 전체 내용을 리스트에 보관하는 대신에 필요한 값만 그때그때 가져오는 것이다. 다음과 같이 코드를 수정한다.

```
def load_purchases(filename):
    with open(filename) as f:
        for line in f:
            *_, price_raw = line.partition(",")
            yield float(price_raw)
```

이렇게 수정하면 메모리 사용량이 급격하게 떨어지는 것을 볼 수 있다. 결과를 담을 리스트가 필요 없어졌으며 return 문 또한 사라졌다.

이 경우 load_purchases 함수를 제너레이터 함수 또는 단순히 제너레이터라고 부른다.

파이썬에서 어떤 함수라도 yield 키워드를 사용하면 제너레이터 함수가 된다. 이 제너레이터를 함수를 호출하면 인스턴스를 만드는 것 외에는 아직 아무 작업도 하지 않는다. (역주: 이어서 설명이 나오는데 아직까지는 제너레이터를 선언만 한 것일뿐 아무 동작도 일어나지 않는다. next( ) 내장 함수를 사용하여 다음 요소를 불러올 수 있다.)

```
>>> load_purchases("file")
<generator object load_purchases at 0x...>
```

모든 제너레이터 객체는 이터러블이다. 이터러블(iterable)에 대해서는 뒤에 자세히 알아본다.

이터러블은 for 루프와 함께 사용할 수 있다는 정도만 알아두자. 여기서 주목할 점은 이 함수의 사용 코드가 그대로라는 점이다. 코드를 수정한 뒤에도 for 루프를 사용하여 지표를 계산하는 코드는 그대로이다.

이터러블을 사용하여 for 루프와 쉽게 호환이 가능한 강력한 추상화를 이룰 수 있었다. 이터러블 인터페이스를 따르기만 하면 투명하게 객체의 요소를 반복 가능한 것이다.

이 장에서 살펴보는 것들은 파이썬과 잘 어울리는 파이썬스러운 코드이다. 이전 장에서는 with 문을 사용하여 객체와 컨텍스트 관리자를 연결하는 방법, in이나 if 연산자를 활용하기 위해 사용자 정의 컨테이너 객체를 만드는 방법 등을 살펴보았다. 이제 for 연산자에서 활용하기 위한 이터레이터를 만들 차례이다.

제너레이터의 세부 사항을 확인하기 전에 제너레이터가 앞에서 살펴본 컴프리헨션과 어떻게 관련이 있는지 살펴보자. 컴프리헨션의 형태로 된 제너레이터를 제너레이터 표현식(generator expression)이라고 한다. 다음 섹션에서 이에 대해 간략히 살펴본다.

제너레이터 표현식

제너레이터를 사용하면 많은 메모리를 절약할 수 있다. 또한 제너레이터는 이터레이터이므로 리스트나 튜플, 세트처럼 많은 메모리를 필요로 하는 이터러블이나 컨테이너의 대안이 될 수 있다.

컴프리헨션(comprehension) (역주 : 컴프리헨션은 이터러블 객체를 쉽게 생성하기 위한 기법으로 lc = [i for I in range(10)]; 와 같은 문장이다. 리스트 컴프리헨션, 세트 컴프리헨션, 사전 컴프리헨션이 있는데 유독 제너레이터에 대해서는 제너레이터 표현식이라 부르고 있다.)에 의해 정의될 수 있는 리스트나 세트, 사전처럼 제너레이터도 제너레이터 표현식으로 정의할 수 있다. 물론 제너레이터 표현식을 제너레이터 컴프리헨션으로 불러야 한다는 주장도 있다. 이 책에서는 표준 이름을 따라 제너레이터 표현식이라고 부른다. 그러나 어떤 이름을 사용해도 좋다.

같은 방법으로 리스트 컴프리헨션을 사용해볼 것이다. 대괄호를 괄호로 교체하면 표현식의 결과로부터 제너레이터가 생성된다. 제너레이터 표현식은 sum()이나 max()와 같이 이터러블 연산이 가능한 함수에서 직접 사용할 수도 있다.

```
>>> [x**2 for x in range(10)]
[0, 1, 4, 9, 16, 25, 36, 49, 64, 81]

>>> (x**2 for x in range(10))
<generator object <genexpr> at 0x...>

>>> sum(x**2 for x in range(10))
285
```

이터러블을 파라미터로 받는 min(), max(), sum() 같은 함수를 사용할 때는 리스트 컴프리헨션 대신에 항상 제너레이터 표현식을 사용하자. 그렇게 하는 것이 보다 효율적이고 파이썬스러운 방식이다.

위의 권장 사항이 의미하는 바는 제너레이터를 사용할 수 있는 함수에 리스트를 전달하지 말자는 것이다. 다음 코드의 예제는 피해야할 방식으로 리스트를 전달하는 것보다는 제너레이터를 사용하는 것이 좋다.

```
>>> sum([x**2 for x in range(10)])   # 이 부분에서 리스트를 사용하지 않도록 하자.
```

물론 제너레이터 표현식도 컴프리헨션처럼 변수에 할당한 다음에 다른 곳에서 사용할 수 있다. 그러나 여기에는 중요한 차이가 있다. 리스트는 여러 번 재사용할 수 있지만 제너레이터는 재사용할 수 없다는 점이다. 때문에 한번만 사용하는지 꼭 확인을 해야 한다. 그렇지 않으면 예상하지 못한 결과를 가져올 수 있다.

제너레이터는 반복을 완료하면 소모(exhausted)된 상태가 된다는 것을 기억하자. 왜냐하면 제너레이터는 모든 데이터를 메모리에 가지고 있지 않기 때문이다.

일반적으로는 새로운 제너레이터 표현식을 만들어서 모두 소비한 다음에 다시 새로운 제너레이터 표현식을 만든다. 이렇게 제너레이터 표현식을 연결(chaining)하면 메모리를 절약하면서 각각의 코드에 다른 표현식을 사용하기 때문에 보다 명료한 코드가 될 수 있다. 예를 들어, 하나의 이터러블에 대해서 여러 필터를 적용하는 경우 여러 제너레이터 표현식을 연결(chaining)하면 유용하게 사용할 수 있다.

이제 새로운 순환 방법을 알게 되었으니 이것을 활용하여 어떻게 이상적인 코드를 작성할 수 있는지 살펴보자.

이상적인 반복

이 섹션에서는 파이썬에서 반복을 할 때 유용하게 사용할 수 있는 관용적인 코드를 살펴볼 것이다. 이러한 코드 예제는(특히 제너레이터 표현식을 알게 된 뒤에는) 제너레이터를 활용하는 방법을 익힐 수 있게 해주고, 제너레이터와 관련된 전형적인 문제를 해결하는 방법을 알려준다.

관용적인 반복 코드

우리는 이미 내장 함수인 enumerate()에 익숙하다. 이 함수는 이터러블을 입력 받아서 인덱스 번호와 원본의 원소를 튜플 형태로 변환하여 enumerate 객체를 반환한다.

```
>>> list(enumerate("abcdef"))
[(0, 'a'), (1, 'b'), (2, 'c'), (3, 'd'), (4, 'e'), (5, 'f')]
```

좀 더 저수준에서 이와 유사한 객체를 만들어볼 것이다. 이 객체는 단순히 시작 값을 입력하면 무한 시퀀스를 만드는 역할을 한다.

다음과 같이 간단하게 만들 수 있다. 객체의 next 함수를 호출할 때마다 다음 시퀀스 값을 무제한 출력해준다.

```
class NumberSequence:
    def __init__(self, start=0):
        self.current = start
```

```
        def next(self):
            current = self.current
            self.current += 1
            return current
```

이 인터페이스에 기반을 두어 클라이언트를 작성하면 명시적으로 next() 함수를 호출해야 한다.

```
>>> seq = NumberSequence()
>>> seq.next()
0
>>> seq.next()
1

>>> seq2 = NumberSequence(10)
>>> seq2.next()
10
>>> seq2.next()
11
```

그러나 이 코드로 enumerate() 함수를 사용하도록 재작성할 수는 없다. 왜냐하면 일반 파이썬의 for 루프를 사용하기 위한 인터페이스를 지원하지 않기 때문이다. 이는 또한 이터러블 형태의 파라미터로는 사용할 수 없다는 것을 뜻한다. 다음 코드를 살펴보자.

```
>>> list(zip(NumberSequence(), "abcdef"))
Traceback (most recent call last):
    File "...", line 1, in <module>
TypeError: zip argument #1 must support iteration
```

문제는 NumberSequence가 반복을 지원하지 않는다는 것이다. 이 문제를 해결하려면 __iter__() 매직 메서드를 구현하여 객체가 반복 가능하게 만들어야 한다. 또한 next() 메서드를 수정하여 __next__ 매직 메서드를 구현하면 객체는 이터레이터가 된다.

```
class SequenceOfNumbers:

    def __init__(self, start=0):
        self.current = start

    def __next__(self):
```

```
            current = self.current
            self.current += 1
            return current

    def __iter__(self):
        return self
```

이렇게 하면 요소를 반복할 수 있을 뿐 아니라 .next() 메서드를 호출할 필요도 없다. 왜냐하면 __next__() 메서드를 구현했으므로 next() 내장 함수를 사용할 수 있기 때문이다.

```
>>> list(zip(SequenceOfNumbers(), "abcdef"))
[(0, 'a'), (1, 'b'), (2, 'c'), (3, 'd'), (4, 'e'), (5, 'f')]
>>> seq = SequenceOfNumbers(100)
>>> next(seq)
100
>>> next(seq)
101
```

이것은 이터레이션 프로토콜을 사용한다. __enter__, __exit__ 메서드를 가진 컨텍스트 관리자 프로토콜과 유사하게, 이터레이션 프로토콜은 __iter__와 __next__ 메서드에 의존한다.

파이썬에서 이러한 프로토콜을 사용했을 때의 장점이 있다. 바로 파이썬에 익숙한 모든 사람이 이러한 인터페이스에 알고 있을 것이므로, 이러한 프로토콜이 일종의 표준 계약과 같은 형태로 동작한다는 점이다. 즉, 팀원과 상의해서 사용자 정의 함수를 따로 만드는 대신에, 첫번째 예제의 next() 메서드처럼 그저 표준 계약/프로토콜에 맞춰서 개발하기만 하면 된다. 파이썬은 이와 관련한 프로토콜과 인터페이스를 제공하고 있고, 우리는 단지 그 규약에 맞춰서 적절히 구현만 하면 된다.

❏ next() 함수

next() 내장 함수는 이터레이터를 다음 요소로 이동시키고 기존의 값을 반환한다.

```
>>> word = iter("hello")
>>> next(word)
'h'
>>> next(word)
'e' # ...
```

이터레이터가 더 이상의 값을 가지고 있지 않다면 StopIteration 예외가 발생한다.

```
>>> ...
>>> next(word)
'o'
>>> next(word)
Traceback (most recent call last):
    File "<stdin>", line 1, in <module>
StopIteration
>>>
```

이 예외는 반복이 끝났음을 나타내며 사용할 수 있는 요소가 더 이상 없음을 나타낸다.

이 문제를 해결하고 싶다면 StopIteration 예외를 캐치하는 것 외에도 next() 함수의 두 번째 파라미터에 기본 값을 제공할 수도 있다. 이 값을 제공하면 StopIteration을 발생시키는 대신 기본 값을 반환한다.

```
>>> next(word, "default value")
'default value'
```

대부분의 경우에 런타임시 예외가 발생하지 않도록 기본값을 사용하는 것이 좋다. 혹시 이터레이터가 비어 있지 않다고 확신을 해도 여전히 assert 등으로 적절히 의도를 암시하는 것이 좋다.

여러 제너레이터 표현식을 조합하면 이터러블에서 어떤 조건을 만족하는 첫 번째 요소를 찾을 때 next() 함수가 매우 유용한 수단일 수 있다. 이번 장에서 이러한 예제를 살펴볼 것이다. 특히 리스트 컴프리헨션을 사용하여 첫번째 요소를 찾는 대신에 next() 함수를 사용하자는 것을 강고하고 싶다.

❏ 제너레이터 사용하기

앞의 코드는 제너레이터를 사용하여 훨씬 간단하게 작성할 수 있다. 제너레이터를 사용하면 클래스를 만드는 대신 다음과 같이 필요한 값을 yield하는 함수를 만들면 된다.

```
def sequence(start=0):
    while True:
        yield start
        start += 1
```

함수의 본분에 있는 yield 키워드가 해당 함수를 제너레이터로 만들어 준다는 것에 유의하자. 이 함수는 제너레이터이기 때문에 위처럼 무한 루프를 사용해도 완벽하게 안전하다. 제너레이터 함수가 호출되면 yield 문장을 만나기 전까지 실행된다. 그리고 값을 생성하고 그 자리에서 멈춘다.

```
>>> seq = sequence(10)
>>> next(seq)
10
>>> next(seq)
11

>>> list(zip(sequence(), "abcdef"))
[(0, 'a'), (1, 'b'), (2, 'c'), (3, 'd'), (4, 'e'), (5, 'f')]
```

이러한 차이는 이전 장에서 데코레이터를 다양한 방법으로 만들었던 것과 비슷하다. 이번에도 이전 섹션처럼 제너레이터 함수를 사용해서 만들 수도 있고 이터러블 객체를 사용해서 만들 수도 있다. 그렇지만 문법적으로 더 간단하고 이해하기도 쉽기 때문에 가급적 제너레이터를 사용하는 것이 좋다.

❏ Itertools

이터러블로 작업하면 코드가 파이썬 자체와 더 잘 어울리는 장점이 있다. 왜냐하면 이터레이션이 언어의 중요한 컴포넌트이기 때문이다. 또한 itertools 모듈(ITER-01)을 사용하면 그 기능을 온전히 활용할 수 있다. 사실 방금 사용한 sequence() 제너레이터는 itertools.count()와 상당히 유사하다. itertools 모듈에는 여러 추가 기능도 있다.

이터레이터, 제너레이터, itertools와 관련하여 가장 멋진 것 중에 하나는 이들을 서로 연결하여 새로운 객체를 만들 수 있다는 것이다.

예를 들어 처음의 예제로 돌아가서 구매 이력에서 지표를 계산하는 과정을 다시 살펴보자. 만약 특정 기준을 넘은 값에 대해서만 연산을 하려면 어떻게 해야 할까? 가장 간단한 방법은 while 문 안에 조건문을 추가하는 것이다.

```
# ...
    def process(self):
        for purchase in self.purchases:
            if purchase > 1000.0:
```

···

이것은 파이썬스럽지 않을 뿐 아니라 너무 엄격하다. 너무 엄격하다는 것은 나쁜 코드를 의미한다. 이것은 수정사항을 잘 반영할 수 없다. 만약 기준 수치가 변경된다면 파라미터로 전달해야 할까? 만약 파라미터가 둘 이상 필요하다면 어떻게 할까? 만약 조건이 특정 기준 이하가 되면 어떻게 할까? 람다 함수를 사용해야 할까?

사실 이번 객체가 이 질문에 대한 답변을 할 필요는 없다. 이 객체의 고유 책임은 구매 이력에 대해 잘 정의된 지표 값을 계산하고 출력하는 것뿐이다. 이러한 요구사항을 이번 객체에 반영하는 것은 큰 실수이다. 다시 한 번 말하지만 클린 코드는 융통성이 있어야 하고 외부 요인에 결합력이 높아서는 안 된다. 이러한 요구사항은 다른 곳에서 해결되어야 한다.

이 객체는 클라이언트의 요구로부터 독립되어야 한다. 이 클래스의 책임이 작을수록 클라이언트는 재사용성이 높아지므로 보다 유용하게 된다.

코드를 수정하는 대신 그대로 유지하고 클라이언트 클래스의 요구사항이 무엇이든 그에 맞게 필터링하여 새로운 데이터를 만든다고 가정하자.

예를 들어 1,000개 넘게 구매한 이력의 처음 10개만 처리하려고 하면 다음과 같이 하면 된다.

```
>>> from itertools import islice
>>> purchases = islice(filter(lambda p: p > 1000.0, purchases), 10)
>>> stats = PurchasesStats(purchases).process() # ...
```

이런 식으로 필터링을 해도 메모리의 손해는 없다. 왜냐하면 모든 것이 제너레이터이므로 게으르게(lazy) 평가된다. 즉 마치 전체에서 필터링한 값으로 연산을 한 것처럼 보이지만, 실제로는 하나씩 가져와서 모든 것을 메모리에 올릴 필요가 없는 것이다.

이 장의 앞 부분에서 언급한 것처럼 메모리 사용과 CPU 사용 간의 트레이드오프(trade-off)를 고려하자. 제너레이터를 사용하면 메모리를 덜 사용하지만 CPU 자원은 더 많이 사용할 수도 있다. 그러나 유지보수성을 높이면서 메모리에서 많은 객체를 처리해야 하는 상황이라면 대부분 허용되는 수준이다.

❏ 이터레이터를 사용한 코드 간소화

지금까지 이터레이터 또는 itertools 모듈을 활용해 코드를 개선하는 것을 살펴보았다. 각 사례의 최적화 방법에 대한 결론도 추론할 수 있었다.

여러 번 반복하기

이제 이터레이터에 대해 좀 더 깊이 있게 살펴보았고 itertools 모듈까지 확인하였으므로 이 장의 처음에 살펴보았던 예제를 훨씬 간소화할 수 있다.

```
def process_purchases(purchases):
    min_, max_, avg = itertools.tee(purchases, 3)
    return min(min_), max(max_), median(avg)
```

이 예제에서 itertools.tee는 원래의 이터러블을 세 개의 새로운 이터레이터로 분할한다. (역주 : tee 함수는 제너레이터를 사용한 for 문이 여러 개 있는 것과 비슷하다. 다만 가장 앞서 나가는 for 문을 기준으로 위치가 이동하는 셈이다. 따라서 for 문이 2개 있다고 해서 전체 데이터가 갑자기 2배로 복사되는 것은 아니지만, 적어도 어느 인덱스에서의 요소에 대해서는 2배의 메모리를 사용하게 된다. 즉, tee 함수가 제너레이터를 활용했다고 해서 성능차이가 전혀 없는 것은 아니다. 개별 요소의 크기가 작다면 상관이 없겠지만 개별 요소가 크고 이터러블을 여러 개 복사해야 한다면 유의해야 한다.

마찬가지로 tee 함수로 이터러블을 2개 복사하고 첫 번째 복사본에 대해서 전체 작업을 하고, 그 다음에 순차적으로 두 번째 복사본에 대해서 작업을 시작한다면 불필요하게 하나의 복사본을 더 갖고 있는 것이므로 굳이 tee 함수를 사용할 필요 없이 list 함수를 사용하는 것이 좋다. 그러나 개별 요소 하나가 그렇게 크지 않다거나, 복사한 일부 이터레이터가 다른 이터레이터의 순서를 크게 앞지르는 경우가 없다면 tee 함수를 사용하여 편리하게 여러 번 반복을 할 수 있다.) 그리고 구매 이력을 세 번 반복할 필요 없이 분할된 이터러블을 사용해 필요한 연산을 할 것이다.

purchases 파라미터에 다른 이터러블 객체를 넘기면 itertools.tee 함수 덕분에 원했던 것처럼 오직 한번만 순환하는 것을 확인할 수 있다. 또한 비어있는 시퀀스를 넣으면 min() 함수에서 ValueError를 발생시킬 것이므로 따로 ValueError 예외를 발생시키지 않아도 된다.

 반복을 여러 번 해야 되는 경우 itertools.tee를 사용한다.

itertools 모듈은 파이썬에서 반복을 처리하기 위한 다양한 멋진 추상화 함수를 제공한다. 또한 일반적인 반복 문제를 해결하는 이상적인 방안도 제시한다. 만약 반복과 관련된 문제에 대한 해법을 찾고 있다면 itertools 모듈에서 찾아보자. 정답을 제공하는 솔루션이 없다고 하더라도, 좋은 영감을 얻을 수 있을 것이다.

중첩 루프

경우에 따라 1차원 이상을 반복해서 값을 찾아야 할 수 있다. 가장 쉽게 해결하는 방법으로 중첩 루프가 떠오른다. 값을 찾으면 순환을 멈추고 break 키워드를 호출해야 하는데 이런 경우 한 단계가 아니라 두 단계 이상을 벗어나야 하므로 정상적으로 동작하지 않는다.

이런 경우 어떻게 해결해야 할까? 플래그를 사용해 벗어나야 할까? 아니면 예외를 발생시켜야 할까? 아니다. 이것은 플래그와 마찬가지이고 오히려 더 나쁘다. 왜냐하면 예외는 로직을 제어하기 위한 수단이 아니기 때문이다. 코드를 잘게 나누어 함수에서 반환해야 할까? 비슷했지만 완벽한 방법은 아니다.

가장 좋은 방법은 가능하면 중첩을 풀어서 1차원 루프로 만드는 것이다.

다음은 피해야 할 코드이다.

```
def search_nested_bad(array, desired_value):
    coords = None
    for i, row in enumerate(array):
        for j, cell in enumerate(row):
            if cell == desired_value:
                coords = (i, j)
                break

        if coords is not None:
            break

    if coords is None:
        raise ValueError(f"{desired_value} 값을 찾을 수 없음")

    logger.info("[%i, %i]에서 값 %r 발견", *coords, desired_value)
    return coords
```

다음은 종료 플래그를 사용하지 않은 보다 간단하고 컴팩트한 형태의 예이다.

```python
def _iterate_array2d(array2d):
    for i, row in enumerate(array2d):
        for j, cell in enumerate(row):
            yield (i, j), cell


def search_nested(array, desired_value):
    try:
        coord = next(
            coord
            for (coord, cell) in _iterate_array2d(array)
            if cell == desired_value
        )
    except StopIteration:
        raise ValueError("{desired_value} 값을 찾을 수 없음")

    logger.info("[%i, %i]에서 값 %r 발견", *coords, desired_value)
    return coord
```

보조 제너레이터가 어떻게 반복을 추상화했는지 살펴볼 필요가 있다. 지금은 2차원 배열을 사용했으나 나중에 더 많은 차원의 배열을 사용하는 경우에도 클라이언트는 그것에 대해 알 필요가 없이 기존 코드를 그대로 사용하면 된다. 이것이 다음 섹션에서 설명할 이터레이터 디자인 패턴의 본질이다. 파이썬은 이터레이터 객체를 지원하므로 자동으로 투명해진다.

 TIP 최대한 중첩 루프를 제거하고 추상화하여 반복을 단순화한다.

바라건데, 이 예제를 통해서 제너레이터가 단순히 메모리를 절약하기 위한 수단이 아니라 그 이상의 용도로 활용될 수 있다는 점을 발견했으면 한다. 즉, 반복(iteration)을 추상화의 수단으로 활용할 수 있다. 클래스나 함수를 사용하지 않더라도 파이썬 구문을 사용하여 추상화를 할 수도 있다. 컨텍스트 관리자를 사용해 뒤에 있는 로직을 추상화한 것처럼 (따라서 사용자는 with 명령문 뒤에서 일어나는 세부 사항에 대해서는 모른다) 이터레이터를 사용해 같은 for 문 뒤의 로직을 숨길 수 있다.

다음 섹션에서는 파이썬에서 이터레이터 패턴이 어떻게 동작하는지 확인한다.

❏ 파이썬의 이터레이터 패턴

여기서는 파이썬에서의 반복을 좀 더 자세히 이해하기 위해 제너레이터로부터 약간 벗어나볼 것이다. 제너레이터는 이터러블 객체의 특별한 경우이지만 파이썬의 반복은 제너레이터 이상의 것으로 훌륭한 이터러블 객체를 만들게 되면 보다 효율적이고 컴팩트하고 가독성이 높은 코드를 작성할 수 있게 된다.

앞의 코드에서는 이터러블 객체이면서 또한 이터레이터인 객체를 살펴보았다. 이터레이터는 __iter__()와 __next__() 매직 메서드를 구현한 객체이다. 일반적으로 이렇게 구현을 하지만 엄밀히 말하면 항상 이 두 가지를 꼭 구현해야 하는 것은 아니다. 여기서는 __iter__를 구현한 이터러블 객체와 __next__를 구현한 이터레이터 객체를 비교해볼 것이다. 또한 시퀀스와 컨테이너 객체의 반복에 대해서도 다룰 것이다.

이터레이션 인터페이스

이터러블은 반복을 지원하는 객체로 크게 보면 아무 문제없이 for ... in ... 루프를 실행할 수 있다는 것을 뜻한다. 그러나 이터러블과 이터레이터는 다르다.

일반적으로 이터러블은 단지 반복할 수 있는 어떤 것을 말하고, 실제 반복 작업은 이터레이터에서 이뤄진다. 즉, __iter__ 매직 메서드는 이터레이터를 반환하고, 실제 반복은 __iter__에서 반환된 이터레이터의 __next__ 메서드에서 이뤄진다.

이터레이터는 내장 next() 함수 호출 시 일련의 값에 대해 한 번에 하나씩만 어떻게 생성하는지 알고 있는 객체이다. 이터레이터를 호출하지 않은 상태에서 다음 값을 요청 받기 전까지 그저 얼어있는 상태일 뿐이다. 이러한 의미에서 모든 제너레이터는 이터레이터이다.

파이썬 개념	매직 메서드	비고
이터러블(Iterable)	__iter__	이터레이터와 함께 반복 로직을 만든다. 이것을 구현한 객체는 for ... in ... 구문에서 사용할 수 있다.
이터레이터(Iterator)	__next__	한 번에 하나씩 값을 생산하는 로직을 정의한다. 더 이상 생산할 값이 없을 경우는 StopIteration 예외를 발생시킨다. 내장 next() 함수를 사용해 하나씩 값을 읽어 올 수 있다.

표 7.1: 이터러블과 이터레이터

다음 코드는 이터러블하지 않은 이터레이터 객체의 예이다. 이것은 오직 한 번에 하나씩 값을 가져올 수만 있다. 여기서 sequence는 잠시 후 살펴볼 파이썬의 시퀀스가 아니고 일련의 연속된 숫자를 나타낸다.

```
class SequenceIterator:
    def __init__(self, start=0, step=1):
        self.current = start
        self.step = step

    def __next__(self):
        value = self.current
        self.current += self.step
        return value
```

시퀀스에서 하나씩 값을 가져올 수 있지만 반복할 수는 없다. 다행히도 무한루프를 방지하게 되었다. (역주: 1부터 시작해서 2씩 증가하는데 언제 멈춰야 하는지에 대한 명확한 정보가 없으므로 무한히 2씩 증가할 수도 있다. 하지만 다행히 __iter__ 메서드를 구현하지 않아서 에러가 발생하므로 의도하지 않았지만 무한루프를 방지하게 되었다.)

```
>>> si = SequenceIterator(1, 2)
>>> next(si)
1
>>> next(si)
3
>>> next(si)
5
>>> for _ in SequenceIterator(): pass
...
Traceback (most recent call last):
    ...
TypeError: 'SequenceIterator' object is not iterable
```

객체가 __iter__() 메서드를 구현하지 않았으므로 에러가 발생하는 것이 당연하다.

설명을 위한 목적으로 보자면 __iter__ 메서드를 담당하는 별도의 객체를 따로 만들 수 있다(다시 말하자면, __iter__와 __next__를 함께 구현하는 것도 충분히 가능하다. 다만, 각각의 역할을 명확히 구분하기 위해 분리가 가능하다는 것을 설명한다).

이터러블이 가능한 시퀀스 객체

앞에서 보았듯이 __iter__() 매직 메서드를 구현한 객체는 for 루프에서 사용할 수 있다. 이것은 큰 특징이지만 꼭 이런 형태여야만 반복이 가능한 것은 아니다. 파이썬이 for 루프를 만나면 객체가 __iter__를 구현했는지 확인하고 있으면 그것을 사용한다. 그러나 없을 경우는 다른 대안이 있는지 확인한다.

객체가 시퀀스인 경우(즉 __getitem__()과 __len__() 매직 메서드를 구현한 경우)도 반복 가능하다. 이 경우 인터프리터는 IndexError 예외가 발생할 때까지 순서대로 값을 제공한다. IndexError 예외는 앞서 언급한 StopIteration과 유사하게 반복에 대한 중지를 알리는 역할을 한다.

이러한 동작을 확인하기 위해 특정 숫자 범위에 대해 map()을 구현한 시퀀스 객체를 살펴보자.

```python
# generators_iteration_2.py

class MappedRange:
    """특정 숫자 범위에 대해 맵으로 변환"""

    def __init__(self, transformation, start, end):
        self._transformation = transformation
        self._wrapped = range(start, end)

    def __getitem__(self, index):
        value = self._wrapped.__getitem__(index)
        result = self._transformation(value)
        logger.info("Index %d: %s", index, result)
        return result

    def __len__(self):
        return len(self._wrapped)
```

이 예제는 일반적인 for 루프를 통해서만 반복 가능한 객체를 설명하기 위한 것이다. (역주: 다음 콘솔 창에서 next(mr)의 형태로 접근하려고 하면 TypeError: 'MappedRange' object is not an iterator 에러가 발생한다.)

__getitem__ 메서드에서는 객체가 반복하는 동안 어떤 값이 전달되었는지 확인하기 위해 로그를 출력한다.

```
>>> mr = MappedRange(abs, -10, 5)
>>> mr[0]
Index 0: 10
10
>>> mr[-1]
Index -1: 4
4
>>> list(mr)
Index 0: 10
Index 1: 9
Index 2: 8
Index 3: 7
Index 4: 6
Index 5: 5
Index 6: 4
Index 7: 3
Index 8: 2
Index 9: 1
Index 10: 0
Index 11: 1
Index 12: 2
Index 13: 3
Index 14: 4
[10, 9, 8, 7, 6, 5, 4, 3, 2, 1, 0, 1, 2, 3, 4]
```

다만 이러한 방법이 있다는 것을 알아두는 것은 좋지만 객체가 __iter__를 구현하지 않았을 때 동작하는 대비책임에 주의하자. 따라서 대부분의 경우 단순히 반복 가능한 객체를 만드는 것이 아니라 적절한 시퀀스를 만들어 해결하는 것이 바람직하다.

객체가 시퀀스여서 우연히 반복이 가능할 수 있지만, 기본적으로 반복을 위한 객체를 디자인할 때는 __iter__ 매직 메서드를 구현하여 정식 이터러블 객체를 만들어야 한다.

이터러블은 우리(소프트웨어 엔지니어)에게 뿐만 아니라, 파이썬 내부에서도 중추적인 역할을 하고 있기 때문에 중요한 요소이다.

2장의 "비동기 프로그래밍에 대한 간략한 소개" 섹션에서 비동기 코드를 읽는 방법에 대해서 살펴보았다. 이제 이터레이터에 대해서도 알게 되었으므로 이 둘의 개념이 어떻게 연결되는지 알 수 있을 것이다. 특히 다음 섹션에서는 어떻게 이터레이터가 코루틴의 핵심이 되는지 알아볼 것이다.

코루틴(coroutine)

코루틴의 핵심은 특정 시점에 실행을 일시 중단했다가 나중에 재시작할 수 있는 함수를 만드는 것이다. 이런 기능 덕분에 프로그램은 다른 코드를 디스패치(dispatch)하기 위해 기존 코드를 중지했다가, 나중에 다시 원래의 위치에서 재시작할 수 있다.

(역주 : 코루틴(coroutine)은 cooperative routine의 약자로 일반적으로 알고 있는 함수나 메서드 같은 서브루틴(sub-routine)이 메인루틴(main-routine)과 종속관계를 가진 것과 다르게, 메인루틴과 대등한 관계로 협력하는 모습에서 코루틴이라고 불리게 되었다.)

이미 알고 있는 것처럼 제너레이터는 반복 가능한 객체로 __iter__()와 __next__()를 구현한다. 이 프로토콜을 구현한 객체는 파이썬에서 자동으로 제공하는 기능에 의해 순환도 가능하고 next() 함수로 이동도 가능하다.

이러한 기본 기능 외에도 제너레이터를 코루틴(PEP-342)으로 활용할 수도 있다. 여기서는 비동기 프로그래밍의 기초를 지원하기 위해 제너레이터가 어떻게 코루틴으로 진화하는지 살펴보고, 다음 섹션에서 비동기 기능을 위한 파이썬의 새로운 기능과 문법에 대해서 살펴보겠다. 코루틴을 지원하기 위해 PEP-342에 추가된 기본 메서드는 다음과 같다.

- .close( )
- .throw(ex_type[, ex_value[, ex_traceback]])
- .send(value)

파이썬은 코루틴을 생성하기 위해 제너레이터를 활용한다. 제너레이터는 중지 가능한 객체이므로, 자연스럽게 코루틴이 되기 위한 좋은 성질을 가지고 있다. 그러나 제너레이터만으로는 코루틴을 만들기에 충분하지 않아서 이러한 메서드가 추가되었다. 코드의 일부를 일시 중단하는 것만으로는 충분하지 않고 그것과 통신하는 수단이 필요하기 때문이다(데이터를 전달하거나 컨텍스트가 변경되었음을 알려주기 위해 신호를 보내는 것이 필요하다).

파이썬 코루틴의 내부에 대해 자세히 알아보기 위해 각 메서드를 더 자세히 살펴보자. 그 다음에 비동기 프로그래밍이 어떻게 작동하는지에 대한 정리할 예정인데, 이것은 2장 파이썬스러운 코드에서 보았던 것과는 달리 방금 배운 개념과 연관 지어 살펴볼 것이다.

제너레이터 인터페이스의 메서드

이 섹션에서는 앞서 언급한 각각의 메서드가 무엇인지, 어떻게 작동하는지 그리고 어떻게 사용되는지 알아볼 것이다. 메서드의 사용방법을 이해한 뒤에 간단한 코루틴을 만들어볼 것이다.

그리고 코루틴의 고급 사용법과 서브 제너레이터(코루틴)에 위임을 통해 리팩토링하는 방법, 여러 코루틴을 조합하는 방법에 대해서도 알아볼 것이다.

❏ close()

이 메서드를 호출하면 제너레이터에서 GeneratorExit 예외가 발생한다. 이 예외를 따로 처리하지 않으면 제너레이터가 더 이상 값을 생성하지 않으며 반복이 중지된다.

이 예외는 종료 상태를 지정하는데 사용될 수 있다. 코루틴이 일종의 자원 관리를 하는 경우 이 예외를 통해서 코루틴이 보유한 모든 자원을 해제할 수 있다. 일반적으로 컨텍스트 관리자를 사용하거나 finally 블록에 코드를 배치하는 것과 비슷하지만 이 예외를 사용하면 보다 명확하게 처리할 수 있다.

다음 예제는 코루틴을 사용하여 데이터베이스 연결을 유지한 상태에서 한 번에 모든 레코드를 읽는 대신에 특정 크기의 페이지를 스트리밍한다.

```python
def stream_db_records(db_handler):
    try:
        while True:
            yield db_handler.read_n_records(10)
    except GeneratorExit:
        db_handler.close()
```

제너레이터를 호출할 때마다 데이터베이스 핸들러에서 얻은 10개의 레코드를 반환하고, 명시적으로 반복을 끝내기 위해 close()를 호출하면 데이터베이스 연결도 함께 종료한다.

```
>>> streamer = stream_db_records(DBHandler("testdb"))
>>> next(streamer)
[(0, 'row 0'), (1, 'row 1'), (2, 'row 2'), (3, 'row 3'), ...]
>>> next(streamer)
[(0, 'row 0'), (1, 'row 1'), (2, 'row 2'), (3, 'row 3'), ...]
>>> streamer.close()
INFO:...:'testdb' 데이터베이스 연결 종료
```

 TIP 제너레이터에서 작업을 종료할 때는 close() 메서드를 사용한다.

이 메서드는 리소스를 정리하기 위해 사용하는 것으로, 컨텍스트 관리자를 사용하지 않았거나
하여 자동으로 정리가 어려운 경우에 수동으로 리소스를 해제하기 위해 호출한다. 다음으로 제
너레이터에 예외를 전달하는 방법을 살펴보자.

❏ throw(ex_type[, ex_value[, ex_traceback]])

이 메서드는 제너레이터가 중단된 현재 위치에서 예외를 던진다. 제너레이터가 예외를 처리했
으면 해당 except 절에 있는 코드가 호출되고, 예외를 처리하지 않았으면 예외가 호출자에게 전
파된다.

여기서는 코루틴이 예외를 처리했을 때와 그렇지 않을 때의 차이를 설명하기 위해 코드를 약간
수정했다.

```
class CustomException(Exception):
    """처리하려는 에러 유형"""


def stream_data(db_handler):
    while True:
        try:
            yield db_handler.read_n_records(10)
        except CustomException as e:
            logger.warning("%r 에러 발생 후 계속 진행", e)
        except Exception as e:
            logger.error("%r 에러 발생 후 중단", e)
            db_handler.close()
            break
```

이제 CustomException을 처리하고 있으며 이 예외가 발생한 경우 제너레이터는 WARNING 레벨의 메시지를 기록한다. 물론 비즈니스 로직에 따라 다르게 구현할 수 있다. 그리고 다음 yield 구문으로 이동하여 데이터베이스에서 다시 데이터를 가져온다.

이 예제는 모든 예외를 처리하고 있는데, 만약 마지막 블록(except Exception)이 없다면, 제너레이터가 중지된 라인(yield 라인)에서 발생한 예외가 호출자(caller)에게 전파되고 제너레이터가 중지될 것이다.

```
>>> streamer = stream_data(DBHandler("testdb"))
>>> next(streamer)
[(0, 'row 0'), (1, 'row 1'), (2, 'row 2'), (3, 'row 3'), (4, 'row 4'), ...]
>>> next(streamer)
[(0, 'row 0'), (1, 'row 1'), (2, 'row 2'), (3, 'row 3'), (4, 'row 4'), ...]
>>> streamer.throw(CustomException)
WARNING:CustomException() 에러 발생 후 계속 진행
[(0, 'row 0'), (1, 'row 1'), (2, 'row 2'), (3, 'row 3'), (4, 'row 4'), ...]
>>> streamer.throw(RuntimeError)
ERROR:RuntimeError() 발생 후 중단
INFO:'testdb' 데이터베이스 연결 종료
Traceback (most recent call last):
    ...
StopIteration
```

도메인에서 처리하고 있는 CustomException 예외를 받은 경우 제너레이터는 계속 진행된다. 그러나 나머지 예외는 Exception으로 넘어가서 데이터베이스 연결을 종료하고 반복도 종료하게 된다. 마지막에 StopIteration이 출력된 것에서 알 수 있듯이 이 제너레이터는 이제 더 이상 반복을 할 수 없다.

❏ send(value)

앞의 예제에서는 데이터베이스 레코드를 조회하는 간단한 제너레이터를 만들고 반복을 끝낼 때 데이터베이스 리소스를 해제했다. 이것은 제너레이터가 제공하는 close 메서드를 사용하는 좋은 예제이지만 코루틴으로 보다 많은 일을 할 수 있다.

현재 제너레이터의 주요 기능은 고정된 수의 레코드를 읽는 것이다. 이제 읽어올 개수를 파라미터로 받도록 수정해보자. 안타깝게도 next() 함수는 이러한 옵션을 제공하지 않는다. 이럴 때

send() 메서드를 사용하면 된다.

```python
def stream_db_records(db_handler):
    retrieved_data = None
    previous_page_size = 10
    try:
        while True:
            page_size = yield retrieved_data
            if page_size is None:
                page_size = previous_page_size

            previous_page_size = page_size

            retrieved_data = db_handler.read_n_records(page_size)
    except GeneratorExit:
        db_handler.close()
```

이제 send() 메서드를 통해 인자 값을 전달할 수 있다. 사실 이 메서드는 제너레이터와 코루틴을 구분하는 기준이 된다. send() 메서드를 사용했다는 것은 yield 키워드가 할당 구문의 오른쪽에 나오게 되고 인자 값을 받아서 다른 곳에 할당할 수 있음을 뜻한다.

코루틴에서는 일반적으로 다음과 같은 형태로 yield 키워드를 사용한다.

```python
receive = yield produced
```

이 경우 yield 키워드는 두 가지 일을 한다. 하나는 produced 값을 호출자에게 보내고 그 곳에 멈추는 것이다. 호출자는 next() 메서드를 호출하여 다음 라운드가 되었을 때 값을 가져올 수 있다. 다른 하나는 거꾸로 호출자로부터 send() 메서드를 통해 전달된 produced 값을 받는 것이다. 이렇게 입력된 값은 receive 변수에 할당된다.

코루틴에 값을 전송하는 것은 yield 구문이 멈춘 상태에서만 가능하다. 그렇게 되려면 일단 코루틴을 해당 상태까지 이동시켜야 한다. 코루틴이 해당 상태로 이동하는 유일한 방법은 next()를 호출하는 것이다. 즉 코루틴에게 무엇인가를 보내기 전에 next() 메서드를 적어도 한 번은 호출해야 한다는 것을 의미한다. 그렇지 않으면 다음과 같은 예외가 발생한다.

```
>>> def coro():
...     y = yield
...
>>> c = coro()
>>> c.send(1)
Traceback (most recent call last):
    File "<stdin>", line 1, in <module>
TypeError: can't send non-None value to a just-started generator

>>>
```

 TIP 코루틴에서 send() 메서드를 호출하려면 항상 next()를 먼저 호출해야 한다.

다시 예제로 돌아가서 데이터베이스에서 읽을 레코드의 길이를 파라미터를 받도록 수정해보자.

제너레이터에서 처음 next()를 호출하면 yield를 포함하는 위치까지 이동한다. 그리고 현재 상태의 변수 값을 반환하고 거기에 멈춘다. 변수의 초기 값이 None이므로 처음 next()를 호출하면 None을 반환한다. 여기에서 두 가지의 옵션이 있다. 그냥 next()를 호출하면 기본값인 10을 사용하여 평소처럼 이후 작업이 계속된다. next()는 send(None)과 같기 때문에 if page_size is None에서 기본 값을 사용하도록 설정된다.

반면에 send(⟨value⟩)를 통해 명시적인 값을 제공하면 yield 문의 반환 값으로 page_size 변수에 설정된다. 이제 기본 값이 아닌 사용자가 지정한 값이 page_size로 설정되고 해당 크기만큼 데이터베이스에서 레코드를 읽어오게 된다.

이어지는 호출에 대해서도 같은 로직이 적용된다. 아무 때나 페이지 크기를 지정할 수 있다는 점이 중요하다.

이제 동작 원리를 이해했으므로 많은 파이썬 개발자는 보다 간편한 버전을 기대할 것이다. 파이썬은 항상 간결하고 작은 깔끔한 코드를 지향한다.

```
def stream_db_records(db_handler):
    retrieved_data = None
    page_size = 10
    try:
        while True:
            page_size = (yield retrieved_data) or page_size
```

```
        retrieved_data = db_handler.read_n_records(page_size)
    except GeneratorExit:
        db_handler.close()
```

이 코드는 보다 간결할 뿐 아니라 이해하기도 쉽다. yield 주변의 괄호는 해당 문장이 함수를 호출하는 것처럼 사용되고 page_size와 비교할 것이라는 점을 명확히 한다. (역주 : yield retrieved_data 자체가 인자 값을 받는 것을 의미한다. 꼭 할당문이 있어야 변수를 받는 것은 아니다. 따라서 page_size = (yield retrieved_data) or page_size 문장은 input = (yield retrieved_data); page_size = input or page_size;처럼 두 개의 문장으로 작성한 것과 같다.)

이것은 기대한 것처럼 동작하지만 send() 전에 next()를 먼저 호출해야 한다는 것을 꼭 기억해야 한다. 그렇지 않으면 TypeError가 발생한다. 이러한 작업은 지금 하려는 작업과는 상관이 없는 준비 작업일 뿐이다.

next()를 반드시 호출해야 한다는 것을 기억할 필요 없이 코루틴을 생성하자마자 바로 사용할 수 있다면 훨씬 편할 것이다. PYCOOK의 저자는 이를 해결해줄 흥미로운 데코레이터를 고안했다. 이 데코레이터의 목적은 코루틴을 좀 더 편리하게 하는 것으로 다음과 같이 자동으로 초기화를 해준다.

```
@prepare_coroutine
def auto_stream_db_records(db_handler):
    retrieved_data = None
    page_size = 10
    try:
        while True:
            page_size = (yield retrieved_data) or page_size
            retrieved_data = db_handler.read_n_records(page_size)
    except GeneratorExit:
        db_handler.close()

>>> streamer = auto_stream_db_records(DBHandler("testdb"))
>>> len(streamer.send(5))
5
```

지금까지 살펴본 것이 파이썬에서 코루틴 작업을 하기 위한 기본 사항들이다. 이 예제들을 통해 코루틴으로 작업할 때 파이썬에서 실제로 무슨 일을 하고 있는지 알 수 있다. 그러나 최신 파이썬을 사용한다면 이렇게 직접 코루틴을 작성할 일은 많지 않을 것이다. 왜냐하면 이를 처리해줄 새로운 문법 구문이 생겼기 때문이다(앞서 언급한 것처럼 지금까지 살펴본 내용이 새로운 구문과 어떻게 연결되는지 살펴볼 예정이다).

새로운 문법에 대해 알아보기 전에, 추가된 기능과 관련하여 코루틴이 수행하는 마지막 작업에 대해서 알아볼 필요가 있다. 이러한 검토가 완료되면 비동기 프로그래밍에서 사용되는 문장과 키워드의 의미를 이해할 수 있을 것이다.

코루틴 고급 주제

지금까지 코루틴에 대해 자세히 알아보았으며 간단한 예제도 만들어보았다. 이러한 코루틴은 사실 진보된 제너레이터라고 할 수 있다. 코루틴은 멋진 제너레이터이다. 그러나 보다 복잡한 상황에서 실제로 코루틴을 사용하려고 하면, 많은 코루틴을 동시에 실행한다거나 하는 등의 추가 기능이 필요하다.

많은 코루틴을 처리하다보면 새로운 문제가 발생한다. 애플리케이션의 로직이 복잡해지면 예외 처리는 물론이고 서브 코루틴의 값을 어디에서든 사용하도록 해야 하고 여러 코루틴을 스케줄링 해야 한다.

이러한 일을 더 간편하게 하기 위해 제너레이터를 더 확장해야 했다. PEP-380에서 이러한 문제를 해결하기 위해 yield from 구문을 도입하고 값을 반환하도록 하였다.

❏ 코루틴에서 값 반환하기

이 장의 앞에서 설명한 것처럼 반복이란 StopIteraion 예외가 발생할 때까지 next() 메서드를 계속해서 호출하는 메커니즘을 말한다.

지금까지는 한 번에 하나씩 값을 생성하는 제너레이터에 대해서 알아보았으며, 일반적으로 우리는 for 루프의 각 단계에서 생성하는 값에 대해서만 관심이 있었다.

제너레이터에서 이것은 매우 논리적인 사고방식이지만 코루틴에서는 조금 다르다. 코루틴은 기술적으로는 제너레이터이지만 반복을 염두에 두고 만든 것이 아니라 나중에 코드가 실행될 때까지 코드의 실행을 멈추는 것을 목표로 한다.

코루틴의 디자인에서 이것은 흥미로운 부분이다. 코루틴은 일반적으로 반복보다는 상태를 중단하는데 초점을 맞추고 있다. 오히려 반복을 목적으로 코루틴을 만드는 것이 이상한 경우일 것이다. 파이썬에서 코루틴은 기술적으로 제너레이터에 기반을 두고 있기 때문에 이 둘의 개념이 쉽게 섞일 수 있다.

코루틴이 정보를 처리하고 실행을 일시 중단한다는 점에서 코루틴을 경량 스레드(lightweight thread) 또는 그린 스레드(green thread)라고 생각할 수도 있다. 이렇게 본다면 일반 함수를 호출할 때처럼 코루틴이 값을 반환하는 것이 쉽게 이해된다.

그러나 제너레이터가 일반 함수는 아니므로 단지 value = generator() 형태로 호출하는 것은 제너레이터를 만들었을 뿐 아무것도 하지 않은 상태라는 것에 주의하자.

제너레이터가 값을 반환하게 하려면 어떻게 해야 할까? 분명 반복을 중단한 뒤에야 값을 가져올 수 있을 것이다.

제너레이터에서 값을 반환(return)하면 반복이 즉시 중단된다. 문법의 통일성을 위해 StopIteration 예외는 계속 발생한다. 그리고 반환하려는 값은 exception 객체에 저장된다. 이제 해당 값을 처리하는 책임은 호출자에게 있다.

다음 예제는 제너레이터를 사용해 두 개의 값을 생성하고, 세 번째에는 값을 반환한다. 마지막 return 되는 값을 구하기 위해 예외를 어떻게 처리하는지, 그리고 예외에서 어떻게 값을 구하는지 유의해서 살펴보자.

```
>>> def generator():
...     yield 1
...     yield 2
...     return 3
...

>>> value = generator()
>>> next(value)
1
>>> next(value)
2
>>> try:
...     next(value)
... except StopIteration as e:
...     print(f">>>>>> 최종 반환값: {e.value}")
...
>>>>>> 최종 반환값: 3
```

나중에 보게 되겠지만 이 메커니즘은 코루틴이 값을 반환하도록 하는 데 사용된다. PEP-380 이전에는 이렇게 하는 것이 아무 의미가 없었고, 제너레이터 안에서 return 문을 사용하려고 하면 문법 오류가 발생했었다. 그러나 이제 반복이 끝날 때 최종 값을 반환할 수 있고, 그 값은 반복이 끝날 때 발생하는 StopIteration 예외에 저장된다. 이렇게 하는 것은 가장 깔끔한 방법은 아니지만 완벽하게 하위 호환이 되기 때문에 제너레이터의 인터페이스를 바꾸지 않아도 되는 장점이 있다.

❏ 작은 코루틴에 위임하기 - yield from 구문

코루틴(제너레이터)이 값을 반환(return)할 수 있다는 점은 다른 활용 가능성을 열어준 측면에서 흥미로운 기능이다. (역주: 여기서 값을 반환한다는 것은 yield 문에서 값을 반환하는 것이 아니라, 방금 이전 섹션에서 소개한 return 문으로 값을 반환하는 것을 의미한다.) 그러나 값을 반환하는 기능 자체는 언어에서 지원해주지 않으면 조금 귀찮은 부분이 있다.

이 부분을 개선해주기 위한 구문이 바로 yield from이다. 이후 살펴볼 여러 기능 중에는 다른 하위 제너레이터에서 반환된 값을 수집하는 기능이 있다. 이전에 제너레이터가 값을 반환하는 것은 멋진 기능이지만 불행히도 value = generator()와 같은 문장은 동작하지 않았던 것을 기억하는가? 이제 value = yield from generator()와 같이 작성하면 그것이 가능하다.

가장 간단한 yield from 사용 예

가장 간단한 형태의 yield from 구문은 제너레이터 체인에서 살펴볼 수 있다. 제너레이터 체인은 여러 제너레이터를 하나의 제너레이터로 합치는 기능을 하는데 중첩된 for 루프를 사용해 하나씩 모으는 대신에 서브 제너레이터의 값을 한 번에 수집할 수 있게 해준다.

대표적인 예로 표준 라이브러리인 itertools.chain()과 비슷한 함수를 만들어보자. 이 함수는 여러 개의 이터러블을 받아서 하나의 스트림으로 반환한다.

다음과 같이 간단히 구현해볼 수 있다.

```
def chain(*iterables):
    for it in iterables:
        for value in it:
            yield value
```

여러 이터러블을 받아서 모두 이동한다. 모두 이터러블이므로 for ... in 구문을 지원하므로 개별 값을 구하려면 중첩 루프를 사용하면 된다. 이렇게 하면 리스트를 튜플과 비교하는 것처럼 직접 비교가 어려운 자료형에 대해서도 한 번에 처리할 수 있으므로 편리하다.

여기서 yield from 구문을 사용하면 서브 제너레이터에서 직접 값을 생산할 수 있으므로 중첩 루프를 피할 수 있다. yield from 구문을 사용해 다음과 같이 코드를 단순화할 수 있다.

```python
def chain(*iterables):
    for it in iterables:
        yield from it
```

앞의 제너레이터와 결과는 모두 동일하다.

```python
>>> list(chain("hello", ["world"], ("tuple", " of ", "values.")))
['h', 'e', 'l', 'l', 'o', 'world', 'tuple', ' of ', 'values.']
```

yield from 구문은 어떤 이터러블에 대해서도 동작하며 이것을 사용하면 마치 최상위 제너레이터가 직접 값을 yield한 것과 같은 효과를 나타낸다.

yield from은 어떤 형태의 이터러블에서도 동작하므로 제너레이터 표현식에서도 마찬가지로 사용할 수 있다. 이제 yield from 구문을 활용해 입력된 파라미터의 모든 제곱지수를 만드는 제너레이터를 만들어보자. 예를 들어 all_powers(2, 3)은 2^0, 2^1, 2^2, 2^3을 생산하는 것이다.

```python
def all_powers(n, pow):
    yield from (n ** i for i in range(pow + 1))
```

이렇게 하면 기존의 서브 제너레이터에서 for 문을 사용해 값을 생산하는 대신 한 줄로 직접 값을 생산할 수 있으므로 편리하지만, 이것만으로 yield from을 언어에서 지원해야만 하는 이유였다고 보기는 어렵다.

사실 위와 같은 동작은 의도하지 않은 부가적인 효과이고 yield from의 진짜 존재의 이유는 다음 두 섹션에서 설명한다.

❏ 서브 제너레이터에서 반환된 값 구하기

다음 예제는 수열을 생산하는 두개의 중첩된 제너레이터를 호출한다. 각각의 제너레이터는 값을 반환하는데 최상위 제너레이터는 쉽게 반환 값을 확인할 수 있다. 바로 yield from 구문을 사용했기 때문이다.

```python
def sequence(name, start, end):
    logger.info("%s 제너레이터 %i에서 시작", name, start)
    yield from range(start, end)
    logger.info("%s 제너레이터 %i에서 종료", name, end)
    return end


def main():
    step1 = yield from sequence("first", 0, 5)
    step2 = yield from sequence("second", step1, 10)
    return step1 + step2
```

위 코드를 실행하면 다음과 같이 동작하게 된다.

```
>>> g = main()
>>> next(g)
INFO:generators_yieldfrom_2:first 제너레이터 0에서 시작
0
>>> next(g)
1
>>> next(g)
2
>>> next(g)
3
>>> next(g)
4
>>> next(g)
INFO:generators_yieldfrom_2:first 제너레이터 5에서 종료
INFO:generators_yieldfrom_2:second 제너레이터 5에서 시작
5
>>> next(g)
6
>>> next(g)
7
>>> next(g)
8
>>> next(g)
9
>>> next(g)
INFO:generators_yieldfrom_2:second 제너레이터 10에서 종료
```

```
Traceback (most recent call last):
    File "<stdin>", line 1, in <module>
StopIteration: 15
```

main 제너레이터의 첫 번째 행은 내부 제너레이터로 위임하여 생산된 값을 가져온다. 이것은 이미 살펴본 것으로 새로운 내용은 아니다. sequence() 제너레이터 종료 시의 반환 값을 step1로 받아와서 다음 sequence() 제너레이터에 전달하는 부분을 유심히 살펴보자.

두 번째 제너레이터 역시 종료 시 값(10)을 반환하고 그러면 main 제너레이터는 이 두 결과의 합(5+10=15)을 반환한다. 이 값은 StopIteration에 포함된 값이다. (역주 : 서브 제너레이터에 return 문장이 없을 경우 yield from의 반환 값은 None이다.)

 TIP yield from을 사용하면 코루틴의 종료 시 최종 반환 값을 구할 수 있다.

이 예제와 이전 섹션에 제공된 예제를 통해 파이썬에서 yield from 구문이 어떻게 동작하는지 확인할 수 있다. yield from 구문은 제너레이터를 순환하고 StopIteration 예외를 받으면 당시의 종료 값을 반환한다. StopIteration의 값은 yield from 문장의 결과 값이 된다.

이것은 다음 섹션의 주제(서브 제너레이터에서 컨텍스트 정보를 주고 받는 방법)와 관련하여 코루틴이 스레드와 유사한 형태를 취할 수 있음을 의미하기 때문에 강력한 기능이 될 수 있다.

❏ 서브 제너레이터와 데이터 송수신하기

이제 코루틴의 진정한 강력함을 느낄 수 있게 해주는 멋진 기능을 살펴보자. 이미 소개한 것처럼 제너레이터는 코루틴처럼 동작할 수 있다. 값을 전송하고 예외를 던지면 코루틴 역할을 하는 해당 제너레이터는 값을 받아서 처리하거나 반드시 예외를 처리해야 한다.

앞의 예제처럼 서브 제너레이터에 위임한 코루틴에 대해서도 마찬가지이다. 그런데 수동으로 이런 것들을 처리하려면 매우 복잡할 것이다. yield from에서 자동으로 처리하지 않을 경우의 직접 처리하는 코드는 PEP-380에서 확인할 수 있다.

앞의 예제에서 최상위 main 제너레이터는 그대로 유지하고, 값을 수신하고 예외를 처리할 내부 제너레이터인 sequence 함수를 수정한다. 다음 코드는 이상적인 코드는 아니고 동작 메커니즘을 설명하기 위한 용도의 코드이다.

```python
def sequence(name, start, end):
    value = start
    logger.info("%s 제너레이터 %i에서 시작", name, value)
    while value < end:
        try:
            received = yield value
            logger.info("%s 제너레이터 %r 값 수신", name, received)
            value += 1
        except CustomException as e:
            logger.info("%s 제너레이터 %s 에러 처리", name, e)
            received = yield "OK"
    return end
```

이제 main 코루틴을 반복하는 것 뿐 아니라 내부 sequence 제너레이터에서 어떻게 처리하는지 확인하기 위해 값을 전달하거나 예외를 던져본다.

```
>>> g = main()
>>> next(g)
INFO: first 제너레이터 0에서 시작
0
>>> next(g)
INFO: first 제너레이터 None 값 수신
1
>>> g.send("첫 번째 제너레이터를 위한 인자 값")
INFO: first 제너레이터 '첫 번째 제너레이터를 위한 인자 값' 값 수신
2
>>> g.throw(CustomException("사용자 예외"))
INFO: first 제너레이터 사용자 예외 에러 처리
'OK'
>>> next(g)
2
>>> next(g)
first 제너레이터 None 값 수신
3
>>> next(g)
first 제너레이터 None 값 수신
4
>>> next(g)
```

```
first 제너레이터 None 값 수신
second 제너레이터 5에서 시작
5
>>> g.throw(CustomException("두 번째 제너레이터 사용자 예외"))
INFO: second 제너레이터 두 번째 제너레이터 사용자 예외 에러 처리
'OK'
```

이 예제는 우리에게 많은 것을 시사한다. sequence 서브 제너레이터에 값을 보내지 않고 오직 main 제너레이터에 값을 보냈다는 것에 주목하자. 실제 값을 받는 것은 내부 제너레이터이다. 명시적으로 sequence에 데이터를 보낸 적은 없지만 실질적으로는 yield from을 통해 sequence 에 데이터를 전달한 셈이다.

main 코루틴은 내부적으로 두 개의 다른 코루틴을 호출하여 값을 생산하며 특정 시점에서 보면 둘 중에 하나는 멈춰져 있는 상태다. 로그를 통해 첫 번째 코루틴이 멈춰진 상태에서 데이터를 전송해도 첫 번째 코루틴 인스턴스가 값을 받는다는 것을 알 수 있다. 예외를 던질 때도 마찬가지이다. 첫 번째 코루틴이 끝나면 step1 변수에 값을 반환하고, 그 값을 두 번째 코루틴에 입력으로 전달한다. 두 번째 코루틴도 첫 번째 코루틴과 동일하게 send()와 throw()에 대해 동일한 작업을 한다.

각 코루틴이 생성하는 값에 대해서도 마찬가지이다. 특정 단계에서 send()를 호출했을 때 생성하는 값은 사실 현재 main 제너레이터가 멈춰 있던 서브 코루틴에서 생성한 값이다. 처리 가능한 CustomException 예외를 던지면 sequence 코루틴에서 OK를 생산하며 호출자 코루틴인 main에 전파한다.

예상한 것처럼 이러한 메서드는 yield from 구문과 함께 많은 새로운 기능(스레드에 하는 것과 유사한)을 제공한다. 이러한 기능은 다음에 살펴볼 비동기 프로그래밍을 향한 문을 열어준다.

비동기 프로그래밍

지금까지 살펴본 것들을 활용해 파이썬에서 비동기 프로그램을 만들 수 있다. 즉 여러 코루틴이 특정 순서로 동작하도록 스케줄링을 할 수 있으며, 일시 정지된 yield from 코루틴과 통신할 수 있다.

이러한 기능을 통해 얻을 수 있는 가장 큰 장점은 논블로킹(non-blocking) 방식으로 병렬 I/O 작업을 할 수 있다는 것이다. 이 때 필요한 것은 보통 서드파티 라이브러리에서 구현한 저수준의 제너레이터이다. 이 라이브러리들은 코루틴이 일시 중단된 동안 실제 I/O 처리를 한다. 코루틴이 정지된 동안 프로그램은 다른 작업을 할 수 있어 효율적이다. 프로그램은 yield from 문장에 의해 중단되기도 하고 생산된 값을 받기도 하며 제어권을 주고 받는다.

비동기 프로그래밍을 지원하기 위한 더 나은 구문을 지원하기 전까지 실제로 파이썬에서는 이런 식으로 비동기 기능을 구현했었다.

코루틴과 제너레이터가 기술적으로는 동일하다는 점에서 혼란스러울 때가 있다. 문법적으로(또는 기술적으로) 이들은 동일하지만 의미적으로는 다르다. 효율적인 반복을 원할 때는 제너레이터를 사용하고, 논블로킹 I/O 작업을 원할 때는 코루틴을 사용한다.

차이점은 분명하지만 파이썬의 동적 특성으로 인해 이러한 객체를 혼합해서 사용하다가 개발 마지막 단계에서 런타임 오류가 발생하기도 한다. 앞서 yield from 구문을 사용한 간단한 예제로 제시했던 chain 함수를 기억해보자. 이 객체들은 사실 코루틴이 아니었지만 문제가 없이 잘 동작했다. 그 다음 yield from을 사용해 여러 코루틴에게 값을 보내고 예외를 던지고 값을 가져오는 것도 살펴보았다. 이 둘은 명백히 다른 성격의 사용 예제였다. 그런데 다음과 같은 코드가 있다고 가정해보자.

```
result = yield from iterable_or_awaitable()
```

iterable_or_awaitable이 반환하는 것이 명확하지 않다. 단순히 문자열과 같은 이터러블이어도 문법상 문제가 없다. 또는 실제 코루틴일 수도 있다. 이러한 유형의 실수는 나중에 큰 비용을 초래하기 마련이다.

이런 이유 때문에 파이썬의 타이핑 시스템이 확장되었다. 파이썬 3.5 이전에 코루틴은 @coroutine 데코레이터가 적용된 제너레이터일 뿐이었으며 yield from 구문을 사용해 호출했었다. 그러나 이제 코루틴이라는 새로운 타입이 추가되었다.

새로운 구문으로 await와 async def 또한 추가되었다. await는 yield from을 대신하기 위한 용도로 사용되고, 오직 awaitable 객체에 대해서만 동작한다. 코루틴 또한 awaitable 객체이다. awaitable 인터페이스를 따르지 않는 객체에 await를 호출하면 예외가 발생한다. 이것은 인터페이스가 런타임 오류를 방지하고 보다 견고한 디자인을 달성하는 데 어떻게 도움이 될 수 있는지를 보여주는 좋은 예이다.

async def는 앞서 소개한 데코레이터를 대신하여 코루틴을 정의하는 새로운 방법이다. 이것을 호출하면 코루틴 인스턴스를 반환하는 객체를 만든다. 제너레이터 함수를 호출하면 인터프리터가 제너레이터 객체를 반환하는 것처럼, async def로 정의된 객체를 호출하면 __await__ 메서드를 가진 코루틴 객체를 반환한다. 다음에 이 객체는 await 표현식과 함께 사용할 수 있다.

파이썬 비동기 프로그래밍의 모든 세부사항을 살펴보지는 않았지만 새로운 구문과 타입에도 불구하고 그 근본 원리는 앞서 살펴본 것과 동일하다고 말할 수 있다.

파이썬에서 비동기 프로그래밍을 한다는 것은 일련의 코루틴을 관리하는 이벤트 루프가 있다는 뜻이다(이벤트 루프라 하면 지금은 표준 라이브러리에 추가된 asyncio를 뜻하지만 동일한 일을 할 수 있는 다른 라이브러리가 많이 있다). 일련의 코루틴들은 이벤트 루프에 속하며, 이벤트 루프의 스케줄링 메커니즘에 따라 호출된다. 각각의 코루틴이 실행되면 사용자가 작성한 내부 코드가 실행되고 다시 이벤트 루프에 제어권을 반납하려면 await ⟨coroutine⟩을 호출하면 된다. await ⟨coroutine⟩는 yield처럼 호출자(이벤트 루프)에 제어권을 넘겨줌으로써 이벤트 루프가 작업을 비동기적으로 관리할 수 있게 해준다.

이러한 메커니즘이 파이썬에서 비동기 프로그래밍이 동작하는 기본 원리이다. 코루틴에 추가된 새 문법(async def / await)은 이벤트 루프에 의해 호출되는 방식에 맞춰 코딩하기 위한 API라고 생각할 수 있다. 만약에 표준 라이브러리를 사용했다면 asyncio가 이벤트 루프가 되겠지만, API 표준과 일치하는 어떠한 이벤트 루프도 사용할 수 있다. 즉, uvloop(https://github.com/MagicStack/uvloop)나 trio(https://github.com/python-trio/trio) 같은 라이브러리를 사용해도 코드가 동일하게 동작해야 한다. 물론 API 규약에 맞춰 개발했다면 자체적으로 개발한 이벤트 루프를 사용해도 된다.

실제로 이 책의 범위를 벗어나는 독특하고 애매한 것들도 많이 존재한다. 그러나 이러한 것들은 이 장에서 소개한 개념들과 연관되어 있다. 그리고 제너레이터에 기반을 둔 것들이 이렇게 많다는 것은 바로 제너레이터가 파이썬 언어의 핵심 개념임을 설명하는 것이기도 하다. (역주 : async/await에서 말하는 병렬이라는 것은 DB나 네트워크, 디스크 요청과 같은 Non-CPU 중심의 작업에 대해서 대기 시간이 생기면 제어권을 스케줄러에 넘겨줌으로써 그 사이에 다른 작업을 할 수 있게 한다는 뜻이다. 이런 식으로 각각의 작업(코루틴)이 실제로 CPU를 사용하는 시간은 매우 짧고 I/O 작업의 완료를 이벤트 형태로 알려줄 수 있다면 단일 스레드에서 마치 여러 개를 동시에 실행한 것과 비슷한 효과를 낼 수 있다는 뜻이다.)

비동기 매직 메서드

이전 장에서 매직 메서드를 사용하면 우리가 만든 추상화가 파이썬 문법과 더욱 잘 어울린다고 했었다. 이러한 문법을 잘 활용하면 보다 간결하고 나은 (그리고 아마도 더 클린한) 코드를 만들 수 있다.

그러나 이러한 메서드를 코루틴을 사용해야 하는 경우에는 어떻게 될까? 어떤 함수에 대해 await를 호출한다는 것은 해당 함수가 async def로 정의된 코루틴이라는 뜻이다. 만약 코루틴이 아닌데 await를 호출하면 문법 오류가 발생할 것이다.

그럼 현재 문법과 매직 메서드를 같이 사용할 수 있을까? 결론은 동작하지 않는다. 비동기 프로 그래밍에서 코루틴을 사용하려면 새로운 구문과 새로운 매직 메서드가 필요하다. 다행히도 좋은 소식은 이전의 사용 방법과 유사하다는 것이다.

다음은 새로운 매직 메서드에 대한 요약표와 기존 매직 메서드와의 관계이다.

개념	매직 메서드	문법
비동기 컨텍스트 관리자	__aenter__ __aexit__	async with async_cm() as x: …
비동기 반복(Iteration)	__aiter__ __anext__	async for e in aiter: …

표 7.2: 비동기 구문과 매직 메서드

PEP-492(https://www.python.org/dev/peps/pep-0492/)에서 위 새로운 구문을 소개한다.

❑ 비동기 컨텍스트 관리자

원리는 간단하다. 코루틴에서 컨텍스트 관리자를 사용하고 싶다면, 기존의 일반적인 함수인 __enter__와 __exit__ 메서드를 사용할 수 없다. 대신에 __aenter__와 __aexit__ 라는 코루틴 메서드를 사용해야 한다. 마찬가지로 단순히 with를 사용하는 대신 async with를 사용해야 한다.

심지어 contextlib 모듈에는 @asynccontextmanager라는 데코레이터도 있다. 이것은 이전과 마찬가지로 비동기 형태로 컨텍스트 관리자를 사용하기 위한 것이다.

비동기 컨텍스트 관리자를 위한 async with 구문도 비슷한 방식으로 동작한다. 컨텍스트에 진입하면 __aenter__ 코루틴이 자동으로 호출되고, 종료될 때 __aexit__가 트리거된다. 동일한 async with 문에서는 여러 비동기 컨텍스트 관리자를 그룹화하는 것이 가능하지만, 일반 컨텍스트 관리자와 혼합하는 것은 불가능하다. 일반 컨텍스트 관리자를 async with 구문과 함께 사용하려고 하면 AttributeError 오류가 발생한다.

2장 파이썬스러운 코드에서 사용했던 예제를 비동기 프로그래밍 방식으로 변경하면 다음과 같다.

```python
@contextlib.asynccontextmanager
async def db_management():
    try:
        await stop_database()
        yield
    finally:
        await start_database()
```

뿐만 아니라, 여러 개의 컨텍스트 관리자를 사용하고 있다면 다음과 같이 할 수 있다.

```python
@contextlib.asynccontextmanager
async def metrics_logger():
    yield await create_metrics_logger()

async def run_db_backup():
    async with db_management(), metrics_logger():
        print("DB 백업 처리 중...")
```

예상한 것처럼 contextlib 모듈은 비동기 컨텍스트 관리자 개발을 지원하는 추상 기본 클래스 (abstract base class) AbstractAsyncContextManager를 제공한다. 이 클래스를 상속받은 경우 __aenter__와 __aexit__ 메서드를 구현해야 한다.

❏ 다른 매직 메서드

나머지 매직 메서드들은 어떨까? 나머지 매직 메서드 모두 비동기 형태의 매직 메서드를 가지고 있을까? 그렇지는 않다. 여기서 말하고자 하는 것은 꼭 그럴 필요가 없어야 한다는 것이다.

클린 코드를 완성하는 것은 책임을 적절히 분배하고, 적절한 곳에 기능을 배치하는 것임을 기억하자. 예를 들어, __getattr__ 메서드 내에서 코루틴을 호출하려고 했다면 뭔가 디자인에 문제가 있는 것이다. 왜냐하면 해당 코루틴을 위해 더 나은 장소가 있을 것이기 때문이다.

코루틴은 프로그램의 일부를 동시에 실행하기 위해서 사용하는 것으로, 보통 외부 리소스를 관리하는 것과 관련이 있다. 그러나 나머지 매직 메서드(예: __getitem__, _getattr_ 등)의 로직은 객체의 내부 표현만으로 해결 가능한 코드여야 한다.

같은 이유로 (또는 좋은 디자인 관행에 따라) __init__을 코루틴으로 만드는 것은 좋지 않다. 왜냐하면 일반적으로는 부작용 없이 안전하게 초기화할 수 있는 가벼운 객체를 원하기 때문이다. 더군다나 이미 의존성 주입의 장점에 대해서도 살펴보았기 때문에 비동기 방식의 초기화는 더욱 원하지 않을 것이다. 우리의 객체는 이미 초기화된 의존성과 협력하길 원한다.

표 7.2의 두 번째 항목으로 소개된 비동기 반복은 보다 흥미로운 주제로, 다음 섹션에서 자세히 살펴보자.

비동기 반복 구문(async for)은 모든 비동기 이터레이터와 잘 동작한다. 즉, 우리가 직접 만든 비동기 이터레이터와도 잘 동작하고, 비동기 제너레이터와도 잘 동작한다. 각각에 대해서는 다음 섹션에서 살펴본다.

비동기 반복

파이썬의 for 루프에서 동작하는 이터레이터 객체를 만들었던 것처럼, 비동기 방식에 대해서도 같은 작업을 할 수 있다.

데이터베이스와 같은 외부 소스에서 데이터 읽는 방식을 추상화하는 이터레이터를 만들고 싶다고 해보자. 그러나 데이터를 추출하는 부분이 코루틴이기 때문에 익숙한 __next__ 연산자를 사용할 수는 없다. 이런 경우 __anext__ 코루틴을 사용해야 한다.

다음은 이것을 어떻게 구현할 수 있는지 보여주는 간단한 예이다. 외부 의존성이나 기타 복잡한 요소는 무시하고, 이러한 작업을 어떻게 처리할 수 있는지 보여주는 것에 중점을 두고 있다.

```python
import asyncio
import random

async def coroutine():
    await asyncio.sleep(0.1)
    return random.randint(1, 10000)

class RecordStreamer:
    def __init__(self, max_rows=100) -> None:
        self._current_row = 0
        self._max_rows = max_rows

    def __aiter__(self):
        return self

    async def __anext__(self):
        if self._current_row < self._max_rows:
            row = (self._current_row, await coroutine())
            self._current_row += 1
            return row
        raise StopAsyncIteration
```

첫 번째 메서드인 __aiter__는 객체가 비동기 이터레이터임을 나타내는 데 사용된다. 동기 형태의 버전과 마찬가지로 대부분의 경우 self를 반환하는 것으로 충분하므로 코루틴일 필요가 없다.

하지만 __anext__는 정확히 비동기 로직이 있는 코드이므로 코루틴이어야 한다. 이번 예제에서는 수집한 데이터의 일부를 반환하기 위해 다른 코루틴을 await하고 있다. 또한 반복의 끝을 알리기 위해 별도의 예외가 필요하다. 이번 예제에서는 StopAsyncIteration이다.

이 예외는 동기 방식의 예외와 유사하게 동작한다. 단지 async for 루프를 위한 것이라는 것만 다르다. 이것을 만나면 인터프리터는 해당 루프를 종료한다.

이런 종류의 객체는 다음과 같은 형식으로 사용할 수 있다.

```python
async for row in RecordStreamer(10):
    ...
```

위 코드가 동기 형태의 버전과 어떻게 유사한지 쉽게 확인할 수 있을 것이다. 한 가지 중요한 차이점은 (예상한 것처럼) next() 함수가 동작하지 않는다는 것이다. 따라서 비동기 제너레이터에서 한 칸 이동하려면 다른 방식의 코드가 필요하다.

다음과 같은 형태로 비동기 이터레이터에 대해서 한 칸 이동할 수가 있다.

```
await async_iterator.__anext__()
```

그러나 앞서 제너레이터 표현식에 대해서 next() 함수를 사용해 특정 조건을 만족하는 첫 번째 아이템을 찾는 것과 같은 작업은 더 이상 지원이 되지 않는다. 왜냐하면 당시 사용했던 것들은 비동기 이터레이터를 지원하지 않기 때문이다.

이전 관용구(idiom)에서 영감을 받아 비동기 반복을 사용하여 제너레이터 표현식을 만들어서 첫 번째 값을 찾아볼 수 있다. 그러나 더 나은 방법은 비동기 제너레이터와 호환되는 자체 함수를 만들어 보는 것이다. 다음과 같은 형태로 만들어 볼 수 있다.

```python
NOT_SET = object()

async def anext(async_generator_expression, default=NOT_SET):
    try:
        return await async_generator_expression.__anext__()
    except StopAsyncIteration:
        if default is NOT_SET:
            raise
        return default
```

파이썬 3.8부터는 asyncio 모듈을 사용해 REPL에서 직접 코루틴을 시험해볼 수 있는 멋진 기능을 제공한다. 이 기능을 사용해 앞의 코드가 어떻게 동작하는지 확인할 수 있다.

```
$ python -m asyncio
>>> streamer = RecordStreamer(10)
>>> await anext(streamer)
(0, 5017)
>>> await anext(streamer)
(1, 5257)
>>> await anext(streamer)
(2, 3507)
...
```

```
>>> await anext(streamer)
(9, 5440)
>>> await anext(streamer)
Traceback (most recent call last):
    ...
    raise StopAsyncIteration
StopAsyncIteration
>>>
```

인터페이스와 동작 모두 원래의 next( ) 함수와 유사하다는 것을 알 수 있다.

이제 비동기 프로그래밍에서 반복을 하는 방법을 알게 되었지만 더 좋은 방법도 있다. 대부분의 경우 전체 이터레이터 객체가 아니라 제너레이터만 필요하다. 제너레이터 구문은 코드를 작성하기 쉽고 가독성이 높다는 장점이 있다. 다음 섹션에서 비동기 프로그램을 위한 제너레이터를 만드는 방법을 살펴본다.

비동기 제너레이터

파이썬 3.6 이전에는 이전 섹션에서 살펴본 방법이 비동기 반복을 하는 유일한 수단이었다. 코루틴과 제너레이터의 복잡성 때문에, 코루틴 안에서 yield 구문을 사용하는 것은 아직 정의되지 않은 상태여서 허용되지 않았었다. 예를 들어, yield는 코루틴을 멈추려는 것일까 아니면 호출자(caller)에게 값을 생성하기 위한 것일까하는 것이다.

비동기 제너레이터는 PEP-525(https://www.python.org/dev/peps/pep-0525/)에서 도입되었다.

코루틴 내에서 yield 키워드를 사용하는 것과 관련된 문제는 이 PEP를 통해 해결되었으며, 이제 해당 구문이 허용되었지만 기존과 다른 명확한 의미를 가지게 되었다. 첫 번째 코루틴 예제와 달리 코루틴 안에서 yield를 사용하는 것은 코루틴을 멈추거나 중지하는 것이 아니라, 호출자에게 값을 생산하는 것을 의미하게 되었다. 제너레이터가 하는 것과 마찬가지로 비동기 제너레이터는 비동기 방식으로 사용할 수 있게 되었다. 즉, 비동기 제너레이터의 안에서 다른 코루틴을 await 할 수 있다는 뜻이다.

이터레이터에 비해 비동기 제너레이터가 가진 주요 이점은 제너레이터가 갖는 이점과 동일하다. 즉, 비동기 제너레이터는 보다 간결한 방식으로 동일한 목적을 달성할 수 있다.

언급한 것과 같이 앞의 예제는 다음과 같이 보다 간결한 형태의 비동기 제너레이터로 변경할 수 있다.

```python
async def record_streamer(max_rows):
    current_row = 0
    while current_row < max_rows:
        row = (current_row, await coroutine())
        current_row += 1
        yield row
```

이것의 구조는 async def/await를 제외하면 일반 제너레이터와 비슷하다. 게다가 구현이 필요한 메서드나 트리거 되야 하는 적절한 예외와 같은 세부사항이 이터레이터보다 더 적기 때문에 가급적 비동기 제너레이터를 사용할 것을 추천한다.

이것으로 파이썬에서 말하는 반복과 비동기 프로그래밍에 대한 여정을 마친다. 특히, 방금 탐구한 마지막 주제는 이 장에서 배운 모든 개념이 포함되어 있기 때문에 이러한 기능의 정점에 있다고 볼 수 있다.

요약

제너레이터는 파이썬 어디에나 존재한다. 아주 오래 전에 파이썬에 소개된 이래로 프로그램을 보다 효율적으로 만들고 반복을 훨씬 간단하게 해주는 위대한 기능을 하고 있다.

제너레이터는 코루틴을 지원함으로써 파이썬이 점점 더 복잡해지는 요구사항을 처리할 수 있도록 도와주었다.

파이썬에서 코루틴은 기술적으로 제너레이터와 동일하지만 의미적으로는 다르다. 제너레이터는 반복을 편리하게 하기 위해 사용하며, 코루틴은 비동기 프로그래밍 (특정 시간에 프로그램을 일시 중단하고 다시 시작)을 목표로 한다. 이 구별은 점점 중요해지고 있으며 이로 인해 파이썬의 구문이나 타입 시스템이 진화하고 있다.

반복과 비동기 프로그래밍은 파이썬 프로그래밍의 최종 핵심기능이다. 앞으로는 지금껏 살펴본 모든 기능들이 어떻게 잘 어울리고 활용될 수 있는지 확인해볼 차례이다.

이 말은 이제 여러분이 파이썬의 기능을 완전히 이해했다는 것을 의미한다. 이제 지금까지 배운 것들을 활용해 볼 차례이다. 남은 장에서는 테스트, 디자인 패턴 및 아키텍처와 같은 소프트웨어 엔지니어링의 기본 요소와 관련하여 학습한 내용들이 실제 어떻게 사용되는지 살펴본다.

다음 장에서 단위 테스트와 리팩토링을 살펴봄으로써 이 새로운 여정을 시작할 것이다.

참고 자료

- PEP-234 : 이터레이터(https://www.python.org/dev/peps/pep-0234/)

- PEP-255 : 간단한 제너레이터(https://www.python.org/dev/peps/pep-0255/)

- ITER-01 : 파이썬 itertools 모듈(https://docs.python.org/3/library/itertools.html)

- GoF : GoF의 디자인 패턴 재사용성을 지닌 객체지향 소프트웨어의 핵심요소 (The book written by Erich Gamma, Richard Helm, Ralph Johnson, John Vlissides named Design Patterns: Elements of Reusable Object-Oriented Software)

- PEP-342 : 향상된 제너레이터를 통한 코루틴(https://www.python.org/dev/peps/pep-0342/)

- PYCOOK : Python Cookbook Python 3를 정복하기 위한 보약 같은 레시피 (The book written by Brian Jones, David Beazley named Python Cookbook: Recipes for Mastering Python 3, Third Edition)

- PY99 : 가짜 스레드 (제너레이터, 코루틴, 컨티뉴에이션-continuation)
(https://mail.python.org/pipermail/python-dev/1999-July/000467.html)

- CORO-01 : 코루틴 - Co Routine(http://wiki.c2.com/?CoRoutine)

- CORO-02 : 제너레이터는 코루틴이 아니다. (http://wiki.c2.com/?GeneratorsAreNotCoroutines)

- PEP-492: async/await 구문을 사용한 코루틴
Coroutines with async and await syntax (https://www.python.org/dev/peps/pep-0492/)

- PEP-525: 비동기 제너레이터
Asynchronous Generators (https://www.python.org/dev/peps/pep-0525/)

- TEE : itertools.tee 함수
(https://docs.python.org/3/library/itertools.html#itertools.tee)

Chapter **8**

단위 테스트와 리팩토링

이 장에서 살펴볼 것들은 이 책에 전반적으로 적용되는 근본적인 내용이다. 왜냐하면 파이썬 개발의 궁극적인 목적은 보다 우수하고 유지보수성이 뛰어난 소프트웨어를 작성하는 것이기 때문이다.

단위 테스트(또는 모든 형태의 자동 테스트)는 소프트웨어 유지보수에 있어서 결정적인 역할을 하기 때문에 어떠한 품질 프로젝트에서도 빠질 수 없는 부분이다. 때문에 이 장에서는 핵심 개발 전략으로서의 자동화 테스트, 안전한 코드 수정, 점진적 기능 향상에 대한 것들에 대해 논의한다.

이 장을 학습한 이후에는 다음 내용에 대해 더 깊이 알게 될 것이다.

- 애자일 소프트웨어 개발 방법론에서 자동화된 테스트가 중요한 이유
- 단위 테스트가 코드 품질에 대한 거울이 되는 이유
- 자동화된 테스트와 품질 게이트를 설정하기 위한 프레임워크와 도구
- 단위 테스트가 문서화와 도메인 문제의 깊은 이해에 도움을 주는 이유
- 테스트 주도 개발(TDD – test driven development)의 개념

이전 장에서는 파이썬의 고유한 특징에 대해 살펴보고 유지 보수성이 뛰어난 코드를 만들 때 어떻게 활용할 수 있는지에 대해 알아보았다. 또한 파이썬의 특징을 고려하여 소프트웨어 엔지니어링의 일반적인 디자인 원칙을 파이썬 프로젝트에 적용하는 방법도 살펴보았다. 이번 장에서는 테스트 자동화와 같은 소프트웨어 엔지니어링의 주요 컨셉을 다시 한번 살펴볼 것이다. 일부 기능은 unittest 모듈과 같은 표준 라이브러리를 사용하고, 어떤 것들은 pytest 같은 외부 라이브러리를 사용할 것이다. 먼저 소프트웨어 디자인이 유닛 테스트와 어떻게 관련이 있는지 살펴보면서 본 여정을 시작하자.

디자인 원칙과 단위 테스트

이 섹션에서는 먼저 단위 테스트의 개념에 대해 살펴볼 것이다. 이전에 논의한 소프트웨어 공학 원리 중 일부의 코드를 다시 검토하며 클린 코드와 어떤 관련이 있는지 파악한다.

그런 다음 이 개념들을 코드에 실제로 어떻게 적용할 수 있는지, 그리고 어떤 프레임워크와 도

구를 사용할 수 있는지 살펴본다.

먼저 단위 테스트가 무엇인지 간단하게 정의해보자. 단위 테스트는 다른 코드의 일부분이 유효한지를 검사하는 코드이다. 일반적으로 단위 테스트를 애플리케이션의 "핵심" 기능을 검증하는 것이라고 생각하지만 그것은 이 책에서 정의하는 방식과 달리 단위 테스트를 보조 수단으로서만 생각하는 것이다. 단위 테스트는 소프트웨어의 핵심이 되는 필수적인 기능으로서 일반 비즈니스 로직과 동일한 수준으로 다루어져야 한다.

단위 테스트는 비즈니스 로직이 특정 조건을 보장하는지를 확인하기 위해 여러 시나리오를 검증하는 코드이다. 단위 테스트는 다음과 같은 특성을 가져야만 한다.

- **격리(Isolation)** : 단위 테스트는 다른 외부 에이전트와 완전히 독립적이어야 하며 비즈니스 로직에만 집중해야 한다. 때문에 데이터베이스에 연결하지 않아야 하고 HTTP 요청도 하지 않아야 한다. 격리는 또한 테스트 자체가 독립적이라는 것을 의미한다. 테스트는 이전 상태에 관계없이 임의의 순서로 실행될 수 있어야 한다.
- **성능(Performance)** : 단위 테스트는 신속하게 실행되어야 한다. 반복적으로 여러 번 실행될 수 있도록 설계해야 한다.
- **반복 가능성(Repeatability)** : 단위 테스트는 객관적이고 결정적인 방식으로 소프트웨어의 상태를 평가할 수 있어야 한다. 이는 테스트에서 얻은 결과가 반복 가능해야 함을 의미한다. 단위 테스트는 코드의 상태를 평가한다. 테스트가 실패하면 코드가 수정될 때까지 계속 실패해야 한다. 테스트를 통과했고 코드에 변경 사항이 없었다면 계속 통과해야 한다. 테스트 결과가 불규칙적이거나 랜덤화 되어서는 안 된다.
- **자체 검증(Self-validating)** : 단위 테스트의 실행만으로 결과를 결정할 수 있어야 한다. 단위 테스트를 처리하기 위한 추가 단계가 없어야 한다.

단위 테스트를 좀 더 구체적으로 살펴보면 단위 테스트를 작성한 .py 파일을 만들고 이 파일을 도구에서 호출하는 것이다. 이 파일에는 비즈니스 로직에서 필요한 것을 가져오기 위한 import 구문과 비즈니스 로직을 테스트하기 위한 프로그램이 있다. 그러면 도구에서 단위 테스트를 수집하여 실행한 다음 결과를 보여준다.

여기서 마지막 부분이 바로 자체 검증이 의미하는 바이다. 테스트 도구에서 파일의 내용을 호출하면 테스트가 실행된다. 테스트에 실패하면 프로세스는 오류 코드와 함께 종료된다(유닉스 환경에서는 0이 아닌 다른 숫자가 될 수 있다). 일반적으로 테스트에서 성공하면 점(.)을 찍고 실패하면 F를, 예외가 있으면 E를 출력한다.

자동화된 테스트의 다른 형태

단위 테스트는 함수 또는 메서드와 같은 매우 작은 단위를 확인하기 위한 것이다. 단위 테스트는 최대한 자세하게 코드를 검사하는 것이 목적이다. 클래스를 테스트하려면 단위 테스트가 아니라 단위 테스트의 집합인 테스트 스위트(test suite)를 사용한다. 테스트 스위트를 구성하는 테스트들은 메서드처럼 보다 작은 것을 테스트한다.

단위 테스트는 여러 방법으로 할 수 있으며 모든 오류를 잡을 수 있는 것은 아니다. 이 책의 범위를 벗어나는 인수(acceptance) 테스트나 통합(integration) 테스트 같은 것도 있다.

통합 테스트에서는 한 번에 여러 컴포넌트를 테스트한다. 종합적으로 예상대로 잘 동작하는지 검증한다. 이 경우에는 부작용이 발생하는 것도 상관이 없으며 격리에 대한 걱정도 할 필요가 없다. 즉 HTTP 요청을 하거나 데이터베이스에 연결하는 등의 작업을 수행하는 것이 가능하고 때로는 그렇게 하는 것이 바람직하다.

통합 테스트는 상용코드와 똑같은 환경에서 실행하여 확인하려는 것이지만 여전히 피하고 싶은 의존성이 있을 때도 있다. 예를 들어, 일부 외부 의존성이 인터넷으로 연결된 경우 해당 부분을 생략할 수 있다.

데이터베이스를 사용하고 다른 내부 서비스에도 연결하는 애플리케이션이 있다고 가정해 보자. 애플리케이션에는 환경마다 다른 설정 파일을 가지고 있으며, 물론 상용 환경에서는 그에 알맞은 설정이 적용된다. 통합 테스트를 위해서도 별도의 설정 파일이 존재하고, 해당 테스트를 위해 특별히 빌드된 도커(Docker) 컨테이너가 데이터베이스를 모의(mock)하도록 설정할 수 있다. 다른 의존성에 대해서도 비슷한 방식으로 도커 서비스를 활용한 모의(mock) 환경을 구축하는 것이 좋다.

단위 테스트를 위한 모의(mock) 기능은 이 장의 뒷부분에서 다시 논의할 것이다. 컴포넌트 테스트를 위한 의존성 모의(mock)와 관련해서는 10장 클린 아키텍처에서 소프트웨어 아키텍처 관점에서의 컴포넌트를 논의할 때 다룬다.

인수 테스트는 유스케이스(use case)를 활용하여 사용자 관점에서의 시스템 유효성을 검사하는 자동화된 테스트이다.

통합 테스트나 인수 테스트를 하면 단위 테스트와 관련된 중요한 특성을 잃게 된다. 바로 속도이다. 이러한 테스트는 실행하는데 더 많은 시간이 걸리기 때문에 보다 덜 자주 실행하게 된다.

좋은 개발 환경을 구축했다면 개발자는 전체 테스트 스위트를 만들고 코드에 수정이 생길 때마다 반복적으로 단위 테스트와 리팩토링을 할 수 있어야 한다. 코드를 수정하고 PR(Pull Request)이 생기면 CI(Continuous Integration) 서비스가 실행되어 해당 브랜치에 빌드를 실행한다. 통합 테스트나 인수 테스트가 있는 경우 빌드 중에 단위 테스트도 함께 수행한다. 물론 병합(merge) 전에 빌드에 성공해야 한다. 하지만 중요한 것은 테스트의 차이이다. 일반적으로 단위 테스트는 항상 수행되길 원하지만 통합 테스트나 인수 테스트는 그보다 덜 자주 수행되길 바란다. 이렇게 하는 이유는 전략적으로 단위 테스트에서 작은 기능을 많이 테스트하고, 단위 테스트에서 확인할 수 없는 부분을 (예를 들면 데이터베이스) 다른 자동화된 테스트에서 커버하려고 하기 때문이다.

마지막으로 이 책은 실용성을 추구한다는 점을 기억하자. 앞에서도 언급한 것처럼 프로젝트의 상황에 알맞게 단위 테스트를 활용해야 한다. 아무도 내가 담당하는 시스템을 나보다 잘 알 수는 없다. 때문에 어떤 이유에서든 단위 테스트인데도 도커 컨테이너를 띄워서 데이터베이스의 기능을 테스트해야 한다면 그렇게 하자. 이 책에서 몇 차례 언급한 것처럼 실용성이 이상보다 우선이다.

단위 테스트와 애자일 소프트웨어 개발

최근의 소프트웨어 개발은 가능한 한 신속하고도 지속적으로 가치를 제공하려고 한다. 이렇게 하는 이유는 더 빠르게 피드백을 받을수록 더 쉽게 코드를 수정할 수 있다는 생각이 있기 때문이다. 이러한 생각은 전혀 새로운 것이 아니다. 일부는 이미 수십 년 전의 제조 원칙과 비슷한 내용이고, 어떤 부분은 **성당과 시장(The Cathedral and the Bazaar —CatB)** (역주 : 성당과 시장(The Cathedral and the Bazaar)은 에릭 레이먼드(Eric Steven Raymond)가 1997년에 리눅스 회의에서 처음 공개하고 1999년 출간한 책의 이름으로 오픈 소스 철학을 대변한다. 성당 모델은 소수의 개발자만 참여하여 개발하고 출시 때에만 소스 코드를 공개하는 것이다. 시장 모델은 소스 코드가 일반에 공개된 상태로 개발한다. 이 책에서는 보는 눈만 많다면 어떤 버그라도 쉽게 잡을 수 있다는 리누스 법칙에 따라 시장 모델의 도입이 유효할 수 있다고 주장한다. 성공적인 오픈소스 프로젝트인 fetchmail의 개발 과정에서 느낀 19개의 교훈을 기록하고 있는데 버그가 많이 포함되어 있더라도 사용자의 피드백을 빨리 받을 수 있도록 "일찍, 그리고 자주 발표하라"(Release early. Release often. And listen to your customers)는 내용이 있다)과 같은 에세이에서 언급했던 것들로 이해 관계자에게 빠른 피드백을 받아서 수정하는 것을 반복하자는 내용이다.

따라서 변화에 효과적으로 대응할 수 있는 소프트웨어를 개발하고자 한다면 이전 장에서 언급한 것처럼 유연하며 확장 가능해야 한다.

코드 자체로는 (얼마나 잘 작성되고 어떤 디자인 원칙이 적용되었는지 상관없이) 변경 사항에 대해 충분히 유연하다는 것을 보장할 수 없다. 즉, 수정된 후에도 올바르게 계속 실행 가능하다는 공식적인 증거가 필요하다. 솔리드(SOLID) 원칙을 준수하고 개방/폐쇄 원칙에 따르는 컴포넌트를 만들었다고 해보자(이는 코드를 많이 수정하지 않고도 변화에 쉽게 대응하도록 만들었다는 뜻이다). 게다가 쉽게 리팩토링이 가능하도록 짜서 변화에 쉽게 대응할 수 있는 상태라고 해보자. 이 상태에서 변경 작업이 아무런 버그를 만들지 않게 하려면 어떻게 해야 할까? 기존 기능이 보존되었다는 것을 어떻게 알 수 있을까? 사용자에게 배포를 해도 문제가 없다는 것을 어떻게 확신할 수 있을까? 새 버전은 예상대로 작동한다고 믿을 수 있을까?

이 모든 질문에 대한 공식적인 증거가 없다면 자신 있게 답변할 수 없을 것이다. 단위 테스트가 바로 프로그램이 명세에 따라 정확하게 동작한다는 공식적인 증거가 될 수 있다.

따라서 단위 테스트(혹은 자동화된 테스트)는 우리의 코드가 기대한 것처럼 동작한다는 확신을 줄 수 있는 안정망이 될 수 있다. 이러한 도구로 무장한 코드가 있으면 보다 효율적으로 개발이 진행될 것이므로 궁극적으로 팀의 개발 속도(또는 범위)를 향상시킬 수 있다. 좋은 테스트를 가질수록 버그에 의해 프로젝트를 중단하지 않고 신속하게 가치를 제공할 가능성이 높아진다.

단위 테스트와 소프트웨어 디자인

단위 테스트와 메인 코드는 동전의 양면과 같은 것이다. 이전 섹션에서 살펴본 실용적인 이유 외에도 좋은 소프트웨어는 테스트 가능한 소프트웨어라는 사실을 기억할 필요가 있다. **테스트의 용이성**(Testability,(소프트웨어를 얼마나 쉽게 테스트 할 수 있는지를 결정하는 품질 속성)은 단순히 있으면 좋은 것이 아니라 클린 코드의 핵심 가치이다.

단위 테스트는 기본 코드를 보완하기 위한 것이 아니라 실제 코드의 작성 방식에 직접적인 영향을 미치는 것이다. 단위 테스트는 특정 코드에 단위 테스트를 해야겠다고 발견하는 단계에서부터 더 나은 코드를 작성하는 단계 그리고 궁극적으로 모든 코드가 테스트에 의해 작성되는 **TDD**(test-driven design) 단계까지 여러 단계가 있다. TDD는 이 장의 끝에서 다시 살펴본다.

간단한 예제를 통해 테스트가 어떻게 코드를 개선시킬 수 있는지 살펴보자.

다음 예제는 특정 작업에서 얻은 지표를 외부 시스템에 보내는 코드이다. Process 객체는 도메인 문제에 대한 일부 작업을 나타내며, MetricsClient는 외부 엔터티(예를 들어 syslog나 statsd 같은 곳)에 지표를 전송하기 위한 객체이다.

```python
class MetricsClient:
    """타사 지표 전송 클라이언트"""

    def send(self, metric_name, metric_value):
        if not isinstance(metric_name, str):
            raise TypeError("metric_name으로 문자열 타입을 사용해야 함")

        if not isinstance(metric_value, str):
            raise TypeError("metric_value로 문자열 타입을 사용해야 함")

        logger.info("%s 전송 값 = %s", metric_name, metric_value)


class Process:

    def __init__(self):
        self.client = MetricsClient()  # 타사 지표 전송 클라이언트

    def process_iterations(self, n_iterations):
        for i in range(n_iterations):
            result = self.run_process()
            self.client.send(f"iteration.{i}", result)
```

타사 지표 전송 클라이언트는 파라미터가 문자열 타입이어야 한다는 요구사항이 있다. 따라서 run_process 메서드에서 반환한 result가 문자열이 아닌 경우 전송에 실패하게 된다.

```
Traceback (most recent call last):
...
    raise TypeError("metric_value 타입으로 문자열을 사용해야 함")
TypeError: metric_value 타입으로 문자열을 사용해야 함
```

타사에서 제공하는 라이브러리는 우리가 직접 코드를 제어할 수 없으므로 반드시 실행 전에 정확한 타입을 제공해야만 한다. 이러한 버그를 발견했으므로 이제는 단위 테스트를 통해 이러한 문제가 발생하지 않는다는 것을 확실히 하고자 한다. 단위 테스트가 있으면 코드를 여러 번 수

정하더라도 이후에 문제가 재현되지 않는다는 것을 증명할 수 있다.

테스트를 하는 것은 Process 객체의 client를 모의하면 기존 코드를 그대로 사용할 수 있다(Mock 객체를 사용하여 모의하는 방법은 뒤에 소개한다). 이렇게 하려면 약간의 코드가 더 필요하다. 그러나 다행히도 우리가 테스트하려는 메서드는 상대적으로 작다. 테스트하려는 메서드가 크다면 추가되는 코드도 많아졌을 것이다. 이렇게 메서드가 작다는 것은 테스트 가능성과 관련해 좋은 디자인(작고 응집력이 높은 함수 또는 메서드)이라고 할 수 있다.

마지막으로 필요한 부분만 테스트하기 위해 main 메서드에서 client를 직접 다루지 않고 래퍼 (wrapper) 메서드에 위임할 것이다. 새로운 클래스는 다음과 같다.

```python
class WrappedClient:

    def __init__(self):
        self.client = MetricsClient()

    def send(self, metric_name, metric_value):
        return self.client.send(str(metric_name), str(metric_value))

class Process:
    def __init__(self):
        self.client = WrappedClient()

    ... # 나머지 코드는 그대로 유지
```

여기서는 타사 라이브러리를 직접 사용하는 대신 자체적으로 만든 클래스를 지표 전송 클라이언트로 사용했다. 래퍼 클래스는 동일한 인터페이스를 가지고 있다.

이러한 컴포지션 방식은 어댑터 디자인 패턴과 유사하다(다음 장에서 디자인 패턴을 살펴본다). 이 래퍼 객체를 활용하면(역주: 내가 원하는 방식으로 확인을 할 수 있으므로) 테스트를 하기가 수월해진다. 그러나 더 중요한 것은 단위 테스트를 위한 코드를 작성하면서 기존의 코드에서 어떤 부분이 잘못 되었는지 깨달을 수 있다는 점이다. (역주: 처음에는 타입 검사를 하지 않고 바로 client에 send를 하였지만 이제는 str 함수를 사용하여 문자열로 변환한 뒤에 전송함) 바로 테스트를 작성하면서 중요한 추상화를 완전히 빼먹고 있었다는 사실을 깨닫게 되었다!

이제 메서드를 분리했으므로 실제 단위 테스트를 작성한다. 이 예제에서 사용된 unittest 모듈에 대한 세부 사항은 테스트 도구와 라이브러리를 탐색하는 장에서 더 자세히 살펴볼 것이다.

지금은 대략적인 흐름만 살펴보면 된다.

```python
import unittest
from unittest.mock import Mock

class TestWrappedClient(unittest.TestCase):
    def test_send_converts_types(self):
        wrapped_client = WrappedClient()
        wrapped_client.client = Mock()
        wrapped_client.send("value", 1)

        wrapped_client.client.send.assert_called_with("value", "1")
```

Mock은 unittest.mock 모듈에서 사용할 수 있는 타입으로 어떤 종류의 타입에도 사용할 수 있는 편리한 객체이다.

(역주 : Mock은 무엇을 흉내 낸다는 뜻 그대로 의존성 객체를 대신하여 시뮬레이션하는 역할을 한다. 어떻게 시뮬레이션 할지는 런타임 중에 함수, 메서드, 속성을 직접 정의해주면 된다. 이렇게 런타임에 기능을 변경하는 것을 몽키 패치(monkey patch)라고 한다. 이 예제에서는 wrapped_client.client로 MetricsClient를 직접 사용하지 않고 Mock 객체를 사용해 시뮬레이션 할 것이다. 그런데 wrapped_client.client에는 어떤 메서드가 있는지는 어떻게 정의할까? 바로 시뮬레이션 하려는 형태 그대로 한 번 호출해주면 된다. 이 예제에서는 wrapped_client.send("value", 1)에서 간접적으로 self.client.send(str("value"), str(1))을 호출함으로써 MetricsClient를 모의하는 Mock의 send 메서드는 두 개의 문자열을 받는 함수라고 정의(몽키 패치) 하고 있다. 그렇기 때문에 wrapped_client.client.send.assert_with("value", 1)을 호출하면 올바른 파라미터를 사용한 호출이므로 어설트에 성공하게 된다.)

예를 들어 타사 라이브러리 대신 Mock 객체를 사용하면 예상대로 호출되는지 확인할 수 있다 (라이브러리 자체를 테스트하는 것이 아니라 올바르게 호출되었는지 확인하는 것이다). send 메서드에서는 Process 객체에서 호출하는 것처럼 숫자 1을 입력했지만 send.assert_called_with에서는 문자열 "1"을 기대하는 것에 유의하자. (역주: assert_called_with는 마지막 호출이 특정한 방식으로 이루어졌는지 확인하는 메서드인데 이번 예제에서는 2개의 파라미터 모두 문자열로 변환이 되었으므로 "value"와 "1"인지 검사해야 어설트에 성공하게 된다. 실제 값까지 검사하기 때문에 "abc", 1이거나 "value", "2"처럼 다른 데이터 타입이나 다른 값으로 입력하면 어설트에 실패한다.)

이 예제는 코드 설계 측면에서 단위 테스트가 어떻게 도움이 되는지 보여준다. 코드를 테스트하려는 과정에서 더 나은 코드를 찾아냈다. 좀 더 나아가면 단위 테스트의 두 번째 줄에서 래퍼(wrapper) 클라이언트의 내부 협력자를 재정의하는 방식(client로 Mock을 할당) 때문에, 이 테스트가 충분하지 않다고 말할 수 있다. 이 문제를 해결하려면 초기화 메서드에서 클라이언트를 생성하는 대신 실제 클라이언트가 파라미터 형태(의존성 주입 같은 것을 사용하여)로 제공되었어야 한다고 말할 수 있다. 이렇게 단위 테스트를 만드는 과정에서 다시 한번 보다 나은 구현에 대해서 생각해 볼 수 있다.

이번 예제는 어떤 코드의 테스트 가능성(testability)이 코드의 품질을 말해줄 수 있다는 것을 보여준다. 즉, 코드가 테스트하기 어렵거나, 테스트 코드가 복잡하다면 아마도 코드를 개선하는 것이 필요할 것이다.

> *"테스트를 작성하기 위한 트릭은 없다.*
> *테스트 가능한 코드를 작성하기 위한 트릭만 있을 뿐이다."*
>
> Miško Hevery

테스트의 경계 정하기

테스트에는 노력이 필요하다. 무엇을 테스트할지 주의하지 않으면 끝없이 테스트를 해야 하고 뚜렷한 결실도 없이 시간만 낭비하게 된다.

테스트의 범위는 우리가 작성한 코드의 범위로 한정해야 한다. 그렇지 않고 외부 라이브러리나 모듈과 같은 의존성까지 확인해야 한다면 의존성의 의존성을 확인해야 하고, 이런 식으로 끝없는 여행을 해야 할지도 모른다. 의존성을 테스트하는 것은 우리의 책임이 아니므로 외부 프로젝트에 대해서는 자체적인 테스트가 있다고 가정해도 된다. 외부 의존성에 대해서는 올바른 파라미터를 사용해 호출하면 정상적으로 실행된다는 것만 확인해도 충분하다. 이보다 더 많은 노력을 할 필요는 없다.

이것은 좋은 소프트웨어 디자인을 할 만한 가치가 있다는 것을 증명하는 또 다른 예이다. 신중하게 디자인을 하여 시스템의 기준을 명확히 했다면 (즉 인터페이스를 사용하여 외부 컴포넌트와의 결합력을 낮추고 의존성을 역전시킨 경우) 단위 테스트를 작성할 때 이러한 인터페이스를 모의하는 것이 훨씬 쉬워진다.

좋은 단위 테스트는 시스템의 경계에는 패치를 적용하여 넘어가고 핵심 기능에 초점을 둔다. 이때 외부 라이브러리(pip로 설치된 라이브러리)를 테스트하지는 않지만 대신 제대로 호출되었는지는 확인해야 한다. 이 장의 뒷부분에서 mock 객체를 살펴보면서 이러한 유형의 어설션을 수행하기 위한 기법과 도구를 검토한다.

테스트를 위한 도구

단위 테스트를 작성하기 위한 많은 도구가 있는데 모두 장단점이 있고 다른 용도로 사용될 수 있다. 여기서는 가장 일반적인 두 가지 파이썬 유닛 테스트 라이브러리를 소개한다. 이들은 거의 모든 시나리오를 다룰 수 있으며, 매우 인기가 있는 도구이므로 사용 방법을 알아두면 도움이 될 것이다.

테스트 프레임워크나 라이브러리와 함께 코드 커버리지를 설정하여 같이 사용하는 것이 일반적이다. 커버리지 지표를 잘못 해석할 여지가 있으므로 우선 단위 테스트를 만드는 방법을 살펴본 다음에 왜 커버리지가 가벼운 주제가 아닌지 살펴볼 것이다.

다음 섹션에서는 이 장에서 사용할 주요 단위 테스트 라이브러리를 소개한다.

단위 테스트 프레임워크와 라이브러리

이 섹션에서는 단위 테스트를 작성하고 실행하기 위한 두 가지 프레임워크에 대해 설명한다. 첫 번째 unittest는 파이썬의 표준 라이브러리이고 두 번째 pytest는 pip를 통해 설치해야하는 라이브러리이다.

- unittest : https://docs.python.org/3/library/unittest.html
- pytest : https://docs.pytest.org/en/latest/

테스트 시나리오를 다루는 것은 unittest만으로도 충분할 것이다. 왜냐하면 다양한 헬퍼 기능을 제공하기 때문이다. 그러나 외부 시스템에 연결하는 등의 의존성이 많은 경우 테스트 케이스를 파라미터화할 수 있는 픽스처(fixture)라는 패치 객체가 필요하다. 이렇게 보다 복잡한 옵션이 필요한 경우는 pytest가 적합하다.

이 둘을 보다 쉽게 비교할 수 있도록 간단한 예제를 만들어 테스트해보자.

이 예제는 Merge Request에 대해 코드 리뷰를 도와주는 간단한 버전 제어 도구로 다음과 같은 몇 가지 전제를 가지고 있다.

- 한 명 이상의 사용자가 변경 내용에 동의하지 않은 경우 Merge Request가 거절(reject)된다.
- 아무도 반대하지 않은 상태에서 두 명 이상의 개발자가 동의하면 해당 Merge Request는 승인 (approved) 된다.
- 이외의 상태는 보류(pending) 상태이다.

코드는 다음과 같다.

```python
from enum import Enum

class MergeRequestStatus(Enum):
    APPROVED = "approved"
    REJECTED = "rejected"
    PENDING = "pending"

class MergeRequest:
    def __init__(self):
        self._context = {
            "upvotes": set(),
            "downvotes": set(),
        }

    @property
    def status(self):
        if self._context["downvotes"]:
            return MergeRequestStatus.REJECTED
        elif len(self._context["upvotes"]) >= 2:
            return MergeRequestStatus.APPROVED
        return MergeRequestStatus.PENDING

    def upvote(self, by_user):
        self._context["downvotes"].discard(by_user)
        self._context["upvotes"].add(by_user)
```

```
    def downvote(self, by_user):
        self._context["upvotes"].discard(by_user)
        self._context["downvotes"].add(by_user)
```

이 코드에 대해서 앞서 소개한 두 가지 라이브러리를 사용해 단위 테스트를 하는 방법에 대해 알아보자. 각 라이브러리의 사용법뿐만 아니라 어떤 차이점이 있는지 유의하며 살펴보자.

❏ unittest

unittest 모듈은 모든 종류의 테스트를 작성할 수 있는 풍부한 API를 제공하므로 단위 테스트를 시작하기에 훌륭한 선택이다. 그리고 표준 라이브러리에 포함되어 있으므로 다방면에 편리하게 사용할 수 있다.

unittest 모듈은 자바의 JUnit을 기반으로 한다. JUnit은 Smalltalk의 아이디어를 기반으로 만들어졌으므로 객체 지향적이다. 이러한 이유로 테스트는 객체를 사용해 작성되며 클래스의 시나리오별로 테스트를 그룹화하는 것이 일반적이다.

단위 테스트를 만들려면 unittest.TestCase를 상속하여 테스트 클래스를 만들고 메서드에 테스트할 조건을 정의하면 된다. 이러한 메서드는 test_로 시작해야 하며 본문에서는 unittest. TestCase에서 상속받은 메서드를 사용하여 체크하려는 조건이 참인지 확인하면 된다.

다음은 이번에 체크하려는 조건의 몇 가지 예이다.

```
class TestMergeRequestStatus(unittest.TestCase):

    def test_simple_rejected(self):
        merge_request = MergeRequest()
        merge_request.downvote("maintainer")
        self.assertEqual(merge_request.status, MergeRequestStatus.REJECTED)

    def test_just_created_is_pending(self):
        self.assertEqual(MergeRequest().status, MergeRequestStatus.PENDING)

    def test_pending_awaiting_review(self):
        merge_request = MergeRequest()
        merge_request.upvote("core-dev")
        self.assertEqual(merge_request.status, MergeRequestStatus.PENDING)
```

```
    def test_approved(self):
        merge_request = MergeRequest()
        merge_request.upvote("dev1")
        merge_request.upvote("dev2")

        self.assertEqual(merge_request.status, MergeRequestStatus.APPROVED)
```

단위 테스트 API는 비교를 위한 다양한 메서드를 제공하는데, 가장 일반적인 메서드는 실제 실행 값과 예상 값을 비교하는 assertEquals(⟨actual⟩, ⟨expected⟩[, message])이다. 이 메서드에는 에러가 발생한 경우를 대비해 메시지를 지정할 수도 있다.

파라미터의 순서를 주의 깊게 살펴보자. (⟨actual⟩, ⟨expected⟩) 순서를 사용했다. 경험상 이런 형태가 거의 관습적으로 사용된다고 믿고 있지만 이와 관련한 가이드라인이나 추천 사항은 찾지 못했다. 사실 gRPC와 같은 프로젝트에서는 거꾸로 (⟨expected⟩, ⟨actual⟩) 순서를 사용하고 있으며, 자바나 코틀린에서도 이와 같은 순서를 관례(convention)로 사용하고 있다. 말하고자 하는 핵심은 현재 프로젝트에서 사용하고 있는 형태가 있다면 일관성을 유지하라는 것이다.

또 다른 유용한 메서드인 assertRaises를 사용하면 특정 예외가 발생했는지 확인할 수 있다. 예외적인 상황이 발생하면 잘못된 가정 아래 실행을 계속하는 것보다는 예외를 발생시키고 호출자에게 바로 알려주는 것이 좋다. 이것이 assertRaises 메서드가 확인하려는 것이다.

이제 기존 기능을 좀 더 확장하여 사용자가 Merge Request를 종료할 수 있도록 해보자. Merge를 종료하면 더 이상 투표를 할 수 없다. 이것을 확인하기 위해 코드를 약간 수정하여 누군가가 종료된 Merge Request에 투표를 시도하면 예외를 발생시키도록 해보자.

두 개의 새로운 상태(OPEN과 CLOSED)와 한 개의 새로운 메서드 close()를 추가한 후, 투표 메서드에 조건을 추가하자.

```
    class MergeRequest:
        def __init__(self):
            self._context = {
                "upvotes": set(),
                "downvotes": set(),
            }
            self._status = MergeRequestStatus.OPEN

        def close(self):
```

```
                    self._status = MergeRequestStatus.CLOSED

        ...
        def _cannot_vote_if_closed(self):
            if self._status == MergeRequestStatus.CLOSED:
                raise MergeRequestException("종료된 Merge Request에 투표할 수 없음")

        def upvote(self, by_user):
            self._cannot_vote_if_closed()
            self._context["downvotes"].discard(by_user)
            self._context["upvotes"].add(by_user)

        def downvote(self, by_user):
            self._cannot_vote_if_closed()

            self._context["upvotes"].discard(by_user)
            self._context["downvotes"].add(by_user)
```

이제 이 유효성 검사가 실제로 작동하는지 확인해보자. 이를 위해 asssertRaises와 assertRaises Regex 메서드를 사용한다.

```
    def test_cannot_upvote_on_closed_merge_request(self):
        self.merge_request.close()
        self.assertRaises(
            MergeRequestException,
            self.merge_request.upvote,
            "dev1"
        )

    def test_cannot_downvote_on_closed_merge_request(self):
        self.merge_request.close()
        self.assertRaisesRegex(
            MergeRequestException,
            "종료된 Merge Request에 투표할 수 없음",
            self.merge_request.downvote,
            "dev1",
        )
```

전자는 제공한 예외가 실제로 발생하는지를 확인하는 것이다. 두 번째 파라미터로 호출 가능한 객체를 전달하고 나머지 파라미터에 호출에 필요한 파라미터를(*args와 **kwargs) 전달하면 된다. 후자는 동일한 방식으로 처리하지만 발생된 예외의 메시지가 제공된 정규식과 일치하는지 확인한다. 예외가 발생했지만 정규 표현식과 일치하지 않는 다른 메시지가 있는 경우에도 테스트에 실패한다.

 예외가 발생하는지 뿐만 아니라 오류 메시지도 확인하자. 발생한 예외가 정확히 우리가 원했던 예외인지 확인하기 위함이다. 우연히 같은 타입의 예외가 발생했으나 실제로는 다른 원인에 의한 경우를 제외하기 위한 것이다.

이러한 메서드는 컨텍스트 관리자와 함께 사용할 수도 있다. assertRaises 메서드는 3개의 파라미터를 받는데 차례로 예외, 호출형 객체(callable object), 그리고 호출형 객체에서 사용할 파라미터 목록이다. 그러나 다음 코드와 같이 예외를 메서드의 파라미터로 전달하고 그것을 컨텍스트 관리자로 사용할 수도 있다. 예외를 유발할 것으로 기대되는 코드는 컨텍스트 관리자 블록 안에 위치하게 된다. (역주: test_logic()을 실행했을 때 MyException이 발생하면 pass이고, MyException이 발생하지 않으면 fail이다.)

```
with self.assertRaises(MyException):
    test_logic()
```

assertRaisesRegex 메서드는 일반적으로 더 유용하게 (어떤 경우에는 유일한 테스트 수단으로서) 사용될 수 있다. 예를 들어 테스트하려는 로직을 하나의 호출 가능한 객체(callable)로 표현하기 어려운 경우이다.

어떤 경우에는 다른 데이터를 사용해서 테스트를 해야 할 수도 있다. 이런 경우 중복된 테스트 코드를 만드는 대신 하나의 테스트에 적절한 옵션을 넘겨서 구분할 수 있다. 이렇게 하는 것을 **테스트 파라미터화(parameterized test)**라고 하며 다음 섹션에서 살펴보자. pytest를 사용할 때 테스트를 파라미터화 하는 방법에 대해 다시 살펴볼 예정이다.

테스트 파라미터화

이제 MergeRequest 객체 전체를 사용하지 않고 테스트하려는 context 데이터의 임계값에 따라 Merge Request가 어떻게 동작하는지 살펴보자. 여기서는 CLOSE 상태가 아닌 경우 상태를 판단할 때 임계값이 잘 적용되었는지를 테스트하려는 것이다.

이렇게 하는 가장 좋은 방법은 해당 컴포넌트를 다른 클래스로 분리하고 컴포지션을 사용하여 다시 가져오는 것이다. 분리된 클래스에 대해서 자체 테스트 스위트를 만들고 새롭게 추상화한 부분에 대해서 테스트를 한다.

```python
class AcceptanceThreshold:
    def __init__(self, merge_request_context: dict) -> None:
        self._context = merge_request_context

    def status(self):
        if self._context["downvotes"]:
            return MergeRequestStatus.REJECTED
        elif len(self._context["upvotes"]) >= 2:
            return MergeRequestStatus.APPROVED
        return MergeRequestStatus.PENDING


class MergeRequest:
    ...
    @property
    def status(self):
        if self._status == MergeRequestStatus.CLOSED:
            return self._status

        return AcceptanceThreshold(self._context).status()
```

이렇게 수정하고 다시 테스트를 실행하면 테스트에 통과한다. 즉, 조금 전의 작은 리팩토링이 현재 기능을 전혀 손상시키지 않은 것이다(단위 테스트는 회귀(regression)를 보장한다). 이를 통해 새로운 클래스에 특정한 테스트를 작성하려는 목표를 달성할 수 있다.

```python
class TestAcceptanceThreshold(unittest.TestCase):
    def setUp(self):
        self.fixture_data = (
            (
                {"downvotes": set(), "upvotes": set()},
                MergeRequestStatus.PENDING
            ),
            (
                {"downvotes": set(), "upvotes": {"dev1"}},
                MergeRequestStatus.PENDING,
            ),
            (
                {"downvotes": "dev1", "upvotes": set()},
```

```
                MergeRequestStatus.REJECTED
            ),
            (
                {"downvotes": set(), "upvotes": {"dev1", "dev2"}},
                MergeRequestStatus.APPROVED
            ),
        )

    def test_status_resolution(self):
        for context, expected in self.fixture_data:
            with self.subTest(context=context):
                status = AcceptanceThreshold(context).status()
                self.assertEqual(status, expected)
```

setUp() 메서드에서는 테스트 전반에 걸쳐 사용될 데이터 픽스처를 정의한다. 사실 지금은 직접 메서드에 값을 전달하면 되기 때문에 꼭 필요하지는 않지만 모든 테스트 실행 전에 준비 작업이 필요하다면 이 메서드에 작성하면 된다.

앞의 예제에서 사용한 튜플은 클래스 속성으로 정의할 수도 있다. 왜냐하면 고정된 상수(static) 값이기 때문이다. 만약에 (고정된 값을 할당하는 것뿐 아니라) 일부 코드를 실행하고, 어떤 연산을 하려고 한다면 (팩토리에서 객체를 만드는 등의) setup() 메서드가 유일한 대안이다.

테스트 코드를 이렇게 수정함으로써 코드의 파라미터를 쉽고 간결하게 전달할 수 있게 되었으며 각각의 결과도 쉽게 확인할 수 있게 되었다.

모든 경우에 대해 테스트하려면 모든 데이터를 반복하며 각 인스턴스에 대해 테스트를 해야 한다. 한 가지 재미있는 것은 subTest 헬퍼를 사용하는 것이다. subTest는 호출되는 테스트 조건을 표시하는데 사용된다. 이러한 반복 중 하나가 실패하면 unittest는 subTest에 전달된 변수의 값을 보고한다(여기서는 context라는 이름을 사용했지만 다른 키워드 인자도 모두 동일하게 동작한다). 다음은 오류의 한 예이다.

```
FAIL: (context={'downvotes': set(), 'upvotes': {'dev1', 'dev2'}})
-------------------------------------------------------------------
Traceback (most recent call last):
    File "" test_status_resolution
        self.assertEqual(status, expected)
AssertionError: <MergeRequestStatus.APPROVED: 'approved'> !=
<MergeRequestStatus.REJECTED: 'rejected'>
```

테스트에 파라미터를 사용하는 경우 각 인스턴스에 최대한 많은 컨텍스트 정보를 제공하여 오류 발생 시 디버깅을 쉽게 한다.

파라미터화 테스트의 기본 아이디어는 해당 조건을 대표하는 값에 대해서 테스트를 하자는 것이다. 보통 다음과 같이 활용한다. 먼저 데이터와 관련된 테스트 클래스를 구분하고, 각 클래스를 대표하는 값을 선택한다(자세한 내용은 이 장의 뒷부분에서 다시 소개한다). 그런 다음 어떤 클래스에서 테스트가 실패했는지 알고 싶다면, subTest 컨텍스트 관리자가 제공하는 정보가 도움이 될 것이다.

❏ pytest

pytest는 훌륭한 테스트 프레임워크로 pip install pytest 명령어를 통해 설치할 수 있다. 차이점은 unittest처럼 테스트 시나리오를 클래스로 만들고 객체 지향 모델을 생성하는 것이 가능하지만 필수 사항이 아니며, 단순히 assert 구문을 사용해 조건을 검사하는 것이 가능하기 때문에 보다 자유롭게 코드를 작성할 수 있다는 점이다.

기본적으로 pytest에서는 assert 비교만으로 단위 테스트를 식별하고 결과를 보고하는 것이 가능하다. 앞의 섹션에서 보았던 고급 기능도 사용할 수 있지만 패키지에서 제공하는 특정 기능을 사용해야 한다.

멋진 기능 중의 하나는 pytest 명령어를 통해 탐색 가능한 모든 테스트를 한번에 실행한다는 점이다. 심지어 unittest로 작성한 테스트도 실행한다. 이러한 호환성 때문에 unittest에서 pytest로 점진적으로 전환하는 것도 가능하다.

기초적인 pytest 사용 예

이전 섹션의 테스트는 pytest를 사용해 다음과 같이 다시 작성할 수 있다.

다음은 간단한 어설션을 사용한 예이다.

```
def test_simple_rejected():
    merge_request = MergeRequest()
    merge_request.downvote("maintainer")
    assert merge_request.status == MergeRequestStatus.REJECTED
```

```
def test_just_created_is_pending():
    assert MergeRequest().status == MergeRequestStatus.PENDING

def test_pending_awaiting_review():
    merge_request = MergeRequest()
    merge_request.upvote("core-dev")
    assert merge_request.status == MergeRequestStatus.PENDING
```

간단히 결과가 참인지를 비교하는 것은 assert 구문만 사용하면 되지만, 예외의 발생 유무 검사와 같은 검사는 일부 함수를 사용해야 한다.

```
def test_invalid_types():
    merge_request = MergeRequest()
    pytest.raises(TypeError, merge_request.upvote, {"invalid-object"})

def test_cannot_vote_on_closed_merge_request():
    merge_request = MergeRequest()
    merge_request.close()
    pytest.raises(MergeRequestException, merge_request.upvote, "dev1")
    with pytest.raises(
        MergeRequestException,
        match="종료된 Merge Request에 투표할 수 없음",
    ):
        merge_request.downvote("dev1")
```

이 경우 pytest.raises는 unittest.TestCase.assertRaises와 동일하며 메서드 형태 또는 컨텍스트 관리자 형태로 호출될 수 있다. 예외의 메시지를 검사하고 싶으면 assertRaisesRegex 같은 다른 메서드를 사용하는 대신에 같은 함수를 사용하되 match 파라미터에 확인하려는 표현식을 전달하면 된다.

pytest는 .value 같은 속성을 통해 추가 검사를 할 수 있도록 원래의 예외를 래핑하지만, 지금 사용한 함수를 사용해도 대부분의 경우에 대해서 확인할 수 있다.

테스트 파라미터화

pytest로 파라미터화 된 테스트를 하는 것은 이전보다 훌륭하게 할 수 있다. 단순히 더 깔끔한 API를 제공해서가 아니라 테스트 조합마다 새로운 테스트 케이스를 생성하기 때문이다.

이렇게 하려면 pytest.mark.parametrize 데코레이터를 사용해야 한다. 데코레이터의 첫 번째 파라미터는 테스트 함수에 전달할 파라미터의 이름을 나타내는 문자열이고, 두 번째 파라미터는 해당 파라미터에 대한 각각의 값으로 반복 가능해야 한다.

테스트 함수의 본문에서 내부 for 루프와 중첩된 컨텍스트 관리자가 제거되고 한 줄로 변경된 것에 주목하자. 각 테스트 케이스의 데이터는 함수 본문에서 올바르게 분리되어 이제 확장과 유지보수에 유리한 구조가 되었다.

```python
@pytest.mark.parametrize("context,expected_status", (
    (
        {"downvotes": set(), "upvotes": set()},
        MergeRequestStatus.PENDING
    ),
    (
        {"downvotes": set(), "upvotes": {"dev1"}},
        MergeRequestStatus.PENDING,
    ),
    (
        {"downvotes": "dev1", "upvotes": set()},
        MergeRequestStatus.REJECTED
    ),
    (
        {"downvotes": set(), "upvotes": {"dev1", "dev2"}},
        MergeRequestStatus.APPROVED
    ),
),)
def test_acceptance_threshold_status_resolution(context, expected_status):
    assert AcceptanceThreshold(context).status() == expected_status
```

 @pytest.mark.parameterize를 사용하여 반복을 없애고 테스트 본문을 응집력 있게 유지한다. 테스트에 전달할 입력 값과 시나리오는 명시적으로 파라미터를 만들어 제공한다.

파라미터화를 할 때 중요한 권장 사항은 각각의 파라미터가 하나의 테스트에만 할당되어야 한다는 것이다. 즉, 다른 테스트 조건을 동일한 파라미터에 혼합해서는 안 된다. 다른 파라미터 조합을 테스트하려면 각각의 파라미터를 누적(stacked up)하자. 데코레이터를 누적시키면 발생 가능한 모든 조합에 대해서 테스트 조건이 생성된다.

다음과 같이 설정한 테스트의 예를 살펴보자.

```python
@pytest.mark.parametrize("x", (1, 2))
@pytest.mark.parametrize("y", ("a", "b"))
def my_test(x, y):
    ...
```

이렇게 설정하면 다음과 같이 4가지 종류의 값이 전달된다.

```
(x=1, y=a), (x=1, y=b), (x=2, y=a), (x=2, y=b)
```

이것은 각 테스트가 더 작고 파라미터는 더 구체적이어서 응집력이 높기 때문에 더 나은 접근 방식이다. 또한 보다 간단하게 모든 조합의 경우를 테스트할 수 있다.

데이터 파라미터는 테스트할 데이터가 있거나, 데이터를 어떻게 쉽게 만들 수 있는지 알고 있는 경우 잘 동작한다. 그러나 어떤 경우는 테스트를 위해 특정한 객체가 필요한 경우도 있고, 또는 내가 직접 같은 객체를 여러 번 반복해서 만들어야 하는 경우도 있다. 이런 작업을 쉽게 하기 위해 다음 섹션에서는 픽스처(fixture)라는 것을 사용해볼 것이다.

픽스처(Fixture)

pytest의 가장 큰 장점 중 하나는 재사용 가능한 기능을 쉽게 만들 수 있다는 점이다. 이렇게 생성한 데이터나 객체를 재사용해 보다 효율적으로 테스트를 할 수 있다. (역주 : fixture는 고정된 붙박이 가구, 일정이 정해진 시합 등을 뜻하는 단어인데 테스트에서 사용될 때는 테스트 사전/사후에 사용 가능한 리소스 또는 모듈을 뜻한다.)

예를 들어 특정 상태를 가진 MergeRequest 객체를 만들고 여러 테스트에서 이 객체를 재사용할 수 있다. 픽스처를 정의하려면 먼저 함수를 만들고 @pytest.fixture 데코레이터를 적용한다. 이 픽스처를 사용하길 원하는 테스트에는 파라미터로 픽스처의 이름을 전달하면 pytest가 그것을 활용한다.

```python
@pytest.fixture
def rejected_mr():
    merge_request = MergeRequest()
```

```
        merge_request.downvote("dev1")
        merge_request.upvote("dev2")
        merge_request.upvote("dev3")
        merge_request.downvote("dev4")

        return merge_request

    def test_simple_rejected(rejected_mr):
        assert rejected_mr.status == MergeRequestStatus.REJECTED

    def test_rejected_with_approvals(rejected_mr):
        rejected_mr.upvote("dev2")
        rejected_mr.upvote("dev3")
        assert rejected_mr.status == MergeRequestStatus.REJECTED

    def test_rejected_to_pending(rejected_mr):
        rejected_mr.upvote("dev1")
        assert rejected_mr.status == MergeRequestStatus.PENDING

    def test_rejected_to_approved(rejected_mr):
        rejected_mr.upvote("dev1")
        rejected_mr.upvote("dev2")
        assert rejected_mr.status == MergeRequestStatus.APPROVED
```

테스트는 메인 코드에도 영향을 미치므로 클린 코드의 원칙이 테스트에도 적용된다는 것을 기억해야 한다. 이번 예제에는 이전 장에서 살펴본 **DRY(Do not Repeat Yourself)** 원칙을 적용할 수 있으며 pytest의 픽스처를 활용하여 해당 원칙을 준수할 수 있었다.

픽스처는 테스트 스위트 전반에 걸쳐 사용될 여러 객체를 생성하거나 데이터를 노출하는 것 이외에도, 직접 호출되지 않는 함수를 수정하거나 사용될 객체를 미리 설정하는 등의 사전조건 설정에 사용될 수도 있다.

❏ 코드 커버리지

테스트 러너(runner)는(역주: 테스트 러너(test runner)는 테스트의 실행을 조율하고 실행 결과를 사용자에게 보여주는 도구이다. 쉽게 말해 unittest나 pytest 같은 테스트 프레임워크를 생각하면 된다.) pip를 통해 설치 가능한 커버리지 플러그인을 제공한다. 이 플러그인은 테스트 도중 코드의 어떤 부분이 실행되었는지 알려준다. 이 정보를 활용하면 어떤 부분을 테스트했는지, 상용 코드와 테스트 코드 모두에 대해서 어떤 부분이 개선되었는지 알려준다.

여기서 전달하고자 하는 바는 상용 코드 중에 테스트 코드로 커버되지 않은 코드가 발견되면 반드시 그 부분을 커버할 수 있는 테스트 코드를 추가해야 한다는 것이다. 테스트가 없는 코드는 손상된 코드로 간주해야 한다는 것을 기억하자. 커버리지를 높이기 위해 다음과 같은 일을 할 것이다.

- 테스트 시나리오를 완전히 놓치고 있다는 것을 깨달을 수 있다.
- 더 많은 단위 테스트를 만들거나, 기존 단위 테스트가 더 많은 부분을 커버하도록 수정한다.
- 상용 코드를 단순화하고, 중복을 제거하고, 더 간결하게 만들려고 노력한다. 즉, 커버리지를 높이기 쉽도록 변경한다.
- 또는 기존 단위 테스트가 커버하지 못한 코드가 사실은 도달할 수 없는(unreachable) 코드임을 깨달을 수도 있다. 이런 경우 (아마도 로직에 실수가 있었을 것이므로) 안전하게 제거할 수 있다.

방금 소개한 내용들은 커버리지를 높임으로써 얻게 되는 장점이지만, 커버리지 자체가 목표가 되어서는 안된다는 것을 기억하자. 커버리지는 단지 숫자일 뿐이다. 다시 말하면 높은 커버리지, 즉 100%를 맞추기 위해 노력하는 것은 그다지 생산적이지도 효율적이지도 않은 일이다. 코드 커버리지는 테스트가 필요한 코드를 명확히 확인하고 어떻게 개선할 수 있는지 확인하도록 도와주는 도구이다. 그러나 프로젝트에서 기대하는 적절한 수치를 정할 수 있다. 예를 들어 80% 정도로 (일반적으로 허용되는 수치) 정하여 프로젝트가 적절한 테스트를 수행하고 있는지 확인할 수 있다.

게다가 높은 수준의 커버리지가 건강한 코드를 의미하는 신호라고 생각하는 것도 위험하다. 대부분의 커버리지 도구는 상용 코드에서 실행된 라인의 비율을 보고한다. 즉, 해당 라인이 실행되었다는 것뿐이지, 해당 라인을 적절하게 테스트되었다는 것을 뜻하지는 않는다. 한 줄의 코드가 여러 로직을 내포하는 경우도 있고, 그런 경우라면 각각의 코드가 별도로 테스트되어야 한다.

 높은 커버리지 수치에 속으면 안 된다. 이미 커버된 라인을 포함하여 테스트가 어떻게 진행되고 있는지 계속 생각해야 한다.

이를 위해 가장 널리 사용되는 라이브러리는 coverage(https://pypi.org/project/coverage/)이다. 다음 섹션에서 이 도구를 설정하는 방법에 대해 알아본다.

코드 커버리지 도구 설정

pytest의 경우 pytest-cov 패키지를 사용할 수 있다. 설치 후에 테스트를 실행할 때 pytest 러너 (runner)에게 pytest-cov가 실행될 것이라는 것과 어떤 패키지를 사용할지 알려줘야 한다.

이 패키지는 다양한 출력 옵션과 같은 여러 설정을 지원하며 모든 CI 도구와 쉽게 통합할 수 있다. 그러나 여러 기능 중에서 가장 권장되는 것은 테스트되지 않은 행을 알려주는 기능이다. 커버되지 않은 코드를 확인하면 추가로 테스트를 작성할 수 있기 때문이다.

다음 명령을 사용하여 실행 결과를 확인할 수 있다.

```
PYTHONPATH=src pytest \
    --cov-report term-missing \
    --cov=coverage_1 \
    tests/test_coverage_1.py
```

(역주1: PYTHONPATH는 파이썬 소스의 검색 경로를 지정하는 환경변수이다. 필자의 github에서 이번 예제의 소스를 확인하면 tests 폴더와 src 폴더가 루트 폴더 아래에 있고, 테스트에 필요한 coverage_1.py 같은 파일이 src 폴더에 있다. 즉, PYTHONPATH=src는 테스트에 필요한 파이썬 소스가 src 폴더에 있으니 그 곳을 탐색하라는 뜻이다.)

(역주2: 특정 커맨드에 한해서 환경변수를 설정하려는 경우 PYTHONPATH=a:b (윈도우의 경우 a;b)처럼 정의하고 한 칸 띄어쓰고 다음 명령어를 입력하면 된다. 즉, PYTHONPATH=src pytest 는 파이썬의 탐색 경로를 추가한 다음에 pytest를 실행할 수 있게 한다.)

이렇게 하면 다음과 같은 출력이 나온다.

```
test_coverage_1.py ................ [100%]


----------- coverage: platform linux, python 3.6.5-final-0 -----------
Name            Stmts  Miss Cover Missing
------------------------------------------
coverage_1.py   39      1    97%   44
```

출력 결과에 단위 테스트를 하지 않은 라인이 있다는 것이 표시된다. 이것을 보고 단위 테스트를 어떻게 작성할지 살펴볼 수 있다. 이렇게 단위 테스트에서 커버하지 못한 부분을 발견하고 작은 메서드를 만들어서 리팩토링하는 것이 일반적인 시나리오다. 결과적으로 이 장의 첫 부분에서 살펴본 것처럼 보다 나은 코드를 만들 수 있다.

문제는 반대의 경우이다. 높은 커버리지를 있는 그대로 신뢰할 수 있을까? 높은 커버리지를 가진 코드는 올바르게 작성된 코드를 의미할까? 불행히도 높은 테스트 커버리지를 갖는 것은 좋은 것이지만 클린 코드를 위한 조건으로는 부족하다. 코드의 특정 부분을 테스트하지 않는 것은 좋지 않다. 반대로 테스트 코드를 갖는다는 것은 실제로 매우 좋은 일이다. 그러나 해당 코드를 테스트했다고만 말할 수 있을 뿐이다. 아무리 커버리지가 높다고 하여도 그 부분에 대해서 어떤 테스트가 누락되었는지, 확인하지 못한 어떤 조건들이 많이 있는지는 알 수 없다.

이것이 테스트 커버리지의 맹점이며 다음 섹션에서 이에 대한 내용을 논의할 것이다.

코드 커버리지 사용 시 주의사항

파이썬은 인터프리트 방식의 언어이다. 커버리지 도구는 테스트가 실행되는 동안 고수준에서 인터프리트(실행)되는 라인을 식별하여 커버리지를 측정한다. 그리고 정보를 취합하여 보고서를 만든다. 라인이 인터프리트 되었다고 해서 적절히 테스트되었다는 것을 의미하지는 않는다. 이것이 최종 커버리지 보고서를 해석할 때 주의해야 하는 이유이다.

실제로 이것은 어떤 언어에서든 마찬가지이다. 라인이 실행되었다는 것이 가능한 모든 조합에 대해 테스트되었다는 것을 의미하는 것은 전혀 아니다. 모든 브랜치의 코드가 제공된 데이터에 대해 통과했다는 것은 해당 데이터에 대해 문제가 없다는 것이지, 그 이외의 프로그램 크래시를 유발하는 퍼지 테스팅(fuzzy testing) 같은 파라미터 조합에 대해서도 안전한지는 아무것도 말해주지 않는다.

 코드의 사각지대를 찾기 위해 커버리지 도구를 사용하지만, 커버리지 자체가 궁극적인 목표는 아니다.

이 부분을 설명하기 위해 다음 예제를 살펴보자.

```
def my_function(number: int):
    return "짝수" if number % 2 == 0 else "홀수"
```

이제 다음과 같은 테스트를 작성했다고 해보자.

```
@pytest.mark.parametrize("number, expected", [(2, "짝수")])
def test_my_function(number, expected):
    assert my_function(number) == expected
```

이것에 대해서 테스트를 하면, 커버리지가 100%로 나온다. 두말할 필요 없이 (홀/짝 중에 한 가지만 테스트 했으므로) 실제로는 테스트해야 하는 조건의 50%만 확인했다. 더 큰 문제는 else 문은 아예 실행되지 않았기 때문에 어떻게 동작할지 모른다는 점이다. 이 문제를 더욱 과장하자면 "홀수" 문자열 대신에 1/0 같은 잘못된 문장이 있다고 생각해볼 수 있다. (역주: 커버리지는 100%지만 여전히 코드에 버그가 있을 수 있다.)

분명히 한 단계 더 깊이 생각해본다면, 이것은 단지 운이 좋게 적절한 값이 주어져서 "행복한 경로"(happy path) 테스트를 하게 된 것일 수 있다. 그럼 잘못된 데이터 타입에 대해서는 어떨까? 그런 경우 함수는 어떻게 방어를 해야 할까?

이렇게 단순해 보이는 한 줄의 코드에서도 수많은 질문과 테스트 조건이 떠오른다.

커버리지가 얼마인지 확인하는 것은 좋은 습관이다. 그리고 CI 빌드 중에 커버리지 기준을 설정하는 것도 좋다. 그러나 이것은 단지 우리의 목적을 이루기 위한 도구라는 것을 명심해야 한다. 이전에 살펴본 린터(linter), 코드 검사기(checker), 포매팅 도구들처럼, 클린 코드를 위해 준비된 더 많은 도구와 좋은 환경이 있을 때 비로소 유용하게 쓰일 수 있다.

또 다른 테스팅 지원 도구는 모의(mock) 객체이다. 다음 섹션에서 이에 대해 알아보자.

❏ 모의(mock) 객체

테스트를 하는 과정 중에는 우리가 작성한 코드만 실행되는 것이 아니다. 어떤 시스템이 실제로 서비스되기 위해서는 외부 서비스(데이터베이스, 스토리지 서비스, 외부 API, 클라우드 서비스 등)와 연결을 하게 된다. 이런 외부 서비스에는 필연적으로 부작용이 존재한다. 부작용을 최소화하기 위해 외부 요소를 분리하고 인터페이스를 사용해 최대한 추상화하겠지만 이러한 부분역시 테스트에 포함되어야 하며 효과적으로 처리할 수 있어야 한다.

모의 객체는 원하지 않는 부작용으로부터 테스트 코드를 보호하는 가장 좋은 방법 중 하나이다. 코드에서 HTTP 요청을 수행하거나 알림 이메일을 보내야 할 수도 있지만, 단위 테스트에서 확인할 내용은 아니다. 게다가 단위 테스트는 빠르게 실행되어야 하기 때문에 이러한 대기시간을 감당할 수 없다. 따라서 단위 테스트에서는 이러한 외부 서비스를 호출하지는 않는다.

즉, 데이터베이스에 연결하지 않고 HTTP 요청을 하지 않으며 기본적으로 상용 코드를 시뮬레이션하는 것 외에는 아무것도 수행하지 않는다.

단위 테스트에서는 이것들이 호출되는지만 확인하면 된다. 통합 테스트는 거의 실제 사용자의 행동을 모방하여 더 넓은 관점에서 기능을 테스트한다. 때문에 시간은 오래 걸린다. 외부 시스템과 서비스에 실제 연결하기 때문에 실행 시간이 오래 걸리고 비용이 많이 든다. 일반적으로 단위 테스트는 많이 실행하고 항상 실행하며, 통합 테스트는 덜 자주 실행하도록 한다. 예를 들어 새로운 Merge Request가 있을 경우에만 통합 테스트를 할 수 있다.

모의 객체는 유용하지만 남용하여 코드 스멜(code smell) 또는 안티패턴을 만들지 않도록 유의해야 한다.

패치와 모의에 대한 주의사항

단위 테스트가 보다 나은 코드를 작성하는 데 도움이 된다고 말한 적이 있다. 왜냐하면 특정 코드를 테스트하려면 테스트가 가능하도록 짜야 하는데, 이는 코드가 응집력이 있고, 세분화되어 있으며, 작은 컴포넌트로 나눠져 있다는 것을 의미하기 때문이다.

또 다른 흥미로운 점은 테스트를 통해 문제가 없다고 생각하던 부분에서 코드 스멜(code smell)을 확인할 수 있다는 점이다. 간단한 테스트 케이스를 작성하기 위해 다양한 몽키 패치(또는 모의)를 해야 한다면 코드 스멜의 신호이다.

unittest 모듈은 unittest.mock.patch에서 객체를 패치하기 위한 도구를 제공한다. 패치란 원본 코드(import 시의 경로를 나타내는 문자열)를 모의 객체와 같은 다른 것으로 대체하는 것을 말한다. 만약 대체용 객체를 제공하지 않으면 표준 모의 객체(standard mock object)로 지정한다. 이 모의 객체는 임의의 어떤 메서드와 속성도 지원한다.

패치 기능은 런타임 중에 코드를 교체한다. 때문에 원래의 코드와 연결이 끊어지고 테스트가 얕아지는 단점이 있다. 또한 런타임 시 인터프리터에서 객체를 수정하는 오버헤드가 있기 때문에 성능 상의 이슈도 있고, 원본 코드를 리팩토링하고 다른 곳으로 옮기면 향후 변경이 필요할 수 있다(패치 함수에서 선언한 문자열이 더 이상 유효하지 않기 때문에).

몽키 패치(역주 : 몽키 패치(monkey patch)는 런타임 중에 코드를 수정하는 것을 말하는데, 원래 정해진 규칙 없이 메모리에서 코드를 수정한다 하여 게릴라(guerrilla) 패치라고 불리게 되었다. 그러다가 동음이의어인 고릴라(gorilla) 패치를 거쳐 공격적인 느낌을 순화하기 위해 몽키 패치로 순화되었다는 설이 있다. 영어 발음상으로는 gorilla와 guerrilla가 동음이의어이다.) 또는 모의를 사용하는 것 자체가 문제가 되지는 않는다. 그러나 몽키 패치를 남용하게 된다면 무언가 원본 코드를 개선할 여지가 있다는 신호이다.

예를 들어, 함수를 테스트하는 동안 어려움을 겪었다면, 그 함수가 너무 커서 더 작은 조각으로 나눠야 하겠다고 생각할 수도 있고, 매우 강력한 몽키 패치가 필요하다면 코드의 의존성이 너무 많은 것이니 의존성 주입을 해야 하겠다고 생각할 수도 있다.

Mock 객체 사용하기

단위 테스트에서 말하는 **테스트 더블(test double)** (역주 : 여기서 double은 무언가를 꼭 닮은 역할을 하는 것을 말하는 것이다. 대역 배우를 body double이라 하는 것처럼 test double은 원래 코드를 대신하는 대역 테스트 코드이다.)의 카테고리에 속하는 타입에는 여러 객체가 있다. 테스트 더블은 여러 가지 이유로 테스트 스위트에서 실제 코드를 대신해 실제인 것처럼 동작하는 코드를 말한다. 실제 상용 코드는 필요하지 않다거나 특정 서비스에 접근해야 하는데 권한이 없다거나, 부작용이 있어서 단위 테스트에서 실행하고 싶지 않은 경우 등이다.

테스트 더블에는 더미(dummy), 스텁(stub), 스파이(spy), 모의(mock)와 같은 다양한 타입의 객체가 있다. 모의 객체는 가장 일반적인 유형의 객체이며 매우 융통성이 있고 다양한 기능을 가지고 있기 때문에 나머지 객체에 대해 자세히 설명할 필요 없이 모든 경우에 적합하다. 이러한 이유로 표준 라이브러리에서도 모의 객체를 포함하고 있으며 많은 파이썬 프로그램에서도 쉽게 찾아볼 수 있다. 이번에 살펴볼 파이썬 객체는 unittest.mock.Mock이다.

모의(mock)는 스펙(보통 상용 클래스의 객체와 유사)을 따르는 객체 타입으로 응답 값을 수정할 수 있다. 즉, 모의 객체 호출 시 응답해야 하는 값이나 행동을 특정할 수 있다. Mock 객체는 내부에 호출 방법(파라미터와 호출 횟수 등)을 기록하고 나중에 이 정보를 사용하여 애플리케이션의 동작을 검증한다.

파이썬 표준 라이브에서 제공하는 Mock 객체는 호출 횟수, 사용된 파라미터 등 모든 종류의 검증을 할 수 있는 API를 제공한다.

Mock 객체의 종류

파이썬 표준 라이브러리는 unittest.mock 모듈에서 Mock과 MagicMock 객체를 제공한다. 전자는 모든 값을 반환하도록 설정할 수 있는 테스트 더블이며 모든 호출을 추적한다. 후자 역시 똑같지만 매직 메서드를 지원한다. 즉 매직 메서드를 사용한 경우는 Mock 객체 대신에 Magic Mock 객체를 사용해야 한다.

만약 Mock 객체에서 매직 메서드를 사용하려고 하면 에러가 발생한다. 다음 예제를 통해 살펴보자.

```python
class GitBranch:
    def __init__(self, commits: List[Dict]):
        self._commits = {c["id"]: c for c in commits}

    def __getitem__(self, commit_id):
        return self._commits[commit_id]

    def __len__(self):
        return len(self._commits)

def author_by_id(commit_id, branch):
    return branch[commit_id]["author"]
```

이제 author_by_id 함수를 테스트해보자. 다른 함수에서도 author_by_id를 호출하면 된다. 함수의 기능을 확인하려는 것은 아니므로 아무 값이나 사용해도 된다.

```python
def test_ find_commit():
    branch = GitBranch([{"id": "123", "author": "dev1"}])
    assert author_by_id("123", branch) == "dev1"

def test_find_any():
    author = author_by_id("123", Mock()) is not None
    # ... 나머지 테스트
```

(매직 메서드를 사용했으므로) 예상한 것처럼 제대로 동작하지 않는다.

```python
def author_by_id(commit_id, branch):
>   return branch[commit_id]["author"]
E   TypeError: 'Mock' object is not subscriptable
```

이런 경우는 MagicMock을 사용하면 된다. 이제 테스트에 필요한 값을 반환하도록 매직 메서드를 직접 수정할 수 있다.

```python
def test_find_any():
    mbranch = MagicMock()
    mbranch.__getitem__.return_value = {"author": "test"}
    assert author_by_id("123", mbranch) == "test "
```

테스트 더블의 사용 예

모의 객체의 사용 예로 애플리케이션에 Merge Request의 빌드 상태를 알리는 컴포넌트를 추가해보자. 빌드가 끝나면 병합 요청(Merge Request) 아이디와 빌드 상태를 파라미터로 하여 객체를 호출한다. 그러면 특정 엔드포인트(endpoint)에 POST 요청을 보내 최종 Merge Request의 상태를 업데이트한다.

```python
# mock_2.py

from datetime import datetime
import requests
from constants import STATUS_ENDPOINT

class BuildStatus:
    """CI 도구 빌드 상태"""

    @staticmethod
    def build_date() -> str:
        return datetime.utcnow().isoformat()

    @classmethod
    def notify(cls, merge_request_id, status):
        build_status = {
            "id": merge_request_id,
            "status": status,
            "built_at": cls.build_date(),
        }
        response = requests.post(STATUS_ENDPOINT, json=build_status)
        response.raise_for_status() # 200이 아닐 경우 예외 발생
        return response
```

이 클래스는 많은 부작용을 가지고 있지만 그 중 하나는 외부 모듈에 의존성이 너무 크다는 것이다. 아무것도 수정하지 않고 위의 코드를 그대로 실행하면 HTTP 연결 시도 중에 바로 실패할 것이다.

지금 테스트하려는 것은 적절하게 정보가 구성되어 API에 잘 전달되었는지 여부이다. 따라서 실제로 API를 호출할 필요는 없고 단지 잘 호출되는지만 확인하면 된다.

또 다른 문제는 API에 전달하는 값 중에 시간 값이 있는데 만약 빌드 시간을 비교하는 조건이 있다면 이 시간 값이 고정되어야 하는데, 실시간으로 변하는 값이므로 정확히 예측을 할 수가 없다는 점이다. datetime 모듈 자체는 C로 작성되었으므로 datetime을 직접 패치할 수는 없다. 이런 경우를 위해 datetime 모듈을 override하여 사용자가 지정한 시간으로 반환해주는 freezegun 같은 외부 라이브러리도 있지만 성능상의 불이익이 따르고 이 예제에서는 과도한 기능이다. 따라서 여기서는 직접 패치할 수 있는 build_date 정적 메서드를 래핑할 것이다.

이제 단위 테스트를 작성해보자.

```python
# test_mock_2.py

from unittest import mock

from constants import STATUS_ENDPOINT
from mock_2 import BuildStatus

@mock.patch("mock_2.requests")
def test_build_notification_sent(mock_requests):
    build_date = "2022-01-01T00:00:01"
    with mock.patch(
        "mock_2.BuildStatus.build_date",
        return_value=build_date
    ):
        BuildStatus.notify(123, "OK")

    expected_payload = {
        "id": 123,
        "status": "OK",
        "built_at": build_date
    }
    mock_requests.post.assert_called_with(
        STATUS_ENDPOINT, json=expected_payload
```

```
)
```

먼저 @mock.patch를 데코레이터를 사용하여 테스트 안에서(역주 : 여기서 테스트 안이라는 것은 테스트에서 호출하는 모든 함수를 포함하는 범위이다.) mock_2.request을 호출하면 mock_requests라는 mock 객체가 대신할 것이라고 알려준다. 그리고 mock.patch 함수를 컨텍스트 매니저로 사용하여 build_date() 메서드 호출 시 어설션에 사용할 build_date 날짜를 반환하도록 패치한다.

이제 BuildStatus.notify @classmethod를 호출을 통해 mock 객체의 post 메서드에 특정 날짜를 포함한 파라미터가 전달될 경우 HTTP 상태가 200이 될 것이라는 지정을 한 셈이다. 따라서 mock_request.post에 동일한 파라미터를 사용해 호출하면 assert_called_with는 성공하게 된다.

이것이 mock 객체의 장점이다. 이번처럼 알림을 보내는 외부 HTTP 요청을 하지 않아도 될 뿐만 아니라, API 호출 성공 여부와 파라미터의 유효성까지도 확인할 수 있다(만약 다른 파라미터의 값이 약간만 달라도 위 테스트는 실패하게 된다).

비록 테스트에서 사용하는 각각의 외부 컴포넌트를 mock 객체로 패치하여 테스트를 할 수 있었지만 코드의 상당부분을 수정해야 했던 것도 사실이다. 테스트의 몇 퍼센트까지만 모의 실험을 해야 하는지는 정해진 바가 없다. 그러나 상식적으로 특정 부분을 반복적으로 패치해야 한다면 분명 추상화가 잘못된 것이고 뭔가 코드 스멜(code smell)의 가능성이 있다.

외부 의존성의 패치는 일부 전역 설정을 적용하기 위해 픽스처(fixture)와 함께 사용할 수 있다. 예를 들어, 일반적으로 모든 단위 테스트에서 HTTP 호출을 하지 않는 것이 좋다. 단위 테스트를 위한 하위 디렉토리에서 pytest의 설정 파일(tests/unit/conftest.py)에 픽스처를 추가할 수 있다.

```
@pytest.fixture(autouse=True)
def no_requests():
    with patch("requests.post"):
        yield
```

이 함수는 모든 단위 테스트에서 자동으로 호출되며(autouse=True 때문에), 호출될 때 requests 모듈의 post 함수로 패치된다. 이것은 단지 안정성을 확보하고 단위 테스트에 부작용이 없는지 확인하기 위해 프로젝트에 적용할 수 있는 아이디어를 보여준다.

다음 섹션에서는 이 문제를 해결하기 위한 리팩토링 방법에 대해서 살펴본다.

리팩토링

리팩토링은 외부 동작을 변경하지 않고 내부 표현을 재정비함으로써 코드 구조를 바꾸는 것을 의미한다.

한 가지 예는 많은 책임과 매우 긴 메서드가 있는 클래스를 발견한 경우, 메서드를 더 작게 하고 새로운 내부 협력 객체를 만들어 책임을 나누는 경우이다. 이 때 원래의 인터페이스를 변경하지 않도록 주의해야 하고, 모든 public 메서드는 이전과 같이 유지하고 함수의 서명도 그대로 유지해야 한다. 해당 클래스를 밖에서 봤을 때는 아무 일도 일어나지 않은 것처럼 보여야 한다.

리팩토링은 소프트웨어 유지 보수에 있어서 매우 중요한 활동인데, 단위 테스트 없이는 (적어도 제대로 하려면) 수행할 수 없는 작업이다. 왜냐하면 코드가 변경될 때마다 코드가 여전히 올바르다는 것을 알아야 하기 때문이다. 어떤 의미에서는 단위 테스트를 계약이 깨지지 않도록 유지해주는 코드에 대한 "외부 관찰자(external observer)"라고 생각할 수도 있다.

때때로 새로운 기능을 지원하거나 의도하지 않은 방식으로 소프트웨어를 사용해야 하는 경우가 생긴다. 이러한 요구 사항을 수용하는 유일한 방법은 코드를 리팩토링하여 코드가 좀 더 일반적이고 유연하게 수정하는 것이다.

일반적으로 코드를 리팩토링할 때는 코드의 구조를 개선하고 더 나은, 때로는 더 일반적이고, 더 읽기 쉽고, 그리고 더 유연하게 만들고자 한다. 문제는 이러한 목표를 달성하는 동시에 수정하기 전과 정확히 동일한 기능을 유지해야 한다는 것이다. 이전과 동일한 기능을 갖지만 다른 버전의 코드를 사용해야 하는 제약사항은 수정된 코드에 대해 회귀(regression) 테스트를 해야함을 의미한다. 회귀 테스트의 가성비를 높이는 유일한 방법은 오직 테스트를 자동화하는 것밖에 없다. 자동화 테스트의 가장 비용 효율적인 버전이 단위 테스트이다.

코드의 진화

앞의 예제에서는 단위 테스트에서 제어할 수 없는 의존성이 있는 것들을 패치하여 코드의 부작용을 분리할 수 있었다. 이러한 종류의 작업에 mock.patch 함수를 사용하면 지시한 객체를 대체하여 Mock 객체를 돌려주기 때문에 편리하고 좋은 접근 방식이다.

단점은 모듈을 포함하여 모의하려는 객체의 경로를 문자열로 제공해야한다는 것이다. 이 상태에서 코드를 리팩토링하면(파일의 이름을 바꾸거나 다른 위치로 이동한다고 가정하면), 패치를 한 모든 곳을 업데이트하거나 테스트가 실패할 것이므로 조금 취약한 부분이다.

이 예제에서 notify() 메서드가 구현 세부 사항(requests 모듈)에 직접 의존한다는 것은 설계상의 문제이다. 즉, 앞서 언급한 취약성과 함께 단위 테스트에 영향을 미치고 있다.

이러한 메서드를 테스트 더블로 대체할 수 있지만, 코드를 리팩토링하면 보다 나은 방법으로 이를 처리할 수 있다. 메서드들을 더 작은 메서드로 나누자. 그리고 가장 중요한 것은 의존성을 주입하는 것이다. 의존성 역전 원칙을 적용하여 requests 모듈이 제공하는 것과 같은 인터페이스를 지원하도록 하자.

```python
from datetime import datetime

from constants import STATUS_ENDPOINT

class BuildStatus:
    endpoint = STATUS_ENDPOINT

    def __init__(self, transport):
        self.transport = transport

    @staticmethod
    def build_date() -> str:
        return datetime.utcnow().isoformat()

    def compose_payload(self, merge_request_id, status) -> dict:
        return {
            "id": merge_request_id,
            "status": status,
            "built_at": self.build_date(),
        }

    def deliver(self, payload):
        response = self.transport.post(self.endpoint, json=payload)
        response.raise_for_status()
        return response

    def notify(self, merge_request_id, status):
        return self.deliver(self.compose_payload(merge_request_id, status))
```

notify를 분리하여 compose와 deliver로 나누고, (클래스를 패치하지 않고 바꿀 수 있도록) compose_payload()라는 새로운 메서드를 만들고, transport라는 의존성을 주입할 것이다. transport는 주입되는 것이므로 테스트 더블의 형태를 변경하는 것이 훨씬 쉬워졌다.

필요하다면 교체된 테스트 더블을 사용한 객체의 픽스처를 노출하는 것도 가능하다.

```python
@pytest.fixture
def build_status():
    bstatus = BuildStatus(Mock())
    bstatus.build_date = Mock(return_value="2022-01-01T00:00:01")
    return bstatus


def test_build_notification_sent(build_status):
    build_status.notify(1234, "OK")

    expected_payload = {
        "id": 1234,
        "status": "OK",
        "built_at": build_status.build_date(),
    }

    build_status.transport.post.assert_called_with(
        build_status.endpoint, json=expected_payload
    )
```

첫 번째 장에서 언급했듯이 클린 코드를 만드는 목표는 유지보수 가능한 코드, 그리고 더 많은 요구 사항을 수용할 수 있고 확장 가능한 구조로 리팩토링할 수 있는 코드를 만드는 것이다. 이때 테스트가 큰 도움이 된다. 그러나 테스트는 매우 중요하기 때문에 원본 코드가 발전함에 따라 관련성과 유용성을 유지할 수 있도록 함께 리팩토링을 해야 한다. 이것이 다음 섹션의 주제이다.

상용 코드만 진화하는 것이 아니다.

지금까지 단위 테스트가 상용 코드만큼 중요하다고 계속 말해왔다. 만약 상용 코드에 대해서 최대한 추상화 작업을 해야 하는 것이라면, 단위 테스트에도 그렇게 해야 하는 것이 아닐까?

단위 테스트 코드가 메인 코드만큼 중요하다면 확장성을 염두에 둬야 하고, 최대한 유지보수성을 갖도록 디자인해야 할 것이다. 모든 코드는 결국 원래 작성자가 아닌 다른 엔지니어가 유지 관리해야 하는 것이므로 가독성이 높아야 한다.

우리가 이렇게 코드의 유연성을 높이기 위해 많은 관심을 기울이는 이유는 시간이 지남에 따라 요구사항이 변화하고 진화한다는 것을 알고 있기 때문이다. 또한 결국에는 도메인 비즈니스 규칙이 변경될 것이고 이러한 새로운 요구사항을 지원하기 위해 코드도 변경되어야 하기 때문이다. 상용 코드가 새로운 요구사항을 지원하도록 변경되었기 때문에 테스트 코드도 새로운 버전의 상용 코드를 지원하기 위해 변경되어야 한다.

앞의 예제에서는 Merge Request 객체에 대한 일련의 테스트가 있었고, 다양한 조합으로 Merge Request의 상태를 확인했다. 이것은 좋은 접근 방법이지만 더 좋은 방법이 있다.

문제를 정확히 이해하면 더 나은 추상화를 할 수 있다. 또한 특정 조건을 검사하는 고차원의 추상화를 만들 수도 있다. 예를 들어 특별히 MergeRequest 클래스를 대상으로 하는 테스트 스위트 객체가 있는 경우, MergeRequest 클래스는 단일 책임 원칙(SRP)를 준수했을 것이므로 테스트는 이 클래스의 역할에만 초점을 맞추어 제작하면 된다. 이 테스트들은 해당 클래스에 대해서만 의미가 있지만, (이 클래스에 대한 검사는 여기서 끝낼 수 있으므로) 보일러플레이트(boilder plate) 코드를 줄이는데 도움이 된다.

왜냐하면 이제 해당 클래스가 정확하게 구현되었는지 반복해서 체크하는 대신 특정 기능을 캡슐화한 메서드를 만들고 여러 테스트에서 재사용할 수 있기 때문이다.

```python
class TestMergeRequestStatus(unittest.TestCase):
    def setUp(self):
        self.merge_request = MergeRequest()

    def assert_rejected(self):
        self.assertEqual(
            self.merge_request.status, MergeRequestStatus.REJECTED
        )

    def assert_pending(self):
        self.assertEqual(
            self.merge_request.status, MergeRequestStatus.PENDING
        )

    def assert_approved(self):
```

```
        self.assertEqual(
            self.merge_request.status, MergeRequestStatus.APPROVED
        )

    def test_simple_rejected(self):
        self.merge_request.downvote("maintainer")
        self.assert_rejected()

    def test_just_created_is_pending(self):
        self.assert_pending()
```

Merge Request의 상태를 확인하는 방법이 변경되거나 추가 검사를 하려는 경우 assert_
approved() 메서드 하나만 변경하면 된다. 더욱 중요한 것은 이러한 고차원의 추상화를 통해 단
순한 단위 테스트 코드가 자체 API 또는 도메인 특성을 진단해주는 테스트 프레임워크로 진화
하여 테스트가 보다 선명해졌다는 점이다.

단위 테스트에 대한 추가 논의

지금까지 코드를 어떻게 테스트하는지, 테스트되는 방법을 고려해 어떻게 디자인해야 하는지,
소프트웨어 품질에 자신감을 심어주기 위해 자동화된 테스트를 어떻게 해야 하는지 살펴보았
다.

단위 테스트를 통해 코드에 대한 확신을 얻을 수 있다고 했는데 그것으로 충분한지는 어떻게 알
수 있을까? 테스트 시나리오를 충분히 검증했으며 누락된 것이 없다는 것은 어떻게 확신할 수
있을까? 누가 이 테스트가 정확하다고 판단할 수 있을까? 즉, 누가 테스트를 테스트해야 할까?

첫 번째 질문은 작성한 테스트의 완벽성에 대한 것인데 속성 기반의 테스트를 통해 해답을 얻
을 수 있다.

두 번째 질문은 여러 관점에서 다양한 답변을 얻을 수 있겠지만 테스트가 정말 정확한지 확인하
기 위해 돌연변이 변형 테스트를 해볼 것이다. 이러한 의미에서 단위 테스트는 상용 코드를 검
사할 뿐만 아니라 또 다른 단위 테스트를 제어하는 역할을 할 수도 있다.

속성 기반(Property-based) 테스트

속성 기반 테스트는 이전 단위 테스트에서 다루지 않았던 것으로 테스트를 실패하게 만드는 데이터를 찾는 것이다. 이를 위해 hypothesis 라이브러리를 사용할 것이다. 이 라이브러리는 코드를 실패하게 만드는 데이터를 찾는데 도움을 준다.

이 라이브러리를 통해 성공하지 못하는 반대 사례를 찾을 수 있다. 상용 코드에 대해 단위 테스트를 하여 정확하다는 것을 입증하려 할 것이다. 이제 이 라이브러리에 유효한 가설을 정의하면 hypothesis 라이브러리가 에러를 유발하는 사례를 찾아줄 것이다.

단위 테스트의 가장 좋은 점은 상용 코드에 대해 더 많이 생각하게 해준다는 것이다. hypothesis 라이브러리의 가장 좋은 점은 단위 테스트에 대해 더 많이 생각하게 해준다는 것이다.

변형(Mutation) 테스트

테스트는 작성한 코드가 정확하다는 것을 입증해줄 공식적인 확인 방법이다. 그런데 테스트가 정확한지 확인하는 방법은 무엇일까? 바로 상용 코드이다. 메인 코드를 테스트 코드의 반대 개념으로 생각할 수 있다.

단위 테스트를 작성하는 이유는 버그로부터 코드를 보호하고 서비스 중에 정말 발생해서는 안되는 실패에 대해 미리 검증하기 위한 것이다. 검사는 통과하는 것이 좋지만, 테스트를 잘못하여 통과한 것이라면 더 위험할 수 있다. 즉, 자동화된 회귀 도구로 단위 테스트를 하는 중에 누군가 버그를 추가했다면 나중에 적어도 하나 이상의 테스트에서 이를 포착하여 테스트에 실패해야 한다. 만약 테스트에 실패하지 않았다면 테스트에 누락된 부분이 있다거나 올바른 체크를 하지 않았다는 뜻이다.

이것이 변형 테스트를 하는 이유이다. 변형 테스트 도구를 사용하면 원래 코드를 변경한 새로운 버전(돌연변이-**mutant**라고 함)으로 코드가 수정된다(예 : 연산자를 교체하거나 조건을 변경). 좋은 테스트 스위트는 이러한 돌연변이를 죽여야(kill) 하는데, 이런 경우 테스트에 의지할 수 있음을 의미한다. (역주 : 코드가 변경되었으므로 결과가 달라져서 테스트에 실패할 것이므로 해당 돌연변이를 없앨 수 있다는 의미에서 죽인다(kill)고 한다.) 일부 돌연변이가 실험에서 생존하면 대개 나쁜 징후이다. 물론 완전히 정확한 것은 아니므로 무시할 수도 있는 중간 상태가 있다.

어떻게 동작하는지 감을 잡기 위해 승인과 거절 횟수에 따라 병합 요청(Merge Request) 상태가 결정되도록 수정해보자. 이번에는 단순히 횟수에 따라 결과가 반환되도록 수정한다. 상태를 나타내는 열거형을 별도의 모듈로 분리하여 코드가 보다 간소화되었다.

```python
# File mutation_testing_1.py
from mrstatus import MergeRequestStatus as Status

def evaluate_merge_request(upvote_count, downvotes_count):
    if downvotes_count > 0:
        return Status.REJECTED
    if upvote_count >= 2:
        return Status.APPROVED
    return Status.PENDING
```

이제 간단한 단위 테스트를 추가하여 특정 조건에서의 결과를 확인한다.

```python
# file: test_mutation_testing_1.py
import unittest

from mrstatus import MergeRequestStatus as Status
from mutation_testing_1 import evaluate_merge_request

class TestMergeRequestEvaluation(unittest.TestCase):
    def test_approved(self):
        result = evaluate_merge_request(3, 0)
        self.assertEqual(result, Status.APPROVED)
```

먼저 파이썬의 변형 테스트 도구인 mutpy를 설치한다. 명령창에서 pip install mutpy를 입력하면 된다. 그리고 다음과 같이 변형 테스트를 실행한다.

다음 코드는 CASE라는 환경 변수를 변경하여, 다양한 경우에 대한 실험을 한다.

```
PYTHONPATH=src mut.py \
    --target src/mutation_testing_${CASE}.py \
    --unit-test tests/test_mutation_testing_${CASE}.py \
    --operator AOD `# 산술 연산자 삭제` \
    --operator AOR `# 산술 연산자 교체` \
    --operator COD `# 조건 연산자 삭제` \
    --operator COI `# 조건 연산자 추가` \
    --operator CRP `# 상수 교체` \
    --operator ROR `# 관계 연산자 교체` \
    --show-mutants
```

앞의 명령문을 case2 (make mutation CASE=2로 실행)에 대해서 실행하면 다음과 비슷한 결과가 나올 것이다.

```
[*] Mutation score [0.04649 s]: 100.0%
   - all: 4
   - killed: 4 (100.0%)
   - survived: 0 (0.0%)
   - incompetent: 0 (0.0%)
   - timeout: 0 (0.0%)
```

좋은 결과가 나왔다. 무슨 일이 일어났는지 분석하기 위해 인스턴스 중 하나를 자세히 살펴보자. 출력 결과를 자세히 보면 다음과 같은 돌연변이가 보인다.

```
- [# 1] ROR mutation_testing_1:11 :
-------------------------------------------------------------------
 7: from mrstatus import MergeRequestStatus as Status
 8:
 9:
10: def evaluate_merge_request(upvote_count, downvotes_count):
~11:     if downvotes_count < 0:
12:         return Status.REJECTED
13:     if upvote_count >= 2:
14:         return Status.APPROVED
15:     return Status.PENDING
-------------------------------------------------------------------
[0.00401 s] killed by test_approved
(test_mutation_testing_1.TestMergeRequestEvaluation)
```

이 돌연변이는 원래 코드의 11 번째 줄에서 연산자를 변경(>를 <로 변경)한 것이며 테스트에 의해 죽었음을 알려준다. 즉, 실수로 누군가 코드를 이렇게 변경한다고 가정하면 함수의 반환값은 APPROVED인데 테스트에서는 REJECTED를 기대하고 있으므로 테스트에 실패할 거라는 뜻이다. 이것은 테스트가 버그를 잡았다는 뜻이므로 좋은 신호이다.

변형 테스트는 단위 테스트의 품질을 보장하는 좋은 방법이지만 분석에 약간의 노력과 주의가 필요하다. 이 도구를 복잡한 환경에서 사용하면 각 시나리오를 분석하는데 시간이 걸릴 것이다. 또한 여러 버전의 코드를 여러 번 실행해야하기 때문에 테스트를 실행하는데 비용이 많이 드는 것도 사실이다. 너무 많은 리소스를 차지하고 완료까지 오래 걸릴 수 있다. 그러나 이러한 확인 작업을 수동으로 한다면 훨씬 더 비싸며 훨씬 더 많은 노력이 필요할 것이다. 이런 종류의 확인을 전혀 하지 않는다는 것은 테스트의 품질을 떨어뜨리는 것이므로 상황을 더 안 좋게 할 수 있다.

테스트의 일반적인 주제

테스트를 어떻게 할지에 대해서 고민할 때 반복적으로 유용하게 사용할 수 있는 주제에 대해서 간략히 살펴보려고 한다.

지금 논의하는 것들은 무자비한 테스트(역주: 무자비한 테스트(ruthless test) – QA와 고객에게 전달하기 전에 개발자가 하는 최대한의 엄격한 테스트)로 이어지기 때문에 테스트를 할 때 한번 쯤 생각해보게 되는 것들이다. 단위 테스트를 작성할 때는 코드를 깨는 것에만 집중해야 한다. 오류를 사전에 찾아서 수정함으로써 (상황을 더 안 좋게 만드는) 상용 버전에 나가지 않도록 해야 한다.

❏ 경계 값 또는 한계 값

경계 값(boundary value)은 문제를 일으키는 주요 원인 중 하나이므로 경계 값을 사용하는 것은 테스트의 좋은 출발점이다. 코드를 살펴보고 어떤 값 주변의 조건을 검사한다. 그런 다음 그러한 값을 추가하여 테스트를 작성하면 된다.

예를 들어 다음과 같은 코드가 있다고 해보자.

```
If remaining_days > 0: ...
```

그럼 0 근처에 특별한 조건이 있을 것으로 예상되기 때문에, 명시적으로 0에 사용해서 테스트를 한다.

보다 일반적으로 보자면 값의 범위를 체크할 때는 어떤 구간의 양쪽 끝에 있는 값을 사용하면 된다. 만약 코드에서 리스트(list)나 스택(stack)을 다루고 있다면, 비어 있는 리스트나 가득찬 스택, 마지막 인덱스 값 등에 대해서도 문제가 없는지 확인해보자.

❑ 등가(equivalence) 클래스

등가 클래스는 집합에서 어떤 확인 결과가 동일한 파티션(일부 그룹)을 말한다. (역주: 여기서 말하는 클래스는 객체 지향에서 말하는 클래스가 아니고 집합에서 말하는 부분 집합 또는 부분 그룹으로서의 클래스이다.) 각각의 파티션 내의 모든 원소는 동일한 의미를 가지고 있기 때문에, 그 중에 하나의 값을 대푯값으로 정해서 그것만 테스트에 사용할 수 있다.

앞의 섹션에서 사용한 예제를 활용해 어떻게 동작하는지 살펴보자.

```python
def my_function(number: int):
    return "짝수" if number % 2 == 0 else "홀수"
```

이 함수는 한 개의 if 문을 가지고 있으며 조건에 따라 다른 결과를 반환한다.

만약 전체 입력 값의 집합 S를 정수라고 한다면, 이 함수에 대한 테스트는 단순히 홀수와 짝수에 대해서만 하면 될 것이다.

테스트하려는 코드는 홀수에 대해서 어떤 작업을 하고, 짝수에 대해서 어떤 작업을 한다. 때문에 이 두 가지가 우리가 테스트하려는 조건의 전부라고 할 수 있다. 즉, 전체 조건을 테스트하려고 할 때 하위 조건 집합 중에 하나의 요소만 있으면 된다. 즉, 2로 테스트하든 4로 테스트하든 결과는 동일하므로(두 경우 모두 동일한 로직이 실행됨) 굳이 둘 다 테스트할 필요가 없이, (해당 클래스 내 임의의 값) 하나만 테스트하면 된다. 1과 3 (또는 다른 홀수)에 대해서도 마찬가지이다.

이러한 대표 요소를 각각의 파라미터 값으로 분리하고 @pytest.mark.parametrize 데코레이터를 사용하여 테스트할 수 있다. 중요한 것은 모드 조건을 커버하고 (같은 그룹에 있는 값에 대해서) 반복하지 않았다는 것이다. 같은 파티션 내에서 있는 다른 두 개의 요소를 테스트하는 것은 아무 의미가 없기 때문이다.

등가 클래스에 의한 테스트를 하면 두 가지 이점이 있다. 먼저, 의미 없는 값을 반복하지 않음으로써 테스트를 효율적으로 할 수 있다. 다른 한편으로는 모든 조건을 테스트하기 때문에 좋은 커버리지를 갖게 된다.

❑ 엣지 케이스(edge case)

마지막으로, 생각할 수 있는 모든 엣지 케이스에 대해 테스트를 추가하려고 노력하자. 이 테스트의 상당 부분은 비즈니스 로직이나 코드의 특이성에 달려있다. 이것은 경계 값(boundary)을 테스트하는 것과 일부 겹치는 부분이 있다.

예를 들어, 날짜를 다루는 코드가 있다면, 윤년 2월 29일 또는 새해 전후의 날짜에 대해서 테스트를 할 수 있다.

지금까지는 코드를 완성한 다음에 테스트를 작성한다고 가정했다. 일반적으로는 그렇게 한다. 즉, 대부분의 경우에는 아무것도 없는 맨 바닥에서 테스트 코드를 작성하는 것이 아니라, 이미 존재하는 코드에 대해서 테스트 코드를 작성한다.

코드를 작성하기 전에 테스트를 먼저 작성하는 방법도 있다. 이렇게 하는 이유는 새로운 프로젝트나 새로운 기능 개발을 시작할 때 실제 상용 코드가 어떻게 될지 미리 확인해보고 싶어서 일 수 있다. 또는 코드에 결함이 있어서 문제를 수정하기 전에 문제를 재현해보고 싶을 수도 있다. 이러한 개발 방법론을 Test-Driven Design (TDD)라고 하며 다음 섹션에서 설명한다.

테스트 주도 개발(TDD) 간략 소개

TDD(Test-Driven Development)는 별도의 책에서 다룰만큼 큰 주제여서 이 책에서 모든 내용을 자세히 다루기는 어렵다. 그러나 반드시 언급해야 하는 중요한 주제이다.

TDD의 요점은 기능의 결함으로 실패하게 될 테스트를 상용화 전에 미리 작성해야 한다는 것이다.

테스트를 먼저 작성한 다음 코드를 작성해야 하는 이유는 여러 가지가 있다. 실용적인 관점에서 보면 코드를 아주 정밀하게 다룰 수 있게 된다. 단위 테스트를 먼저 작성한 다음에 코드를 작성했기 때문에 기본적인 기능 테스트를 누락할 가능성이 매우 낮아진다. 물론 이것이 100%의 커버리지를 의미하는 것은 아니지만 최소한 주요 함수와 메서드, 컴포넌트는 자신만의 테스트를 가지게 된다.

TDD의 워크플로는 간단하다. 개괄적으로 보면 다음 세 단계로 구성된다.

1. 코드가 어떻게 동작해야 하는지 설명하는 단위 테스트를 작성한다. 코드는 아직 존재하지 않는 새로운 기능이거나 결함이 있는 기존 코드일 수 있다. 테스트 코드는 원하는 시나리오를 설명하는데, 처음 테스트를 실행하면 실패해야 한다.

2. 테스트를 통과하도록 코드를 최소한만 수정한다. 이제 테스트를 통과해야 한다.

3. 코드를 개선(리팩토링)하고 테스트를 다시 실행하여 여전히 작동하는지 확인한다.

이러한 사이클이 바로 유명한 **red-green-refactor**이다. 즉, 처음에는 테스트가 실패(빨간색)였다가 통과(녹색)되고 코드를 리팩토링하는 과정을 반복하는 것이다.

요약

단위 테스트는 정말 흥미롭고 깊이 있는 주제로 클린 코드의 중요한 부분이다. 궁극적으로 단위 테스트는 코드의 품질을 결정한다. 단위 테스트는 종종 코드의 거울 역할을 한다. 테스트하기 쉬운 코드는 올바르게 디자인된 클린 코드이며 단위 테스트에도 반영된다.

단위 테스트 코드는 상용 코드만큼이나 중요하다. 상용 코드에 적용되는 모든 원칙은 단위 테스트에도 적용된다. 이 둘은 동일한 노력과 심사숙고를 통해 설계되어야 하고 유지되어야 한다. 단위 테스트 작성에 주의를 기울이지 않으면 결과적으로 쓸모없는 코드가 되어버린다. 이런 일이 발생하면 유지보수가 어려워지고 상황을 더욱 악화시키는 골칫거리로 전락하게 된다.

왜냐하면 단위 테스트 결과를 무시하거나 완전히 비활성화 해버리는 경우가 발생하기 때문이다. 이러한 최악의 시나리오가 전개되면 전체 프로젝트가 위험해질 수 있다. 단위 테스트 없이 한치 앞도 볼 수 없는 상태로 개발을 하는 것은 재앙을 부르는 지름길을 가는 것과 같다.

운 좋게도 파이썬은 표준 라이브러리나 pip를 통해 많은 단위 테스트 도구를 제공한다. 이들은 매우 유용한 도구이므로 장기적으로 보면 충분히 설정할만한 가치가 있다.

지금까지 단위 테스트가 프로그램의 공식적인 명세로서 동작할 수 있으며, 이 명세에 따라 소프트웨어가 동작할 수 있다는 증거를 살펴보았다. 그리고 새로운 테스트 시나리오를 발견하면 항상 더 많은 테스트를 작성하여 코드를 개선할 수 있다는 것을 배웠다. 이러한 의미에서 단위 테스트를 다양한 방식(예 : 속성 기반 테스트 또는 변형 테스트)으로 확장하는 것이 좋은 투자이다.

참고 자료

- 파이썬 표준 라이브러리 unittest 모듈을 사용하여 테스트 스위트 만드는 방법
  https://docs.python.org/3/library/unittest.html

- Hypothesis 라이브러리 공식 문서
  https://hypothesis.readthedocs.io/en/latest/

- pytest 라이브러리 공식 문서
  https://docs.pytest.org/en/latest/

- 성당과 시장 (The Cathedra l and the Bazaar: Musings on Linux and Open Source by an Accidental Revolutionary (CatB), written by Eric S. Raymond – publisher O'Reilly Media, 1999)

- 리팩토링(Refactoring): https://refactoring.com/

- The art of software testing, written by Glenford J. Myers (publisher: Wiley; 3rd edition, November 8, 2011)

- 테스트 가능한 코드 작성하기 (Writing testable code)
  https://testing.googleblog.com/2008/08/by-miko-hevery-so-you-decided-to.html

Chapter 9

일반적인 디자인 패턴

디자인 패턴은 **갱 오브 포**(Gang of Four - GoF : Design Patterns : Reusable Object-Oriented Software)로 유명한 책의 소개와 함께 소프트웨어 공학에 널리 보급되어왔다. 디자인 패턴은 개발 중에 자주 발생하는 일반적인 문제들을 어떻게 추상화하여 해결할 수 있는지 소개한다. 이것들을 적절하게 사용하면 일반화된 디자인을 사용해 문제를 쉽게 해결할 수 있다.

이 장에서는 가장 자주 사용되는 디자인 패턴을 살펴볼 것이다. 다만 디자인 패턴이 어떤 조건에서 적용할 수 있는 도구인가의 관점이 아니라 어떻게 클린 코드에 기여할 수 있는지의 관점에서 살펴본다. 디자인 패턴을 구현한 코드를 제시한 다음, 패턴을 사용하지 않았을 경우와 비교해 어떻게 더 나은 코드가 되었는지 비교 분석해볼 것이다.

이 분석의 일환으로 구체적으로 파이썬이 어떻게 디자인 패턴을 구현하는지 살펴본다. 분석을 하다 보면 파이썬의 동적인 특성 때문에 다른 정적인 언어들이 디자인 패턴을 구현하는 것과는 차이가 발생한다는 것을 알게 될 것이다. 즉 파이썬에서 디자인 패턴을 적용할 때는 몇 가지 특별한 주의사항들이 있으며, 때문에 어떤 경우에는 디자인 패턴을 적용하는 것이 오히려 파이썬스럽지 않은 코드를 만들게 될 수 있음을 기억해야 한다.

이 장에서는 다음 내용을 다룬다.

- 일반적인 디자인 패턴
- 파이썬에서 유효하지 않은 디자인 패턴 그리고 반드시 따라야 하는 관용적인 대안
- 가장 일반적인 디자인 패턴을 파이썬으로 구현하는 방식
- 훌륭한 추상화가 자연스럽게 패턴으로 이어지는 원리

이전 장에서 배운 지식을 바탕으로, 이제 더 높은 수준의 설계 관점에서 코드를 분석하는 것은 물론이고 동시에 세부적인 구현까지도 생각할 수 있게 되었다. 어떻게 하면 파이썬의 기능을 가장 효율적으로 사용하여 코드를 작성할 수 있을까?

이번 장에서는 클린 코드를 얻기 위해 어떻게 디자인 패턴을 활용할 수 있을지 알아볼 것이다. 먼저 다음 섹션에서 몇 가지 초기 고려 사항에 대해서 생각해보자.

파이썬에 디자인 패턴 적용 시 고려사항

객체 지향 디자인 패턴은 다양한 시나리오에서 해결책의 하나로 제시되는 모델 중 하나이다. 이 것은 고차원적인 개념이기 때문에 특정 프로그래밍 언어에만 종속된 이야기는 아니다. 대신 객체가 애플리케이션에서 상호 작용하는 방법에 관한 보다 일반적인 개념에 가깝다. 물론 언어마다 다양한 세부 구현을 가지고 있지만 디자인 패턴의 본질은 변하지 않는다.

객체 지향 디자인 패턴의 이론적 측면을 살펴보면 객체의 레이아웃 표현을 추상화하자는 것이다. 객체 지향 디자인과 디자인 패턴에 대해서 다루는 수많은 책들이 있으므로 이 책에서는 파이썬에서 이들을 구현하는 방법에 초점을 맞출 것이다.

파이썬의 특성을 생각해보면 고전적인 디자인 패턴 중 일부는 실제로 필요하지 않다. 즉, 파이썬은 이미 그러한 디자인 패턴을 내부적으로 구현하고 있기 때문에 마치 디자인 패턴을 숨기는 것처럼 보인다. 어떤 사람들은 파이썬에서는 해당 디자인 패턴이 존재하지 않는다고 말하지만 숨기는 것과 존재하지 않는 것은 다르다. 파이썬 자체에서 내부적으로 해당 기능을 지원하기 때문에 그것들이 지원되는지 알아차리지 못할 뿐이다.

어떤 것들은 파이썬의 동적인 특성으로 인해 훨씬 간단하게 구현할 수 있으며, 어떤 것들은 다른 플랫폼과 약간의 차이만 있을 뿐 실질적으로 거의 동일하다.

어쨌든 파이썬에서 클린 코드를 달성하기 위한 중요한 목표는 어떤 패턴들이 있고 어떻게 구현할 수 있는지를 파악하는 것이다. 즉, 이미 파이썬에서 추상화한 패턴 중 일부를 인지하고 이를 활용할 수 있는 방법을 터득하는 것이다. 예를 들어 이터레이션 패턴을 직접 구현하려고 시도하는 것은 완전히 파이썬스럽지 않은 일이다. 이미 다뤘던 것처럼 반복은 파이썬에 깊숙이 묻혀 있는 개념이기 때문에 for 루프에 직접 사용할 수 있는 객체를 쉽게 만들 수 있다.

파이썬은 생성 패턴(creational pattern)의 일부와 비슷한 것을 지원한다. 파이썬에서 클래스는 일반적인 객체일 뿐이며 함수도 마찬가지이다. 지금까지 여러 예에서 살펴본 것처럼 클래스는 파라미터로 전달하거나 데코레이팅하거나, 재할당하는 것이 가능하다. 즉, 객체에 어떤 종류의 커스터마이징을 하더라도 특별한 팩토리 클래스가 필요 없다. 또한 파이썬에서는 객체를 생성하기 위한 특별한 구문이 없다(new 키워드를 사용하지 않아도 된다). 때문에 대부분의 경우 간단한 함수 호출은 팩토리처럼 동작한다.

다른 패턴 역시 파이썬의 매직 메서드나 표준 라이브러리에서 지원하는 기능을 활용하면 보다 파이썬스럽게 구현할 수 있다.

모든 패턴이 똑같이 자주 사용되는 것은 아니며 똑같이 유용한 것도 아니다. 때문에 애플리케이션에서 가장 자주 사용되는 것들에 초점을 맞추어 실용적인 해법을 찾아볼 것이다.

실전 속의 디자인 패턴

이 주제에서는 GoF에서 소개하고 있는 23개의 디자인 패턴을 기준으로 참조하고 있다. 각 패턴은 생성(creational), 구조(structural), 행동(behavioral) 패턴 중의 하나로 분류된다. 뿐만 아니라 이것들의 확장 버전이나 변형 버전의 패턴도 존재한다. 그러나 여기서는 모든 것들을 자세히 살펴보려는 것이 아니므로 두 가지만 염두에 두면 된다. 첫째, 일부 패턴은 파이썬 내부에서 자체적으로 구현되어 있으므로 보이지 않은 채로도 적절히 적용될 수 있다는 점이다. 둘째, 모든 패턴이 똑같이 일반적인 것은 아니라는 점이다. 몇 개는 대단히 유용하여 매우 빈번하게 언급되는 반면 다른 것들은 특별한 상황에서만 사용되는 것도 있다.

이 섹션에서는 가장 발생 빈도가 높은 일반적인 디자인 패턴을 다시 살펴볼 것이다. 이러한 패턴들은 보통 디자인을 하는 도중에 출현하게 된다. "출현"이라는 단어를 사용한 것에 주목하자. 이 단어가 중요한 의미를 가진다. 애플리케이션의 솔루션에 강제로 디자인 패턴을 적용해서는 안 되며, 패턴이 출현할 때까지는 솔루션을 진화시키고 리팩토링하고 개선해야만 한다.

따라서 디자인 패턴은 발명되는 것이 아니라 발견되는 것이다. 코드에 반복적으로 같은 내용이 출현할 때 비로소 일반적이고 추상화된 클래스, 객체 또는 컴포넌트의 패턴이 발견되는 것이다.

이러한 점을 되짚어 보면 디자인 패턴이 사실 많은 개념을 내포하고 있다는 것을 알 수 있다. 이것이 아마도 디자인 패턴의 가장 큰 장점일 것이다. 디자인 패턴은 상황을 설명할 수 있는 언어를 제공한다. 디자인 패턴을 통해 디자인 아이디어를 효과적으로 전달할 수 있다. 두 명 이상의 소프트웨어 엔지니어가 동일한 어휘를 공유하고 있다면, 한 명의 엔지니어가 "빌더" 패턴이라고만 말하면 다른 엔지니어들은 별다른 설명 없이도 어떠한 클래스들이 있으며 각 클래스가 어떠한 관계를 가지는지 등을 바로 떠올릴 수 있다.

독자는 이 장에 나오는 코드가 원래의 디자인 패턴 표준이나 이미지(envisioning)와는 다르다는 것을 알게 될 것이다. 그렇게 되는 이유는 여러 가지가 있다. 첫 번째 이유는 예제를 통해 일반적인 디자인 이론을 살펴보는 것이 아니라 특정 시나리오에 대한 솔루션을 찾는 실용적인 접근법을 취했기 때문이다. 두 번째 이유는 때로는 미묘하지만 큰 차이를 가진 파이썬의 특수성을 감안하여 패턴을 일반화하여 구현했기 때문이다.

생성(creational) 패턴

소프트웨어 공학에서 생성 패턴은 객체를 인스턴스화할 때의 복잡성을 최대한 추상화하기 위한 것이다. 객체 초기화를 위한 파라미터를 결정하거나 초기화에 필요한 관련 객체를 준비하는 것 등의 모든 관련 작업을 단순화하려는 것이다. 이를 통해 더 간단한 인터페이스를 제공할 수 있고 사용자는 보다 안전하게 객체를 생성할 수 있다. 객체 생성의 기본 형태는 디자인을 복잡하게 만들거나 문제를 유발할 수 있다. 생성 패턴은 이러한 객체 생성의 문제를 어떻게든 제어함으로써 문제를 해결하고자 하는 것이다.

객체 생성을 위한 다섯 가지 패턴 중 주로 싱글턴 패턴을 피하기 위한 방법에 대해 살펴보고, 특히 파이썬에서 가장 많이 사용되는 Borg 패턴으로 대체한 다음 기존 버전과의 차이점과 장점에 대해서 살펴볼 것이다.

❏ 팩토리

도입부에서 소개한 것처럼 파이썬의 핵심 기능 중 하나는 모든 것이 객체라는 것이며 따라서 모두 똑같이 취급될 수 있다는 것이다. 즉, 클래스, 함수 또는 사용자 정의 객체 각각의 역할이 특별히 구분되어 있지 않다. 이들은 모두 파라미터나 할당 등에 사용될 수 있다.

이러한 이유로 파이썬에서는 팩토리 패턴이 별로 필요하지 않다. 간단히 객체들을 생성할 수 있는 함수를 만들 수 있으며, 생성하려는 클래스를 파라미터로 전달할 수도 있다.

실제로 의존성 주입과 복잡한 객체의 생성을 도와주는 pyinject 같은 라이브러리를 사용할 때 일종의 팩토리를 사용하는 것을 확인했었다. 만약 복잡한 설정을 해야 하거나 반복적으로 객체를 초기화하지 않으면서 의존성 주입을 해야 하는 경우라면, pyinject와 같은 라이브러리를 사용하거나 직접 비슷한 구조를 개발해야 한다.

❏ 싱글턴과 공유 상태(monostate)

반면에 싱글턴 패턴은 파이썬에 의해 완전히 추상화되지 않은 패턴이다. 사실 대부분의 경우 이 패턴은 실제로 필요하지 않거나 나쁜 선택이다. 사실 싱글턴에는 많은 문제가 있다. 이것은 객체 지향 소프트웨어를 위한 전역 변수의 한 형태이며 결국은 나쁜 습관이다. 싱글턴은 단위 테스트가 어렵다. 어떤 객체에 의해서 언제든지 수정될 수 있다는 사실은 예측하기 어렵다는 뜻이고, 실제로 부작용이 큰 문제를 일으킬 수도 있다.

일반적으로 싱글턴은 가능하면 사용하지 않는 것이 좋다. 어떤 극단적인 경우에 꼭 필요하다면 파이썬에서 이를 해결하는 가장 쉬운 방법은 모듈을 사용하는 것이다. 모듈에서 객체를 생성할 수 있으며, 모듈을 import한 모든 곳에서 사용할 수 있다. 파이썬에서 모듈은 이미 싱글턴이라는 것을 의미한다. 즉, 여러 번 import 하더라도 sys.modules에 로딩되는 것은 항상 한 개다.

따라서 파이썬 모듈 내부에서 초기화된 객체는 고유한 객체이다. 하지만 이것이 싱글턴과 완전히 같지는 않다는 점에 유의해야 한다. 싱글턴은 호출 횟수에 관계없이 항상 동일한 객체를 제공하는 (특별한 형태의) 클래스를 만들자는 것이다. 이전 단락에서 제시한 아이디어는 고유한 객체를 만들자는 것이다. 즉, 클래스를 어떻게 정의했는지 관계없이, 우리는 그저 객체를 딱 한 번 만들고 그 객체를 여러 번 사용할 뿐이다. 이런 객체들을 때로는 알려진 객체(well-known object)라고 부르며, 이 객체는 한 가지 이상의 형태를 가질 필요가 없다.

사실 우리는 이미 이러한 알려진 객체에 익숙하다. None을 생각해보자. 파이썬 인터프리터가 두 개 이상의 None을 사용할 필요가 없다. 어떤 개발자는 파이썬에서 사용하는 None이 싱글턴이라고 주장한다. 그러나 필자는 그것에 약간 동의하지 않는다. None은 알려진 객체(well-known object)이다. 우리 모두가 알고 있고 다른 것이 필요 없다. True와 False도 마찬가지이다. 다른 종류의 부울(Boolean)을 만들려고 하는 것은 이치에 맞지 않다.

공유 상태(shared state)

객체가 어떻게 호출, 생성 또는 초기화 되는지에 상관없이 하나의 인스턴스만 갖는 싱글턴을 사용하는 것보다는 여러 인스턴스에서 사용할 수 있도록 데이터를 복제하는 것이 좋다.

모노 스테이트 패턴(SNGMONO)의 주요 개념은 싱글턴인지 아닌지에 상관없이 일반 객체처럼 많은 인스턴스를 만들 수 있어야 한다는 것이다. 이 패턴의 장점은 완전히 투명한 방법으로 정보를 동기화하기 때문에 사용자는 내부에서 어떻게 동작하는지 전혀 신경 쓰지 않아도 된다는 점이다.

따라서 이 패턴을 사용하는 것이 사용하기 편할 뿐 아니라 에러가 발생할 가능성이 적고 싱글턴의 단점으로 인한 고생을 덜하게 되기 때문에 더 좋은 선택이다(싱글턴의 단점은 테스트가 어렵다거나 파생 클래스를 만들기 어려운 것 등이 있다).

얼마나 많은 정보를 동기화해야 하는지 여부에 따라 다양한 수준으로 이 패턴을 적용할 수 있다.

가장 간단한 형태로 모든 인스턴스에 하나의 속성만 공유될 필요가 있다고 해보자. 만약 그런 경우라면 단지 클래스 변수를 추가하여 간단하게 구현할 수 있다. 우리는 단지 속성 값을 조회하고 업데이트하는 올바른 인터페이스만 제공하면 된다.

Git 저장소에서 최신 태그의 코드를 가져오는 객체가 있다고 가정해 보자. 이 객체의 인스턴스는 여러 개 있을 수 있으며 어떤 클라이언트에서든 코드 가져오기 요청을 하면 tag라는 공통의 속성을 참조할 것이다. tag는 언제든지 새 버전으로 업데이트될 수 있으며, fetch 요청을 하면 기존의 인스턴스뿐 아니라 새로운 인스턴스에서도 해당 버전을 참조해야 한다. 코드는 다음과 같다.

```
class GitFetcher:
    _current_tag = None

    def __init__(self, tag):
        self.current_tag = tag

    @property
    def current_tag(self):
        if self._current_tag is None:
            raise AttributeError("tag가 초기화되지 않았음")
        return self._current_tag

    @current_tag.setter
    def current_tag(self, new_tag):
        self.__class__._current_tag = new_tag

    def pull(self):
        logger.info("%s 태그에서 pull 요청", self.current_tag)
        return self.current_tag
```

다음과 같이 다른 버전을 가진 여러 GitFetcher 인스턴스를 만들어 보면 모두가 같은 최신 버전을 공유하고 있음을 쉽게 확인할 수 있다.

```
>>> f1 = GitFetcher(0.1)
>>> f2 = GitFetcher(0.2)
>>> f1.current_tag = 0.3
>>> f2.pull()
0.3
>>> f1.pull()
0.3
```

더 많은 속성이 필요하거나 공유 속성을 좀 더 캡슐화하고 싶다면 깔끔한 디자인을 위해 디스크립터를 사용할 수 있다.

다음 코드와 같이 디스크립터를 사용하여 문제를 해결하면 좀 더 많은 코드가 필요한 것이 사실이지만, 구체적인 책임을 캡슐화하고 코드를 분리하여 각각이 응집력을 갖게 되므로 단일 책임 원칙을 준수할 수 있게 된다.

```python
class SharedAttribute:
    def __init__(self, initial_value=None):
        self.value = initial_value
        self._name = None

    def __get__(self, instance, owner):
        if instance is None:
            return self
        if self.value is None:
            raise AttributeError(f"{self._name} 속성이 초기화되지 않음")
        return self.value

    def __set__(self, instance, new_value):
        self.value = new_value

    def __set_name__(self, owner, name):
        self._name = name
```

뿐만 아니라 디스크립터를 사용함으로써 재사용성 또한 높아질 수 있다. 만약 이 로직을 반복해야 한다면 그저 새로운 디스크립터 객체를 멤버로 만들기만 하면 된다. DRY 원칙을 자연스럽게 준수할 수 있다.

동일한 로직을 현재 태그 기준이 아니라 현재 브랜치를 기준으로 적용하고 싶으면 다른 코드는 그대로 두고 새로운 클래스 속성만 추가하면 된다.

```
class GitFetcher:
    current_tag = SharedAttribute()
    current_branch = SharedAttribute()

    def __init__(self, tag, branch=None):
        self.current_tag = tag
        self.current_branch = branch

    def pull(self):
        logger.info("%s 태그에서 pull 요청", self.source)
        return self.current_tag
```

이제 새로운 접근 방법의 균형점과 트레이드오프가 명확하게 느껴져야 한다. 새로운 구현은 좀 더 많은 코드를 사용하지만 재사용할 수 있으므로 장기적으로 보면 중복된 코드나 로직을 제거해준다. 어떤 방법을 선택할지는 앞서 언급했던 3회 반복의 법칙을 참고하여 결정하면 된다.

이 솔루션의 또 다른 중요한 이점은 단위 테스트의 반복을 줄일 수 있다는 것이다(왜냐하면 SharedAttribute 클래스만 테스트하면 되기 때문이다). 이제 모든 클래스를 테스트할 필요 없이 디스크립터 객체에 대해서만 테스트하면 되기 때문에 전체 품질에 대해서도 쉽게 자신감을 얻을 수 있다.

borg 패턴

이전의 솔루션은 대부분의 경우에 잘 작동하지만 꼭 싱글턴을 사용해야하는 경우라면(꼭 필요한 경우의 예외여야 한다) 최후의 더 나은 대안이 하나 있다.

이것은 실제로는 모노 스테이트 패턴으로 파이썬에서는 borg 패턴이라고 부른다. 주요 개념은 같은 클래스의 모든 인스턴스가 모든 속성을 복제하는 객체를 만드는 것이다. 모든 속성이 완벽하게 복제된다는 것은 부작용 또한 염두에 둬야 한다는 것을 뜻한다. 그렇지만 여전히 이 패턴은 싱글턴보다 많은 장점을 가지고 있다.

이 예제에서는 이전의 객체를 두 개로 나눌 것이다. 하나는 Git 태그에 기반을 두어 동작하는 것이고, 다른 하나는 브랜치를 기반으로 동작한다. 이제 borg 패턴을 적용해보자.

```python
class BaseFetcher:
    def __init__(self, source):
        self.source = source


class TagFetcher(BaseFetcher):
    _attributes = {}

    def __init__(self, source):
        self.__dict__ = self.__class__._attributes
        super().__init__(source)

    def pull(self):
        logger.info("%s 태그에서 pull 요청", self.source)
        return f"Tag = {self.source}"


class BranchFetcher(BaseFetcher):
    _attributes = {}

    def __init__(self, source):
        self.__dict__ = self.__class__._attributes
        super().__init__(source)

    def pull(self):
        logger.info("%s 브랜치에서 pull 요청", self.source)
        return f"Branch = {self.source}"
```

두 객체 모두 초기화 메서드를 공유하는 기본 클래스를 가진다. 그러나 borg 로직을 제대로 구현하려면 코드를 약간 수정해야 한다. 속성을 저장할 사전을 클래스 속성으로 지정하고, 객체를 초기화할 때 모든 객체에서 바로 이 동일한 사전을 참조하도록 해야 한다. 사전은 레퍼런스 형태로 전달되는 변경 가능한 mutable 객체이므로 한 곳에서 사전을 업데이트하면 모든 객체에 동일하게 업데이트된다. 즉, 이런 타입의 새로운 객체에 대해서는 같은 사전을 사용할 것이므로 사전은 공통적으로 지속 업데이트될 것이다.

의도치 않게 다른 클래스의 객체에 영향을 미칠 수 있으므로 기본 클래스에서 공유하고 있는 사전과 관련된 로직을 추가하면 안 된다는 점에 주의하자. 이런 이유로 많은 사람들은 이것이 패턴보다는 관용구에 가깝다고 생각한다.

DRY 원칙을 준수하면서 추상화를 하려면 다음과 같이 믹스인 클래스를 만들면 된다.

```python
class SharedAllMixin:
    def __init__(self, *args, **kwargs):
        try:
            self.__class__._attributes
        except AttributeError:
            self.__class__._attributes = {}

        self.__dict__ = self.__class__._attributes
        super().__init__(*args, **kwargs)

class BaseFetcher:
    def __init__(self, source):
        self.source = source

class TagFetcher(SharedAllMixin, BaseFetcher):
    def pull(self):
        logger.info("%s 태그에서 pull 요청", self.source)
        return f"Tag = {self.source}"

class BranchFetcher(SharedAllMixin, BaseFetcher):
    def pull(self):
        logger.info("%s 브랜치에서 pull 요청", self.source)
        return f"Branch = {self.source}"
```

이번에는 각각의 클래스에서 믹스인 클래스를 사용해 사전을 만든다. 만약 사전이 없는 경우에는 초기화를 한다. 나머지는 동일한 로직이다.

이렇게 구현하면 상속에도 문제가 없으므로 보다 실용적인 대안이 될 수 있다.

❏ 빌더

빌더 패턴은 객체의 복잡한 초기화를 추상화하는 흥미로운 패턴이다. 이 패턴은 언어의 특수성에 의존하지 않으므로 다른 언어와 마찬가지로 파이썬에서도 똑같이 적용된다.

간단한 경우에서부터 프레임워크, 라이브러리 또는 API의 디자인에까지 복잡한 케이스에 적용할 수 있다. 디스크립터와 마찬가지로 여러 사용자가 사용하는 API 같은 것을 노출하는 경우에만 구현해야만 한다.

이 패턴의 큰 개념은 필요로 하는 모든 객체를 직접 생성해주는 하나의 복잡한 객체를 만들어야 한다는 것이다. 사용자가 필요로 하는 모든 보조 객체를 직접 생성하여 메인 객체에 전달하는 것이 아니라, 한 번에 모든 것을 처리해주는 추상화를 해야 한다는 것이다. 빌더 객체는 필요한 모든 것들을 어떻게 생성하고 연결하는지를 알고 있다. 빌더 객체는 클래스 메서드와 같은 사용자 인터페이스를 제공하며, 사용자는 최종 객체에 대한 모든 정보를 해당 인터페이스에 파라미터로 전달하면 된다.

구조(structural) 패턴

구조 패턴은 인터페이스를 복잡하게 하지 않으면서도 기능을 확장하여 더 강력한 인터페이스 또는 객체를 만들어야 하는 상황에서 유용하다.

이러한 패턴의 가장 큰 장점은 향상된 기능을 깔끔하게 구현할 수 있다는 것이다. 즉, 여러 개의 객체를 조합하거나(가장 간단한 예로 컴포지트 패턴이 있다) 작고 응집력 높은 인터페이스들을 조합하기만 하면 된다.

❏ 어댑터 패턴

어댑터 패턴은 아마도 가장 단순하면서도 유용한 디자인 패턴일 것이다. 래퍼(wrapper)라고도 하는 이 패턴은 호환되지 않는 두 개 이상의 객체에 대한 인터페이스를 동시에 사용할 수 있게 한다.

개발을 하다보면 일반적으로 다형성을 가진 여러 클래스나 모델을 사용하게 된다. 예를 들어 fetch() 메서드로 데이터를 가져오는 여러 객체가 있다고 해보자. 이 때 fetch() 인터페이스를 유지하면 클라이언트는 크게 코드를 바꿀 필요가 없다.

그러나 fetch() 메서드를 가지지 않은 새로운 데이터 소스를 추가해야 되는 순간이 오게 마련이다. 심지어 새로운 객체는 기존 인터페이스와 호환이 되지 않을 뿐만 아니라, 다른 팀에서 개발한 API이거나 소스를 수정할 권한이 없거나 외부 라이브러리에서 온 객체여서 제어도 할 수 없는 객체이다.

이러한 새로운 객체를 직접 사용하는 대신에 해당 객체를 수용할 수 있는 새로운 인터페이스를 개발할 수 있다. 이것은 두 가지 방법으로 구현할 수 있다.

첫 번째 방법은 기존 클래스를 상속받는 새로운 클래스를 만드는 것이다. 상속받은 클래스는 (필요한 경우 파라미터나 서명을 포함하여) 호환이 필요한 메서드를 래핑하는 새로운 별칭의 메서드를 만든다. 이 메서드 내부에서는 기존 코드에 적응하여, 자신의 호출 결과가 기존 코드와 호환이 되도록 맞추어 결과를 반환한다.

상속을 통해 외부 클래스를 import 하고 새로운 메서드를 갖는 클래스를 만든 다음 해당 메서드를 호출하는 것이다. 이번 예제에서는 외부 의존성 객체에 search() 메서드가 있다고 가정한다. 이 메서드는 기존과 다른 방식으로 질의하기 때문에 하나의 파라미터만 있으며, 따라서 adapter 메서드는 기존 파라미터를 알맞게 변환해서 외부 함수를 호출해야 한다. 코드는 다음과 같다.

```
from _adapter_base import UsernameLookup

class UserSource(UsernameLookup):
    def fetch(self, user_id, username):
        user_namespace = self._adapt_arguments(user_id, username)
        return self.search(user_namespace)

    @staticmethod
    def _adapt_arguments(user_id, username):
        return f"{user_id}:{username}"
```

파이썬이 다중 상속을 지원한다는 사실을 이용하여 어댑터를 만들 수도 있다(이전 장에서 본 것처럼 **mixin** 어댑터 클래스를 생성할 수도 있다).

그러나 이전에도 여러 번 보았듯이 상속을 하면 결합도가 높아지며 유연성이 떨어지게 된다. 외부 라이브러리에서 얼마나 많은 다른 메서드가 있을지 누가 알 수 있을까? 개념적으로도 상속은 is-a 관계에 한정해서 적용하는 것이 바람직하다. 타사 라이브러리를 정확히 이해하지 못한 채로 상속을 받는다면 is a 관계인지 분명히 알 수가 없다. 특히 해당 객체를 정확히 이해하지 못했기 때문이다.

따라서 더 나은 방법은 컴포지션을 사용하는 것이다. 객체에 UsernameLookup 인스턴스를 제공할 수 있다면 다음 코드와 같이 파라미터를 해당 인스턴스에 전달하기만 하면 된다.

```
class UserSource:
    ...

    def fetch(self, user_id, username):
```

```
                user_namespace = self._adapt_arguments(user_id, username)
                return self.username_lookup.search(user_namespace)
```

만약 여러 메서드에 대해서 위와 같은 작업을 해야 한다면 __getattr__() 매직 메서드를 사용하는 것과 같은 일반적인 방법을 생각해볼 수 있다. 그러나 모든 일반적인 구현과 마찬가지로 불필요하게 솔루션을 복잡하게 만드는 것은 아닌지 주의해야 한다.

__getattr__()을 사용하면 일종의 "일반화된 어댑터(generic adapter)"를 갖게 되는 셈이다. 그렇게 하면 다른 객체를 래핑하고 그것의 모든 메서드에 대한 호출을 리다이렉트하도록 조정 (adapt)할 수 있다. 그러나 이 방법은 너무 일반적이어서 위험하고, 예상치 못한 부작용이 있을 수 있으므로 정말 주의해서 사용해야 한다. 원래의 인터페이스를 유지하면서 객체에 어떤 변환 작업을 하거나 추가 기능을 더하려면 이 장의 뒤에서 살펴볼 데코레이터 패턴이 훨씬 더 나은 선택이다.

❏ 컴포지트(composite)

프로그램에서 사용하는 객체는 내부적으로 또 다른 여러 객체를 사용해서 작업하게 된다. 잘 정의된 로직을 가진 기본 객체도 있고, 이러한 기본 객체들을 묶어서 사용하는 컨테이너 객체도 있다. 문제는 이러한 단일 기본 객체와 그룹핑된 컨테이너 객체를 특별한 구분 없이 동일하게 사용하길 원하는 경우에 발생한다.

객체를 구조화된 트리 형태로 생각해보자. 그럼 기본 객체는 리프(leaf) 노드이고 컨테이너 객체는 중간 노드라 볼 수 있다. 클라이언트는 이 중에 아무거나 호출하여 결과를 얻고자 할 것이다. 컴포지트 객체도 클라이언트처럼 동작한다. 리프 노드인지 중간 노드인지에 상관없이 해당 요청을 관련 노드가 처리할 수 있을 때까지 계속 전달한다.

여러 상품을 보유하고 있는 온라인 매장을 생각해보자. 그리고 여러 상품을 그룹지어 한 번에 패키지로 구매하면 할인을 해준다. 상품에는 개별 가격이 있는데 패키지 상품은 할인율을 감안하여 가격이 계산되어야 한다. 여기서 말하는 상품이란 상품 1개를 말하는 것이 아니라 여러 상품을 묶은 패키지 상품이 될 수도 있다. 이러한 상품의 묶음을 나타내는 객체를 만들 것이고, 전체 가격을 확인하는 기능을 위임할 것이다. 전체 가격을 확인하려면 다음과 같이 하위 상품이 없을 때까지 계속 상품의 가격을 확인하면 된다.

```python
class Product:

    def __init__(self, name: str, price: float) -> None:
        self._name = name
        self._price = price

    @property
    def price(self) -> float:
        return self._price

class ProductBundle:
    def __init__(
        self,
        name: str,
        perc_discount: float,
        *products: Iterable[Union[Product, "ProductBundle"]]
    ) -> None:
        self._name = name
        self._perc_discount = perc_discount
        self._products = products

    @property
    def price(self) -> float:
        total = sum(p.price for p in self._products)
        return total * (1 - self._perc_discount)
```

price 프로퍼티를 통해 공용 인터페이스를 노출하고 _price는 private 속성으로 남겨두었다. ProductBundle 클래스는 price 프로퍼티를 사용하여 포함된 제품의 모든 가격을 합산한 다음에 할인율을 적용한다.(역주: ProductBundle 생성자의 products 파라미터는 Product와 ProductBundle 중의 하나를 아이템으로 하는 이터러블을 전달 받는다. _products 이터러블의 모든 아이템은 Product이든 ProductBundle이든 공통된 price라는 인터페이스를 가지고 있으므로 그 안에 무엇이 또 있는지 확인할 필요 없이 p.price를 합산하여 총합을 구할 수 있다.)

Product와 ProductBundle의 유일한 차이점은 생성자의 파라미터가 다르다는 것이다. 만약 이 둘이 완벽하게 호환되게 하려면 같은 인터페이스를 갖게 하고 ProductBundle에 상품을 더하는 추가적인 메서드도 만들어야 한다. 이러한 추가 작업을 하지 않아도 된다는 면에서 이러한 약간의 차이에 따른 문제보다는 장점이 크다.

❏ 데코레이터

데코레이터 패턴을 5장 "데코레이터를 사용하여 코드 개선하기"에서 살펴보았던 내용과 혼동하면 안 된다. 약간의 유사점이 있지만 디자인 패턴에서 말하는 것과는 전혀 다른 개념이다.

이 패턴을 사용하면 상속을 하지 않고도 객체의 기능을 동적으로 확장할 수 있다. 보다 유연한 객체를 만들려고 할 때 다중 상속의 좋은 대안이 될 수 있다.

이제 사용자가 객체에 적용할 수 있는 일련의 연산(데코레이션)을 정의할 수 있는 구조를 만들어볼 것이다. 각각의 단계별로 어떻게 적용되는지 살펴보자.

다음 예제는 전달된 파라미터를 사용해서 쿼리에 사용할 수 있는 사전 형태의 객체를 반환한다. 예를 들어 Elasticsearch에 사용하기 위한 쿼리 같은 객체를 만드는 것인데 패턴의 개념에 초점을 맞추기 위해 자세한 구현은 생략한다.

가장 기본적인 형태는 제공된 파라미터를 기반으로 생성자에서 사전을 만들고 그것을 그대로 반환하는 것이다. 클라이언트는 render() 메서드를 호출한다고 가정한다.

```python
class DictQuery:
    def __init__(self, **kwargs):
        self._raw_query = kwargs

    def render(self) -> dict:
        return self._raw_query
```

이제 필터링이나 정규화 같은 다양한 방법의 변환을 거쳐 쿼리를 만들 것이다. 데코레이터를 만들어 render() 메서드에 적용할 수 있지만 런타임에서 변경하려면 유연하지 않을 수 있다. 또는 이들 중 일부만 취하려고 하거나 제외하려는 경우도 문제가 발생한다.

이를 해결하기 위해 새로운 디자인 방법을 택할 것이다. 동일한 인터페이스를 가지고 여러 단계를 거쳐 결과를 향상 (장식) 할 수도 있고 결합도 할 수 있는 또 다른 객체를 만드는 것이다. 이 객체들은 연결되어 있으며 각각의 객체는 본래 의도에 더해 새로운 기능을 추가할 수 있다. 이 렇게 새로운 기능을 추가하는 단계가 바로 데코레이션 단계이다.

파이썬은 덕 타이핑을 지원하기 때문에 새로운 기본 클래스를 만들어서 클래스 계층 구조에 새로 편입시킬 필요가 없다. 그저 render() 메서드가 있는 새로운 클래스를 만드는 것만으로 충분하다. 다음 코드를 살펴보자.

```
class QueryEnhancer:
    def __init__(self, query: DictQuery):
        self.decorated = query

    def render(self):
        return self.decorated.render()

class RemoveEmpty(QueryEnhancer):
    def render(self):
        original = super().render()
        return {k: v for k, v in original.items() if v}

class CaseInsensitive(QueryEnhancer):
    def render(self):
        original = super().render()
        return {k: v.lower() for k, v in original.items()}
```

QueryEnhancer를 상속받은 클래스들은 공통된 인터페이스를 가지고 있으므로 상호 교환이 가능하다. 이 객체는 데코레이팅된 객체를 수신하도록 설계되었다. 값을 받아서 변환한 다음 수정된 버전을 반환한다.

만약 False로 평가되는 값을 모두 지우고 쿼리에 알맞게 정규화를 하려면 다음과 같이 하면 된다.

```
>>> original = DictQuery(key="value", empty="", none=None,
upper="UPPERCASE", title="Title")
>>> new_query = CaseInsensitive(RemoveEmpty(original))
>>> original.render()
{'key': 'value', 'empty': '', 'none': None, 'upper': 'UPPERCASE', 'title':
'Title'}
>>> new_query.render()
{'key': 'value', 'upper': 'uppercase', 'title': 'title'}
```

파이썬의 동적인 특성을 활용해 다른 방법으로 데코레이터 패턴을 구현할 수도 있다. 파이썬에서는 함수 또한 객체라는 사실을 기억하자. 각각의 데코레이션 단계를 함수로 정의한 다음 기본 데코레이터 객체(QueryEnhancer)에 전달할 수도 있다. 코드는 다음과 같다.

```
class QueryEnhancer:
    def __init__(
```

```
        self,
        query: DictQuery,
        *decorators: Iterable[Callable[[Dict[str, str]], Dict[str, str]]]
    ) -> None:
        self._decorated = query
        self._decorators = decorators

    def render(self):
        current_result = self._decorated.render()
        for deco in self._decorators:
            current_result = deco(current_result)
        return current_result
```

호환성을 위해 render( ) 메서드의 형태를 그대로 유지했기 때문에 클라이언트는 코드를 수정하지 않아도 된다. 그러나 다음 코드와 같이 QueryEnhancer의 사용 방법은 약간 다르다.

```
>>> query = DictQuery(foo="bar", empty="", none=None, upper="UPPERCASE",
title="Title")
>>> QueryEnhancer(query, remove_empty, case_insensitive).render()
{'foo': 'bar', 'upper': 'uppercase', 'title': 'title'}
```

앞의 코드에서 remove_empty와 case_insensitive는 사전의 내용을 변환하는 일반 함수이다.

이 예제에서는 함수 기반의 접근법이 더 쉽게 이해될 수 있다. 입력 데이터에 따라 보다 복잡한 형태로 데코레이팅을 하는 경우도 있다. 이러한 경우에는 객체 지향적인 접근 방식을 사용하는 것이 좋다. 특히 디자인에 명시적으로 표현하기 위해 요건별로 클래스를 만들고 계층 구조를 구성하려는 경우에는 더욱 객체 지향적인 방식이 좋다.

❏ 파사드(Facade)

파사드는 훌륭한 패턴이다. 객체 간 상호 작용을 단순화하려는 많은 상황에서 유용하다. 패턴은 여러 객체가 다대다 관계를 이루며 상호작용하는 경우에 사용된다. 각각의 객체에 대한 모든 연결을 만드는 대신 파사드 역할을 하는 중간 객체를 만드는 것이다. (역주 : facade는 건물의 가장 중요한 면을 가리키는 단어로 보통은 정면을 말한다. 소프트웨어 공학에서는 복잡한 시스템을 가려주는 단일 통합 창구 역할을 하는 객체를 말한다.)

파사드는 허브 또는 단일 참조점(single point of reference)의 역할을 한다. 새로운 객체가 다른 객체에 연결하려고 할 때마다 연결해야 하는 N개의 객체에 대해 N개의 인터페이스를 만들어야 한다면 너무 복잡할 것이다. 이럴 때 단지 파사드와 대화하게 하고 파사드에서 적절히 요청을 전달해주면 편리할 것이다. 외부 오브젝트의 입장에서는 파사드 내부의 모든 내용이 완전히 불투명해야 한다.

이 패턴을 사용하면 객체의 결합력을 낮춰주는 확실한 장점 외에도 인터페이스의 개수를 줄이고 보다 나은 캡슐화를 지원할 수 있게 되므로 간단한 디자인을 유도하는 장점이 있다.

이 패턴은 도메인 문제를 개선하기 위해서 뿐만 아니라 더 나은 API 설계를 위해서도 사용할 수 있다. 이 패턴을 사용하여 단일 인터페이스를 제공하면 단일 진리점(single point of truth) 또는 코드의 진입점(entry point for code) 역할을 하여 사용자가 노출된 기능을 쉽게 사용할 수 있다. 뿐만 아니라 기능만 노출하고 나머지 모든 것은 인터페이스 뒤에 숨김으로써 세부 코드는 원하는 만큼 리팩토링을 해도 된다. 왜냐하면 파사드 뒤에서 작업하는 한 자연스럽게 하위호환성이 유지될 것이며 사용자는 그 영향을 받지 않을 것이기 때문이다.

파사드는 클래스나 객체에 한정된 것이 아니라 패키지에도 적용되는 것임을 기억하자. 기술적으로 파이썬에서는 패키지도 객체이지만 여기서는 모듈의 묶음을 말한다. 파사드의 아이디어는 패키지의 레이아웃을 결정하는데 사용할 수도 있다. 즉, 사용자에게 노출해야 하는 import 가능한 외부용 레이아웃과 직접 import 해서는 안 되는 내부용 레이아웃을 구분하는 것이다.

파이썬에서 디렉토리의 패키지를 빌드할 때는 __init__.py 파일을 나머지 파일들과 함께 둔다. 이것이 모듈의 루트로서 파사드와 같은 역할을 한다. 나머지 파일들은 익스포트할 객체를 정의하지만 클라이언트가 직접 import 해서는 안 된다. __init__.py 파일이 파일을 import 하고 클라이언트는 그곳에서 다시 import 해야 한다. 이것은 사용자에게 객체를 어디서 가져와야 할지 단일 진입점을 제공하는 것이므로 보다 나은 인터페이스라고 할 수 있다. 더 중요한 것은 패키지를 구성하는 나머지 파일들을 마음껏 리팩토링하거나 재정렬할 수 있다는 점이다. init 파일의 API가 유지되는 한 클라이언트에 영향을 주지 않게 된다. 이러한 것들이 바로 유지보수가 가능한 소프트웨어를 만들기 위해서 지켜야 하는 가장 중요한 원칙이다.

파이썬 자체에서 사용 중인 파사드 패턴의 예로 os 모듈이 있다. 이 모듈은 OS의 기능을 그룹화하지만 그 아래에는 **POSIX(Portable Operating System Interface)** OS용 posix 모듈을 사용한다(윈도우 플랫폼에서는 nt라고 함). 중요한 점은 이식성을 위해 posix 모듈을 직접 import 하지 않아야 한다는 것이다. 대신 os 모듈을 import 해야 한다. 왜냐하면 os 모듈이 어느 플랫폼에서 호출되었는지 확인하여 적절한 기능을 제공할 것이기 때문이다.

행동(behavioral) 패턴

행동 패턴은 객체가 어떻게 협력해야하는지, 어떻게 통신해야하는지, 런타임 중에 인터페이스는 어떤 형태여야 하는지에 대한 문제를 해결하는 것을 목표로 한다.

그 중에서도 다음 행동 패턴을 주로 논의할 것이다.

- 책임 연쇄 패턴(chain of resposibility)
- 템플릿 메서드 패턴
- 커맨드 패턴
- 상태 패턴

이러한 문제는 정적으로는 상속을 통해, 동적으로는 컴포지션을 통해 해결될 수 있다. 예제에서 어떤 패턴을 사용하든지 간에 결국에는 중복을 피하거나 행동을 캡슐화하는 추상화를 통해 모델 간의 결합력을 낮춤으로써 훨씬 좋은 코드를 만들게 된다는 점을 알 수 있을 것이다.

❏ 책임 연쇄 패턴

이번에는 앞서 다루었던 이벤트 시스템을 다시 살펴볼 것이다. 이 시스템은 텍스트 파일이나 HTTP 애플리케이션 서버 같은 곳에서 발생한 로그를 파싱하여 정보를 추출하는 역할을 한다.

이전 장에서는 개방/폐쇄 원칙을 준수하도록 하였으며, __subclasses__() 매직 메서드를 구현하여 모든 이벤트 중에 적절한 이벤트를 찾고 해당 이벤트의 메서드에게 책임을 묻는 형태로 구현을 했었다.

이 솔루션은 문제를 잘 해결했으며 확장성도 뛰어났다. 하지만 이번 디자인 패턴을 사용하면 추가적인 이점이 있다.

여기에서는 약간 다른 방식으로 이벤트 객체를 만들 것이다. 각 이벤트에는 여전히 특정 로그라인을 처리할 수 있는지 여부를 묻는 로직이 있지만 후계자(successor)라는 개념이 추가되었다. 이 후계자는 현재의 이벤트 객체가 로그 라인을 처리할 수 없을 경우에 대비해 준비해 놓은 다음 이벤트 객체이다. 로직은 간단하다. 이벤트를 연결하고 각 이벤트는 데이터를 처리하려고 시도한다. 직접 처리가 가능한 경우 결과를 반환한다. 처리가 불가능하면 후계자에게 전달하고 이러한 과정을 반복한다. 코드는 다음과 같다.

```python
import re
from typing import Optional, Pattern

class Event:
    pattern: Optional[Pattern[str]] = None

    def __init__(self, next_event=None):
        self.successor = next_event

    def process(self, logline: str):
        if self.can_process(logline):
            return self._process(logline)

        if self.successor is not None:
            return self.successor.process(logline)

    def _process(self, logline: str) -> dict:
        parsed_data = self._parse_data(logline)
        return {
            "type": self.__class__.__name__,
            "id": parsed_data["id"],
            "value": parsed_data["value"],
        }

    @classmethod
    def can_process(cls, logline: str) -> bool:
        return (
            cls.pattern is not None and cls.pattern.match(logline) is not None
        )

    @classmethod
    def _parse_data(cls, logline: str) -> dict:
        if not cls.pattern:
            return {}
        if (parsed := cls.pattern.match(logline)) is not None:
            return parsed.groupdict()
        return {}
```

```
class LoginEvent(Event):
    pattern = re.compile(r"(?P<id>\d+):\s+login\s+(?P<value>\S+)")

class LogoutEvent(Event):
    pattern = re.compile(r"(?P<id>\d+):\s+logout\s+(?P<value>\S+)")
```

이제 event 객체들을 만들고 처리해야 할 특정 순서로 정렬하면 된다. event 객체들은 모두 process() 메서드를 가지고 있고 메시지에 대한 다형성을 가지고 있으므로 정렬 순서는 클라이언트가 마음대로 바꿀 수 있다. 뿐만 아니라 객체마다 동일한 방식으로 처리되는 process() 메서드를 가지고 있다. 즉, 제공된 데이터에서 정보를 추출하여 처리하려고 시도하고, 처리할 수 없으면 다음 이벤트에게 전달하여 처리가 가능한지 확인한다.

로그인 이벤트는 다음과 같이 처리할 수 있다.

```
>>> chain = LogoutEvent(LoginEvent())
>>> chain.process("567: login User")
{'type': 'LoginEvent', 'id': '567', 'value': 'User'}
```

LogoutEvent가 LoginEvent를 후계자로 받는 방법과 처리할 수 없는 것을 요청했을 때 어떻게 다른 객체로 전달하는지에 주의하자. 결과 사전에 있는 type에서 볼 수 있듯이 사전은 LoginEvent가 생성한 것이다.

이 솔루션은 충분히 유연하며 모든 조건들이 상호 배타적이라는 특성을 그대로 유지하고 있다. 이벤트 판별 로직의 충돌이 없고 동일한 데이터를 하나 이상의 핸들러가 처리하지 않는다면 어떤 순서로 이벤트를 처리하는지는 상관이 없다.

그러나 만약 이런 가정을 할 수 없다면 어떻게 될까? __subclasses__() 호출로 이벤트 목록을 구했었는데 직접 이벤트 리스트를 만들어서 처리하면 우선순위를 조절할 수 있을 것이다. 여기까지는 이것으로 충분하다. 그런나 런타임 중에 우선순위를 변경하고 싶은 경우는 대응하기가 어려운 단점이 있다.

새로운 솔루션을 사용하면 이러한 추가 요구사항도 만족시킬 수 있다. 왜냐하면 런타임 중에 책임을 연결(chain)하면 되기 때문이다.

예를 들어 다음 코드와 같이 로그인과 로그아웃 이벤트를 둘 다 처리할 수 있는 타입을 추가해 보자.

```
class SessionEvent(Event):
    pattern = re.compile(r"(?P<id>\d+):\s+log(in|out)\s+(?P<value>\S+)")
```

어떤 이유로 애플리케이션에서 LoginEvent 전에 SessionEvent를 먼저 처리하고 싶은 경우는 다음과 같이 하면 된다.

```
chain = SessionEvent(LoginEvent(LogoutEvent()))
```

순서를 변경하여 세션 이벤트가 로그인 이벤트보다 우선순위가 높으며, 로그인 이벤트는 로그아웃 이벤트보다 우선순위가 높다는 것을 선언한 것이다.

4장에서 보았던 것처럼 클래스의 meets_condition() 메서드에 의존하는 것보다는 이렇게 여러 객체에 패턴을 적용하는 것이 훨씬 유연하다는 것을 알 수 있다. 파이썬에서는 클래스 자체가 객체이지만 그것만으로는 이번 문제에서 발생하는 경직성을 피할 수 없었다.

❏ 템플릿 메서드 패턴

템플릿 메서드 패턴(template method pattern)을 적절히 구현하면 중요한 이점을 얻을 수 있다. 바로 코드의 재사용성을 높여주고 객체를 보다 유연하게 하여 다형성을 유지하면서도 코드를 쉽게 수정할 수 있다는 점이다. (역주: 템플릿 메서드 패턴을 사용하면 전체적인 처리 로직은 부모의 templateMethod에 담고, 단계별 세부 로직은 파생 클래스의 abstract or hook 메서드에서 구현함으로써 핵심 로직과 세부 로직을 분리하여 관리할 수 있는 장점이 있다.)

주요 개념은 어떤 행위를 정의할 때 특정한 형태의 클래스 계층구조를 만드는 것이다. public 인터페이스에서 중요한 역할을 하는 메서드를 예로 들어보자. 계층구조를 이루는 모든 클래스들은 공통된 템플릿을 공유하며 템플릿의 특정 요소만 변경할 수도 있다. 그런 다음 공통적인 로직을 부모 클래스의 public 메서드로 구현하고 그 안에서 내부의 다른 private 메서드들을 호출하는 것이다. 이렇게 템플릿에서 호출하는 다른 내부의 메서드들은 파생 클래스에서 수정될 수 있지만 템플릿에 있는 기본 공통 로직은 모두 재사용된다.

예리한 독자는 눈치를 챘겠지만 이전 섹션의 책임 연쇄 패턴에서 이미 이 패턴을 사용하여 구현했었다. Event에서 파생된 클래스는 오직 특정 패턴 하나만 구현한 점에 주의하자. (역주: LoginEvent, LogoutEvent 모두 pattern 속성만 재정의했다.) 나머지 공통적인 로직은 Event 클래스의 템플릿 메서드에 있다. process 이벤트에 공통적인 로직을 가지고 있으며 can_process()

와 _process()라는 두 개의 보조 메서드가 있다. _process() 메서드는 다시 _parse_data() 메서드를 호출한다.

이러한 추가 메서드들은 클래스 속성에 의존한다. 따라서 새로운 타입에서 기능을 확장하려면 단지 파생클래스에서 정규식으로 pattern 변수의 속성만 재정의하면 된다. 이렇게만 하면 나머지 로직은 템플릿 메서드에 따라서 재정의된다. 로그 라인을 처리하는 로직은 오직 부모 클래스에서 단 한번만 정의하였으므로 코드의 재사용성이 매우 높다.

이 패턴을 사용하면 다형성을 쉽게 보존할 수 있으므로 디자인이 유연해진다. 만약 어떤 이벤트 타입에서 파싱 방법을 변경해야 한다고 하면 하위 클래스의 private 메서드를 오버라이드하기만 하면 된다. 여기서 반환 값의 타입이 동일하다면 하위 호환성 또한 유지될 것이다. 파생 클래스의 메서드를 호출하는 것은 부모 클래스에 있는 템플릿 메서드이므로 자연스럽게 리스코프 치환 원칙과 개방/폐쇄 원칙을 준수할 수 있다.

이 패턴은 자신만의 라이브러리나 프레임워크를 만들 때에도 유용하다. 이런 방법으로 로직을 정리하면 사용자에게 클래스의 일부 행동을 쉽게 수정하도록 할 수 있다. 즉, 사용자는 하위 클래스를 만들고 특정 private 메서드를 오버라이드하기만 하면 하위 호환성이 유지되는 새로운 행동을 정의할 수 있다.

❑ 커맨드

커맨드 패턴(command pattern)은 수행해야 할 작업을 요청한 순간부터 실제 실행 시까지 분리할 수 있는 기능을 제공한다. 또한 클라이언트가 발행한 원래 요청을 수신자와 분리할 수도 있다. 수신자는 다른 객체일 수 있다. 이 섹션에서는 주로 첫 번째 측면, 즉 명령의 실제 실행과 실행순서의 조절을 분리할 수 있다는 측면에 초점을 맞추어 살펴볼 것이다.

__call__() 매직 메서드를 구현하여 호출 가능한 객체를 생성할 수 있다. 따라서 일단 객체를 초기화하고 나중에 호출을 할 수 있다. 사실 이것이 유일한 요구사항이라면 중첩 함수를 만들어 클로저를 구성하고 지연 실행의 효과를 구현할 수도 있다. 그러나 커맨드 패턴을 사용하면 그것 이상의 기능까지 확장을 할 수 있다.

주요 개념은 커맨드도 정의 이후에 수정할 수 있다는 것이다. 즉, 클라이언트가 실행할 명령을 지정한 다음 누군가가 최종적으로 수행하기로 결심할 때까지는 일부 파라미터를 변경하거나 옵션을 추가할 수 있음을 의미한다.

이러한 예는 데이터베이스와 상호 작용하는 라이브러리에서 찾아볼 수 있다. 예를 들어 psycopg2(PostgreSQL 클라이언트 라이브러리)에서는 DB와 연결을 하고 커서를 얻고, 이 커서를 통해 SQL 문을 실행할 수 있다. execute 메서드를 호출하면 객체의 내부 표현이 변경되지만 아직 실제로 실행되지는 않는다. fetchall() 또는 유사한 메서드를 호출할 때에 비로소 데이터가 조회되고 커서에서 사용 가능한 상태가 된다.

인기 있는 **ORM(Object Relational Mapper) 라이브러리인 SQLAlchemy**에서도 마찬가지이다. 쿼리는 여러 단계를 거쳐 정의되며 쿼리 결과를 원한다고 명시적으로 결정하기 전까지는 쿼리 객체와 상호 작용할 수 있다(필터 추가 또는 제거, 조건 변경, 주문 적용 등). 쿼리와 상호 작용하는 메서드들을 호출하면 query 객체의 내부 속성을 변경하고 self 자체를 반환할 뿐이다.

이러한 라이브러리의 동작 방식은 우리가 원하는 것과 유사한 방식이다. 위와 같은 구조를 따르도록 하는 가장 간단한 방법은 실행될 명령의 파라미터들을 저장하는 객체를 만드는 것이다. 그리고 명령에 필요한 파라미터에서 필터를 더하거나 제거하는 것처럼 상호 작용할 수 있는 메서드를 제공해야 한다. 선택적으로 해당 객체에 요청의 처리 내용을 감시하기 위한 로그를 추가할 수도 있다. 실제 작업을 하는 메서드는 단순히 __call__() 메서드를 사용할 수도 있고 사용자 정의 메서드를 사용할 수도 있다. 이제 모든 것이 준비되었다. 최종적으로 커맨드를 처리하는 do() 메서드를 호출하자.

이 패턴은 비동기 프로그래밍을 다룰 때 유용하게 쓰일 수 있다. 앞서 살펴본 것처럼 비동기 프로그래밍은 특별한 방식의 문법(syntax nuance)을 제공한다. 이 문법을 활용하여 명령을 준비하는 것과 실행을 분리하고, 전자는 동기식하고, 후자는 비동기식으로 할 수도 있다. 예를 들어 데이터베이스에 연결하기 위한 라이브러리는 비동기 방식으로 동작한다.

❏ 상태 패턴

상태(state) 패턴은 구체화(reification)를 도와주는 대표적인 소프트웨어 디자인 패턴이다. 이 패턴을 사용하면 기존에 (단순히 문자열이나 정수 플래그에 저장하는 것처럼) 부수적인 가치로 존재하던 도메인 문제의 개념을 보다 명시적인 객체로 전환시킬 수 있다.

8장 "단위 테스트와 리팩토링"에서 Merge Request를 나타내는 객체가 있었는데 객체는 내부적으로 상태(open, close 등)를 가지고 있었다. 그리고 해당 상태들은 그저 특정 상태를 나타내는 문자열이었으므로 열거형을 사용해 표현했었다. 그런데 만약 어떤 행동을 해야 하거나, 전체

Merge Request에 대해서는 상태와 전이에 따라 다른 행동을 수행해야만 한다면 이런 디자인으로는 충분하지 않았을 것이다.

행동, 즉 런타임 구조를 코드에 추가한다는 사실은 객체의 관점에서 다시 생각해보게 만드는 일이다. 왜냐하면 행동을 추가하는 일은 결국 객체가 할 일이기 때문이다. 여기에서 구체화가 필요하다. 상태는 단순히 문자열의 열거형이 될 수 없고 객체가 되어야 한다.

Merge Request와 관련해 다음 규칙을 추가했다고 가정해보자. open 상태에서 closed 상태로 갈 때는 다음에 다시 리뷰를 시작할 것이므로 모든 승인이 제거된다. Merge Request가 방금 open된 상태라면 승인 개수는 reopen인지에 상관없이 0개가 된다. 그리고 Merge Request가 승인될 때는 소스 브랜치를 삭제한다. 물론 closed 상태의 Merge Request를 승인하는 등의 잘못된 전이는 불가능하다.

모든 로직을 단일 장소, 즉 MergeRequest 클래스에 넣으면 하나의 클래스가 너무 많은 책임을 갖게 되므로 좋은 디자인이 아니다. 그렇게 하면 아마도 많은 메서드와 많은 수의 if 문이 있는 클래스가 될 것이다. 또한 어떤 코드가 어떤 비즈니스 로직을 나타내는지 구별하기가 어려울 것이다.

따라서 상태별로 작은 객체를 만들어 각각의 객체가 적은 책임을 갖게 하는 것이 좋다. 먼저 표현하고자 하는 각 종류의 상태를 객체로 만들고, 각 객체의 메서드에 앞서 설명한 규칙에 따라 전이 로직을 작성한다. MergeRequest 객체는 상태를 저장하는 _state 속성을 가지며 결국 해당 속성을 통해 최종 MergeRequest 상태를 알 수 있다. MergeRequest에서 상태 전이를 하려면 더블 디스패치(double-dispatching) 메커니즘이 필요하다. (역주 : 디스패치는 결국 메서드 호출을 말하는데 MergeRequest 객체에서 open을 하려면 MergeRequest의 open 메서드 한 번, 그리고 self.state.open() 메서드에서 또 한 번, 총 두 번의 메서드 호출이 필요하다.)

이제 구현해야 할 메서드의 집합을 추상 기본 클래스에 정의하고 표현하려는 상태별로 파생 클래스를 만든다. 그런 다음 MergeRequest 객체는 모든 액션을 state에 위임한다. 코드는 다음과 같다. (역주 : abc 모듈은 Abastract Base Class의 약자로 추상 기본 클래스를 정의하기 위한 기반 구조를 제공한다.)

```
class InvalidTransitionError(Exception):
    """도달 불가능한 상태에서 전이할 때 발생하는 예외"""

class MergeRequestState(abc.ABC):
```

```python
    def __init__(self, merge_request):
        self._merge_request = merge_request

    @abc.abstractmethod
    def open(self):
        ...

    @abc.abstractmethod
    def close(self):
        ...

    @abc.abstractmethod
    def merge(self):
        ...

    def __str__(self):
        return self.__class__.__name__

class Open(MergeRequestState):
    def open(self):
        self._merge_request.approvals = 0

    def close(self):
        self._merge_request.approvals = 0
        self._merge_request.state = Closed

    def merge(self):
        logger.info("%s merge", self._merge_request)
        logger.info("%s 브랜치 삭제", self._merge_request.source_branch)
        self._merge_request.state = Merged

class Closed(MergeRequestState):
    def open(self):
        logger.info("종료된 merge request %s 재오픈", self._merge_request)
        self._merge_request.state = Open

    def close(self):
        pass

    def merge(self):
        raise InvalidTransitionError("종료된 요청을 merge할 수 없음")
```

```python
class Merged(MergeRequestState):
    def open(self):
        raise InvalidTransitionError("이미 merge 요청을 완료함")

    def close(self):
        raise InvalidTransitionError("이미 merge 요청을 완료함")

    def merge(self):
        pass

class MergeRequest:
    def __init__(self, source_branch: str, target_branch: str) -> None:
        self.source_branch = source_branch
        self.target_branch = target_branch
        self._state = None
        self.approvals = 0
        self.state = Open

    @property
    def state(self):
        return self._state

    @state.setter
    def state(self, new_state_cls):
        self._state = new_state_cls(self)

    def open(self):
        return self.state.open()

    def close(self):
        return self.state.close()

    def merge(self):
        return self.state.merge()

    def __str__(self):
        return f"{self.target_branch}:{self.source_branch}"
```

다음은 구현 세부 사항과 디자인에 대한 몇 가지 설명이다.

- state는 프로퍼티로 public이고, Merge Request에 대한 상태를 생성하는 방법을 정의한 단일 위치이

다. 파라미터로 self를 전달한다.

- 추상 기본 클래스는 꼭 필요한 것은 아니지만 이것을 사용하는 몇 가지 이점이 있다. 첫째, 다루는 대상의 종류를 더 명확하게 한다. 둘째, 모든 하위 상태 객체가 인터페이스의 모든 메서드를 구현하도록 강제한다. 모든 메서드를 구현하는 것의 대안으로 두 가지 방법이 있다.
  - 첫 번째 방법은 필요 없는 메서드를 구현하지 않고 유효하지 않은 액션을 하려고 하면 AttributeError를 발생시키는 방법이다. 그러나 이는 정확한 표현도 아니고 사용자는 어떤 일이 일어났는지 알 수 없게 된다.
  - 두 번째 방법은 추상 클래스가 아닌 간단한 일반 클래스를 사용하여 관련 메서드를 비워두는 것이다. 물론 아무것도 하지 않는 것만으로 어떤 일을 해야 하는지가 명확해지는 것은 아니다. 그러나 merge가 완료된 상태에서 merge 요청을 하는 것처럼 파생 클래스에서 아무것도 하지 않아야 하는 경우가 있다면, 모든 객체에 일일이 구현하는 대신에 아무것도 구현하지 않을 수 있다.
- MergeRequest와 MergeRequestState는 서로 연결되어 있다. 상태 전이가 되면 이전 객체는 더 이상 참조될 필요가 없으므로 가비지 컬렉션의 대상이 되어야 하므로 이 관계는 항상 1:1이어야 한다. 1:1의 관계가 어렵다면 약한 참조(weak reference)를 사용할 수 있다.

다음 코드에서 객체를 어떻게 사용하는지 살펴보자.

```
>>> mr = MergeRequest("develop", "master")
>>> mr.open()
>>> mr.approvals
0
>>> mr.approvals = 3
>>> mr.close()
>>> mr.approvals
0
>>> mr.open()
INFO:log:종료된 merge request master:develop 재오픈
>>> mr.merge()
INFO:log:master:develop merge
INFO:log:develop 브랜치 삭제
>>> mr.close()
Traceback (most recent call last):
...
InvalidTransitionError: 이미 merge 요청을 완료함
```

상태 전이는 state 객체에 위임되며 state는 항상 MergeRequest를 가리키게 된다. state가 가리키는 객체는 ABC의 하위 클래스 중 하나이다. 이들은 모두 동일한 메시지에 대해서 적절한 처

리(브랜치 삭제, 예외 발생 등)를 한 다음 MergeRequest를 다음 상태로 전이시킨다.

MergeRequest가 모든 처리를 state 객체에 위임했기 때문에 항상 self.state.open()과 같은 형태로 호출되게 된다. 이 같은 반복적인 코드를 제거할 수 있을까?

다음과 같이 __getattr__() 매직 메서드를 사용하면 가능하다.

```python
class MergeRequest:
    def __init__(self, source_branch: str, target_branch: str) -> None:
        self.source_branch = source_branch
        self.target_branch = target_branch
        self._state: MergeRequestState
        self.approvals = 0
        self.state = Open

    @property
    def state(self) -> MergeRequestState:
        return self._state

    @state.setter
    def state(self, new_state_cls: Type[MergeRequestState]):
        self._state = new_state_cls(self)

    @property
    def status(self):
        return str(self.state)

    def __getattr__(self, method):
        return getattr(self.state, method)

    def __str__(self):
        return f"{self.target_branch}:{self.source_branch}"
```

 가독성을 떨어뜨릴 수 있으므로 이러한 유형의 제네릭 변환은 주의해서 사용하자. 때로는 작은 보일러 플레이트(boilerplate) 코드를 사용하는 것이 좋다. 그러나 코드가 하는 일에 대해서는 명확히 표시 해야 한다.

일부 코드는 재사용하고 반복되는 코드는 제거했다. 이렇게 하면 추상 기본 클래스가 더 의미 있는 선택이 된다. 문서화된 모든 액션을 어떤 단일 장소에 옮기고 싶다고 해보자. 이전에는 그

장소가 MergeRequest 클래스였지만 이제는 그러한 단순 반복적인 기능만 하던 메서드가 사라지고 단일 진리점으로 MergeRequestState만 사용하면 된다. 특히 _state 속성의 타입 애노테이션은 사용자가 어디에서 인터페이스의 정의를 찾을 수 있는지 알려주는데 도움이 된다.

사용자는 MergeRequest가 가지고 있지 않은 모든 것을 state 속성이 가지고 있다는 것을 알 수 있다. init 메서드에서 _state의 타입 어노테이션은 _state가 MergeRequestState 타입의 객체임을 알려주고 있다. 따라서 MergeRequestState을 살펴보게 되며 open(), close()와 merge() 메서드를 안전하게 사용할 수 있음을 알 수 있다.

Null 객체 패턴

null 객체 패턴은 이전 장에서 언급한 모범 사례와 관련된 내용이다. 여기에서는 그것들을 공식화하고 보다 자세한 상황 분석을 해볼 것이다.

원칙은 다소 단순하다. 함수나 메서드는 일관된 타입을 반환해야 한다는 것이다. 이것이 보장된다면 클라이언트는 다형성을 가진 메서드에서 반환되는 객체에 대해 null 체크를 하지 않고도 바로 사용할 수 있다.

앞의 예제들에서 파이썬의 동적인 특성이 대부분의 디자인 패턴을 어떻게 쉽게 만들어 주는지 살펴보았다. 경우에 따라서는 해당 디자인 패턴이 완전히 사라지는 경우도 있었고 구현하기가 훨씬 쉬운 경우도 있었다. 원래 디자인 패턴의 주요 목표는 메서드나 함수가 작동하는데 필요한 구체적인 클래스를 명시하지 않는 것이다. 이러한 이유로 인터페이스를 새로 만들고, 기존의 객체들을 재배치하여 이러한 인터페이스에 적합하게 만드는 작업을 하는 것이다. 하지만 파이썬에서는 대부분 이러한 작업이 필요하지 않으며, 필요한 메서드를 갖추기만 한다면 다른 객체를 그냥 전달해도 잘 동작한다.

반면에 객체가 반드시 인터페이스를 준수할 필요가 없다는 사실은 메서드의 반환 값에 대해서는 더 주의를 해야 한다는 것을 의미한다. 함수가 전달된 파라미터에 대해 가정을 하지 않은 것처럼 클라이언트도 반환 값에 대해 가정을 하지 않는 것이 공정하다. 호환 가능한 객체를 제공하는 것은 해당 함수의 책임이다. 이는 계약에 의한 설계를 통해 강제하거나 검증할 수 있다. 이러한 문제를 피할 수 있는 간단한 패턴을 살펴보자.

이전 섹션에서 살펴본 책임 연쇄 패턴에 대해 생각해보자. 이 패턴은 작은 객체들을 사용해 책임을 분리함으로써 유연함과 함께 많은 장점을 가져다주었다. 그러나 문제점 중 하나는 메시지를 처리한 뒤 반환하는 객체가 무엇인지 알 수 없다는 것이다. 특히 로그 라인을 처리할 적절한 객체가 없으면 메서드에서 None을 반환한다.

사용자가 통과한 데이터를 어떻게 사용할지 모르지만, 사용자는 일단 사전 타입의 반환 값을 기대하고 있다. 따라서 아무 처리를 하지 않으면 다음과 같은 오류가 발생할 것이다.

```
AttributeError: 'NoneType' object has no attribute 'keys'
```

이 경우 수정 방법은 간단하다. process() 메서드의 기본 값을 None이 아닌 빈 사전으로 하면 된다.

 TIP 일관성이 있는 타입의 객체를 반환하도록 하자.

그러나 메서드가 사전 형태가 아닌 도메인에서 사용 중인 사용자 정의 객체를 반환한다면 어떻게 될까?

이 문제를 해결하려면 비어 있는 상태의 객체를 만들고 해당 상태 객체를 반환하면 된다. 어떤 시스템에 사용자를 나타내는 객체가 있다고 해보자. 사용자 ID로 조회하는 함수가 있는데 검색된 사용자가 없을 때는 다음 두 가지 중에 하나를 해야 한다.

- 예외 발생
- UserUnknown 타입을 반환

그러나 어떠한 경우에도 None을 반환하면 안 된다. None이라는 문구는 방금 일어난 일에 대해 아무것도 설명해주지 않으며 호출자는 특별한 공지가 없으면 아무 생각 없이 반환 객체에 대해 메서드를 호출할 것이다. 그럼 결국 AttributeError가 발생한다.

예외를 발생시키는 것의 장단점은 이미 앞에서 논의를 했다. UserUnknown 객체처럼 비어 있는 상태의 객체를 나타내는 null 객체는 사용자가 원래 기대하던 것과 동일한 메서드를 가지고 있어야 하며 아무 일도 수행하지 않아야 한다.

이 구조를 사용하면 런타임 시 오류를 피할 수 있을 뿐만 아니라 이 객체를 유용하게 활용할 수도 있다. 코드를 테스트하기가 쉬워지며, 디버깅에 도움이 될 수도 있다. 예를 들어 왜 그 상태에 도달했는지 로그를 추가할 수도 있고, 어떤 파라미터가 사용되었었는지 확인하는 등의 작업을 할 수 있다.

파이썬의 매직 메서드를 잘 활용하면 호출되는 방법에 관계없이 아무 것도 하지 않지만 거의 모든 클라이언트에서 호출할 수 있는 일반적인 null 객체를 생성할 수도 있다. 이러한 객체는 Mock 객체와 비슷하다. 그러나 이렇게까지 일반화하는 것은 좋지 않다. 그 이유는 다음과 같다.

- 도메인의 특성을 나타내는 의미가 없어진다. 이 예제에서는 UnknownUser 타입을 사용함으로써 호출자에게 쿼리에 문제가 발생했음을 명확하게 알릴 수 있었지만 일반적인 타입을 사용하면 의미를 정확히 알 수 없다.
- 원래의 인터페이스를 따르지 않게 되는 문제가 생긴다. 요점은 UnknownUser도 사용자이므로 동일한 메서드를 가져야한다는 것이다. 호출자가 실수로 없는 메서드를 요청하면 AttributeError 예외가 발생하는 것이 좋은 것이다. 무엇이든 할 수 있고 어떤 것에도 반응하는 일반적인 null 객체를 사용하면 이러한 정보를 잃어버리는 셈이고 버그가 발생할 수도 있다. spec=User와 같이 Mock 객체를 만들면 예외가 발생하지만 Mock 객체를 사용하여 비어 있는 상태를 나타내는 것은 도메인의 특성을 나타내려는 의도를 해치게 된다.

이 패턴은 객체의 다형성을 유지할 수 있게 해주는 좋은 방법이다.

디자인 패턴에 대한 최종 정리

이상으로 파이썬에서의 디자인 패턴에 대해 살펴보았다. 일반적인 문제에 대한 해법과 함께 클린 디자인을 하는데 도움이 되는 기술도 확인할 수 있었다.

이 모든 것은 좋은 것처럼 들리지만, 디자인 패턴이 얼마나 좋은 것인지에 대한 의문도 있을 수 있다. 어떤 사람들은 디자인 패턴은 타입이 제한된 시스템(또는 퍼스트 클래스 함수(firstclass function)을 지원하지 못하는 시스템)이 파이썬에서 일반적으로 하는 것들을 지원해주기 위한 것이므로 굳이 파이썬에 적용하는 것은 오히려 장점보다 단점이 많다고 말한다. 또 어떤 사람들은 디자인 패턴이 디자인 솔루션을 강요하면서 더 좋은 디자인이 나올 수 있는 기회를 제한하는 단점이 있다고 말한다. 이 점들에 대해서 차례로 살펴보자.

디자인에 대한 패턴의 영향성

소프트웨어 엔지니어링의 대부분의 주제가 그런 것처럼 디자인 패턴은 그 자체로 좋다거나 나쁜 것은 아니다. 그 보다는 어떻게 구현하느냐의 문제이다. 어떤 경우에는 실제로 디자인 패턴이 필요하지 않으며 더 간단한 솔루션이 있을 수 있다. 패턴이 맞지 않는 곳에 패턴을 강요하는 것은 오버 엔지니어링으로 분명히 나쁜 것이지만 디자인 패턴 자체에 문제가 있다는 뜻은 아니다. 이런 경우 대부분은 패턴과 전혀 관계없는 문제들이다. 어떤 엔지니어는 유연하고 적응력이 뛰어난 소프트웨어가 무엇인지에 대해 정확히 이해하지 못한채로 모든 것을 오버 엔지니어링 하려고 하기도 한다.

이전에 책에서 언급했듯이 훌륭한 소프트웨어를 만드는 것은 미래의 요구 사항을 예측하는 것이 아니라 현재의 요구사항을 처리하는 것이다. 다만 미래에 변화를 수용할 수 있을 정도로 충분히 유연해야 한다. 그리고 미래에 그 때가 온다 해도 일반적인 솔루션을 만들거나 추상화를 하기 전에 3회 반복의 법칙을 기억할 필요가 있다. (역주 : 3회 반복의 법칙 – rule of three or more instances : 유사한 패턴이 3회 이상 반복되었을 때 추상화를 고려해야 한다는 원칙)

이렇게 문제를 정확히 식별하고 패턴을 인지하여 추상화를 할 때가 바로 디자인 패턴의 적용을 고려할 시점인 것이다.

패턴 적용의 언어 적합성에 대한 주제로 돌아가 보자. 이 장의 앞에서 말했듯이 디자인 패턴은 고차원의 개념이다. 패턴은 일반적으로 객체와 객체 사이의 상호 작용을 의미한다. 이러한 개념이 언어가 다르다고 해서 사라지지는 않을 것이다. 이터레이터와 같은 패턴은 이미 파이썬에 구현되어 있으며, 전략 패턴 같은 경우 파이썬에서는 이미 함수 자체가 객체이므로 굳이 전략을 객체로 캡슐화할 필요가 없는 것도 사실이다.

그러나 다른 패턴들은 유용하게 쓰일 수 있으며 데코레이터 패턴이나 컴포지트 패턴의 경우처럼 실제로 문제를 해결하는데 도움이 된다. 파이썬의 os 모듈에서 파사드 패턴을 구현한 것처럼 일부는 파이썬에서 자체적으로 구현하여 잘 눈에 띄지 않는 경우도 있다.

솔루션을 잘못된 방향으로 인도하는 디자인 패턴에 대해서는 주의해야 한다. 다시 말하지만 문제를 접하는 처음에는 일반적인 도메인 문제로 가정하고 올바른 추상화를 하여 디자인을 해야 하고, 그 다음에 해당 디자인에서 어떤 디자인 패턴이 있는지 여부를 확인하는 것이 좋다. 결국 문제를 해결할 수 있는 디자인 패턴이 이미 있었다고 해보자. 그게 꼭 나쁜 일일까? 이미 해결책이 있는 문제에 대해 해결책을 찾느라 시간을 낭비하는 것은 나쁜 일이다. 하지만 해결하려고 하는 문제에 대한 해결책이 이미 있었다는 사실 자체가 나쁜 것이 될 수는 없다. 오히려 자연스러운 방향으로 개발을 했음에도 이미 검증되고 유효한 패턴이 잘 적용되었다면 코드의 품질에 대해서 확신을 가질 수 있다. (역주 : 필자는 현실의 분명하지 않은 많은 문제들에 대해서 무조건 패턴부터 적용하는 것은 시간 절약과 오버 엔지니어링의 트레이드오프가 있음을 강조하고 있다.)

이론으로서의 디자인 패턴

필자가 디자인 패턴을 바라보는 흥미로운 방법 중 하나는 소프트웨어 엔지니어링 이론의 관점에서 보는 것이다. 코드가 더 자연스럽게 발전할수록 더 좋다는 생각에는 동의하지만, 그렇다고 해서 그런 생각이 디자인 패턴을 완전히 무시해도 된다는 뜻은 아닐 것이다.

디자인 패턴이 존재하는 이유는 불필요한 재발명(reinvent the wheel)을 하지 않도록 도와주기 때문이다. 특별한 패턴의 문제에 대해 이미 고안된 솔루션이 있다면 설계를 할 때 심사숙고 하는 시간을 절약할 수 있을 것이다. 이러한 의미에서 (그리고 첫 번째 장의 유사한 사례를 다시 떠올리기 위해) 나는 디자인 패턴을 체스 오프닝과 유사하게 생각하는 것을 좋아한다. 전문 체스 플레이어는 게임의 초기 단계에서 모든 조합에 대해 생각하지 않는다. 이것은 이미 검증된 이론이다. (게임 초기 단계의 수순은) 수학이나 물리학 공식과 비슷하다. 처음에는 그것을 깊이 이해하고, 어떻게 추론해야 하는지 확인하고 그 의미를 어떻게 융합해야 하는지 알아야 하지만, 그 이후에는 그 이론을 계속해서 발전시킬 필요가 없다.

소프트웨어 엔지니어링의 실무자로서 정신적 에너지를 절약하고 솔루션을 빠르게 제시하기 위해서는 디자인 패턴 이론을 사용해야 한다. 더 나아가 디자인 패턴은 언어일 뿐만 아니라 빌딩 블록이 되어야 한다.

모델의 이름

디자인 패턴을 적용한 경우 코드에서 이름을 표기해야 할까?

좋은 디자인과 깨끗한 코드는 그 자체가 말하는 것이다. 다음 두 가지 이유로 사용 중인 디자인 패턴의 이름을 사용하는 것은 권장되지 않는다.

- 코드가 의도한 대로 잘 동작하는 한 사용자는 해당 코드의 내부에 어떤 디자인 패턴이 적용되었는지 알 필요가 없다.
- 디자인 패턴을 언급하면 명확한 의도를 드러내지 못하게 된다. 디자인 패턴의 이름을 클래스에 추가하면 원래 클래스의 의미를 잃을 수 있다. 클래스가 쿼리를 나타내는 경우 Query 또는 EnhancedQuery라는 이름을 지정해야 한다. 이것은 해당 객체의 의도를 명확히 나타낸다. EnhancedQueryDecorator는 전혀 의미있는 이름이 아니며 Decorator 접미사를 붙임으로써 오히려 혼란만 커지게 된다.

docstring에서 디자인 패턴을 언급하는 것은 문서화 작업의 일부로서 디자인 철학을 공유하는 데 도움이 될 수도 있다. 그러나 이것도 꼭 필요한 것은 아니다. 대부분의 경우 사용자는 어떤 디자인 패턴이 적용되었는지 알 필요가 없기 때문이다.

최상의 디자인은 사용자에게 디자인 패턴이 완전히 투명해지는 것이다. 이에 대한 좋은 예는 파이썬 표준 라이브러리에 있는 파사드 패턴으로, os 모듈이 운영체제에 어떤 방식으로 접근하는지는 사용자에게 완전히 투명하다. 훨씬 더 우아한 예제는 이터레이터 디자인 패턴으로 파이썬에서 완벽하게 추상화하여 사용자는 그것에 대해 전혀 고민할 필요가 없다.

요약

디자인 패턴은 항상 일반적인 문제에 대한 검증된 솔루션으로 간주되어 왔다. 이 장에서는 좋은 디자인 기법으로서의 또는 클린 코드를 위한 지렛대로서의 관점에서 패턴을 살펴보았다 패턴을 사용하여 어떻게 다형성을 보존하고 결합력을 줄이며 올바른 추상화를 할 수 있는지 8장 "단위 테스트와 리팩토링"에서 살펴보았던 것과 비슷한 방법으로 쭉 살펴보았다.

여전히 디자인 패턴의 가장 큰 장점은 깨끗한 디자인이 아니라 어휘의 확장이다. 패턴은 의사소통의 도구로 사용되며 이름만으로 디자인 의도를 쉽게 표현할 수 있다. 때로는 패턴의 일부 아이디어(예 : 하위 구조)만 가져올 경우도 있다. 이런 경우에도 효율적인 의사소통의 도구가 될 수 있다.

패턴의 관점에서 솔루션을 만들면 일반적인 수준의 해결책을 얻을 수 있다. 디자인 패턴의 관점에서 솔루션을 만들면 보다 고차원의 솔루션을 얻을 수 있다. 문제를 천천히 확대(zoomout)하게 되고 보다 아키텍처적인 측면에서 생각해볼 수 있다. 이제 보다 일반적인 문제를 해결할 수 있게 되었으므로 시스템을 장기적으로 어떻게 진화시키고 유지해야 할지 생각해보자.

소프트웨어 프로젝트에서 이러한 목표를 달성하려면 핵심 컴포넌트가 클린 코드로 이루어져 있어야 하는데 아키텍처 또한 클린 아키텍처를 지향해야 한다. 이러한 내용을 다음 장에서 살펴볼 것이다.

참고 자료

- GoF의 디자인 패턴 : 재사용성을 지닌 객체지향 소프트웨어의 핵심요소(Erich Gamma, Richard Helm, Ralph Johnson, and John Vlissides)
- SNGMONO: An article written by Robert C. Martin, 2002 named SINGLETON and MONOSTATE
- The Null Object Pattern(저자 Bobby Woo If)

Chapter **10**

클린 아키텍처

이번 마지막 장에서는 전체적인 디자인이 시스템에 잘 맞는지를 확인하는데 초점을 둔다. 이번 장은 이론적인 측면이 강하다. 주제의 성격을 감안할 때 낮은 수준의 세부사항을 다루면 너무 복잡해질 것이다. 결국 요점은 그러한 세부사항과 관련 없이 앞에서 언급한 것들이 모두 완벽하게 이해된 상태에서 시스템의 전체적인 디자인을 살펴보자는 것이다.

이 장의 주요 관심사와 목표는 다음과 같다.

- 장기적으로 유지보수가 가능한 소프트웨어 시스템 설계하기
- 품질 속성을 유지하여 효과적으로 소프트웨어 프로젝트 작업하기
- 코드에 적용했던 개념이 시스템에 어떻게 연관되는지 살펴보기

이 장에서는 클린 코드가 클린 어떻게 클린 아키텍처로 진화하는지, 그리고 클린 코드가 어떻게 좋은 아키텍처의 초석이 되는지에 대해 살펴본다. 소프트웨어 솔루션은 품질 기준이 있어야 효과적이다. 아키텍처는 품질 속성(성능, 테스트 가능성, 유지 보수성 등)의 수준을 높여서 해당 기준을 충족하도록 해야 한다. 그러나 코드 또한 모든 컴포넌트에서 이 기준을 충족시킬 수 있도록 노력해야 한다.

첫 번째 섹션은 코드와 아키텍처 간의 관계를 탐색하는 것으로 시작한다.

클린 코드에서 클린 아키텍처로

이 섹션에서는 보다 큰 규모의 시스템을 개발할 때 이전 장에서 강조한 개념들이 약간 다른 형태로 어떻게 다시 나타나는지 살펴본다. 세부사항에 적용했던 코드나 디자인이 대규모의 시스템에도 유사한 형태로 적용될 수 있다는 것은 흥미로운 현상이다.

이전 장에서 살펴본 개념들은 일반적으로 단일 저장소(git)에서 하나의 프로젝트를 개발할 때 적용되는 것이었다. 그렇다고 앞에서 사용했던 디자인 아이디어가 코드에만 적용 가능하고 아키텍처 측면에서는 아무 쓸모가 없다는 뜻은 아니다. 그런 이유로는 두 가지가 있다. 첫 번째 이유는 코드는 아키텍처의 기초이기 때문이다. 코드를 대충 작성하면 아키텍처와 상관없이 전체 프로젝트는 실패하게 될 것이다.

두 번째 이유는 이전 장에서 살펴본 어떤 원칙들은 코드에 적용하는 것이 아니고 디자인에도 적

용하는 것이기 때문이다. 디자인 패턴이 좋은 예이다. 디자인 패턴은 고차원의 추상화를 의미한다. 디자인 패턴을 통해 아키텍처의 컴포넌트가 어떻게 구성될지 그림을 빠르게 떠올릴 수 있다.

일반적으로 대규모 시스템은 여러 개의 애플리케이션으로 구성되며, 이제 분산 시스템의 형태로 구성된 보다 큰 디자인의 관점에서 생각해볼 때이다.

이후의 섹션에서는 책에서 전반적으로 논의한 주요 주제들을 다루는데, 이번에는 좀 더 시스템의 관점에서 살펴볼 것이다.

좋은 소프트웨어 아키텍처는 효용성이 있어야 한다. 좋은 아키택처가 가지고 있는 가장 일반적인 성질은 소위 말하는 품질 속성(확장성, 보안성, 고성능, 내구성 같은 특징)이다. 좋은 아키텍처가 이런 속성을 같는 것은 일리가 있다. 결국, 시스템이 붕괴되지 않으면서 많은 부하를 처리할 수 있고, 특별한 유지 보수를 하지 않아도 오래 기간 지속적으로 작동할 수 있고, 새로운 요구 사항에 대해서 확장성이 있기를 바라기 때문이다.

아키텍처의 운영적인 측면도 중요하다. 운영 가능성, 지속적인 통합, 변경 사항 릴리스에 대한 용이성도 시스템의 전체 품질에 영향을 미치기 때문이다.

관심사의 분리

애플리케이션 내부에는 여러 컴포넌트가 있다. 컴포넌트 코드는 모듈이나 패키지와 같은 하위 컴포넌트로 나뉘며 모듈은 클래스나 함수로, 클래스는 다시 메서드로 나눌 수 있다. 이 책에서는 이러한 컴포넌트를 가능한 작게 유지하는 데 중점을 두었다. 특히 함수는 한 가지 작업만을 수행해야하며 작게 유지해야 한다.

이를 정당화하기 위해 몇 가지 이유가 제시되었다. 작은 함수는 이해하기 쉽고 따라가기 쉬우며 디버그하기 쉽다. 또한 테스트하기도 쉽다. 코드 조각이 작을수록 단위 테스트를 작성하는 것도 쉬울 것이다.

애플리케이션의 컴포넌트는 높은 응집력과 낮은 결합력을 가져야 했다. 컴포넌트를 작은 유닛으로 나누어 각 컴포넌트를 단 하나의 잘 정의된 책임을 갖게 하고 수정이 쉽도록 하면 보다 나은 구조를 얻을 수 있었다. 새로운 요구사항이 생기면 단 하나의 장소에서만 수정해야 하고 나머지 코드는 영향을 받지 않아야 한다.

코드에서 말하는 컴포넌트는 이러한 응집력이 높은 유닛을 말한다(예를 들어 클래스가 될 수 있다). 아키텍처에서 말하는 컴포넌트는 시스템에서 작업 단위로 취급할 수 있는 모든 것을 말한다. 컴포넌트라는 용어 자체는 매우 모호하다. 따라서 소프트웨어 아키텍처에서 말하는 컴포넌트가 구체적으로 무엇인지에 대한 일반적인 정의는 없다. 작업 단위라는 개념 또한 프로젝트마다 다르지만 컴포넌트는 자신만의 주기를 가지고 배포될 수 있어야 하며, 시스템의 나머지 부분과 독립적이어야 한다.

파이썬 프로젝트의 경우 컴포넌트는 패키지가 될 수 있지만 서비스가 될 수도 있다. 서로 다른 수준의 세분화를 한 두 개의 개념을 동일한 기준에서 어떻게 바라봐야 하는지 유의하자. 예를 들어 이전 장에서 사용한 이벤트 시스템은 컴포넌트로 간주될 수 있다. 이는 명확하게 로그에서 확인된 이벤트를 처리하는 목적을 가진 작업 단위이며, 파이썬 패키지 또는 서비스의 형태로 나머지와 독립적으로 배포할 수 있으며, 시스템의 일부분이지만 전체 애플리케이션 자체는 아니기 때문이다.

이전 장에서는 관용적인 코드를 살펴보았으며 좋은 디자인의 중요성에 대해서 강조했다. 좋은 디자인이란 잘 정의된 하나의 책임을 가지고, 독립적으로 분리된, 유지보수가 쉬운 디자인을 말한다. 이러한 특징들은 함수, 클래스, 메서드와 같은 세부 사항에 적용될 뿐만 아니라 소프트웨어 아키텍처의 컴포넌트에도 동일하게 적용할 수 있다.

 전체적인 관점에서 좋은 디자인 원칙을 지키도록 하자.

대형 시스템을 하나의 컴포넌트로 구현하는 것은 바람직하지 않다. 모놀리식(monolithic) 단일 애플리케이션은 단일 진실의 근원(single source of truth)처럼 동작하여 시스템의 모든 것을 책임지고 의도하지 않은 결과를 유발할 수 있다. 모놀리식 단일 애플리케이션은 분리하기 어렵고 변경된 부분을 식별하기 어렵고 효과적으로 테스트하기 어렵다. 코드의 모든 것을 한 곳에 두면 관리하기 어렵게 되는 것처럼, 컴포넌트도 모든 것을 한 곳에 두면 마찬가지의 문제가 생기게 된다.

응집력 있는 시스템 컴포넌트를 만드는 것은 추상화의 수준에 따라 다양하게 구현할 수 있다.

한 가지 방법은 여러 번 재사용될 만한 공통 로직을 파이썬 패키지에 두는 것이다(자세한 내용은 이 장의 뒷부분에서 설명한다).

또 다른 대안은 마이크로 서비스 아키텍처를 사용하여 애플리케이션을 여러 개의 작은 서비스로 나누는 것이다. 그렇게 하려면 단일하고 명확한 책임을 가진 서비스를 만들고 각 서비스가 협력하여 모놀리식 시스템에서 한 것과 같은 기능을 구현하면 된다.

모놀리식(monolithic) 애플리케이션과 마이크로서비스

이전 섹션에서 가장 중요한 개념은 관심사 분리로 다양한 컴포넌트에 서로 다른 책임이 분산되어야 한다는 원칙이었다. 우리의 코드(상세한 레벨의 디자인에서도)에서처럼 모든 것을 알고 있는 거대한 객체를 갖는 것은 좋지 않은 일이다. 우리 아키텍처에서는 모든 것을 소유하는 단일 컴포넌트가 없어야만 한다.

그러나 여기에는 구별해야 할 중요한 차이점이 하나 있다. 바로 다른 컴포넌트가 반드시 다른 서비스를 의미하는 것은 아니라는 것이다. 애플리케이션을 더 작은 파이썬 패키지로 나누고 (패키징에 대해서는 뒤에서 다시 살펴본다) 많은 의존성을 가진 하나의 서비스를 만들 수도 있다.

책임을 다른 서비스로 분리하는 것은 몇 가지 이점이 있지만, 비용 또한 필요하다.

여러 서비스에서 재사용해야 하는 코드가 있다면, 일반적인 해법은 회사의 다른 서비스에서도 호출할 수 있도록 마이크로서비스로 캡슐화하는 것이다. 물론 이것이 코드를 재사용하는 유일한 방법은 아니다. 다른 컴포넌트에서 사용할 수 있도록 해당 로직을 라이브러리로 패키지화 해도 된다. 그러나 라이브러리로 패키지화 하는 것은 다른 모든 컴포넌트가 동일한 언어로 작성된 경우에만 가능한다. 그렇지 않다면 마이크로서비스 패턴이 유일한 옵션이다.

마이크로서비스 아키텍처는 완전한 분리라는 측면에서 이점이 있다. 다른 서비스는 다른 언어나 프레임워크를 사용할 수 있으며 심지어 독립적으로 배포된다. 또한 개별적으로 테스트할 수도 있다. 마이크로서비스도 비용이 든다. 마이크로서비스를 적용하려면 클라이언트와 어떻게 상호 작용할 것인지 강력한 계약을 맺어야 한다. 그리고 **서비스 수준 계약(SLA)**이나 **서비스 수준 목표(SLO)**의 적용을 받는다. (역주: 서비스 수준 목표(SLO – Service Level Objective)는 측정 가능한 서비스 수준의 목표 값으로 가용성이나 응답시간 같은 것을 기준으로 할 수 있다. 서비스 수준 계약(SLA – Service Level Agreement)은 SLO를 만족하거나 만족하지 못한 경우에 따른 계약을 의미한다.)

또한 지연 시간이 증가한다. 데이터를 가져오기 위해 외부 서비스(HTTP 또는 gRPC 등)를 호출해야 하기 때문에 전체 성능에 큰 타격을 준다.

더 적은 수의 서비스로 구성된 애플리케이션은 더 엄격하며 독립적으로 배포할 수 없다. 단일 실패 지점(single point of failure)이 될 수 있으므로 더욱 취약할 수 있다. 반면에 비용이 많이 드는 I/O 호출을 피할 수 있기 때문에 더 효율적일 수 있으며, 파이썬 패키지를 활용하면 여전히 컴포넌트를 잘 분리할 수 있다.

이 섹션에서 생각해볼 것은 새로운 서비스를 만드는 것(마이크로 서비스)과 파이썬 패키지를 사용하는 것(모놀리식 서비스) 사이에서 올바른 아키텍처 스타일이 무엇인지 심사숙고해 보는 것이다.

추상화

캡슐화를 다시 살펴보자. 코드 레벨에서 했던 것처럼 시스템 도메인 문제에 관해서도 추상화란 세부 구현 사항을 최대한 숨기는 것이다.

코드는 그 자체로 문서화가 되는 정도의 표현력을 가져야 하며, 문제의 본질에 대한 해결책을 제시하는 올바른 추상화를 해야 한다. 아키텍처도 마찬가지로 그 자체로 시스템이 어떻게 되는지 설명할 수 있어야 한다. 여기서는 디스크 저장 방법이나 선택한 웹 프레임워크, 외부 시스템에 접속하기 위해 사용한 라이브러리와 같은 세부사항이 중요하지는 않다. 중요한 것은 시스템이 무엇을 하는가이다. 스크림 아키텍처(SCREAM)에 이러한 개념이 반영되어 있다.

4장 "SOLID 원칙"에서 설명한 것처럼 **의존성 역전 원칙(DIP – dependency inversion principle)**은 이것과 관련해 큰 도움이 된다. 즉, 구체적인 구현에 의존하기보다는 추상화에 의존해야 한다. 제어할 수 없지만 변경될 수 있는 경계점에는 추상화 또는 인터페이스가 필요하다. 이렇게 하여 의존성을 역전시키는 것이다. 클라이언트는 인터페이스를 따라야 하기 때문에 코드에 적응할 수밖에 없다.

추상화를 하고 의존성을 역전시키는 것은 좋은 습관이지만 충분하지 않다. 모든 애플리케이션이 독립적이고 제어할 수 없는 것으로부터 격리되기를 원한다. 즉, 객체를 추상화하는 것 이상의 것으로 추상화의 계층이 필요하다.

이것은 세부적인 디자인과 관련하여 미묘하지만 중요한 차이이다. DIP 원칙을 지키려면 표준 라이브러리인 abc 모듈을 사용하여 인터페이스를 만드는 것이 좋다. 파이썬은 덕 타이핑을 지원하기 때문에 추상 클래스를 사용하지 않아도 동일한 효과를 쉽게 얻을 수 있으므로 반드시 사용해야 하는 것은 아니다. 파이썬의 동적 특성으로 인해 이러한 대안을 사용할 수 있다. 아키텍처의 관점에서는 그와 비슷한 개념은 없다. 시스템에 대해서는 파이썬이 해준 것과 같은 기능이 없으므로 의존성 전체를 추상화해야 한다.

어떤 사람들은 "ORM은 데이터베이스에 대한 좋은 추상화이다."라고 주장할 수도 있다. 그러나 ORM 자체가 의존성이며 통제할 수 없는 부분이기도 하다. 때문에 ORM API와 애플리케이션 사이에 중간 계층인 어댑터를 만드는 것이 더 좋다.

즉, ORM만으로 데이터베이스를 추상화했다고 볼 수는 없다. 그 위에 추상화 계층을 사용하여 도메인에 속한 자신만의 객체를 정의해야 한다.

그 다음 이러한 컴포넌트를 애플리케이션에서 import 하고, 해당 계층에서 제공하는 엔티티만 사용해야 한다. 추상화 계층은 애플리케이션의 로직을 몰라야 한다. 데이터베이스는 애플리케이션 자체에 대해 아무것도 몰라야 한다. 만약 데이터베이스가 애플리케이션을 알아야 한다면 잘못 결합되는 것이다. 목표는 의존성을 역전시키는 것이다. 새로운 계층은 API를 제공해야 하고 연결하려는 모든 저장소의 컴포넌트는 해당 API를 준수해야 한다. 이것이 육각형 아키텍처 (HEX)의 개념이다.

다음 섹션에서는 아키텍처에서 사용할 컴포넌트를 만드는 데 도움이 되는 구체적인 도구를 소개한다.

소프트웨어 컴포넌트

지금 대규모 시스템을 확장해야 한다고 해보자. 그러면서 유지보수가 가능한 상태를 유지해야 한다. 이 시점에서 우려되는 것은 기술적인 것뿐만 아니라 조직적인 문제이기도 하다. 이는 단지 소프트웨어 저장소를 관리하는 것이 아니라는 것을 의미한다. 각 저장소는 애플리케이션에 속해 있고, 각 애플리케이션은 시스템의 일부를 소유하고 있는 팀에서 관리하고 있다는 것을 뜻한다.

즉, 대규모 시스템이 어떠한 컴포넌트로 구성되어 있는지를 명심해야 한다. 시스템은 파이썬의 패키지를 만드는 간단한 것에서부터 마이크로서비스 아키텍처의 복잡한 시나리오에 이르기까지 다양한 단계를 가질 수 있다.

여러 언어가 포함되어 있다면 상황은 조금 더 복잡해질 수 있다. 그러나 이번 장에서는 모든 시스템이 파이썬을 사용한다고 가정한다.

이러한 컴포넌트는 팀도 마찬가지이지만 상호작용을 잘 해야 한다. 대규모에서 잘 동작하기 위한 유일한 방법은 모든 부분이 인터페이스, 즉 계약에 동의하는 것이다.

패키지

파이썬 패키지는 소프트웨어를 배포하고 보다 일반적인 방식으로 코드를 재사용하기 위한 편리한 방법이다. 빌드 패키지는 아티펙트(artifact) 저장소(예 : 회사의 내부 PyPi 서버)에 업로드할 수 있으며 다른 프로젝트는 해당 저장소에서 패키지를 다운로드 받을 수 있다.

이렇게 함으로써 코드의 재사용성을 높이고 개념적인 무결성을 얻을 수 있다.

여기서는 저장소에 업로드 가능한 형태로 파이썬 프로젝트를 패키징하는 기본적인 방법에 대해서 설명한다. 기본 저장소는 PyPi(https://pypi.org/)일 수도 있고 내부 저장소일 수도 있다. 직접 설치한 경우도 동일한 방식으로 적용 가능하다.

먼저 작은 라이브러리를 만들었다고 해보자. 이 예제를 사용해 주요 내용을 검토할 것이다.

때로는 오프 소스 라이브러리에서 제공하는 기능으로 충분하지 않은 경우도 있다. 예를 들어 애플리케이션에서 특정 관용구를 반복적으로 사용하거나, 특정 함수나 메커니즘에 크게 의존하고 있어서 그런 특수 요건에 맞는 더 나은 함수를 개발했을 수 있다. 이러한 작업을 효율적으로 하려면 이러한 추상화를 라이브러리로 만들고, 팀원들이 해당 라이브러리에서 제공하는 관용구를 사용하도록 독려해야 한다. 그렇게 하면 버그를 줄이고 실수를 피할 수 있기 때문이다.

이렇게 하는 것이 가능한 경우는 일반적으로 서비스와 해당 서비스에 대한 클라이언트 라이브러리를 소유하고 있는 경우이다. 클라이언트가 API를 직접 호출하는 것을 원하지 않으므로 대신에 클라이언트 라이브러리를 제공한다. 이 라이브러리의 코드는 파이썬 패키지로 래핑되고 내부 패키지 관리 시스템을 통해 배포된다.

이러한 시나리오와 비슷한 예는 많이 있다. 애플리케이션에서 .tar.gz 파일과 같은 특정한 포맷의 파일에서 데이터를 추출할 때 경로 통과 공격(path traversal attack)을 하는 악성 파일로 인해 보안 문제가 발생할 수 있다. 이를 해결하기 위한 조치로 기본 기능을 추상화하여 추가 보안 검사를 하는 래핑 함수를 라이브러리에 만들 수 있다. 이렇게 하는 것은 문제를 해결하는 괜찮은 방법이다.

또는 특정 형식으로 작성되거나 분석되어야 하는 설정 파일이 있을 수 있다. 이것 역시 몇 단계의 순서를 따라야 한다. 즉, 헬퍼 함수를 만들고 그것을 필요로 하는 모든 프로젝트에서 사용하도록 하는 것이다. 이렇게 하면 많은 코드 반복을 절약해줄 뿐만 아니라 실수를 줄여주기 때문에 투자할만한 가치가 있다.

이것은 DRY 원칙(코드 중복 방지, 재사용 권장)을 준수할 뿐만 아니라 추상화된 기능이 어떻게 사용되어야 하는지에 대한 단일 참조점(single point of reference)을 나타내므로 개념적 무결성을 달성하는 데 도움이 된다.

일반적인 라이브러리의 기본 구조는 다음과 같다.

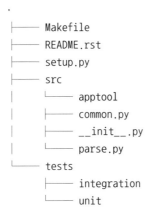

```
.
├── Makefile
├── README.rst
├── setup.py
├── src
│   └── apptool
│       ├── common.py
│       ├── __init__.py
│       └── parse.py
└── tests
    ├── integration
    └── unit
```

패키지 정의가 들어있는 setup.py 파일이 가장 중요한 파일이다. 이 파일에는 프로젝트의 모든 중요한 정의(요구 사항, 의존성, 이름, 설명 등)가 지정되어 있다.

src 밑에 있는 apptool 디렉토리는 우리가 작업하고 있는 라이브러리의 이름이다. 일반적으로 파이썬 프로젝트에서 필요한 모든 것을 이곳에 배치한다.

setup.py 파일의 예는 다음과 같다.

```python
from setuptools import find_packages, setup

with open("README.rst", "r") as longdesc:
    long_description = longdesc.read()
```

```
setup(
    name="apptool",
    description="패키지 설명",
    long_description=long_description,
    author="Dev team",
    version="0.1.0",
    packages=find_packages(where="src/"),
    package_dir={"": "src"},
)
```

최소한의 정보를 담은 이 예제는 프로젝트의 주요 항목을 포함하고 있다. setup 함수의 name 인자는 저장소에서 사용할 패키지의 이름을 지정한다. 이 이름을 사용해 설치 명령을 할 수 있다(이 경우에는 pip install apptool). 이 이름이 엄격하게 프로젝트 디렉토리(src/apptool)와 일치할 필요는 없지만 이왕이면 일치시키는 것이 좋다.

이 경우 두 이름이 모두 일치하므로 pip install apptool으로 설치하고 코드에서 from apptool import myutil이라고 사용할 수 있으며 사용자는 이 둘의 관계를 쉽게 이해할 수 있다. 그러나 실제로 이 둘을 실행할 때는 설치 시에는 setup.py에서 지정한 name을 참조하고, 코드에서는 src/ 디렉토리를 참조한다.

버전은 배포에 중요한 정보가 되며 패키지를 지정하는데 사용된다. find_packages() 함수를 사용하면 자동으로 모든 패키지를 검색한다. 이 경우에는 src/ 디렉토리에서 검색을 한다. 이 디렉토리에서 파일을 검색하면 프로젝트의 범위가 아닌 파일과 섞이는 것을 피할 수 있다. 예를 들어 테스트나 잘못된 디렉토리를 검색하지 않도록 한다.

패키지는 다음 명령어를 통해 빌드할 수 있다. 의존성이 모두 설치된 가상 환경에서 실행되는 것으로 가정한다.

```
python -m venv env
source env/bin/activate
$VIRTUAL_ENV/bin/pip install -U pip wheel setuptools
$VIRTUAL_ENV/bin/python setup.py sdist bdist_wheel
```

(역주: 파이썬으로 개발 시 같은 라이브러리라 하더라도 프로젝트마다 다른 버전을 사용해야 하는 경우가 많다. 이런 경우 프로젝트 전용의 가상환경을 구축할 수 있다. 가상환경을 구축하는 도구는 pipenv, venv, conda, docker 등 여러 가지가 있지만 여기서는 파이썬에 내장된 venv 모

툴을 사용하고 있다. python -m venv ENV_NAME 으로 가상환경을 생성한 다음 source ENV_NAME/bin/activate 명령어로 가상환경을 실행할 수 있다.)

이 명령어를 실행하면 산출물을 dist/ 디렉토리에 만들고 이것을 나중에 PyPi나 회사의 내부 패키지 저장소에 업로드할 수 있다.

파이썬 프로젝트 패키징의 핵심은 다음과 같다.

- 설치 시 플랫폼에 독립적이며 로컬 환경에 의존하지 않는지 테스트하고 검증해야 한다(소스 파일을 src/ 디렉토리에 놓음으로써 보다 수월하게 할 수 있다). 즉, 새로 만들어질 패키지가 로컬 시스템에 있는 파일이나 사용자 정의 디렉토리에 의존해서는 안된다는 것을 의미한다.
- 단위 테스트를 새로 만드는 패키지의 일부로 배포하지 않도록 해야 한다. 패키지는 상용 환경을 대상으로 해야 한다. 상용 환경에서 실행될 Docker 이미지에는 꼭 필요하지 않은 추가 파일(예: 픽스처-fixture) 같은 것들이 같이 배포되어서는 안 된다.
- 의존성 분리 – 프로젝트가 필요로 하는 것과 개발자가 필요로 하는 것은 다르다.
- 가장 많이 요구되는 명령에 대해서는 진입점을 만드는 것이 좋다.

setup.py 파일은 다른 여러 개의 파라미터나 설정을 지원하며 훨씬 더 복잡한 방식으로 조절을 할 수 있다. 패키지에 여러 운영체제 라이브러리가 설치되어야 하는 경우 setup.py 파일에 적당한 로직을 작성하여 필요한 컴파일을 하고 빌드하는 것이 좋다. 이렇게 하면 무언가가 잘못될 경우 설치 프로세스 초기에 빨리 오류를 발생시켜 사용자가 확인하게 할 수 있으며, 사용자는 의존성을 보다 빨리 확인하고 수정하여 계속 진행할 수 있다.

의존성을 설치하는 것은 플랫폼에 상관없이 모든 개발자가 쉽게 사용하는데 있어서 걸림돌이 될 수 있다. 이 장애물을 극복하는 가장 좋은 방법은 도커(Docker) 이미지를 만들어 플랫폼을 추상화하는 것이다. 다음 섹션에서 이 부분을 설명한다.

❑ 의존성 관리

도커(docker) 컨테이너를 활용하여 어떻게 애플리케이션을 배포할 수 있는지 살펴보기 전에, **소프트웨어 형상 관리(SCM – Software Configuration Management)** 문제를 살펴보는 것이 중요하다. 즉, 반복 가능한 애플리케이션을 만들기 위해 의존성을 나열하는 방법은 무엇이 있을까?

소프트웨어 문제는 우리 코드에서만 발생하는 것이 아니라는 것을 명심하자. 의존성이 있는 외부 요인들도 최종 배포에 영향을 미친다. 항상 전체 패키지의 목록과 배포된 버전을 알고 있어야 한다. 이것을 베이스라인(baseline)이라고 한다.

의존성으로 인해 우리 소프트웨어에 문제가 발생한 경우 이를 신속하고 정확히 찾아내야 한다. 더 중요한 것은 빌드를 반복할 수 있어야 한다. 다른 것들이 변경되지 않았다면 새로운 빌드의 결과가 이전의 결과와 정확히 일치해야 한다.

소프트웨어가 상용에 배포되기 까지는 개발 파이프라인 거쳐야 한다. 파이프라인은 첫 번째 개발 환경에서 시작된다. 그런 다음 (통합 테스트, 인수 테스트 등의) 테스트가 진행된다. 그 뒤에 지속적인 통합(CI – continuous integration)과 지속적인 배포(CD – continuous deployment)를 거쳐 다른 파이프라인을 가진 스테이지로 이동을 한다. 예를 들면, 최종 상용화로 넘어가기 전에 프로토타입(pre-production)이나 베타테스트(beta-test) 단계의 환경으로 이동할 수 있다.

도커(docker)는 정확히 같은 이미지가 파이프라인을 따라 전달되도록 하는데 탁월하지만, 동일한 코드를 다시 실행했을 때 동일한 결과가 나오는 것을 보장해주지는 않는다. (역주: 이후에 나올 의존성 관리를 도커가 해주지는 않기 때문에 우리가 직접 관리를 해야 한다는 뜻이다.) 그 작업을 해야 할 책임은 우리에게 있으며 다음 섹션에서 살펴볼 것이다.

웹 패키지에 다음과 같이 생긴 setup.py 파일이 있다고 해보자.

```python
from setuptools import find_packages, setup

with open("README.rst", "r") as longdesc:
    long_description = longdesc.read()

install_requires = ["sanic>=20,<21"]

setup(
    name="web",
    description="웹 관련 기능 헬퍼(helper) 라이브러리",
    long_description=long_description,
    author="Dev team",
    version="0.1.0",
    packages=find_packages(where="src/"),
    package_dir={"": "src"},
    install_requires=install_requires,
)
```

여기서는 오직 한 개의 의존성만 가지고 있으며 (install_requires 파라미터에서 정의) 버전 구간을 지정하고 있다. 이렇게 버전 구간을 지정하는 것은 좋은 습관이다. 동작 가능한 최소한의 패키지 버전을 정의하되, 다음 메이저 버전으로는 이동하지 않는 것이다. 왜냐하면 메이저 버전은 하위 호환이 안 되는 경우가 있기 때문이다.

의존성이 업데이트 되기를 바라기 때문에 이와 같이 버전을 설정하였다. 참고로 Dependabot – https://dependabot.com/ 같은 도구를 사용하면 의존성에 새로운 릴리스가 생길 때마다 이를 자동으로 감지하고 새로운 pull 요청을 생성해준다. 그러나 여전히 우리는 특정 시간에 설치된 버전을 정확히 알고 싶을 것이다.

명시된 것뿐만 아니라 전체 의존성 트리도 추적하고 싶다. 즉, 전이 의존성(역주: 전이 의존성 transitive dependencies – 직접적으로 눈에 보이는 참조 외에도 간접적으로 참조하게 되는 모든 의존성을 말한다.) 또한 나열되어야 한다.

이를 수행하는 한 가지 방법은 pip-tools(https://github.com/jazzband/pip-tools)를 사용해서 requirements.txt 파일을 컴파일하는 것이다.

이 도구를 사용하면 다음과 같이 setup.py 파일에서 탐지된 모든 요구 사항을 파일로 만들 수 있다.

```
pip-compile setup.py
```

이 명령어를 실행하면 requirements.txt 파일이 생성된다. 이 파일은 Dockerfile에서 의존성을 설치하는 데 사용된다.

 항상 requirements.txt 파일을 사용해서 Dockerfile에 의존성을 설치하자. 이렇게 함으로써 동일한 빌드에 대해서 동일한 결과를 얻을 수 있다.

요구 사항을 나열하는 파일은 버전 제어 시스템 관리하에 있어야 한다. 그래야 의존성을 업그레이드할 때마다 –U 플래그를 사용해서 새로운 버전으로 업데이트 할 수 있기 때문이다.

모든 의존성 목록을 가지고 있는 것은 반복 가능하기 때문에 좋을 뿐만 아니라 명확하기 때문에 좋다. 의존성을 많이 가지고 있다면 버전이 충돌할 수 있으며, 그 때 어떤 패키지가 어떤 라이브러리(그리고 어떤 버전에서)를 사용했는지 알고 있다면 충돌 내용을 쉽게 확인할 수 있을 것이다. 그러나 이것은 문제의 일부일 뿐이다. 의존성을 다룰 때는 고려해야 할 사항이 더욱 많이 있다.

❏ 의존성을 관리할 때 기타 고려 사항

기본적으로 의존성을 설치할 때 pip는 인터넷(https://pypi.org/)에 있는 공개 저장소를 사용한다. 물론 다른 인덱스나 버전 제어 시스템을 설치하여 그곳에서 다운로드하는 것도 가능하다.

여기에는 몇 가지 문제와 제약 사항이 있다. 우선 해당 서비스의 가용성에 의존성이 생긴다. 그리고 공개 저장소 사용 시 몇 가지 주의사항이 있다. (회사의 지적 재산권이 포함되었을 수도 있는) 내부 패키지를 업로드(publish) 하면 안 된다. 그리고 패키지가 얼마나 신뢰할 수 있고 보안상 안전한지 장담할 수 없다. 어떤 오픈소스 저자는 같은 버전에 대해서 다른 패키지를 다시 업로드하기도 한다. 이는 분명히 잘못된 것이고 허용되지 않아야 하지만 모든 시스템에는 결함이 있다. 파이썬에서 이와 같은 동일한 문제가 있었는지 기억나진 않지만, 몇 년 전에 누군가 자바스크립트 커뮤니티에서는 어떤 사용자가 NPM 레지스트리(REGISTER01)에서 패키지를 삭제했던 것을 기억한다. 이렇게 해당 라이브러리가 게시를 취소하여(unpublishing) 다른 많은 빌드도 실패했었다. 설사 PyPi가 이것을 허용하지 않고 있다고 하더라도, 다른 사람의 선의(또는 악의)의 아래에 있고 싶지는 않을 것이다.

솔루션은 간단하다. 회사에 의존성 관리를 위한 내부 서버를 두는 것이다. 그리고 모든 빌드는 이 내부 저장소를 대상으로 해야 한다. 이것이 구현되는 방법(온프레미스, 클라우드, 오픈 소스 도구 또는 아웃소싱)에 관계없이, 중요한 것은 이 저장소에 필요한 종속성을 추가해야 하며 내부 패키지 또한 이곳에 게시되어야 한다.

이 내부 저장소가 업데이트된 상태인지 확인하고, 새로운 버전의 의존성이 생기면 모든 저장소에서 업그레이드가 되도록 구성해야 한다. 이것은 또 다른 형태의 기술적 부채임을 명심하자. 여기에는 몇 가지 이유가 있다. 이전 장에서 논의한 것처럼 기술 부채는 잘못 작성된 코드에만 국한되지 않는다. 새로운 기능이 출시되었다는 것은 아직 인지하지 못한 기능이 있을 수 있다는 뜻이고, 결국 새로운 기술을 더 잘 활용할 수 있는 기회를 놓치고 있을지도 모른다는 뜻이다. 더 중요한 것은 시간이 지남에 따라 패키지에 보안 취약점이 생겼을 수 있으므로 문제가 패치된 것을 확실히 하기 위해 업그레이드를 하는 것이 좋다.

오래된 버전의 의존성을 갖는 것은 또 다른 형태의 기술 부채이다. 의존성을 최신 버전으로 업데이트하는 습관을 들이자.

업그레이드를 늦출수록 나중에 따라잡기가 더 어려워지므로 너무 많은 시간을 허비하면 안 된다. 결국 이것이 지속적인 통합(CI)의 핵심이다. 새로운 의존성을 포함하여 지속적으로 변경사항을 통합하자. 자동화된 테스트를 가지고 있다면 변경분에 대해서 빌드 중에 테스트를 실행하자. 회귀를 위한 안전망 역할을 하게 될 것이다.

 의존성에 새로운 버전이 출시되었을 때 자동으로 PR(Pull Request)를 보내는 도구를 사용하자. 또한 그에 대한 보안 설정도 같이 설정하자.

이 워크플로에는 최소한의 작업이 필요하다. 요점은 프로젝트의 setup.py 파일을 다양한 버전으로 구성하고 요구사항이 정리된 파일(requirements.txt)을 만들자는 것이다. 새로운 버전이 출시되면, 저장소에 설정한 도구가 requirements.txt 파일을 다시 빌드한다. 이제 필요한 패키지와 업데이트된 버전을 확인할 수 있다. 도구에서 생성한 PR(Pull Request)에서 차이를 보여준다. 빌드가 녹색으로 변경되고, PR에서 특별한 문제가 보이지 않는다면, 이제 merge 요청을 하고, CI 도구가 계속해서 문제를 해결하고 있다고 믿을 수 있다. 반면에 빌드에 실패하면 수정을 하기 위해 사용자의 개입이 필요하다.

❏ 산출물(artifact) 버전 관리

안정적인 소프트웨어와 최신 기술이 반영된 소프트웨어 사이에는 트레이드오프(trade off)가 있다. 관련된 라이브러리를 최신 버전으로 업데이트하는 것은 일반적으로 긍정적이다. 왜냐하면 단지 업그레이드하는 것만으로 최신 기능을 얻을 수 있고 버그도 수정되기 때문이다. 그러나 새로운 버전이 하위 호환을 지원하지 않는 경우도 있다. 그렇기 때문에 명확히 어떤 버전을 사용하고 있는지 이해하고 관리해야 한다.

원하는 버전의 범위를 설정할 때는 업그레이드를 원하지만, 동시에 너무 공격적이어서 애플리케이션을 손상시키지 않는 수준으로 설정해야 한다.

의존성만 업그레이드하는 경우에도 새로운 산출물(artifact)을 게시(publish)해야 한다. 왜냐하면 최종 산출물은 결국 다른 모양이 되기 때문이다. 마이너(minor) 또는 마이크로(micro) 버전 업데이트가 될 수 있지만 중요한 것은 우리가 외부 라이브러리에 대해서 기대하는 것과 동일한 원칙을 적용해야 한다는 것이다.

파이썬의 버전 관리 방법에 대해서는 PEP-440(https://www.python.org/dev/peps/pep-0440/)에서 사용자 정의 setup.py 파일의 버전을 어떻게 지정해야 하는지 설명하고 있다.

다음 섹션에서는 배포용 컴포넌트를 만드는데 도움이 되는 다른 기술을 살펴본다.

도커 컨테이너

이 장에서는 아키텍처에 초점을 맞추고 있으므로 2장 "파이썬스러운 코드"에서 다루었던 파이썬 컨테이너(__contains__ 메서드를 가진 객체)와는 완전히 다른 의미의 컨테이너에 대해서 논의한다. 컨테이너는 특별한 제약사항을 가지고 격리된 상태로 실행되는 프로세스이다. 구체적으로 말하면 도커(Docker) 컨테이너를 말한다. 도커 컨테이너는 애플리케이션(서비스나 프로세스)을 독립적인 컴포넌트로 관리한다.

컨테이너는 또 다른 형태의 소프트웨어를 전달 수단이다. 코드를 재사용하고 특정 로직이 모여 있는 단일 장소를 사용하는 라이브러리나 프레임워크를 목표로 한다면 이전 섹션에서 살펴본 방식으로 파이썬 패키지를 만드는 것이 더 적합하다.

컨테이너의 경우 라이브러리가 아닌 애플리케이션을 생성할 때 사용한다. 그러나 애플리케이션이나 플랫폼이 반드시 전체 서비스를 의미하는 것은 아니다. 컨테이너를 만드는 이유는 작고 명확한 서비스를 나타내는 작은 컴포넌트를 만들기 위함이다.

이 섹션에서는 컨테이너에 대해 말할 때 도커를 사용하고 파이썬 프로젝트용 도커 이미지나 컨테이너를 만드는 상황에 대해서 설명한다. 도커가 애플리케이션을 컨테이너화하는 유일한 기술은 아니며 파이썬과 완전히 독립적이라는 것을 명심하자.

도커 컨테이너는 실행할 이미지가 필요하며 이 이미지는 다른 기본(base) 이미지 위에서 만들어진다. 우리가 만드는 이미지 역시 그 자체로 다른 컨테이너의 기본 이미지로 사용될 수 있다. 예를 들어 여러 컨테이너에서 공통적으로 참조해야 하는 기능이 있다면 직접 기반 컨테이너를 만들 수 있다. 여기에는 애플리케이션 실행에 필요한 운영체제(OS) 설정이나 의존성 패키지가 모두 포함되어야 한다. 9장 "일반적인 디자인 패턴"에서 설명했듯이 우리가 만드는 패키지는 다른 파이썬 라이브러리뿐만 아니라 특정 플랫폼이나 운영체제 또는 해당 운영체제에 이미 설치된 또 다른 라이브러리에 의존할 수 있다. 이러한 의존성이 있는데 컨테이너 없이 설치를 했다면 빌드에 실패할 것이다.

이런 경우 컨테이너가 좋은 대안이다. 컨테이너는 애플리케이션이 표준적인 실행 환경을 갖도록 도와 줄뿐만 아니라 개발 프로세스를 수월하게 만든다(환경에 따른 시나리오를 재현, 테스트 복제, 새로운 멤버의 개발환경 구축 등).

도커는 플랫폼 의존성 문제를 방지하는 데 도움이 된다. 요점은 파이썬 애플리케이션을 도커 컨테이너 이미지로 패키징하자는 것이다. 도커 컨테이너를 사용하면 상용 환경 배포 시 검토와 실행이 쉬울 뿐만 아니라 로컬에서 개발 및 테스트를 할 때에도 유용하게 사용될 것이다.

일반적으로 예전에는 파이썬의 특성상 배포가 어려웠다. 즉, 파이썬은 인터프리트 방식의 언어이기 때문에 상용 환경에 배포 시에는 가상머신(virtual machine)을 만들고 그 위에서 실행해야 했다. 따라서 배포하려는 플랫폼에 필요한 파이썬 버전이 있는지 미리 확인해야 한다.

게다가 의존성을 패키징하는 것도 어려움이 있었다. 실행에 필요한 모든 것을 가상머신에 패키징한 다음에 실행해야 했다. 만약 플랫폼 종속적인 특성이 있고 일부 의존성이 C 확장(C extension) 기능을 사용했다면 상황이 더 어려워진다. 여기서 말하는 것은 윈도우인지 리눅스인지를 말하는 것이 아니다. 리눅스에서도 때로는 데비안(Debian) 기반인지 레드햇(Red Hat) 기반인지에 따라 코드 실행에 필요한 C 라이브러리 버전이 다를 수 있다. 그래서 애플리케이션을 테스트하고 애플리케이션이 제대로 실행되었는지 확인할 수 있는 유일한 방법은 올바른 아키텍처를 가진 가상머신을 사용하고 그 위에서 모든 것을 컴파일하는 것이다. 최신 애플리케이션이라면 앞서 설명한 고통 없이 실행이 가능해야 한다. 이제 루트 디렉토리에 Dockerfile을 만들고, 해당 애플리케이션을 빌드하기 위한 지침을 만들자. 그리고 상용 애플리케이션을 도커에서 실행하자.

패키지가 코드를 재사용하고 조건을 통일하는 수단인데 반해 컨테이너는 애플리케이션의 다양한 서비스를 만드는 수단이다. 이들은 아키텍처에 대한 관심사의 분리(SoC)를 도와준다. 서비스는 애플리케이션의 나머지 부분과 독립적인 기능을 캡슐화하는 또 다른 종류의 컴포넌트이다. 이러한 컨테이너는 유지보수가 가능한 형태로 디자인되어야 한다. 책임을 명확하게 구분하여 해당 서비스의 변경으로 인해 애플리케이션의 다른 부분에 영향을 미치지 않도록 해야 한다.

뒤의 섹션에서 파이썬 프로젝트를 도커 컨테이너로 만드는 기본 사항에 대해 다룬다.

아키텍처링 예제

애플리케이션의 컴포넌트를 어떻게 구성해야 하는지 그리고 앞에서 소개한 개념을 실제로 어떻게 구현해야 하는지 소개하기 위해 예제를 사용할 것이다.

음식을 배달하는 애플리케이션이 있으며, 이 애플리케이션은 배달 상태를 추적하는 서비스를 가지고 있다고 해보자. 애플리케이션의 나머지 기능에 대해서는 관심이 없고 이 특정 서비스에 대해서만 집중할 것이다. 이 서비스는 정말 간단해야 한다. REST API로 특정 주문의 상태를 조회하면 자세한 설명이 포함된 JSON 응답을 반환한다.

각 주문에 대한 정보가 데이터베이스에 저장되어 있다고 가정할 것이지만, 이 세부 사항은 전혀 중요하지 않다.

우리 서비스에는 두 가지 주요 관심사가 있다. 즉, 특정 주문에 대한 정보를 얻고(어디에 저장되어 있는지는 중요하지 않다) 클라이언트에게 유용한 정보를 제공하는 것이다(이번 경우에는 웹 서비스를 통해 JSON 포맷의 결과를 받을 수 있다).

애플리케이션은 유지보수가 쉬워야 하고 확장 가능한 형태여야 하는데 이러한 두 가지 고려사항은 뒤로 하고 주요 로직에 초점을 맞추려고 한다. 따라서 이러한 두 가지 고려사항을 추상화하고 캡슐화하여 파이썬 패키지로 만들 것이다. 주요 로직을 가진 애플리케이션에서 해당 패키지를 불러와서 사용할 수 있다.

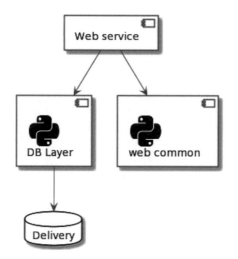

그림 10.1: 두 개의 파이썬 패키지(storage, web)를 사용하는 서비스 애플리케이션

("웹 서비스"). DB 레이어(storage 패키지)는 데이터베이스에 연결하는 기능을 포함한다.

다음 섹션에서는 패키지의 관점에서 코드가 어떤 모습인지 간략하게 살펴보고, 서비스로 만든 다음 어떤 결론을 얻을 수 있는지 살펴볼 것이다.

❏ 코드

이 예제에서 파이썬 패키지를 만드는 것은 어떻게 컴포넌트를 추상화하고 격리할 수 있는지 설명하기 위한 것이다. 실제로는 예제와 같은 기능을 위해 파이썬 패키지를 만들 필요는 없다. 단지 "배달 서비스" 프로젝트의 일부가 올바르게 추상화되고 격리 가능하며 잘 동작하는 것을 확인하기 위한 것이다.

로직이 반복되고 다른 애플리케이션에서도 사용될 것으로 예상되는 경우 패키지로 만드는 것이 더 합리적이다. 왜냐하면 코드를 재사용할 수 있기 때문이다. 이번 경우에는 그러한 요구 사항이 없으므로 디자인의 범위를 벗어날 수 있지만 이렇게 구분을 해두면 "플러그 가능한 아키텍처" 또는 컴포넌트에 대한 아이디어를 더욱 분명하게 할 수 있을 것이다. 패키지는 사용자들에게는 관심이 없는 기술적 세부 사항을 추상화하는 래퍼이다.

storage 패키지는 필요한 데이터를 가져와서 배달 서비스와 같은 다음 계층의 비즈니스 규칙에 알맞은 형태로 전달하는 역할을 한다. 메인 애플리케이션은 기본 정보 외에 해당 데이터가 어디서 왔는지, 포맷이 어떻게 되는지 등을 알아야한다. 이런 이유로 원시 데이터나 ORM을 직접 사용하는 대신 추상화가 필요하다.

❏ 도메인 모델

다음에 소개할 클래스는 비즈니스 규칙을 정의한 것이다. 이들은 순수하게 비즈니스 객체를 표현하기 위한 것으로 다른 용도로는 사용되지 않는다는 것에 주목해야 한다. ORM 모델이나 외부 프레임워크의 객체 등을 나타내는 것이 아니다. 메인 애플리케이션은 이러한 기준을 가진 객체를 사용해야 한다.

dosctring은 각각의 비즈니스 규칙에 따라 클래스의 목적을 문서화한다.

```python
from typing import Union
class DispatchedOrder:
    """방금 수신한 배달 주문"""

    status = "dispatched"

    def __init__(self, when):
        self._when = when

    def message(self) -> dict:
        return {
            "status": self.status,
            "msg": "주문 시각 {0}".format(
                self._when.isoformat()
            ),
        }


class OrderInTransit:
    """배달 중인 주문"""

    status = "in transit"

    def __init__(self, current_location):
        self._current_location = current_location

    def message(self) -> dict:
        return {
            "status": self.status,
            "msg": "배달중... (현재 위치: {})".format(self._current_location),
        }

class OrderDelivered:
    """배달 완료 주문"""
    status = "delivered"

    def __init__(self, delivered_at):
        self._delivered_at = delivered_at

    def message(self) -> dict:
        return {
            "status": self.status,
```

```
                "msg": "배달완료 시각 {0}".format(self._delivered_at.isoformat()),
            }
    class DeliveryOrder:
        def __init__(
            self,
            delivery_id: str,
            status: Union[DispatchedOrder, OrderInTransit, OrderDelivered],
        ) -> None:
            self._delivery_id = delivery_id
            self._status = status

        def message(self) -> dict:
            return {"id": self._delivery_id, **self._status.message()}
```

이 코드를 보는 것만으로 클라이언트의 모습을 상상해볼 수 있다. 클라이언트는 내부 협업 객체로서 _status 멤버를 가지고 있는 DeliveryOrder 객체를 생성할 것이다. 그리고 message() 메서드를 호출하여 상태 정보를 사용자에게 전달할 것이다.

❑ 애플리케이션에서 호출하기

이 객체가 애플리케이션에서 어떻게 사용되는지 살펴보자. 이제 클라이언트는 web이나 storage 같은 패키지에 의존하지만, 패키지에서는 클라이언트에 의존하지 않는다.

```
from storage import DBClient, DeliveryStatusQuery, OrderNotFoundError
from web import NotFound, View, app, register_route

class DeliveryView(View):
    async def _get(self, request, delivery_id: int):
        dsq = DeliveryStatusQuery(int(delivery_id), await DBClient())
        try :
            result = await dsq.get()
        except OrderNotFoundError as e:
            raise NotFound(str(e)) from e

        return result.message()

register_route(DeliveryView, "/status/<delivery_id:int>")
```

이전 섹션에서 도메인 객체를 살펴보았고 지금은 애플리케이션의 코드를 살펴보았다. 뭔가 더 살펴볼게 있을까? 물론이다. 하지만 그것들을 지금 꼭 알아야 할까? 꼭 그런 것은 아니다.

web이나 storage 내부의 코드는 일부러 책에서 제외했다(전체 코드는 github에서 확인할 수 있다. 한 번 살펴보길 바란다). 이렇게 한 것은 의도한 것이고 같은 맥락에서 세부 기술을 숨기는 차원에서 storage와 web이라는 일반적인 이름을 사용했다.

앞의 코드를 다시 살펴보자. 어떤 프레임워크가 사용되었는지 알 수 있을까? 데이터가 텍스트 파일에서 왔는지 데이터베이스에서 왔는지 알 수 있을까? 데이터베이스에서 왔다고 알 수 있다 해도 SQL인지, NoSQL인지 알 수 있을까? 관계형 데이터베이스에서 왔다고 해보자. 이러한 정보는 SQL 쿼리를 통한 것인지, ORM을 사용한 것인지 알 수 있을까?

웹은 어떨까? 사용된 프레임워크를 추측할 수 있을까?

위의 질문들 중 어느 것도 대답할 수 없다면 좋은 신호이다. 이것들은 세부사항이며 세부사항은 캡슐화되어야 하기 때문이다. 패키지 내부를 살펴보지 않으면 위 질문에 답할 수 없다.

이전 질문에 다른 방법으로 답을 해볼 수 있다. 역으로 질문을 해보는 것이다. 왜 그 사실을 알아야 할까? 코드를 살펴보면 배달 id를 사용하여 DeliveryOrder를 확인하고 해당 주문에 대해 get() 메서드를 호출하여 배달 상태를 조회하려는 것을 알 수 있다. 이 모든 정보가 정확하다면 더 이상 신경 쓸 이유는 없다. 내부적으로 어떻게 실행되는지 알고 있다고 해서 결과가 달라지지는 않기 때문이다.

추상화는 코드를 좀 더 선언적으로 만든다. 선언형(declarative) 프로그래밍에서는 해결하려는 문제가 아니라 해결 방법을 선언한다. 이것은 명령형(imperative) 프로그래밍의 반대 개념이다. 명령형 프로그래밍에서 데이터베이스 커넥션 인스턴스를 만들거나, 쿼리를 실행하거나, 결과를 파싱하거나, 결과를 객체에 로드하려는 등의 작업을 하려면 모든 단계를 명시적으로 선언해야 한다. 선언형 프로그래밍에서는 그저 배달의 상태를 알고 싶다고만 선언하면 된다.

패키지는 세부 사항을 처리하고 애플리케이션에서 사용하기 편리한 형식, 즉 이전 섹션에서 필요로 했던 객체를 제공하는 역할을 한다. 즉, 우리는 storage 패키지에 있는 함수를 사용해 배달 id와 저장소 클라이언트를 전달하고 DeliveryOrder 객체를 가져오기만 하면 된다.

이 아키텍처를 사용하면 편리하고 변화에 쉽게 적응할 수 있다. 왜냐하면 비즈니스 로직의 커널을 변경 가능한 외부 요인으로부터 보호했기 때문이다.

이제 배달 정보를 조회하는 방법이 변경되었다고 해보자. 수정 작업이 얼마나 어려울까? 애플리케이션은 API에 의존하고 있으므로 다음과 같이 될 것이다.

```
dsq = DeliveryStatusQuery(int(delivery_id), await DBClient())
```

달라진 점이 없다. 변경해야 하는 부분은 DeliveryStatusQuery.get() 메서드의 로직을 수정하고 구현하면 된다. 어떻게든 get() 메서드에서 DeliveryOrder 객체를 반환하기만 하면 된다.

내부적으로 쿼리, ORM, 데이터베이스 등을 변경할 수 있으며, 어떤 경우에도 애플리케이션 코드 자체를 변경할 필요가 없다!

❑ 어댑터

여전히 패키지의 내부를 보지 않더라도 패키지가 애플리케이션의 세부 기술에 대한 인터페이스 역할을 할 것이라고 믿을 수 있다.

실제로 굳이 코드를 보지 않더라도 애플리케이션의 큰 그림을 보았을 때 패키지 내부의 객체는 어댑터 디자인 패턴을 구현했을 것이라고 생각할 수 있다(어댑터 패턴은 9장 "일반적인 디자인 패턴"에서 소개한 패턴이다). 한 개 이상의 패키지 객체는 애플리케이션에서 정의한 API의 구현에 대해서 어댑터 패턴을 적용했을 것이다. 메인 애플리케이션과 통신하려면 약속된 API 규약을 따라야 하고, 외부에서 얻은 정보를 그 규약에 맞춰 전달하려면 어댑터 패턴을 사용해야 하기 때문이다.

애플리케이션에서 어댑터 패턴을 사용했는지를 확인할 수 있는 단서가 하나 있다. View가 어떻게 생성되는지 주목해보자. DeliveryView는 web 패키지의 View 클래스를 상속받는다.

View는 웹 프레임워크 중 하나에서 파생된 클래스이며 DeliveryView는 상속을 통한 어댑터라는 것을 추론할 수 있다. 주목해야 할 점은 기존의 프레임워크에 기반을 둔 자체 프레임워크를 만들었으므로 이제 애플리케이션에서는 View에만 관심이 있다는 것이다(웹 프레임워크를 변경할 경우 애플리케이션 전체가 아니라 어댑터만 변경하면 된다).

다음 섹션부터는 서비스 내부를 살펴본다.

서비스

서비스를 만들기 위해 도커 컨테이너에서 파이썬 애플리케이션을 실행할 것이다. 기본 이미지에서 시작할 것이므로 컨테이너는 운영체제 수준의 의존성을 포함해 실행에 필요한 모든 의존성을 설치해야 한다.

의존성이 어떻게 사용될지 모르므로 모든 의존성을 설치하는 것은 선택 사항이다. 사용하려는 패키지를 컴파일할 때 운영체제의 라이브러리가 필요하다면 wheel을 사용해 우회할 수 있다. 런타임 중에 라이브러리가 필요하다면 컨테이너의 이미지에 추가할 수밖에 없다.

이제 도커 컨테이너 내에서 실행될 파이썬 애플리케이션을 설치하는 방법을 살펴볼 것이다. 이것은 파이썬 프로젝트를 컨테이너로 패키징하는 수많은 방법 중 하나이다. 먼저 디렉토리 구조를 살펴보자.

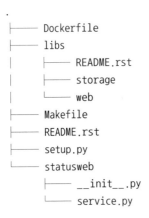

```
.
├── Dockerfile
├── libs
│   ├── README.rst
│   ├── storage
│   └── web
├── Makefile
├── README.rst
├── setup.py
└── statusweb
    ├── __init__.py
    └── service.py
```

libs 디렉토리는 단지 의존성이 위치하는 장소이기 때문에 없을 수도 있다(setup.py 파일에서 참조될 때 기억하기 위해 표시했지만 다른 저장소에서 pip를 통해 원격으로 설치할 수 있다).

명령어를 가진 Makefile과 setup.py 파일 그리고 statusweb 디렉토리 안에는 애플리케이션 파일이 있다. 애플리케이션과 라이브러리를 패키징하는데 있어서 일반적인 차이점은 후자는 setup.py 파일에서 의존성을 지정하지만 전자는 requirements.txt 파일에 있다는 점이다. requirements.txt 파일에 있는 의존성은 pip install -r requirements.txt 명령어를 통해 설치된다. 일반적으로 도커에서 이 작업을 수행하지만, 이번에는 작업을 단순하게하기 위해 setup.py 파일에서 의존성을 취하는 것으로 충분하다고 가정한다. 왜냐하면 이것 외에도 버전 확인, 간접적인 의존성 추적을 위해 pipenv와 같은 도구를 설정하는 등 이 책의 범위를 넘는 고려사항이 많기 때문이다. 추가적으로 일관성을 위해 requirements.txt에서 읽어서 setup.py를 작성하는 것이 일반적이다.

애플리케이션을 설명하는 다음과 같은 setup.py 파일이 있다고 해보자.

```python
from setuptools import find_packages, setup

with open("README.rst", "r") as longdesc:
    long_description = longdesc.read()

install_requires = ["web==0.1.0", "storage==0.1.0"]

setup(
    name="delistatus",
    description="배달 상태 확인",
    long_description=long_description,
    author="Dev team",
    version="0.1.0",
    packages=find_packages(),
    install_requires=install_requires,
    entry_points={
        "console_scripts": [
            "status-service = statusweb.service:main",
        ],
    },
)
```

첫 번째 주의사항은 애플리케이션이 의존성을 선언하는 부분인데, 앞의 코드에서 사용했던 패키지로 /libs 디렉토리에 있는 web과 storage 패키지이다. 이러한 패키지도 또한 의존성을 가지므로 이미지를 만들 때 패키지에서 필요로 하는 모든 것을 함께 설치해야 한다.

두 번째 주의사항은 setup 함수에 전달된 entry_points의 정의이다. 이것은 필수는 아니지만 진입점을 만들어 두는 것이 좋다. 패키지를 가상 환경에 설치하면 패키지는 모든 의존성과 함께 이 디렉토리를 공유한다. 가상 환경은 의존성을 포함하고 있는 특정 프로젝트의 디렉토리 구조이다. 가상 환경은 많은 하위 디렉토리를 가지고 있지만, 가장 중요한 하위 디렉토리는 다음과 같다.

- 〈virtual-env-root〉/lib/〈python-version〉/site-packages
- 〈virtual-env-root〉/bin

첫 번째에는 해당 가상 환경에 설치된 모든 라이브러리가 들어 있다. 현재 다루고 있는 프로젝트로 가상 환경을 만든다면 이 디렉토리에 web과 storage 패키지 그리고 이 둘의 패키지가 가지고 있는 의존성 패키지, 마지막으로 현재 프로젝트가 자체적으로 필요로 하는 몇 개의 추가 패키지가 있을 것이다.

두 번째 /bin 디렉토리에는 바이너리 파일과 해당 가상 환경이 활성화 상태일 때 사용할 수 있는 명령어가 포함된다. 기본적으로 특정 버전의 파이썬, pip와 기타 기본 명령어가 몇 개 들어 있다. 진입점(entry point)을 만들면 선언된 이름을 가진 이진 파일이 배치되고 결과적으로 해당 가상 환경이 활성화될 때 실행할 수 있는 명령이 생긴다. 그리고 이 명령을 호출하면 가상 환경의 컨텍스트를 가진 채로 지정된 함수가 실행된다. 즉, 가상 환경이 활성 상태인지 또는 의존성이 현재 실행중인 경로에 설치되어 있는지 여부에 대해 걱정할 필요 없이 직접 바이너리를 호출할 수 있다.

다음과 같이 정의하면 된다.

```
"status-service = statusweb.service:main"
```

등호의 왼쪽은 진입점의 이름이다. 이 경우 status-service 명령어를 사용할 수 있다. 오른쪽은 명령을 실행하는 방법이다. 함수가 정의된 패키지와 함수의 이름을 : 구분자를 사용해 정의한다. 이번 예에서는 statusweb/service.py에 정의된 main 함수가 호출된다.

다음은 Dockerfile의 정의이다.

```
FROM python:3.9-slim-buster

RUN apt-get update && \
    apt-get install -y --no-install-recommends \
        python-dev \
        gcc \
        musl-dev \
        make \
    && rm -rf /var/lib/apt/lists/*
WORKDIR /app
ADD . /app

RUN pip install /app/libs/web /app/libs/storage
RUN pip install /app
```

```
EXPOSE 8080
CMD ["/usr/local/bin/status-service"]
```

이 이미지는 파이썬이 설치된 경량 리눅스 이미지(python:3.9-slim-buster)를 기반으로 하고 운영체제 의존성을 설치한다. 이전 고려 사항에 따라 이 Dockerfile은 단순히 라이브러리를 복사했지만 requirements.txt 파일에서 설치할 수도 있다. 모든 pip install 명령이 완료되면, 작업 디렉토리(working directory)에 애플리케이션을 복사하고, 도커의 진입점(entry point)은 패키지의 진입점을 호출한다. (도커의 진입점은 CMD 명령을 의미하는 것으로 파이썬의 진입점과 다른 의미이므로 주의하자.) 로컬에서 개발하는 경우에도 Dockerfile을 계속 사용한다. 여러 개의 컨테이너를 함께 사용해야 한다면 docker-compose.yml 파일에 의존 서비스가 무엇이고, 어떻게 연관 되는지 정의하여 한꺼번에 실행할 수 있다.

컨테이너를 실행하고 나면 어떻게 동작하는지 살펴보기 위해 다음과 같은 간단한 테스트를 해 볼 수 있다.

```
$ curl http://localhost:8080/status/1
{"id":1,"status":"dispatched","msg":"주문이 접수되었습니다. 2022-01-
01T22:25:12+00:00"}
```

다음 섹션에서는 지금까지 살펴본 코드에 대해서 아키텍처 특징을 확인해보자.

❏ 분석

이전 구현을 통해 얻을 수 있는 결론이 많다. 좋은 접근 방법처럼 보이지만 장단점이 있다. 결국 어떠한 아키텍처나 구현도 완벽하지는 않다. 즉, 이와 같은 솔루션이 모든 경우에 유용할 수는 없으므로 프로젝트나 팀, 조직 등 여러 환경에 상당 부분 의존하게 되어 있다.

가능한 많은 세부사항을 추상화하는 것이 주된 목표이지만 어떤 부분은 완전히 추상화할 수 없다. 또한 계층 간의 계약은 추상화의 손상 가능성을 암시한다.

결국 항상 기술적 요인이 스며들게 된다. 예를 들어 기존의 REST API를 GraphQL을 사용한 서비스로 변경한다고 했을 때 서버의 구성 방식이나 빌드 방법을 변경해야 한다. 그러나 여전히 기존의 것과 매우 유사한 방식으로 처리할 수 있어야만 한다. 서비스를 gRPC 방식으로 변환하는 것과 같은 보다 근본적인 변화에 대해서도 일부 글루 코드(역주: 글루 코드(Glue code)는 프로그램의 기본 동작과는 관련이 없지만 프로그램 구성 요소 간의 호환성을 위해 접착제(glue) 역할을 하는 코드이다.)를 제외하면 가능한 한 기존 패키지를 그대로 사용할 수 있어야 한다. 필요한 변경 사항은 반드시 최소한으로 유지해야 한다.

❑ 의존성 흐름

의존성은 비즈니스 규칙을 따라 커널에 더 가깝게 이동하므로 한 방향으로만 흐른다. 이러한 흐름은 import 문을 보고 추적할 수 있다. 예를 들어 애플리케이션은 필요한 모든 것을 저장소 (storage)에서 가져온다.

이 규칙이 깨지면 결합(coupling)이 생성된다. 코드가 정렬되는 방식은 애플리케이션과 저장소 간에 약한 의존성이 있음을 의미한다. API 형태로 객체에 get() 메서드가 필요하다면, 애플리케이션에 연결하려는 저장소는 이 사양에 따라 객체를 구현해야 한다. 따라서 의존성이 역전된다. 애플리케이션이 기대하는 형태의 객체를 만들기 위해 이 인터페이스를 구현하는 것은 이제 전적으로 저장소에 달려있는 것이다.

❑ 추상화의 한계

모든 것을 추상화할 수는 없다. 어떤 경우에는 단순히 불가능해서 일수도 있고 어떤 경우에는 불편해서 일수도 있다. 먼저 편의성 측면부터 살펴보자.

이번 예제에는 애플리케이션에 깔끔한 API를 제공하기 위한 웹 프레임워크 어댑터가 있었다. 그러나 보다 복잡한 상황에서는 이러한 변경이 불가능할 수 있다. 이렇게 추상화를 하더라도 라이브러리의 일부는 여전히 애플리케이션에 결합된다. 전체 프레임워크를 추상화하는 것은 어려울 뿐만 아니라 어떤 경우에는 불가능할 수 있다.

중요한 것은 어댑터가 아니라, 최대한 기술적 세부사항을 숨기는 것이다. 즉, 우리 코드와 웹 프레임워크 사이에 어댑터를 사용했다는 점이 중요한 것이 아니라, 어떤 웹 프레임워크를 사용했는지를 코드에서 드러내지 않는 것이 중요하다. 서비스에서 보았던 것처럼 web 패키지는 그저 의존성일 뿐이다.

web 패키지의 세부사항은 import 되어 보이지 않고 해야 하는 일의 의도만 표시한다. 코드에서와 마찬가지로 목표는 의도를 나타내고 세부사항을 최대한 지연시키는 것이다.

코드에 가까운 것들을 격리해서는 안 된다. 이번 예제의 경우 웹 애플리케이션은 비동기 방식의 객체를 사용하고 있다. 이것이 피하기 어려운 제약사항이다. storage 패키지 내부의 모든 것은 리팩토링 또는 수정할 수 있지만 수정 내용이 무엇이든 간에 중요한 것은 인터페이스를 준수하고 비동기 방식으로 동작할 수 있어야 한다는 것이다.

❏ 테스트 가능성(testability)

코드와 마찬가지로 아키텍처도 작은 컴포넌트 단위로 분리하여 이익을 얻을 수 있다. 의존성을 격리하고 별도의 컴포넌트에서 제어함으로써 메인 애플리케이션은 클린 디자인에 가까워졌다. 이제 경계선을 무시할 수 있으므로 애플리케이션의 핵심 기능을 테스트하기가 쉬워졌다.

의존성을 패치하면 데이터베이스를 사용하지 않는 등의 보다 간단한 단위 테스트를 작성할 수 있다. 순수 도메인 객체로 작업하면 코드와 단위 테스트를 더 쉽게 이해할 수 있다. 순수 도메인 객체는 로직이 간단해야 하므로 어댑터 또한 많은 테스트가 필요하지 않다.

8장, "단위 테스트와 리팩토링"에서 언급한 소프트웨어 테스트 피라미드를 기억하자. 단위 테스트는 많이, 컴포넌트 테스트는 그 보다 적게, 마지막으로 통합 테스트는 그 보다 더 적어야 한다. 아키텍처를 다른 컴포넌트로 분리하면 컴포넌트 테스트에 큰 도움이 된다. 의존성을 모의 (mock)하면 일부 컴포넌트를 격리한 채로 테스트할 수 있다.

이러한 컴포넌트 테스트는 더 저렴하고 빠르다. 그러나 이것이 통합 테스트가 전혀 필요하지 않다는 의미는 아니다. 최종 애플리케이션이 예상대로 동작하는지 확인하려면, 아키텍처의 모든 컴포넌트(마이크로서비스나 패키지 등)를 함께 실행하는 통합 테스트가 필요하다.

❏ 의도 공개(intention revealing)

의도 공개는 매우 중요한 개념이다. 코드에서 사용되는 모든 이름은 현명하게 선택되어야 하며, 무엇을 하고 있는지 명확하게 표현해야 한다. 모든 함수는 이름만으로 그 의도를 말할 수 있어야 한다. 함수는 작고, 관심사가 분리되고, 의존성이 격리된 상태로 유지해야 하며, 추상화에 대해서 올바른 의미를 부여해야 한다.

훌륭한 아키텍처 역시 시스템의 의도를 밝혀야 한다. 아키텍처는 사용하고 있는 도구를 언급해서는 안 된다. 앞서 오랫동안 논의한 것처럼 그러한 세부사항은 감춰져야 하고 캡슐화되어야만 한다.

요약

좋은 소프트웨어 디자인 원칙은 모든 수준에 적용되어야 한다. 가독성이 높은 코드를 작성하기 위해 의도 표현을 염두에 둬야 하는 것처럼, 아키텍처 또한 무엇을 해결하려고 하는지 의도를 표현해야만 한다.

이러한 모든 아이디어는 서로 연결되어 있다. 아키텍처의 의도 표현을 보면 코드와 동일한 도메인 문제를 정의하고 있음을 알 수 있다. 즉, 아키텍처에 대해서도 최대한 세부사항을 추상화하고, 추상화의 계층을 이루고, 의존성을 역전시키며, 관심사를 분리해야 한다는 의미이다.

파이썬 패키지를 사용해 훌륭하고 융통성 있는 방법으로 코드를 재사용할 수 있다. 응집력과 단일 책임 원칙(SRP)은 패키지 작성 시 가장 중요한 고려 사항이다. 응집력이 높고 적은 책임을 가진 컴포넌트를 만들어야 한다는 것에서 마이크로서비스가 출현하였으며, 그런 서비스를 만들기 위해 파이썬 패키지를 도커 컨테이너로 만들어서 어떻게 배포하는지 살펴보았다.

소프트웨어 엔지니어링의 모든 것과 마찬가지로 이렇게 하는 것에는 한계가 있으며 예외가 있다. 원하는 대로 추상화하거나 의존성을 완전히 분리할 수 있는 것은 아니다. 때로는 이 책에서 설명한 원리를 준수하는 것이 불가능하거나 실용적이지 않을 수 있다. 그러나 그것이 바로 독자가 이 책에서 얻을 수 있는 가장 좋은 조언일 것이다. 즉 이 책에서 언급하는 것은 원칙일 뿐 강제성을 가진 법은 아니다. 프레임워크를 추상화하는 것이 불가능하다거나 실용적이지 않다고 하더라도 그것이 큰 문제는 아니다. 이 책 전체에 걸쳐서 인용한 파이썬의 철학 중 하나를 기억하자. **실용성이 이상보다 우선이다(practical beats purity).**

참고 자료

- SCREAM : 스크리밍 아키텍처
  https://8thlight.com/blog/uncle-bob/2011/09/30/Screaming-Architecture.html
- CLEAN-0 1: 클린 아키텍처
  https://8thlight.com/blog/uncle-bob/2012/08/13/the-clean-architecture.html
- HEX : 육각형 아키텍처 Hexagonal Architecture
  https://staging.cockburn.us/hexagonalarchitecture/

- PEP-508 : 파이썬 소프트웨어 패키지를 위한 의존성 명세
  https://www.python.org/dev/peps/pep-0508/

- 파이썬 프로젝트 패키징과 배포
  https://python-packaging-user-guide.readthedocs.io/guides/distributing-packages-using-setuptools/#distributing-packages

- PEP-440: https://www.python.org/dev/peps/pep-0440/

- REGISTER01: https://www.theregister.com/2016/03/23/npm_left_pad_chaos/

- 파이썬 패키징 사용자 가이드
  Python packaging user guide: https://packaging.python.org/

- 지속적인 배포(CD - Continuous Delivery)를 통한 소프트웨어 배포 주기 단축
  AWS builder's library: Going faster with continuous delivery (https://aws.amazon.com/builders-library/going-faster-with-continuous-delivery/)

최종 요약

이 책은 소프트웨어 솔루션을 구현할 때 사용할 수 있는 기준을 제시하는 참고서이다. 이러한 기준은 예제를 통해 설명되며 왜 그렇게 해야 하는지에 대한 근거와 함께 제시된다. 독자는 예제에서 사용한 방법에 동의하지 않을 수 있으며 이것은 오히려 바람직한 현상이다. 관점이 다양해질수록 토론이 더 풍부해진다. 그러나 그러한 의견과 관계없이 여기서 제시된 것들은 반드시 따라야만 하는 강력한 지침이 아니라는 것을 이해하는 것이 중요하다. 오히려 그 반대이다. 이 책에서는 일부 솔루션을 소개하거나 문제를 해결하는데 도움이 되는 아이디어를 제공하고 있다.

책의 시작 부분에서 소개했듯이 이 책의 목적은 직접적으로 적용할 수 있는 해법이나 공식을 제공하는 것이 아니라 비판적 사고를 개발하는데 도움을 주는 것이다. 관용구와 구문은 시간이 지남에 따라 바뀔 것이다. 그러나 아이디어와 핵심 소프트웨어 개념은 그대로 남아 있다. 이 책에서 소개한 도구와 예제를 활용한다면 클린 코드의 의미를 보다 잘 이해할 수 있을 것이다.

부디 이 책이 더 나은 개발자가 되는데 도움이 되었으면 좋겠다. 여러분의 프로젝트에서 최고의 행운이 있기를 기원한다.

색인